21世纪普通高等教育规划教材·公共基础课系列

资产评估

陈艳利　朱　荣　编著

上海财经大学出版社

图书在版编目(CIP)数据

资产评估/陈艳利,朱荣编著. —上海:上海财经大学出版社,2015.1
(21世纪普通高等教育规划教材·公共基础课系列)
ISBN 978-7-5642-1997-0/F·1997

Ⅰ.①资… Ⅱ.①陈… ②朱… Ⅲ.①资产评估-高等学校-教材
Ⅳ.①F20

中国版本图书馆CIP数据核字(2014)第199144号

□ 责任编辑 黄 荟
□ 封面设计 晨 宇
□ 责任校对 王从远

ZICHAN PINGGU
资 产 评 估
陈艳利 朱 荣 编著

上海财经大学出版社出版发行
(上海市武东路321号乙 邮编200434)
网 址:http://www.sufep.com
电子邮箱:webmaster @ sufep.com
全国新华书店经销
江苏省句容市排印厂印刷装订
2015年1月第1版 2015年1月第1次印刷

787mm×1092mm 1/16 16印张 409千字
(习题集3印张 97千字)
印数:0 001—4 000 定价:39.00元

21世纪普通高等教育规划教材
21 SHI JI PU TONG GAO DENG JIAO YU GUI HUA JIAO CAI

编委会

BIAN WEI HUI

前 言

伴随着经济体制改革的深化，新兴市场经济国家的资产评估行业面临着新的机遇与挑战。作为跨学科的资产评估课程，有助于资产评估、财务管理、会计学等应用型本科院校的经管类专业学生理解和掌握资产评估的原理和实务。

为满足资产评估专业及相关经济管理专业培养目标的需要，本书借鉴同类教材结构和内容安排的有益经验，立足于国内可能读者群的现实需求，充分体现国际惯例和资产评估相关改革与发展的客观要求，尝试性地设计教材体例，有机整合教材内容，力求突出理论广度的同时，又为社会实践所需。本书共设置九章，分为四大部分，分别是资产评估概述(第一章)、资产评估理论与方法(第二章和第三章)、资产评估主要实务(第四～第八章)、资产评估报告(第九章)。

资产评估是一门操作性和技术性很强的学科，为明确学习目标、突出重点，每章前设"学习目的与要求"，每章后有"本章小结"；为辅助性说明教学内容所涉及的相关知识，部分章内设计"知识链接"，以此对相关知识点进行详细分析，丰富与开阔学生的视野。为帮助学生更好地掌握各章的主要知识点，增强学生对教学内容的理解能力和应用技能，我们编写了与教材配套的习题集，便于学生对学到的知识及时消化并系统运用。

本书由东北财经大学会计学院陈艳利教授、朱荣副教授担任主编。具体分工为：陈艳利教授撰写第一～第四章以及第九章；朱荣副教授撰写第五～第八章。资产评估专业研究生齐凰伯、贾晨、冯长远、张怡君、符淑英、张育婉、李娇和吴东霞参与了教材内容的搜集和整理工作。

本书在编写过程中得到了东北财经大学会计学院领导的大力支持，也得到了姜楠教授、王景升教授的热情鼓励。上海财经大学出版社的编辑为本书的出版提出了宝贵意见和建议，在此一并致以诚挚的感谢！本书在编写过程中广泛吸收最新教研成果(大多是公开出版的文献和网络资料)，在此谨向有关文献资料的作者表示谢意！

鉴于理论水平和专业阅历所限，本书难免会存在不完善之处，恳请读者和同行批评指正。

编著者
2014 年 7 月

目　录

前言

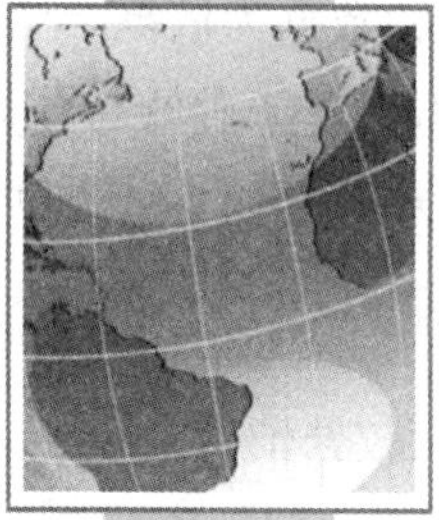

第一章 资产评估概述

学习目的与要求

通过本章学习，应了解资产评估的产生原因及发展历程，熟悉资产评估的含义与特点，掌握资产评估的主体与客体，以及资产评估客体与对象的联系和区别。了解中国资产评估准则体系的基本框架，并熟知资产评估职业道德与执业规范。

第一节　资产评估的产生与发展

一、资产评估的产生与发展阶段

资产评估是商品经济发展到一定阶段的必然产物。随着人类社会中商品交易的产生和发展，生产商品的资产交易也随之产生并得到发展，交易各方的信息不对称以及交易的公允性要求，使得社会上产生了资产评估的需要。总体来看，资产评估迄今大体经历了三个发展阶段，即原始评估阶段、经验评估阶段和科学评估阶段。

(一)原始评估阶段

在原始社会后期，生产的进一步发展导致剩余财产的出现，这是私有制产生的物质基础。随着私有制的产生，出现了商品生产和商品交易，这就要求交易双方在等价原则的基础上进行剩余财产的交易。在房屋、土地、牲畜及珠宝等贵重财产的交易过程中，由于这些财产的价值具有不确定性特点，交易双方往往对价格难以达成一致意见，这时双方就需要找一个有经验而且都信得过的第三方进行评判从而达成一个公平价格，使买卖成交。这个第三方在协调过程中需要用各种理由和方法给出一个双方都能接受的价格，由此产生了最初的资产评估活动，资产评估进入了原始评估阶段。

原始评估阶段的资产评估具有以下几个鲜明的特点：

(1)直观性。评估仅仅依靠评估人员的直观感觉和主观偏好进行，没有借助其他测评设备。

(2)非专业性。评估人员并不具备专业评估手段和技能或受过专门训练，而往往是由资产交易双方或一方指定的人员来进行评估。

(3)无偿性。资产交易双方无须支付评估人员的报酬，评估人员也无须对评估结果负法律责任。

原始评估阶段虽然产生于原始社会的后期，距今已相当久远，但这并不意味着在今天就没有其存在的空间。在经济发展水平相对落后、资产交易比较少见的广大农村，对偶然发生的交易，特别是对自制的生产资料进行评估时，依然沿用最原始的评估方法。

(二)经验评估阶段

随着经济的进一步发展和资产交易频率的提高,资产评估业务逐步向专业化和经常化发展,从而产生了一批具有一定评估经验的评估人员。这些评估人员以过去的数据为依据,结合自己在长期的资产评估中积累起来的丰富经验和知识对资产进行评估。由于评估人员具有更加丰富的经验,因此资产交易双方都愿意委托他们进行评估。从时间上看,前资本主义阶段的资产评估基本上属于经验评估。

这一阶段的资产评估主要有以下几个特点:

(1)经验性。评估人员具有一定的评估经验和专业水平,评估业务也比较繁忙。

(2)有偿性。评估人员对资产评估业务进行有偿服务。

(3)责任性。评估人员或评估机构对评估结果负有法律责任,特别是对因欺诈行为和其他违法行为而产生的后果负有法律责任。

此阶段评估的准确性主要取决于评估人员积累的评估经验和思想素质。

(三)科学评估阶段

资产评估发展的最后阶段是科学评估阶段。科学评估是指把现代科学技术和管理方式引入资产评估,采用科学的方法和手段对资产进行评估的过程。

资产评估的科学化与现代市场经济体制的建立和完善有着密切的联系。随着经济发展和社会进步,以资产交易为主的资产业务急剧增多,资产业务中的分工现象变得日益明显,作为中介组织的资产评估机构也逐渐产生和发展,资产评估行业应运而生。在现代资产评估行业中,评估机构通过为资产交易双方提供评估业务,积累了大量的资产评估材料和丰富的资产评估经验,形成了符合现代企业特点的管理模式,公司化的评估机构就产生了。这些资产评估机构依靠强大的评估实力和现代化的管理方式,为资产业务双方提供了优质的评估服务,通过这些业务使自身得到发展。通常,资产评估公司集中了许多具有相当专业化水平的评估人员,这些人员既可以是评估公司的员工,也可以是评估公司的兼职人员。在科学评估阶段,资产评估业务的范围是极其广泛的,包括有形资产评估和无形资产评估,甚至可以细分为机械设备评估、自然资源评估、房地产评估等。

科学评估阶段的资产评估主要有以下几个特点:

(1)评估人员专业化。即资产评估人员把资产评估作为自己的终身职业去从事,他们对资产评估的业务知识和理论知识都有相当程度的了解和掌握。

(2)评估结果法律化。资产评估的结果通常都要经过法律部门的公证,评估机构和评估人员对体现评估结果的资产评估报告要负法律责任,甚至负连带法律责任。

(3)评估机构公司化。评估机构是自负盈亏的独立企业法人。

(4)评估手段和方法科学化。即把大量现代科学技术和方法应用到资产评估中,提高了资产评估的准确性和科学性。

在科学评估阶段,资产评估的内容极其丰富,不仅包括有形资产和无形资产的评估,而且细化到专项资产、金融资产等方面的评估。

二、我国资产评估发展的历程

新中国成立后,我国长期实行计划经济体制,企业的资产归根结底是国有资产,产权都归国家所有,资产转移通过国家计划调拨的方式进行。在这样的经济环境下,产权交易业务主要表现为少量的民间交易和对外经济贸易。在计划经济体制下,规范化的资产评估活动难以形成。

改革开放以后，中国商品经济和市场经济得到迅速发展，特别是社会主义市场经济体制的逐步确立，资产交易规模迅速扩大，大宗的资产交易日益频繁。在这样的背景下，中国的资产评估业务得到飞速发展，大批专业的资产评估公司和综合性的资产中介公司应运而生。经历二十几年的发展，资产评估活动及其行业已经与注册会计师行业、律师行业一样，成为我国发展市场经济、推进改革开放不可缺少的基础性中介服务行业。综观我国资产评估行业的发展历程，大致可以分为以下四个阶段：

(一)产生阶段(1988～1992 年)

20 世纪 80 年代末期，国有企业对外合资合作、承包租赁、兼并破产等产权变动行为日益增多。为确定合理的转让价格，防止国有资产的流失，辽宁省大连市率先开展了国有资产评估活动，开创了中国资产评估的先河。1988 年，原国家经济体制改革委员会委托中国企业培训中心在北京举办了企业资产评估研讨班，聘请美国评值联合公司的副总裁罗纳德·格尔根和该公司高级评估师罗伯特·劳博达讲授资产评估的理论与实务。国外的资产评估理论逐步被引入我国。1989 年，原国家国有资产管理局颁发了《关于国有资产产权变化时必须进行资产评估的若干暂行规定》。随着改革开放对资产评估的迫切需要，原国家国有资产管理局成立了一个专司资产评估管理的司局级机构。1990 年 7 月，我国唯一的全国性资产评估行政管理机构——国家国有资产管理局资产评估中心——宣告成立。1991 年 11 月 16 日，国务院颁布了《国有资产评估管理办法》，标志着我国国有资产评估制度基本形成。这一系列行政举措和法规的出台，确立了我国资产评估的基本方针和管理体制，为保证全国资产评估活动有序开展和逐步推进奠定了基础。

(二)初具规模阶段(1993～1995 年)

1993 年 12 月 10 日，中国资产评估协会成立，标志着我国资产评估行业由政府直接管理开始向政府监督指导下的行业自律性管理过渡，行业协会成为国家宏观指导与评估行业微观管理之间的纽带。1995 年 3 月，中国资产评估协会代表中国加入国际评估准则委员会，标志着我国评估业已经与国际评估行业逐步接轨。1995 年 5 月 10 日，原国家人事部和原国家国有资产管理局联合颁布了《注册资产评估师执业资格制度暂行规定》和《注册资产评估师执业资格考试实施办法》，并规范了注册资产评估师签字制度，从而正式建立了注册资产评估师制度。从 1996 年起，国家组织了全国统一考试。我国注册资产评估师队伍逐步扩大，且资产评估行业初具规模。

(三)规范化阶段(1996～2008 年)

1996 年 5 月，中国资产评估协会受托制定了《资产评估操作规范意见(试行)》，标志着我国资产评估业正式步入规范化的操作阶段。同时，随着我国对外开放进程的不断推进，迅速发展的资产评估事业也得到了国际评估界的认可与重视。在 1999 年北京召开的国际评估准则委员会年会上，中国资产评估协会当选为国际评估准则委员会常任理事协会。与此同时，资产评估执业标准体系的建设也全面展开。到 2008 年 11 月 28 日，由财政部及中国资产评估协会颁布的资产评估准则已经达到了 17 项。这 17 项资产评估准则的颁布，标志着我国已初步建立起较为完整的、既适应中国国情又与国际接轨的资产评估准则体系，也标志着我国资产评估业已经全面走上规范化发展的新阶段。

(四)持续发展阶段(2009 年至今)

随着我国资产评估行业的执业环境不断优化，评估队伍正日益壮大，行业管理体制和教育体系不断健全，行业监管力度进一步加大，评估准则体系进一步完善，评估服务领域不断扩展，行业公信力和评估人员素质进一步提高，促进行业发展的政策条件和外部环境进一步改善。我国评估行业进入了持续发展的新阶段，并将朝着评估领域多元化、精细化和专业化，以及评估理念、认识和规范趋于统一这两个方向发展。

第二节 资产评估的含义与特点

资产评估就是对资产价值进行评定和估价。然而，由于人们认识问题的出发点和水准不尽相同，致使人们对"资产评估"有着各自不同的理解。因此，有必要对资产评估的科学内涵做出明确的限定，并在掌握资产评估科学内涵的基础上，充分理解和把握资产评估的特点，进一步理解资产评估的实质。

一、资产评估的含义

资产评估学是从经济学分离出来的应用经济学科，它的核心目的是确定资产的价值。资产评估学是伴随着资产评估活动范围不断扩大、评估对象及评估内容越来越复杂、客户对评估质量要求不断提高、资产评估风险不断提高且日益突出，所形成的一个专门学科，主要研究资产及各种评估对象在各种条件下的价值形成、市场表现与主观衡量之间的关系。由于资产评估对象几乎囊括了所有种类的资产，资产评估价值与资产的功能、技术水平、使用方式、利用效果、市场供求状况等紧密相关，所以资产评估学一经产生就成了一个跨知识领域、跨行业的边缘学科。从知识层面上讲，资产评估学涉及涵盖国民经济各领域的各种学科，主要包括经济学、市场营销学、相关工程技术学等。

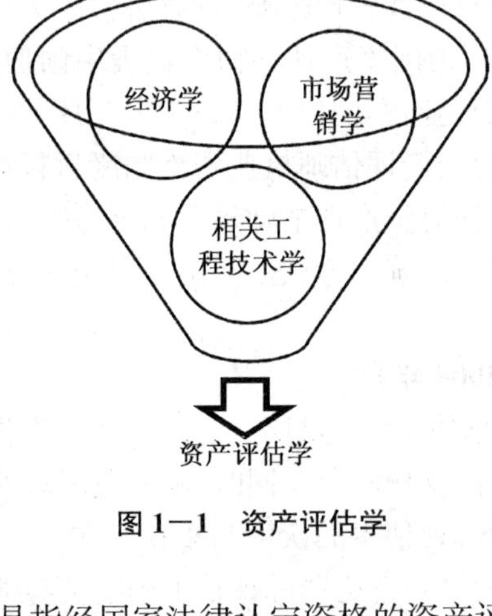

图 1—1 资产评估学

从定义角度讲，资产评估是指经国家法律认定资格的资产评估机构和人员，根据特定的评估目的和评估对象，按照国家法律法规和资产评估准则，遵循一定的原则、程序，采用适当的评估方法对评估对象进行价值评定和估算的社会经济活动。

二、资产评估的基本构成要素

资产评估活动作为一种评价活动和过程，是由各种评估要素组成的。就其基本要素而言，主要包括评估主体、评估客体、评估目的、评估假设、评估价值类型、评估途径与方法、评估程序、评估执业标准、评估基准日和评估结论。

(1)评估主体,表明由谁来进行评估,评估主体既可以是自然人,也可以是合伙人或法人,是资产评估工作的主导者。

(2)评估客体,即被评估的资产,又称评估对象,是对评估内容的界定。

(3)评估目的,是指资产业务引发的经济行为对资产评估结果的要求,或资产评估结果的具体用途。

(4)评估假设,是指资产评估设定的前提条件及假定前提等。

(5)评估价值类型,是指评估结果的价值属性的定义及其合理性指向。

(6)评估途径与方法,即资产评估分析标的物价值的技术思路,以及实现技术思路所运用的具体技术、分析手段和工具。

(7)评估程序,即资产评估工作从开始准备到最后结束整个过程的逻辑顺序和工作步骤。

(8)评估执业标准,即资产评估执业中所要遵循的执业理念、执业原则、执业技术规程等各种规范的总称。

(9)评估基准日,即资产评估价值对应的时点。

(10)评估结论,是指资产评估结果,一般采用货币金额表示。

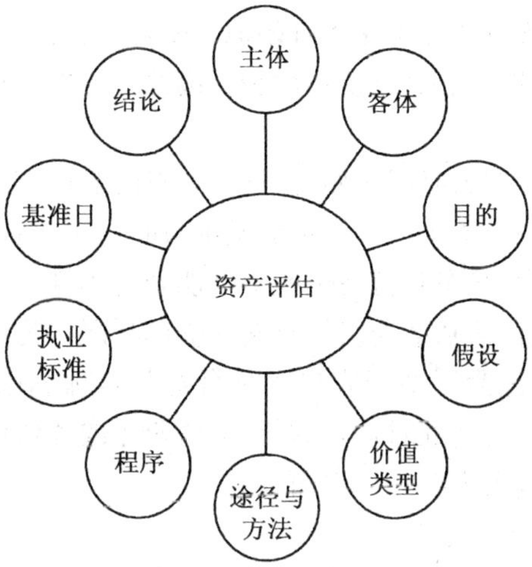

图 1—2　资产评估的构成要素

三、资产评估的分类

由于资产种类的多样性、资产业务的多样性、资产评估委托方及其相关当事人对资产评估内容和报告需求的多样性,资产评估也相应出现了多种类型。

按资产评估对象的构成和获利能力划分,资产评估可具体划分为单项资产评估和整体资产评估。单项资产评估是指对确定的单项资产的评估,如机器设备评估、建筑物评估、土地使用权评估等。整体资产评估是指对若干单项资产组成的资产综合体所具有的整体性生产能力或获利能力的评估,最为典型的就是企业价值评估。

按引起资产评估的经济行为划分,资产评估可具体划分为资产转让评估、企业兼并评估、企业出售评估、企业改制评估、股权重组评估、中外合资评估、合作资产评估、企业清算评估、抵押评估、资产担保评估、债务重组评估等。

按资产评估的服务对象、评估的内容和评估承担的责任等方面划分，资产评估可分为评估、评估复核和评估咨询。

按资产评估面临的条件、资产评估执业过程中遵循资产评估准则的程度及其对评估报告披露要求的角度划分，资产评估又可分为完全资产评估和限制性资产评估。

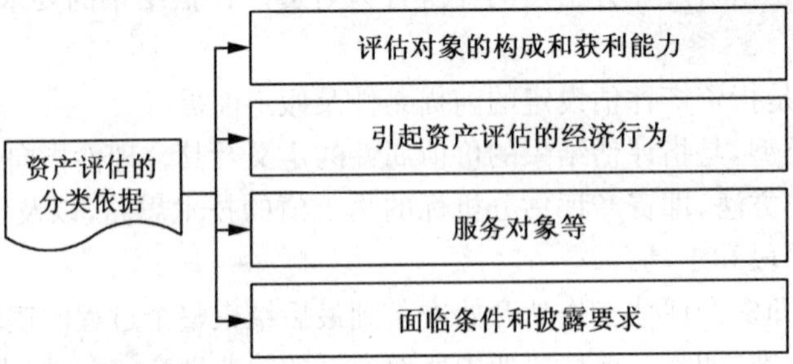

图 1—3　资产评估的分类依据

四、资产评估的特点

资产评估与财务会计等资产计价业务有相似之处，但是与财务会计等资产计价业务相比，资产评估具有现实性、市场性、预测性、公正性和咨询性五方面的特点。

（一）现实性

现实性是指以评估基准期为时间参照，按这一时点的资产实际状况对资产进行评定估算。

资产评估基准期是指确定资产评估价格的基准时间。由于各种资产都是处在不断运动和变化中的，资产的数量、结构、状态和价格也就不可能固定不变。因此，资产评估只能评估某一时点的资产，不能准确反映评估基准期以外时期的资产状况。为了科学地进行资产评估，使评估结果具有可解释性，同时也为了便于客户和公众对其合理利用，评估时必须确定评估基准期。评估基准期一般以“日”为基准时点，选择与资产业务或评估作业时间较接近的时期。

资产评估的现实性具体表现在三个方面：

1. 以现实存在为依据反映现状

资产评估直接以现实存在为资产确认、估价和报告的依据，不与过去业务及其记录进行衔接、均衡、达成一致，因此不受连续会计程序的滞后影响。例如，一台机器设备已使用 5 年，年折旧率为 5%，根据财务会计连续性程序，该机器的成新率为 75%（1－5×5%）；而资产评估不以会计表现的已计提多少折旧为评估现状的依据，而是以资产的实际状况为依据，如果经工程技术检测，根据这台机器的现状还可使用 10 年，那么该机器的成新率约为 67%［10/(5＋10)×100%］。

2. 以现实为基础反映未来

资产评估涉及对未来的预测。预测需根据过去和现实状况来考虑未来的发展变化以及引起变化的因素等。但资产评估中的预测更强调现实，它是把未来状况抽象成现实状况在时间维度下的逻辑延伸。例如，对某待售企业进行评估，预测其未来几年的收益有两种思路：一种是从该企业的现实出发，即考虑其有无筹资潜力、有无市场和产品开发能力以及现实经营状态和未来改善的可能等，预测该企业的收益；另一种也考虑该企业的现实，但较多地考虑转让后新业主的筹资开发能力、经营管理能力的改善等有利的因素，预测该企业的收益。显然，后一种预测思路不符合资产评估的现实性要求，因为资产评估中的预测只是通过现实在未来的逻辑延伸来确定现实资产的价值。

3. 现实性强调客观存在

形式上存在而实际上已消失者、形式上不存在而事实上存在者，都要以实质上的客观存在为依据来校正。例如，呆滞的债权、现实中已无资产对应的待摊费用等，在评估中就应将它们从资产目录上删除，而账外资产则应通过资产评估予以反映。

（二）市场性

市场性是资产评估区别于财务会计活动的显著特征。财务会计既反映市场交易，又反映企业内部的资源变换，企业内部资源变换在时空上是与市场相分离的。资产评估则是在模拟市场条件下对资产进行确认、估价和报告，并且通常受市场的直接检验。

首先，市场性表现在评估资产的市场价值时，一切评估要素均需源于市场；即使是非市场交易类业务，其评估也要采用由市场所决定的参数。例如，清产核资中，评估一台通用设备，企业在原购置时采用了商业策略，使购置价低于市价的10%，但是现在评估该设备时需采用现实市场的正常价格，而不能根据其原有发票来评估其重置全价。

其次，评估结果的有效性要接受市场标准的检验。市场交易类资产业务评估结论的有效性直接受市场检验，若评估值与成交价大相径庭，即可判为低质量的评估。非市场交易类资产业务虽然没有市场成交价来进行检验，但检验评估结果的有效性尺度仍以市场为基础，如以计算税基为目的的评估、以保险理赔为目的的评估。

（三）预测性

资产评估的预测性是指用资产在未来时空的潜能说明现实。这是由资产自身的性质决定的。因为资产是指能够在未来为其控制主体带来经济利益的、具有稀缺性的经济资源，这说明资产的确认与计价都需要预测。例如，评估某项无形资产（如专利）的价值，就需预测其经济寿命，以及在经济寿命期内每年给其控制者带来多少超额收益等。因为在其经济寿命结束后，该专利就不具有无形资产的性质了。再如，通过预测房屋、机器设备的尚可使用年限来评估其重置成本价值等。

（四）公正性

公正性是指资产评估行为对于评估当事人具有独立性，它服务于资产业务的需要，而不是服务于相互矛盾的资产业务当事人中任何一方的需要。公正性表现在两方面：一是资产评估是按公允、法定的准则和规程进行的，具有公允的行为规范和业务规范，这是公正性的技术保证；二是评估人员或机构通常是与资产业务没有利害关系的第三方，这是公正性的组织保证。公正性使资产评估结论常用于财产诉讼以及政府对财产的征用和管理。

（五）咨询性

咨询性是指资产评估是为资产业务提供的专业化估价意见，这个意见本身并无强制执行的效力，评估者只对结论本身合乎职业规范要求负责，而不对资产业务定价决策负责。因为资产评估为资产交易提供的估价往往只是当事人要价和出价的参考，最终成交价取决于双方谈判的结果。此外，咨询性还有另一层含义：由于资产评估是社会分工的一个专业，是由具有一定知识结构的专家组成的专业评估机构进行的，因此在资产评估过程中积累了大量资产信息，能够为社会各方面优化资产业务提供咨询。

第三节 资产评估的主体与客体

资产评估的主体与客体是资产评估最基本的两大要素,明确资产评估主体与客体的内容,并掌握资产评估客体与对象的区别和联系,对进一步掌握资产评估的含义具有很重要的意义。

一、资产评估的主体

资产评估主体是指资产评估业务的承担者,即从事资产评估的机构与专业评估人员。由于资产评估直接影响资产业务当事人各方的权益,是一项政策性、专业性很强的工作,因此无论是对评估机构还是对评估人员都有较高的要求。

按照国际惯例和规范的做法,资产评估机构必须具有资产评估资格。根据我国政府颁布的《国有资产评估管理办法》第九条规定,资产评估公司、会计师事务所、审计事务所、财务咨询公司必须获有省级以上国有资产管理部门颁发的国有资产评估资格证书,才能从事国有资产评估业务,且对其他所有制的资产评估也要参照《国有资产评估管理办法》的规定执行。

在国外,资产评估机构可以分为两类:一类是专业化的资产评估公司;另一类是兼营资产评估业务的各类财务咨询公司、会计师事务所、审计事务所。在究竟是应对资产评估机构实行专业化管理,还是允许各类中介机构提供包括审计、资产评估、财务咨询等综合服务的问题上,各国的做法并不一致。我国目前对资产评估机构实行专业化管理,以强调资产评估的客观性、独立性。但在实践中,中介机构的专业化经营不能满足客户要求其提供综合服务的实际需要。

评估机构是由专业资产评估人员构成的。资产评估人员应具备如下条件:必须拥有广博的知识,如工程技术(房屋建筑与机器设备)、经济预测、财务会计、经济学、财政学、金融、法律等多方面的专业知识;与资产评估相关的丰富的实践经验;良好的职业道德;经过严格的考试或考核,取得资产评估管理机构确认的资产评估资格(如注册评估师)。

二、资产评估的客体

从资产评估理论层面上讲,资产评估客体通常泛指资产及需要利用估值技术服务的所有可以用货币表示的经济事项。该表述明确表达了,资产评估客体是指包括资产在内的所有需要利用估值技术服务的、可以用货币表示的经济事项。资产评估客体包括资产但不仅限于资产。资产是资产评估客体中最重要的组成部分。

(一)资产的含义

1. 资产概念的一般界定

资产一般是指国家、企业、事业或其他单位以及个人所拥有或控制的,且能以货币计量的经济资源,包括各种财产、债权和其他权利。在资产评估中对此概念的进一步理解应把握以下几点:

(1)资产是经济资源,它具有能够为其拥有者或控制者带来经济利益的潜能。

(2)这里所定义的经济资源必须能够以货币计量,否则尽管经济资源能给其拥有者或控制者带来利益,或者说具有某种效用,却不能进入市场交易。这同时也说明经济资源必须具有排他性、稀缺性,否则就不存在通过市场交易获得控制权的必要性。试想,人人都唾手可得的经济资源有必要成为资产评估的对象吗?例如,政府发布的经济信息就不能成为资产评估的对象。

(3)有权从经济资源中获利的人(包括法人与自然人)不能仅限于经济资源的拥有者,应强调定义中的控制者。这对于确定资产评估对象的边界,特别是对企业的资产评估,具有重要意义。首先,对企业而言,资产的实质是一组权益,它与所有权和控制权的概念都相联系。一切财产物资、债权和其他权利只要归企业控制,就可成为企业资产,无论企业对它们是否拥有所有权。虽然企业资产权利因所有权和控制权的区别具有不同性质,前者是企业"自有资产",后者是企业"借入资产",但不应以所有权为界限来划定企业资产。其次,企业作为一个法人,从组织生产经营的角度看,资产是企业所控制的一切经济资源。它们在生产技术联系上是一个整体,不会因资产所有权与控制权的区别而改变企业资产的边界。再次,即使评估目的是要评估所有者权益,也不可能在实物资产中划分出哪些资产是具有所有权的资产,从而加以评估;只能是先评估出企业全部控制资产的总价值,然后减去全部负债,计算出所有者资产的价值,即所有者权益。因此,所有权概念不是资产评估中资产确认的起点,它仅是评估结果的一种科学解释。

综上所述,作为资产评估对象的资产,是指能够在未来为其控制主体带来经济利益的、能以货币计量的、排他性占有的经济资源,包括各种财产、债权和其他权利。

2. 资产的确认标准

(1)现实性。现实性表明经济资源在评估时点已经存在,是已经发生的经济活动的结果,并且在评估时点仍然存在。例如,某项专利是企业购买的结果,并且在评估时点仍处于有效保护期。

(2)控制性。控制性是指以企事业单位或个人对经济资源的控制权来定义被评估资产的边界,而不论资产是其用自有资金投资购建,还是负债购建,或是租入。

(3)有效性。有效性,一是表明已无实际资产对应的待摊费用等不能列作被评估资产;二是表明无论是否是劳动产品,只要有效用即可作为被评估资产。例如,土地使用权、专营权都不是劳动产品,却可为其控制者带来经济利益。

(4)稀缺性。稀缺性表明要获得具有稀缺性经济资源的控制权,就必须付出代价。也正因为如此,经济资源才成为资产。

(5)合法性。合法性是指企事业单位或个人控制的经济资源具有合法性,受到法律保护,即非法经济资源不能被确认为被评估资产。

(二)被评估资产的分类

为了便于评估操作,也为了更好地满足客户要求、实现评估目的,需要对资产按照不同标准进行分类。

1. 根据资产评估目的和被评估资产是否具有综合获利能力分类

根据资产评估目的和被评估资产是否具有综合获利能力分类,可以分为单项资产和整体资产。

单项资产是指单台、单件的资产。单台(件)是就资产的物理状态的完整性而言,如一台车床、一个备件、一种原材料等。就企业而言,形成完整的生产能力所使用的资产是一个有机的系统,其物理状态具有完整性的单台(件)资产是这个系统的基本构成要素。因此,单项资产评估是评估单个生产要素的价格。

整体资产是指由一组单项资产组成的、具有获利能力的资产综合体。以整体资产作为评估对象就不是评估其构成要素即单项资产的价值量,而是根据整体资产的预期获利能力来评估。典型的整体资产一般是指一个企业,但也可以是一个车间,其确定标准在于是否由多个单项资产组成、是否能单独计算其获利能力。这里需要强调的是，单项可确指资产价值的总和并不等于整体资产的价值。因为整体资产评估所评估的是其获利能力，其价值除了包括各单项资产的价值外，还包括不可确指的资产商誉。商誉是在整体资产预期收益率高于社会平均收益率的情况下产生的。

2. 根据被评估资产的存在形态分类

根据被评估资产的存在形态分类，全部资产可以分为有形资产与无形资产。

有形资产是指那些具有实体形态的资产，包括固定资产、流动资产、对外投资、其他资产和自然资源等。无形资产是指那些没有物质实体而是以某种特殊权利和技术知识等经济资源状态存在并发挥作用的资产，包括专利权、商标权、非专利技术、土地使用权、商誉等。

3. 根据资产的法律意义分类

根据资产的法律意义分类，全部资产可以分为不动产、动产和合法权利。

不动产是指不能离开原有的固定位置而存在的资产，如自然资源、土地、房屋以及附着于土地和房屋上不可分离的部分等；动产是指能脱离原有位置而存在的资产，如各种流动资产、各项长期资产、除不动产以外的各项固定资产；合法权利是指受国家法律保护并能取得预期收益的特权，如各项无形资产。

4. 根据被评估资产在企业经营活动中是否持续使用分类

根据被评估资产在企业经营活动中是否持续使用分类，全部资产可以分为固定资产与流动资产。

根据国际资产评估标准的基本概念，流动资产是指企业在经营活动中不打算持续使用的资产，如存货、应收账款、短期投资、银行活期存款及手持现金。在某些情况下，通常被视为固定资产的不动产可以被作为流动资产，如待出售的土地或改良过的不动产。按照会计学中的规定，固定资产一般是指使用年限在一年以上、单位价值在规定限额以上的劳动手段。根据国际资产评估标准中的定义，固定资产包括有形和无形两类：有形固定资产是指企业在经营活动中打算持续使用的土地和建筑物、厂房和设备、累计折旧及适当分类的其他资产；无形固定资产是指企业在经营活动中不以持续使用为基础，但具有长期所有权的资产，如长期投资、长期应收账款、结转的费用、商誉、专利、商标及类似资产。

5. 根据被评估资产能否独立存在分类

根据被评估资产能否独立存在分类，全部资产可以分为可确指的资产与不可确指的资产。

可确指的资产是指能独立存在的资产，所有的有形资产与除商誉以外的无形资产都是可确指的资产。不可确指的资产是指不能独立于有形资产而单独存在的资产，如商誉。商誉是由于企业地理位置优越、信誉卓著、经营有特色、历史悠久、技术先进等原因，能获得高于一般正常投资收益率的超额收益。从它形成的原因来看，它不能脱离企业的有形资产而单独存在。

6. 根据财务会计制度规定与被评估资产的工程技术特点分类

根据财务会计制度规定与被评估资产的工程技术特点分类，全部资产可以分为固定资产、长期投资、流动资产、无形资产、在建工程、递延资产及其他资产。

这种分类对于评估中专业技术分工和搜集整理信息资料是基本适用的，但在实际评估操作中，仍存在以下不足：一是上述分类中房地产分别属于固定资产与无形资产（土地使用权），但房地产本身是一个有机体，拥有独立的市场，评估的专业技术性很强，故在评估中通常作为一类资产进行评估；二是评估中专业分工过细，不利于评估操作，需要把特点类似的被评估资产归类。因此在评估实践中，通常将被评估资产分为以下几类：房地产评估（包括在建工程），机器设备评估，流动资产评估，无形资产评估，整体资产评估（包括商誉），长期投资评估（包括递延资产），资源性资产评估。

【知识链接 1—1】

一、资产评估客体与对象

从广义的层面上讲，资产评估的客体等同于资产评估对象。所谓广义层面，是指只考虑资产本身而不考虑评估目的等条件对资产功能、使用方式等的影响。此时的资产评估客体是泛指的评估对象。而在资产评估操作层面上，资产评估对象并不是一个泛指的概念，而是一个具体的概念，是一个需要被评估师表达价值的标的物。此时的评估对象不仅包括资产本身，还包括资产存在的地点、使用方式等相关的条件。因此，在资产评估操作的层面上，资产评估对象需要界定，包括对被评估资产存在方式及使用方式的界定。

资产的存在形态千差万别，性质功能丰富多样。资产评估对象之所以有别于一般意义上的资产评估客体，就是因为引起资产评估的经济行为等条件会对作为资产评估客体的资产发挥资产作用的方式、盈利模式产生影响。

资产评估操作层面上的评估对象，是由资产评估本身和引起资产评估的经济行为对评估结果用途的具体要求（资产评估特定目的）等，对资产功能、作用、使用方式及承载的权益的影响等所构成的具体的资产评估标的物。从资产评估操作层面上讲，需要把资产评估客体具体化，即将一般意义上的资产评估客体转换成资产评估对象。

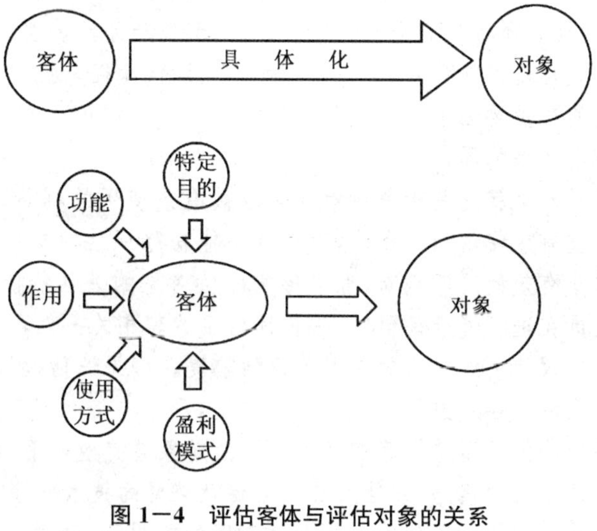

图 1—4 评估客体与评估对象的关系

二、评估对象作用方式和利用状态的界定

资产所创造的价值是要通过对资产的运用及其所体现出来的活力能力和市场表现来实现的。在评估对象确定的前提下，评估对象如何及以什么方式被使用，将直接影响甚至决定评估对象获利能力的产生和形成。也就是说，评估对象的作用方式将直接影响评估对象的盈利模式。关于评估对象作用方式的讨论，涉及评估对象作用方式与评估对象盈利模式两个方面的问题。

（一）评估对象作用方式的界定

单项资产评估对象的作用方式，指的是单项资产评估对象是作为整体资产中的要素资产被使用，还是作为独立的资产被使用，这将影响评估对象的作用空间和获利空间。不同使用方式还将影响单项资产评估对象的评估结果、价值类型，以及在资产评估过程中的评估参数的选择。如果评估对象是作为整体资产中的要素资产被使用，那么要素资产价值的高低要由该要素资产对整体资产的贡献来决定，或者是由整体资产缺少该项要素资产时将蒙受的损失来决定，一般情况下评价的通常是在用价值。如果被评估资产是作为独立的资产被使用，在资产评估过程中适用对比参照物价格、市场询价以及预期收益折现等方法评价其价值，一般情况下评价结果是市场价值。

整体资产评估对象的作用方式，指的是整体资产评估对象是将持续经营或使用，还是作为非持续经营的若干需要变现的单项要素资产组合。整体资产的持续经营与整体资产变现或者拆零变现，无论是在价值类型的选择、评估参数的选择还是在评估结果等方面，都可能存在较大的差异。

（二）评估对象盈利模式的判断

评估对象的盈利模式同评估对象自身的性质、功能以及与评估目的相关的使用方式紧密相连。整体资产的盈利模式相对容易把握，单项资产的盈利模式把握起来比较复杂；有形资产的盈利模式相对容易把握，无形资产的盈利模式把握起来较为困难。有些单项有形资产本身就具有独立获利的能力，而有些单项有形资产本身并不具有独立的获利能力，要么与其他若干个单项资产组成资产组或资产组组合形成获利能力载体，要么作为整体资产的一部分融入整体资产之中。无形资产本身具有很强的获利能力，但无形资产本身通常并不具有独立的获利能力，无形资产的获利能力大多需要借助于有形资产共同形成获利能力载体。无形资产在多大的范围内，与什么规模和质量的有形资产结合，对无形资产评估价值影响巨大。无形资产的作用方式以及盈利模式是资产评估人员选择评估参数、评估途径与技术方法的重要依据之一，是影响无形资产价值的最重要因素之一。

（三）评估对象使用效果的界定

评估对象使用效果界定就是关于评估对象是否被有效使用的判断。在大多数情况下，资产评估是以评估对象被有效使用为前提的，但这并不能排除评估对象的非有效使用。对评估对象被有效使用或被非有效使用的判断，直接影响评估对象的评估价值。评估对象使用效果界定就是要求评估人员在进行资产评估时，根据评估目的等相关条件，推定或判断本次评估是否应该以评估对象的有效使用或非有效使用为评估前提。如果评估人员根据评估目的等相关条件推定本次评估必须以评估对象的有效使用为前提，那么在评估过程中所使用的各类经济技术参数和评估结果的价值类型选择等都必须以评估对象被有效使用为依据。如果评估对象事实上并没有达到有效使用的状态，评估人员则需要做必要的技术处理，在保证评估过程中所使用的各类经济技术参数都符合评估对象被有效使用的前提下，注意将评估对象由现实状况调整到有效使用状况需要做的工作及成本。

评估对象的作用方式、盈利模式、使用效果的界定是资产评估过程中非常重要的组成部分，是准确、合理评价资产评估价值的基础工作。

第四节　资产评估的规范体系

资产评估规范是指导资产评估行业健康发展、约束评估人员执业行为的一系列法律法规、准则、职业道德规范的总称。资产评估规范是在资产评估领域内起作用的一种社会意识形态，作为一种标准，它帮助评估人员解决如何工作的问题，为评价评估工作提供客观依据；作为一种机制，它是保障和促进评估活动达到预期的一种制约力量。资产评估规范具有公认性、统一性、适用性和时代性等方面的特点。

一、我国资产评估法律规范

目前我国资产评估法制和规范体系已初步形成了一套以国务院颁布的《国有资产评估管理办法》为主干，以财政部、原国家国有资产管理局等政府主管部门颁布的一系列关于资产评估的规章制度为主体，以全国人大及其常委会、司法机关和其他政府部门颁布的其他相关法律、司法解释和规章制度为补充的资产评估法律规范体系。

（一）国有资产评估管理办法

1991年11月16日，国务院颁布《国有资产评估管理办法》（国务院第91号令）。它是我国第一个关于资产评估管理的行政法规，也是迄今为止我国法律效力最高的资产评估专门法规。《国有资产评估管理办法》共六章三十九条，主要内容包括：

（1）规定了必须进行国有资产评估的情形，包括：资产拍卖、转让；企业兼并、出售、联营、股份经营；设立中外合资、合作经营企业；企业清算以及依照国家有关规定需要进行资产评估的其他情形。

（2）规定了国有资产评估的范围，包括固定资产、流动资产、无形资产和其他资产。

（3）规定了国有资产评估的组织管理，包括国有资产评估项目的管理和资产评估机构的管理等。

（4）规定了评估程序，包括申请立项、资产清查、评定估算和验证确认等国有资产评估和管理程序。

（5）规定了评估方法，包括收益现值法、重置成本法、现行市价法、清算价格法、国有资产管理部门规定的其他评估方法。

（6）规定了违反《国有资产评估管理办法》的法律责任。

《国有资产评估管理办法》的颁布，确立了我国资产评估的基本依据，是我国资产评估法制建设的重要里程碑。

（二）资产评估行政主管部门制定的资产评估规章制度

财政部、原国家国有资产管理局等资产评估行政主管部门制定的资产评估规章制度构成了我国资产评估法律规范体系的最主要内容，主要有以下几个方面的内容：

（1）资产评估综合管理方面，如原国家国有资产管理局颁布的《国有资产评估管理办法施行细则》（国资办发[1992]36号）。

（2）资格管理与考试方面，如原国家人事部与原国家国有资产管理局联合颁布的《注册资产评估师执业资格制度暂行规定》（人职发[1995]54号）、原国家人事部与财政部联合颁布的《关于调整注册资产评估师执业资格考试有关规定的通知》（人发[1999]23号）。

（3）注册管理方面，如原国家国有资产管理局颁布的《注册资产评估师执业资格注册管理暂行办法》（国资办发[1996]35号）。

（4）机构管理方面，如财政部颁布的《资产评估机构审批管理办法》（财政部令第22号）。

（5）评估项目管理方面，如财政部颁布的《关于改进资产评估确认工作的通知》（财评字[1998]136号）。

（6）后续教育方面，如财政部颁布的《注册资产评估师后续培训制度（试行）》（财评协字[1998]54号）。

(7)执业规范方面,如原国家国有资产管理局颁布的《资产评估操作规范意见》(国资办发[1996]23号)。

(8)体制改革方面,如财政部颁布的《关于资产评估机构脱钩改制的通知》(财评字[1999]119号)。

(9)评估收费和财务管理方面,如国家物价局与原国家国有资产管理局联合颁布的《关于资产评估收费管理暂行办法》(价费字[1992]625号)。

(三)资产评估相关法律、法规和规章制度

这些法律、法规和规章制度是资产评估法律规范体系的重要组成部分,主要包括以下三方面内容:

(1)全国人大或者人大常委会颁布的法律,如《公司法》、《证券法》、《企业国有资产法》、《合伙企业法》、《拍卖法》、《刑法》。

这些法律主要从以下几个方面涉及资产评估行业:第一是对需要进行资产评估的情形做出了规定;第二是对企业国有资产评估中评估机构选聘以及评估机构执业提出要求;第三是对评估机构、专业人员违反法律规定的罚则做出了规定。其中最为重要的是《公司法》,该法将资产评估作为组建有限责任公司和股份有限公司过程中的重要一环予以明确规定。

(2)司法机关颁布的司法解释。

(3)相关政府部门颁布的规章制度。

二、我国资产评估准则体系简介

(一)我国资产评估准则体系遵循的思想

资产评估工作具有很强的专业性,世界各国和地区在资产评估行业发展过程中,大多根据需要制定了本国、本地区的资产评估准则,用于指导评估师执业。资产评估准则体系直接影响着各评估具体准则和指南的内容,各国评估界在制定评估准则时都十分重视准则体系的结构设计。由于我国资产评估行业发展的综合性,我国资产评估准则涉及各种类型的资产、各种评估目的和经济行为,因此更需要设计合理、灵活的准则体系,使其不仅对资产评估中的共性问题进行规范,同时也对各类别、各目的以及各类经济行为的资产评估业务有层次地分别予以指导和规范。因此,在设计我国资产评估准则体系时,主要遵循以下思想:

(1)我国资产评估准则体系应当是综合性的评估准则体系,包括不动产、动产、机器设备、企业价值、无形资产等各类别资产的评估准则。

(2)我国资产评估准则体系应当高度重视程序性准则与专业性准则。鉴于资产评估行业的特点,我国资产评估准则体系不仅应包括从程序方面规范评估行为的准则,如评估报告、工作底稿等,也应包括针对各主要类别资产而进行规范的专业性准则,如企业价值评估准则、机器设备评估准则、不动产评估准则等。

(3)我国资产评估准则体系中应当将职业道德准则放在与业务性准则同等重要的高度。基于职业道德在评估行业中的重要作用,我国资产评估准则在重视制定规范评估行为的业务性准则的同时,更应当高度重视职业道德准则的作用。

(4)我国资产评估准则体系应当层次清晰、逻辑严密,并具有一定的灵活性。我国资产评估准则体系应当体现各层次准则文件的不同效力和不同规范领域,同时由于资产评估理论与实践在国际上发展的不均衡性,我国资产评估行业的发展尚处于不断完善的过程中,准则制定应考虑评估理论和实践的未来发展趋势。

(二)我国资产评估准则体系的基本框架

根据上述指导思想,我国资产评估准则体系主要由以下几方面构成:

1. 从资产评估准则体系横向关系上划分

从资产评估准则体系横向关系上划分,资产评估准则包括业务准则(资产评估基本准则)和职业道德准则两个部分。

由于资产评估工作的特点,评估师职业道德准则与业务准则的许多内容很难截然分开。在国际评估准则及相关国家评估准则中,业务准则与职业道德准则中有相当一部分规范内容交叉重复,如合理假设、明确披露等也是资产评估职业道德准则中的重要部分,我国资产评估准则体系中资产评估职业道德准则与资产评估业务准则并列。

2. 从资产评估准则体系纵向关系上划分

从资产评估准则体系纵向关系上划分,资产评估准则分为不同的层次。

(1)资产评估职业道德准则的纵向关系较为简单,分为职业道德基本准则和具体准则两个层次。职业道德基本准则对注册资产评估师职业道德方面的基本要求、专业胜任能力、注册资产评估师与委托方和相关当事方的关系、注册资产评估师与其他注册资产评估师的关系等进行概要规范;职业道德具体准则对评估实践中存在的与职业道德有关的问题和职业道德基本准则中的一些重要内容(如独立性、保密原则等)作了进一步明确规范。

(2)资产评估业务准则由于涉及面广,在纵向关系上分为以下四个层次:

第一层次为资产评估基本准则。资产评估基本准则是注册资产评估师执行各种资产类型、各种评估目的资产评估业务的基本规范,是各类资产评估业务中应当共同遵守的基本准则。由于我国资产评估行业特殊的发展背景和综合性地位,基本准则在整个评估准则体系中占有极为重要的地位。基本准则是我国评估准则体系的一大特点,目前在各国评估准则及国际评估准则中并没有类似的基本准则部分,我国资产评估基本准则是将各类资产评估的共同规范进行有机结合的首次尝试。

第二层次为资产评估具体准则。资产评估具体准则分为程序性准则和专业性准则两个部分。

程序性准则是关于注册资产评估师通过履行一定的专业程序完成评估业务、保证评估质量的规范,包括评估业务约定书、评估工作底稿、评估报告等。程序性准则的制定需要与目前我国资产评估行业的理论研究和实践发展相结合。注册资产评估师只有履行必要的资产评估程序,才能在程序上避免重大的遗漏或疏忽,保证资产评估的质量。

专业性准则针对不同资产类别的特点,分别对不同类别的资产评估业务中的评估执业行为进行规范。根据我国资产评估行业的惯例和国际上的通行做法,专业性准则主要包括企业价值评估准则、无形资产评估准则、不动产评估准则、机器设备评估准则、珠宝首饰艺术品评估准则等。

第三层次为资产评估指南。资产评估指南包括对特定目的、特定资产类别(细化)评估业务以及对资产评估中某些重要事项的规范。评估师在执行具有不同目的的评估业务中,应当关注的事项也各有不同。资产评估指南拟对我国资产评估行业中涉及主要评估目的的业务进行规范,同时也将涉及一些具体的资产类别评估业务,并对资产评估工作的一些重要特定事项进行规范。

第四层次为资产评估指导意见。资产评估指导意见是针对资产评估业务中的某些具体问题的指导性文件。该层次比较灵活,针对评估业务中出现的问题及时提出指导意见,某些尚不成熟的评估指南或具体评估准则也可以先作为指导意见发表，待实践一段时间或成熟后再上升为具体准则或指南。

我国现已制定并发布了26个准则类文件，包括2个基本准则、12个具体准则、4个评估指南、8个指导意见，如图1-5所示。这些准则涵盖了评估执业程序的各个环节和评估业务的主要领域，标志着我国已经建立起比较完整的资产评估准则体系。

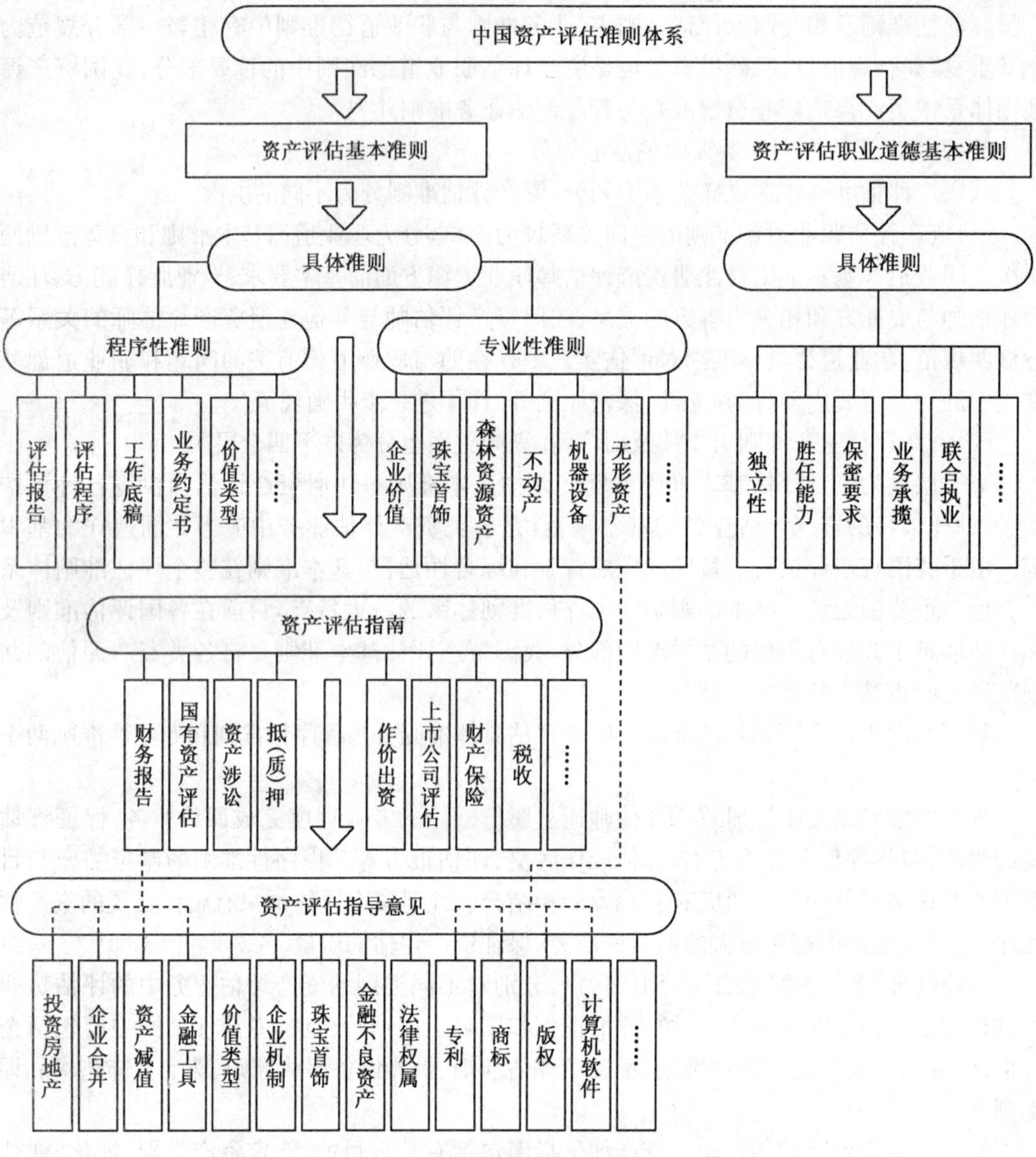

图1-5 中国资产评估准则体系

资产评估准则体系的发布，对于推动资产评估行业健康发展、更好地服务于改革与发展大局有重要意义：一是有利于深入贯彻落实科学发展观；二是有利于完善社会主义市场体系；三是有利于维护公众利益，提升行业社会公信力；四是有利于提高行业规范化水平和执业质量；五是有利于评估报告使用方理解评估行业。资产评估准则体系的特点主要表现为：注重品德要求，强调职业道德；立足中国国情，借鉴国际经验；切实维护公众利益，提升行业社会公信力；关注新兴业务，主动服务市场需要；充分尊重委托方的合理需求，提升行业服务质量。

三、资产评估职业道德

资产评估职业道德是指注册资产评估师及其评估机构在从事资产评估执业活动中应当遵守的职业道德准则和规范。

(一)注册资产评估师遵纪守法的要求

注册资产评估师在具体评估过程中应做到：

(1)要独立地进行专业判断，不得以委托方或相关当事方预先设定的价值量作为评估结果。

(2)不得利用工作之便为自己或他人谋取不正当利益。

(3)应当遵守保密守则，除法律、法规和有关制度另有规定外，未经委托方书面许可，不得对外提供在执业过程中获知的各种商业秘密和相关业务资料。

(4)不应同时在两家以上(含)评估机构执业，也不得以个人名义从事资产评估业务活动。

(5)对参与评估人员的工作进行指示、督促和复核，保证评估人员执行执业标准、程序和遵守职业道德规范。

(6)要维护评估行业的职业形象，不得从事与注册资产评估师身份不符或可能损害其职业形象的活动。

(7)在每个具体的工作过程中形成能够支持评估结论的工作底稿，并按照有关规定管理和保存好评估工作档案。

(8)要自觉接受中国资产评估协会的管理，积极履行对资产评估行业协会的义务等要求。

(二)注册资产评估师恪守独立、客观、公正的要求

1. 恪守独立性原则要求

(1)独立性包括实质上的独立和形式上的独立。实质上的独立，是指注册资产评估师与服务对象之间没有利害关系。形式上的独立，是指注册资产评估师在为委托方提供服务时在社会公众或第三方面前呈现出的一种独立于委托人的形象。

(2)要保证注册资产评估师在执业过程中恪守独立性原则，应该注意以下几个方面：

①要避免注册资产评估师同委托方或与被评估资产有关的单位或个人之间存在利害关系，只有这样才能真正得到实质上的独立。

②要保持在社会公众面前独立于委托人的身份，只有这样才能获得社会公众的信任(即形式上的独立)。

③要在委托方配合的具体过程中把握好独立性，不能片面理解独立性。独立性应表现为：在广泛与委托方接触以及自己深入了解和掌握情况的基础上，认真听取委托方的意见，经过全面分析和思考后，独立对评估业务做出判断的意见。

2. 恪守客观性原则要求

要保证注册资产评估师在执业过程中恪守客观性原则，应该注意以下几点：

(1)在执行资产评估业务时，应公平、理智，摆脱利益冲突的影响。

(2)应当基于客观的立场，以客观事实为依据，实事求是，真实地反映资产现状，充分考虑市场条件，并通过占有尽可能多的资料和数据，对被评估资产做出分析、判断、预测，在此基础上出具基于客观立场、以客观事实为依据的评估报告。

(3)在执行资产评估业务时，应当排除个人感情、成见或偏见的影响。

3. 恪守公正性原则要求

要保证注册资产评估师在执业过程中恪守公正性原则，应该注意以下几点：

(1)要恪守独立性、客观性原则。

(2)要求注册资产评估师正确处理好服务与报酬的关系。

(3)在资产评估过程中建立和健全必要的监督和约束制度，尽量消除评定价值和服务收费之间的因果关系。

(三)注册资产评估师在具体执业过程中的职业道德要求

(1)不得以个人的名义进行评估业务的承揽工作，不仅要求注册资产评估师不得以个人的名义承揽资产评估业务，也要求注册资产评估师不得以个人的名义接受和开展资产评估业务，还要求注册资产评估师不得同时在两家或两家以上资产评估机构执业。

(2)在承揽和接受业务时，与委托方或相关当事方存在利害关系时，应主动回避。

(3)在接受资产评估业务时，应实事求是地与委托方签订规范的委托合同(协议)。

(4)注册资产评估师进行价值评定时，应当严格执行资产评估执业标准和执业程序，不得随意降低执业标准，不得随意删减、简化执业程序。

(5)注册资产评估师进行价值评定时，应当独立进行专业判断，不得以委托方或相关当事方预先设定的价值量作为评估结果。

(6)注册资产评估师进行价值评定时，应当使用合理的假设。

(7)注册资产评估师进行价值评定时，应当获取足够的相关资料和数据，并应当对获取的资料、数据和评估有关事宜进行充分分析。

(8)注册资产评估师进行价值评定时，应当对参与评估人员的工作进行指示、督促和复核，保证评估人员执行执业标准、程序和遵守职业道德规范。

(9)注册资产评估师进行价值评定时，有时还需要利用有关专家协助工作。注册资产评估师应当采取必要的措施来保证该专家的专业水平，以及与该资产价值有关的专家工作意见的合理性和可信度，并对协助其评估工作的专家工作结果承担相应的责任。

(10)注册资产评估师执行资产评估业务过程中，应当在每个具体的工作过程中形成评估工作底稿。

(11)在进行评估结论披露时，应当根据相关法律、法规和资产评估准则出具评估报告。

(12)在进行评估结论披露时，应当在评估报告中充分披露评估所依据的假设、限制条件和评估相关的必要信息。

(13)在进行评估结论披露时，应当引导报告使用者恰当使用评估报告。

(14)在进行评估结论披露时，不应在自己未参与或不了解项目的评估报告上签署名字，也不得允许他人以本人名义签署评估报告。

(15)在完成评估任务的整个过程中，不得向委托方或相关当事方索取约定服务费之外的不正当利益。

(四)注册资产评估师专业胜任能力的要求

1. 专业胜任能力的要求

(1)将要从事资产评估业务的人应当先经过专门教育和培训，获取评估方面的专业知识、专业训练，并取得评估的实践经验，具备从事资产评估业务的分析、判断和表达能力，才能进入这一行业从事评估活动。

(2)已进入资产评估行业从事资产评估业务的注册资产评估师在承揽、接受和进行资产评估业务时，一般只能在其专业技能和时空安排等方面能够胜任的范围内进行，对超越其专业技能和时空安排等胜任能力的业务应当放弃、拒绝或采取恰当的措施加以解决。

2. 要保证注册资产评估师的专业胜任能力所应该注意的问题

(1)应当经过专门教育和培训，具备相应的专业知识和经验。

(2)应当接受后续教育，继续学习相关专业理论知识，保持和提高专业胜任能力。

(五)注册资产评估师与委托方和相关当事方关系的要求

(1)对资产评估业务质量的责任要求。

(2)对客户责任要求具体包括：应当做到按时按质完成委托的资产评估业务；坚持保密原则，做好为客户保密的工作；竭诚为客户服务。

(3)在完成评估任务的整个过程中，不得向委托方或相关当事方索取约定服务费之外的不正当利益。

(4)提示客户恰当使用评估报告，并声明不承担相关当事人决策失误的责任。

(六)注册资产评估师与其他注册资产评估师关系的要求

(1)对同业的其他注册资产评估师要求以诚相待，保持良好的工作关系，做好与同行之间的沟通与协作。

(2)不得贬损或诋毁其他注册资产评估师，要共同维护和增进本行业的职业信誉和形象。

(3)不得以恶意降低收费等不正当竞争手段与其他注册资产评估师争揽评估业务。

本章小结

资产评估是商品经济发展到一定阶段的必然产物。本章简述了资产评估的产生与发展，详细说明了资产评估的含义与特点、主体与客体，并分析了资产评估客体与对象的区别和联系，介绍了资产评估相关法律法规、准则体系，详述了资产评估的职业道德规范。

复习题

1. 资产评估的发展大体经历了哪几个阶段？
2. 资产评估的构成要素有哪些？
3. 资产评估的特点有哪些？
4. 什么是资产评估主体与客体？
5. 简述资产评估客体与对象的区别和联系。
6. 资产评估的工作原则有哪些？
7. 资产评估的职业道德主要包括哪几个方面？

案例题

某省甲资产评估事务所(以下称“甲事务所”)于 2011 年设立，主营业务为资产评估，总所于 2012 年在北京成立，原地方所注册为分所。2012 年获取了证券评估资格，该评估资格在 2013 年后没有进行年检。成立初期，为了快速扩大业务量，甲事务所降低营业成本，减少项目组人员数量，降低业务质量，提供廉价评估服务。在人员不足、业务繁忙时期，依然扩大业务量，同时承揽多家大型项目的评估业务，并集中了一批无证券评估资格的机构和无经验的评估人员以补充人手，外聘"专家"水平参差不齐。为了降低评估成本，甲事务所针对不同的行业和项目类型使用"模板"，基本不进行细致考察、分析，只在简单地询问后便选定"模板"，对"模板"进行简单修改后便出具报告。对不同项目采取基本相同的假设，使用范围假设、效果假设都近似。

乙公司刚刚成立，委托甲事务所评估其未来的市场范围以及可能带来的收益，甲事务所只对乙公司提供的许多"未来"项目进行评估。甲事务所在很短的时间内便为乙公司"炮制"出一份作价 2 亿元的虚高评估报告。评估过程中既未到相关部门核实土地权属、征地费用、土地等级等一系列涉及资产评估的重要依据，也未取得被评估土地所在地政府有关当地土地基准地价文件，仅凭乙公司提供的丙公司一宗土地的《国有土地使用证》复印件和另一宗土地的"国有土地使用证正在办理之中的证明"复印件等，就"凭经验"采用基准地价法对丙公司1 268亩土地（其中包括部分国家文物保护区范围内的土地）进行所谓的"估算"并出具报告，乙公司据此向金融机构骗贷 0.7 亿元。由于报告时间紧，来不及进行实物现场全面核查，该机构直接在"特别事项说明"中表述"实物资产未进行核实，以账面值作为评估结果"。

【分析】 该案例违反资产评估职业道德的行为主要表现在以下几个方面：

1. 甲事务所执业水准不高、评估程序简单。甲事务所为赶时间、赶进度或因收费低而轻易得出结果，在评估报告中借"特别事项说明"将责任完全或部分推卸给上市公司或会计师事务所等其他中介机构。该事务所没有对乙公司进行"现场调查"就得出评估结论，显然也是违反职业道德的。

2. 评估师选择和运用的评估方法不合理，缺乏应有的执业谨慎。该评估事务所夸大了乙公司的资产事实，为公司资产大幅增值，导致乙公司骗取巨额贷款，使金融机构蒙受巨大损失。

3. 质量意识淡薄。该事务所面对不同的问题，使用相同的假设，不是从客观出发，而是迎合客户的需求，违背了评估师公正、客观的职业要求。

4. 评估行业的独立性未引起足够重视。评估事务所往往屈从于客户，评估随意性很大，不利于各评估机构的公平竞争、独立性的保持以及执业质量的保证。此外，有的上市公司在重大资产重组中聘请的会计师、评估师来自同一机构，明显缺乏独立性。

5. 评估事务所的诚信机制缺失。一些评估事务所在利益驱动下主观先行地倒置程序来做评估，这将会导致评估风险扩大，所产生的更深层次的影响则是，它所形成的"现实性"思想非常不利于评估师政治、业务素质的提高。评估事务所面对利益诱惑时，往往会做出不切实际的评估。

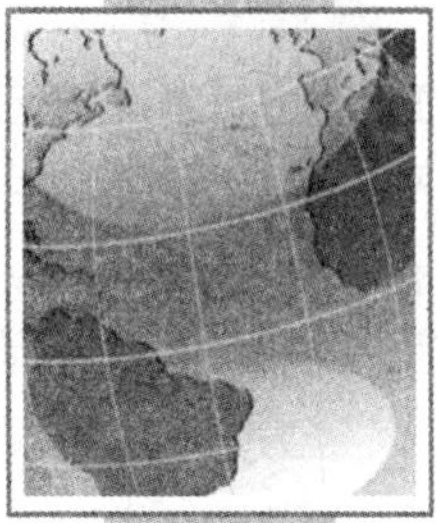

第二章 资产评估的基本理论

学习目的与要求

通过本章学习，应了解和掌握资产评估的一般目的与特定目的，以及它们在资产评估中的地位和作用。了解和掌握资产评估的前提假设、环境假设、利用程度假设和特定假设，充分理解资产评估条件在资产评估中的地位和作用。了解和熟悉资产评估价值定义的分类及其分类的依据、市场价值和市场价值以外的价值的主要表现形式及其使用范围、价值定义及其类型在资产评估中的作用，以及如何恰当地选择和定义评估价值。了解和掌握资产评估的原则。

第一节　资产评估的目的

资产评估的目的可以被理解为评估委托人为什么进行资产评估；简言之，就是指进行资产评估的原因。资产评估目的是资产评估业务的基础，在较大程度上决定了资产估价标准的采用，并在一定程度上制约着评估途径和方法的选择。

一、资产评估的一般目的

资产评估的一般目的是指取得资产在评估基准日的公允价值。这是由资产评估的性质和基本功能决定的。资产评估作为一种专业人士对特定时点及特定条件约束下资产价值的估计和判断的社会中介活动，它一经产生就具有为委托人以及资产交易当事人提供合理的资产价值咨询意见的功能。所以，如果我们暂且不考虑引起资产评估的特殊需求，资产评估所要实现的一般目的只能是资产在评估时点的公允价值。

公允价值概念有广义与狭义之分，资产评估中的公允价值是一个广义概念，作为一个相对抽象的价值概念，它是对评估对象在各种条件下与评估条件相匹配的、合理的评估价值的抽象。评估对象在各种条件下与评估条件相匹配的、合理的评估价值，是泛指相对于当事人各方的地位、资产的状况及资产面临的市场条件的合理的评估价值。它是评估人员根据被评估资产所面临的市场条件及自身的条件，对被评估资产客观价值的合理估计。

公允价值的一个显著特点是，与相关当事人的地位、资产的状况及资产所面临的市场条件相吻合，且既没有损害各当事人的合法权益，也没有损害他人的利益。

二、资产评估的特定目的

资产评估的特定目的是指资产业务对评估结果用途的具体要求。资产评估作为一种资产价值判断活动，总是为满足特定资产业务的需求而进行的，这里所说的资产业务是指引起资产评估的经济行为。同样的资产，因评估的特定目的不同，其评估值也不尽相同。

随着现代商品经济的发展，资产业务的种类日益增多，资产评估的特定目的也呈现出多样性。在资产评估实际操作中，评估人员应当十分关注引起资产评估活动的各类资产业务，以及这些资产业务对评估结果用途的具体要求。

(一)资产交易

以资产交易为目的的评估是指针对资产(包括单项资产与整体资产)的所有权或控制权在市场上交易所进行的资产评估。具体包括以下几种：

1. 单项资产交易

在单项资产交易中，主要包括单台机器设备的交易、房地产的交易，以及专利技术、商标等可确指无形资产的交易。进行单项资产交易，既是为了优化资产存量配置，又是为了满足投资的需要。

在现代市场经济环境中，企业为了适应市场需求的变化、跟上技术更新的步伐，需要及时调整产品结构、更新机器设备。为此，要对其资产存量进行调整。例如，出售不使用或闲置的机器设备，购买所需的设备或专利技术等资产。此外，对于拥有非货币性资产的企业来说，为了满足投资需求，也可以将其拥有的不动产或专利技术等资产对外投资；而对于拥有资金的企业来说，购买不动产或专利技术等进行生产经营也是一种投资行为。而交易双方为了维护各自的权益，在进行单项资产交易时，就有必要对交易对象进行价值评估来确定合理的价格。

2. 企业产权变动

现代企业制度下，生产要素由市场进行配置，企业产权变动就是配置的一种重要形式。企业产权并不局限于所有权，而是以财产所有权为基础，反映投资主体对其财产权益、义务的法律形式，具体包括所有权、经营权、使用权和占有权等。由于企业产权变动涉及不同经济主体的权益，因此必须进行资产评估。企业产权变动的形式有很多，主要包括以下几种：

(1)合资经营、合作经营、企业联营

在合资经营、合作经营及企业联营过程中，投资各方投入非现金资产，如房地产、设备、技术、商标等，这些与各方权益相关的投资，无论是按投资比例确定还是在投资的基础上通过协商确定，都需要通过资产评估活动来估计投入资产的价值，为确定其交易价格提供合理依据。

(2)企业合并、分立、兼并

企业合并是指两个或两个以上企业法人均取消法人资格，合并成一个新的独立法人。进行企业合并前，为了确定被合并企业在新企业中的权益，合并双方需要对拟合并企业的资产进行评估。企业分立是指一个法人企业分设为两个或两个以上法人企业，或者在原来一个一级法人企业的基础上增加一个或多个二级法人企业。进行企业分立前，需要对分立企业的资产及分立后对原企业的影响进行评估。企业兼并是指占有优势地位的企业兼并另一个或多个企业，组成一个实力更强的企业或集团，而被兼并企业的法人资格消失。企业兼并可以采用多种形式，如货币购买、调换股票、承担债务等。但无论采用何种形式进行兼并，都需对被兼并企业进行资产评估，有时为了了解兼并企业承担债务的能力，还需对兼并企业进行评估。

(3)发行股票

企业发行股票是将企业的资产所有权采用分割式交易方式进行出售。因此，无论是创立招股还是增资扩股，只要不是由发起人或原股东按比例认购，都需要对股份公司的资产进行评估，以确定股票发行的价格。同时也有助于投资者根据评估报告和招股说明，对公司股票的获利能力和投资风险做出判断。

(4)企业出售

企业出售是指企业产权整体一次性转让，其引起了企业资产的所有权发生变化。因此，为了确定合理的转让价格，需要对企业的资产、负债和所有者权益进行评估。

(5)企业租赁

企业租赁是指拥有资产所有权的单位在一定期限内，以收取租金的形式，将企业全部或部分资产的经营使用权转让给其他经营使用者的行为。企业租赁从某种意义上讲是一种分期交易企业产权的方式。从理论上讲，应在企业整体资产价值的基础上，考虑利息率、租赁时间长短等因素来确定租赁费。在实务操作中，往往根据资产的补偿费用(如折旧、大修理)、预期税后利润，在扣除再投资因素之后综合确定。但无论怎样确定租赁费，都必须对租赁企业的资产进行评估。

3. 房地产交易

如果按单项资产与整体资产的标准划分，房地产应属于单项资产，但由于其交易量特别大，对资产评估的需求量也较大，故作为单独一项评估目的进行探讨。房地产交易包括房地产买卖与出租，因此，对房地产交易的评估既包括对房地产售价的评估，也包括对房地产租金的评估。对房地产的评估可以说是资产评估业务中的主要项目。具体需要评估的房地产交易有：

(1)房地产买卖

在我国，城镇土地属于国家所有，在很多情况下房、地是不可分的。因此在房地产买卖中，对房屋而言是所有权的转让，对土地而言是使用权的转让。为了合理确定转让价格，就需对转让对象进行评估。

(2)房地产出租

房地产出租是指房屋所有者和土地使用权拥有者将房地产租借给承租人，或承租人将承租的房地产转租给另一承租人。为了维护出租人和承租人双方的权益，就需通过对拟出租的房地产进行评估来确定合理的租金。

(二)资产保全

在社会再生产中，资产保全有企业内部和社会保险两个系统。企业内部资产保全是通过在商品和劳务收入中计提固定资产折旧和其他资产损耗来实现的；社会保险是通过核收保险费用，对投保资产的损失进行理赔给予合理补偿来实现的。这两个系统的资产保全在实施过程中均需进行资产评估。

1. 企业内部资产保全

企业内部资产保全是通过计提固定资产折旧和其他资产损耗来实现的。由于会计上采用历史成本对固定资产进行计量，因此在存在通货膨胀的情况下，按历史成本计提的折旧就会发生一定贬值，使计提的折旧总额与更新重置成本需要量之间存在差异，从而不能实现资产保全的目的。但如果不使用会计核算的历史成本属性，又会失去会计核算的客观性与可控性。解决这一矛盾的办法是，采用“阶段历史成本”作为会计核算的基础。即仍以历史成本作为会计核算基础，但当历史成本严重背离资产保全需要时，通过资产评估来重建会计核算基础，以重建的会计核算基础作为下一阶段的历史成本，从而使所计提折旧能够满足资产保全的需要。

2. 财产保险

财产保险是指以被保险人的物资财产及有关权益作为保险标的，以集中保险费建立保险基金，用以补偿因自然灾害或意外事故造成的经济损失的资产业务。在财产保险中，被保险财产的价值，即保险价值，既是确定投保人所应支付保费的依据，又是投保人在保险责任实际发生后取得赔偿的依据。按法律规定，保险价值一般应同市价一致。倘若保险价值确定得不合理，就可能导致被保险人支付过多的保费，或者当保险责任发生时，得不到足额的补偿。因此，在保险合同签署前，保险人与被保险人都应对保险标的进行查勘，评估资产价格，据以承保和支付保费。发生财产损失后，为了确定理赔数额，需要对财产损失原因、程度进行分析评估。

（三）资金融通

企业在经营过程中通常会由于资金短缺而借入资金，而在融资过程中，提供资金的债权方为了合理控制投资风险并判断其还本付息的能力，在某些情况下会要求资产评估机构对债务人的抵押物或资产进行评估。这类评估大多在银行发放抵押贷款、企业发行抵押债券和企业进行融资租赁的情况下发生。

1. 抵押贷款

银行在提供贷款时，为确保贷款安全，通常要求企业以一定的财产（主要是不动产）作为贷款的抵押物，并要求资产评估机构对抵押物的价值进行评估，从而提供给企业与抵押物相适应的贷款。可以说，在这种情况下，对抵押物的评估是否合理、准确，在很大程度上影响了银行贷款的安全性。

2. 发行债券

发行债券是企业融资的另一种方式。债券认购者和批准企业发行债券的有关部门需要了解债券发行企业的资产现状和预期收益，以便对企业的偿债能力做出正确判断。因此，除了依靠资信评级外，还需对企业资产进行评估。另外，资信评级较低的企业为了能够顺利筹资，往往发行抵押债券，这就需要评估机构对抵押物进行评估。

3. 融资租赁

融资租赁又称设备租赁或现代租赁，是实质上转移与资产所有权有关的全部或绝大部分风险和报酬的租赁。融资租赁通常是一种长期租赁，是企业的一种筹资方式，可解决企业对资产的长期需求。在融资租赁过程中，租金的确定既要考虑资产重置成本的保全，又要考虑合理的收益，为此需要对租赁资产的价值进行评估。

（四）资产清算

当企业进行破产清算、终止清算或结业清算时，有关权益人有权要求以货币形式得到补偿，从而需要对资产进行变现或拍卖。这时就要求资产评估机构评估企业资产的变现价格，以此作为资产变现的依据。

（五）债务重组

债务重组是指债权人按照其与债务人达成的协议，或法院裁决同意债务人修改债务条件的事项。在债务重组过程中，如果采用非现金资产清偿债务，或债务转为资本，就会产生对非现金资产和股权的公允价值的评估要求。

（六）咨询服务

咨询服务是指对业已发生或将要发生的资产业务进行评估，主要有以下几种情况：

1. 资产开发

以资产开发为评估目的的资产评估，主要是评估不动产的开发前途。具有潜在开发前途的不动产往往需要考虑其开发后的价值是否高于其目前用途的价值。这是一项非常专业化的评估，需要做多方面的调查，包括法律、市政规划、建筑成本和市场供求因素等，如对旧城区的改造、房地产的置换等。

2. 考核经营业绩

在资产所有权与经营权相分离的情况下，通过资产评估来反映企业资产的保值、增值状态，即可为落实有关责任和奖惩经营者、承包者提供依据。

3. 财务报告

为了克服会计制度以历史成本为原则难以准确反映某些资产价值的缺陷，我国2006年颁布的新会计准则允许对投资性房地产、长期股权投资、交易性金融资产等采用公允价值计量，从而产生了以财务报告为目的的资产评估需求。

4. 诉讼

当事人涉及资产诉讼案件时，往往需要委托资产评估机构对案件所涉及的资产进行评估，如企业侵权，特别是无形资产侵权。在这种情况下，专业评估师的评估结果既有助于当事人把握事实真相，又是法院判决的依据。

(七)税收

据西方历史记载，第一次资产评估是由古埃及的教士为征税而进行的资产评估。因此，以税收为目的的资产评估具有悠久的历史。从世界各国的税种来看，与资产有关从而需要资产评估的税种包括以不动产为课税对象的不动产税、以资产出售后所获利润为课税对象的资本利得税、以被转让资产价值为课税对象的遗产税和赠与税。我国目前开征的与资产评估有关的税种包括房产税(仅针对生产经营性用房)、土地使用税、土地增值税，以及拟开征的针对所有房地产持有者的物业税(又称不动产税)。具体如下：

1. 房产税

现行税制规定，房产税(若不是出租)按原价扣除10%～30%后的余额依率计征，没有房产原值，或原值明显不合理的，就应进行评估。作为计税依据的房产评估值，由省、自治区、直辖市人民政府认定的专门评估机构进行评估。房产评估价值可以由评估机构每3～5年评估一次，具体时间由省、自治区、直辖市人民政府确定。

2. 土地使用税

城镇土地使用税按单位面积规定税额定额计征，单位面积的税额由国家通过对不同地区、地段土地使用权价格的评估来确定。

3. 土地增值税

土地增值税的课税对象是增值额，增值额是指转让房地产所取得的收入减去法定扣除项目金额后的余额。在税法允许扣除的项目中，有一项是售出土地上的旧房及建筑物的评估值，即指已使用的房屋与建筑物在土地出售时由政府指定的评估机构评定的重置全价乘以成新率的价值。

上述各税中，对资产评估需求量最大的是涉及房地产的税收。在以私有制为主的国家中，由于财产以私人所有为主，以征收财产税为目的的资产评估的需求量很大。我国今后随着住房私有化比率的上升和物业税的开征，税收对资产评估的需求量也会随之增长。

(八)国家征用土地和房地产

当出于经济建设或军事等需要时，国家可以依法征用土地和房地产，但同时应对原受益人的损失进行补偿。有关国家补偿的具体范围，各国不完全相同。一般需考虑：被占用的土地或房地产的价值；土地或房地产被部分占用后，对原使用者或所有者造成的有害性影响；动迁到其他地方后，给被动迁者造成的成本上升和商业损失等问题。

补偿问题是一个需要考虑多种因素的复杂问题，但是在市场经济中应根据保护私人财产的法律原则进行操作，应以财产的价值作为补偿的基础。在这方面我国过去做得比较欠缺，尤其是在征用农村土地的过程中，农民的利益没有受到应有的保护。今后随着我国经济中各种产权关系的明晰，补偿问题将变得更为复杂，需要通过完善法规来保证被动迁者的利益，同时也需要有经验的、熟知有关法律的专业人员来对受损一方的损失进行评估，以确定合理的补偿费。

（九）我国政府对国有企业资产评估业务的要求

我国政府对国有企业发生何种资产业务需要评估做了明确的规定。财政部 2005 年 8 月 25 日颁布的《企业国有资产管理暂行办法》中关于企业是否应当对相关资产进行评估的规定如表 2—1 所示。

表 2—1　　《企业国有资产管理暂行办法》关于评估的规定

企业有右侧相关行为之一的，应当对相关资产进行评估	1. 整体或部分改建为有限责任公司或者股份有限公司
	2. 以非货币资产对外投资
	3. 合并、分立、破产、解散
	4. 非上市公司国有股东股权比例变动
	5. 产权转让
	6. 资产转让、置换
	7. 整体资产或者部分资产租赁给非国有单位
	8. 以非货币资产偿还债务
	9. 资产涉讼
	10. 收购非国有单位的资产
	11. 接受非国有单位以非货币资产出资
	12. 接受非国有单位以非货币资产抵债
	13. 法律、行政法规规定的其他需要进行资产评估的事项
企业有右侧相关行为之一的，可以不对相关国有资产进行评估	1. 经各级人民政府及其授权部门批准，对整体企业或者部分资产实施无偿划转
	2. 国有独资企业与其下属独资企业（事业单位）之间或其下属独资企业（事业单位）之间的合并、资产（产权）置换和无偿转让

三、资产评估的特定目的在资产评估中的作用

资产评估特定目的贯穿于资产评估的全过程，影响着评估人员对评估对象的界定，以及对价值类型的选择。资产评估的特定目的不仅是某项具体资产评估活动的起点，同时它又是资产评估活动所要达到的目标。它是评估人员在进行具体资产评估时必须首先明确的基本事项。

资产评估特定目的是界定评估对象的基础。任何一项资产业务，无论产权是否发生变动，它所涉及的资产范围必须接受资产业务本身的制约。资产评估委托方正是根据资产业务的需要确定资产评估的范围。评估人员不仅要对该范围内的资产权属予以说明，而且要对其价值做出判断。

资产评估特定目的对于资产评估的价值类型选择具有约束作用。特定资产业务决定了资产的存续条件，资产价值受制于条件及可能发生的变化。资产评估人员在进行具体资产评估时，一定要根据具体的资产业务的特征选择与之相匹配的评估价值类型。按照资产业务的特征与评估结果的价值属性一致性原则进行评估，是保证资产评估趋于科学、合理的基本前提。

但需要指出的是，在不同的时间、地点及市场条件下，同样的资产业务对资产评估结果的价值类型的要求也会不一样。可见，引起资产评估的资产业务对评估结果的价值类型要求不是抽象的和绝对的。所以，把资产业务的属性绝对化，或把资产评估业务与评估结果的价值类

型关系固定化都是不可取的。价值类型的选择要根据不同的资产业务和不同的时间、地点、市场条件做出不同的选择。而任何实现划定的资产业务类型与评估结果的价值类型相匹配的固定关系或模型，都可能偏离或违背客观存在的具体业务对评估结果价值类型的内在要求。也就是说，资产的业务类型是影响甚至决定评估结果价值类型的一个重要因素，但绝不是决定资产评估结果价值类型的唯一因素。评估的时间、地点、市场条件、资产业务各当事人的状况以及资产自身的状态等，都可能对资产评估结果的价值类型起影响作用。

第二节　资产评估的价值类型

一、资产评估价值的概述

资产评估价值作为资产评估的结果，不仅是资产评估工作的目标，而且资产评估价值的真实性和科学性是衡量资产评估工作质量好坏的重要标志。资产评估价值含义不清、评估价值类型选择不当，会直接影响评估结果的准确程度，影响评估工作质量。资产评估价值的含义可以通过以下方面理解：

(一)资产的价值不是一个静态的、性质不变的概念

任何资产的价值都依赖于许多随着时间的变化而变化的因素。这些因素主要包括总体经济环境、资产的潜在用途、估价的基准、资产的地理位置、资产的相对稀缺性和替代物的价值、所有权状况、资产在市场中的流动性和资产的物理状况等。因此，资产的价值并不是一个确定值，它反映了特定环境下与资产有关的利益双方的市场观念。

人们往往将资产评估中的价值与马克思《资本论》中的价值等同起来，而一旦等同起来，又难以解释资产评估价值确定中的一些问题。马克思《资本论》中所称的价值，是指由社会必要劳动时间决定的商品的内在价值，它是由劳动耗费决定的，一经形成就具有确定性；而评估价值则是根据评估中的特定目的、价值类型和具体方法确定的，它是动态的。或者说，前者讲的是价值决定，说明价值产生的源泉；后者是价值的表现形式，它是资产作为商品在特定条件下的价值。

这里应当说明的是，马克思分析商品价值是从商品生产者的角度入手的；同时，商品价值的实现是以商品交换为前提的，而且，正因为商品具有使用价值，才具有交换价值，才能实现其价值。反观资产评估价值，它是在资产作为生产资料使用或出售、投资时确定的评估价值，与上述为交换而产生的商品价值有一定程度的差异。另外，评估价值反映的并不是商品的内在价值，它只是一般价值的一种表现形式。

(二)价值与价格

价值与价格是两个既有联系又有区别的概念，价值是价格的基础，商品的价值通过价格得以体现。在现代社会的日常应用中，价格一般指进行交易时买方所需要付出的代价或价款。从经济学角度来说，价格泛指买卖双方就买卖商品所订立的兑换比率。价格是一种从属于价值并由价值决定的货币价值形式，价值的变动是价格变动的内在的、支配性的因素，是价格形成的基础。在简单商品经济条件下，商品价格随市场供求关系的变动，直接围绕它的价值上下波动；在资本主义商品经济条件下，由于部门之间的竞争和利润的平均化，商品价值转化为生产价格，商品价格随市场供求关系围绕生产价格上下波动。

资产评估价值类似于价格，但又不能等同于价格，因为实际价格的形成是在具体的条件下

（如市场条件、供求关系等）实际形成的结果，而资产评估价值则是模拟市场过程的结果，还不是实际发生的结果，可见，资产评估价值应该是模拟价格。这一点也可以解释资产评估价值作为交易底价与实际成交价产生差异的原因。

（三）资产评估价值的特点

通过对资产评估价值的分析，可以看出资产评估价值具有以下特点：

1. 时效性

资产评估价值反映的是特定时点的价值。同样的资产，在不同的时期内，其价值是不一样的。评估基准日是资产评估报告的重要内容，而评估报告有效期的规定（政策规定为一年），则是对报告使用人的约束。

2. 目的性

相同的资产，在同一时期、同一空间，因评估目的不同而适用不同的价值类型，具有不同的价值。同样地，相同资产对于不同所有者（或占有者）也会表现出不同价值。

3. 意见性

资产评估属于咨询行业，资产评估价值只是为资产评估委托者提供的参考意见，是买卖双方交易的底价，并不是实际成交价，最后的成交价由资产买卖双方确定。当然，评估值有时也可以作为成交价，但这只是一种特殊情况而已。

4. 估计性

资产评估价值不像自然科学和工程科学那样可以用一定的数学公式进行精确计算，也不同于会计制度规定的那样固定有序地记录计算。它是基于客观事实，凭借评估机构及操作人员的经验和专业知识，对资产价值进行系统分析和逻辑判断，从而根据资产的功能和评估目的对该资产在某一时间内的价值做出合理的结论。评估过程中的计算公式是必要的，但更重要的是取得公式中的各项信息资料，而有用的资料难以获得，需要评估人员依靠自己的智慧通过各种途径获得。

二、资产评估价值类型的实质、意义与分类

（一）资产评估价值类型的实质与意义

资产评估中的价值类型是指人们按照某种标准对资产评估结果及其表现形成的价值属性的抽象和归类。其实质是为不同的资产业务提供适用的价格标准。

资产评估中之所以要讲求价值类型，其原因在于同一资产相对于不同的评估目的、不同的所有（持有）人和不同的市场条件而言，可能具有不同的价值，每一种价值均有不同的内涵与适用范围。

因此，价值类型在资产评估业务中具有重要的作用，具体表现在：

1. 价值类型是影响和决定资产评估价值的重要因素

资产评估价值是某项资产在特定条件下的价值表现，其价值含义不同，结果也不一样。《国际评估准则》中指出："专业评估师应避免使用未经限定的'价值'概念，而应对所涉及的特定价值类型进行详细描述。""在运用和理解评估时明确披露价值类型和定义尤为重要，价值类型和定义需要与特定的资产评估业务相适应，价值定义的改变会对各种资产所具有的价值产生实质性的影响。"因此，每一个资产评估价值都是有条件的特定价值，而非资产本身的客观价值和内在价值。价值类型指的是评估价值的类别，是每一项评估价值的具体价值尺度。目前有一种观点认为，一项资产因价值含义不同而产生评估价值差异，会使得评估值具有随意性和

偏好性，缺乏客观性。这种担心可以理解，但没有必要。因为强调评估价值含义不同产生评估价值的差异，正是为了更有效而真实地反映资产的评估值。通常情况下，资产发生的经济行为不同，其使用价值实现的市场环境和条件也不一样；一台机器设备，用于投资行为的评估和用于销售变现行为的评估，其价值含义不同，评估值也不一样。用于投资行为的评估，只是考虑该机器设备在新投资企业中是否有用及其有用程度；用于销售变现行为的评估，该资产的使用价值则取决于市场的交换条件和需求者对其使用价值的判断。显然，这时需求者及其市场条件就会产生差异。

2. 价值类型制约资产评估方法的选择

价值类型实际上是评估价值的一个具体标准，为了获得某种标准的评估价值，需要通过评估方法获得。国际上通行的评估方法主要有三种：市场法、成本法和收益法。应该说，评估方法无所谓先进和落后之分，只要是能够获得满足价值类型结果的方法都是可行和有效的，我国在过去一段时期内之所以采用成本法较多，主要是受制于市场条件。因此，在价值类型确定的情况下，评估方法的选择具有随机性和多样性。《国际评估准则》中指出："评估市场价值的最常见方法包括市场法（比较法）、收益资本化或现金流折现法（收益法）和成本法。"根据我国《国有资产评估管理办法》规定，资产评估方法主要有四种，即重置成本法、现行市价法、收益现值法和清算价格法。前三种方法除了在语言表达方面有差异外，内涵与国际通行的方法相同，清算价格法则是我国特有的方法。

事实上，评估方法本身只是估算评估价值的一种思路，价值类型确定后直接制约着方法应用中各种指标、参数的判断和选择。

3. 明确评估价值类型，可以更清楚地表达评估结果，避免报告使用者误用评估结果

任何评估结果都是有条件的，不同的评估目的、市场条件决定其价值含义是不同的，评估价值也不相同。评估师在评估报告中提出评估价值，并明确其价值类型，可以使委托方更清楚地使用评估价值，同时也可以规避评估师的责任风险。

（二）资产评估价值类型的分类

长期以来，我国评估业界对资产评估价值类型的分类通常有四种标准，如表 2—2 所示。

表 2—2　　资产评估价值类型分类

划分标准	价值类型
资产评估的估价标准形式	重置成本、收益现值、现行市价和清算价格
资产评估假设	继续使用价值、公开市场价值和清算价值
资产业务的性质（资产评估的特定目的）	抵押价值、保险价值、课税价值、投资价值、清算价值、转让价值、保全价值、兼并价值、拍卖价值、租赁价值和补偿价值
资产评估时所依据的市场条件、被评估资产的使用状态以及评估结论的适用范围	市场价值和市场价值以外的价值

上述分类各有其自身的特点：

第一种划分方法基本上承袭了现代会计理论中关于资产计价标准的划分方法，将资产评估与会计的资产计价紧密地联系在一起。

第二种划分方法有利于人们了解资产评估结果的假设前提条件，同时也强化了评估人员对评估假设前提条件的运用。

第三种划分方法强调资产业务的重要性，认为有什么样的资产业务就应有什么样的资产价值类型。

第四种划分方法注重资产评估结果的适用范围和评估所依据的市场条件与资产使用状态的匹配，并通过资产的市场价值概念的提出，树立了一个资产公允价值的坐标。资产的市场价值是资产公允价值的基本表现形式，市场价值以外的价值则是资产公允价值的特殊表现形式。

其中，第四种划分方法不仅为评估人员科学合理地进行评估提供了指引，而且使评估报告的使用者能够正确理解和恰当使用资产评估结果。因此，《国际评估准则》和我国的《资产评估价值类型指导意见》都将资产评估的价值类型划分为市场价值和市场价值以外的价值（非市场价值）。

三、资产评估中市场价值与市场价值以外的价值

根据《国际评估准则》的观点，资产评估中的价值类型可分为两类：以市场价值为基础的评估（market value basis of valuation）与以市场价值以外的价值为基础的评估（valuation basis other than market value）。

（一）市场价值

市场价值（market value）首先是一个独立的价值定义。《国际评估准则》将市场价值定义为："自愿买方与自愿卖方在评估基准日进行正常的市场营销之后，所达成的公开交易中某项资产应当进行交易的价值的估计数额，当事人双方应当各自精明、谨慎行事，不受任何强迫压制。"

市场价值不仅是一个使用频率很高且具有多种含义的概念术语，也是一个极易引起误解的概念术语。造成这一情况的主要原因是，市场价值既有习惯上的概念，也有专业上的概念。如果将这些概念加以归类，也可以划分为广义的市场价值和狭义的市场价值。广义的市场价值泛指经过市场（条件下）形成价值的统称，或者是指利用市场价格衡量各种货物或服务的价值的总称。狭义的市场价值可能并无严格的定义，它只是相对于广义的市场价值而言，是针对特定条件或在特定领域使用的有限制条件的价值概念。本节讨论的市场价值，即资产评估中的市场价值，属于狭义的市场价值范畴，是一个专业术语，而不是广义的市场价值或泛指的市场价值，如图 2—1 所示。

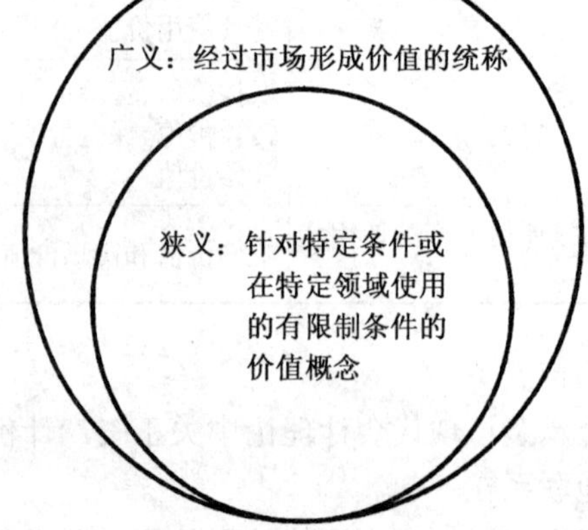

图 2—1　广义与狭义市场价值的区别

根据《国际评估准则》对市场价值的定义以及补充说明，资产评估中的市场价值是指资产在评估基准日公开市场上正常使用（最佳使用或最有可能使用条件下）所能实现的交换价值的估计值。

市场价值作为评估结果的价值定义，以及表明价值合理性指向的价值类型，应满足以下基本要求：

（1）承载市场价值的评估对象及其权益是明确的。

（2）评估师在整个评估过程中是以公开市场（假设）来设定资产评估所依据的市场条件。所谓公开市场，是指在该市场上有众多的买者和卖者，他们之间地位平等，没有垄断与强迫，买卖双方自愿交易，双方都足够理性并拥有充分的时间了解行情信息以讨价还价。

（3）评估师是以评估对象被正常使用，并能达到正常使用水平和效益水平作为评估对象在评估时的使用状态。评估对象被正常使用的假设就剔除了评估对象没有被正常使用的情况，包括超负荷、超常规使用及其达到的使用水平，以及低负荷使用及其出现的贬值。

（4）评估师在资产评估过程中所使用的数据均来自市场。这是指评估人员所使用的各种数据要么直接来源于市场，要么是评估人员根据市场中的信息数据归纳整理分析得出的，包括评估对象被正常使用的标准、众多的自愿买方和自愿卖方形成的市场行情信息等。

（二）市场价值以外的价值

市场价值以外的价值（the value other than market value）也称非市场价值或其他价值，它是一个相对于狭义的市场价值概念的资产评估专有名词。它并无独立的定义，而是泛指所有不符合市场价值定义条件的其他价值定义的统称。所以，包括《国际评估准则》在内，也并没有直接定义市场价值以外的价值，而是指出凡不符合市场价值定义条件的资产价值类型都属于市场价值以外的价值。

根据市场价值的定义，我们可以倒推出非市场价值的含义。非市场价值是指不满足公开市场价值成立条件的资产在非公开市场条件下实现的价值，以及虽然满足公开市场价值成立条件却只能在非公开市场交易的资产实现的价值（如可独立交易的、具有通用性的资产的清算价值）。总之，非市场价值是特殊经济行为或资产业务以及特别评估对象在受限制的市场条件下实现的价值。

属于非市场价值的评估结果既适用于产权变动类资产业务，也适用于非产权变动类资产业务。具体而言，适用于以非市场价值为基础的评估业务可以分为两大类：一类属于特定评估目的；另一类属于特殊评估对象。具体如表2—3所示。

表2—3　以非市场价值为基础的评估业务分类

分类标准	评估业务类型
特定评估目的	以破产清算为目的的评估
	以特殊投资为目的的评估（买方是具有特殊兴趣的购买者）
	以赔偿为目的的评估
	以财产纳税为目的的评估

续表

分类标准	评估业务类型	
特殊评估对象	非经营性资产	公共设施、宗教财产等
	非竞争性经济资源	稀有矿产资源、水资源、邮电、铁路等
	处于特定地理位置、不存在替代品的资产	深水码头、航道、交通枢纽等
	不能独立存在、独立转让的不可确指的无形资产	商誉
	用途单一且专业特征明显的专用资产	自制专用设备、专用生产线等特殊生产设施

上述资产中，非经营性资产、非竞争性资产和处于特定地理位置的资产属于有限市场资产(limited market property)。有限市场资产的显著特征不是它们不能在公开市场上出售，而是由于资产的独特性能或其他因素，它们在特定时间内不会吸引较多的潜在购买者，因此相对于较具市场价值的资产而言，它们的销售一般需要更长的市场时间。

专用资产(specially designed property)如果不是作为经营中的企业的组成部分出售，几乎不可能在公开市场上出售，只能评估它们的残余价值(salvage value)。

商誉(goodwill)作为整体持续经营资产价值的组成部分，可以被视为对整体资产价值的贡献，却不能够脱离企业整体进行单独交易。

《国际评估准则》将资产评估的价值类型分为以市场价值为基础的评估与以非市场价值为基础的评估，此种分类简单明了、易于操作。应该说，无论是市场价值还是非市场价值，都是一定时点上和一定条件下资产的合理价值，只是不同的价值类型适用于不同的评估目的、评估对象以及市场条件。

(三)资产评估实务中常见的市场价值以外的价值类型

1. 在用价值

在用价值(value-in-use)是指作为企业组成部分的特定资产对其所属企业能够产生的价值，而不考虑该资产的最佳用途或资产变现所能实现的价值量。在用价值是特定资产在特定用途下对特定使用者的价值，是以该特定资产未来预计可实现的现金流量，以及处置该资产可实现的现金流量的折现值表示。

资产的在用价值只有在巧合的情况下才可能等于市场价值。如果企业采用比生产同样产品或提供同样服务的典型生产者更有利可图的方式使用资产，资产的在用价值将低于市场价值。如果企业拥有特别生产权利、特殊合同、独家专利和许可证、专门技术、商誉和其他无法转让的无形资产，资产的在用价值将高于市场价值。

2. 投资价值

投资价值(investment value)是企业并购、资产转让等资产经营活动中所涉及的频率最高的价值类型。它是某项特定资产相对于某个或某类特定的购买者(或所有者)的价值，表现为该资产给其所有者(或未来所有者)带来的未来收益的价值。

由于种种原因，对不同的潜在购买者而言，某项资产的投资价值可能明显不同。影响某个特定购买者对资产投资价值估计的因素包括：

(1)可以预计到的协同作用和价值创造机会。例如，一个拥有资金实力和强大销售网络的企业欲并购一个拥有市场潜力的商品企业。

(2)购买者进入一个新市场的愿望。例如,一个企业拟采取多元化经营战略时,若想进入一个新的行业或市场,该行业的现有企业相对于它来说就具有更高的投资价值。

(3)对风险的识别和对盈利能力变化规律的把握。

(4)购买者的纳税地位。例如,一个亏损的企业对购买者来说可能具有抵税的价值。

(5)购买者的信心。

所有这些因素都会影响特定购买者对资产未来收益的预期,从而影响其对资产价值的估计。

公允市场价值与投资价值互相关联,但很少相等。只有当所有潜在的投资者都做出同样的假设、都面临同样的环境条件时,这两个价值才可能相等。但是,这种情况一般不可能发生。经常出现的情况是:某些购买者为一项资产愿意支付比其他人更高的价格。于是,在竞争市场中最终的成交价反映的是公允市场价值与购买者认为能够实现的"价值创造"的一部分之和。特殊"价值创造"的另一部分为购买者(投资者)所拥有。因此,特殊购买者最终支付的价格通常属于投资价值的范畴。

资产的投资价值与投资性资产价值是两个不同的概念,投资性资产价值是指特定主体以投资获利为目的而持有的资产在公开市场上按其最佳用途实现的市场价值。

3. 持续经营价值

持续经营价值(going-concern value)是指被评估企业按照评估基准日的用途、经营方式、管理模式等继续经营下去所能实现的预期收益(现金流量)的折现值。企业的持续经营价值是一个整体的价值概念,是相对于被评估企业自身既定的经营方向、经营方式、管理模式等所能产生的现金流量和获利能力的整体价值。由于企业的各个组成部分对企业的整体价值都有相应的贡献,企业持续经营价值可以按企业各个组成部分资产的相应贡献被分配给企业的各个组成部分资产,即构成企业格局各部分资产的在用价值,但所有这些组成部分本身的价值并不构成市场价值,而构成企业持续经营的各要素资产的在用价值之和,也就是企业的持续经营价值。企业的持续经营价值本身并不是市场价值,但其数量可能正好等于企业的市场价值,也可能高于或低于企业的市场价值。

4. 残余价值

残余价值(salvage value)是指假设在未进行特别修理或改进的情况下,将资产中所包含的各组成部分进行变卖处置的价值。残余价值不是继续使用时的价值,且不包括土地价值在内。该种价值中可能还需要考虑总的处置成本或净处置成本,在后一种情况下可能等同于可变现净值。

5. 清算价值

清算价值(liquidation value)是指在销售时间过短、达不到市场价值定义所要求的市场营销时间的情况下,变卖资产所能合理收到的价值数额。在某些国家,强制变卖价值还可能涉及非自愿买方和非自愿卖方,或买方在购买时知晓卖方不利处境的情况。

按照允许寻找购买者的时间长短,清算可以分为强制清算和有序清算两种。

强制清算是指在公开市场上限时、公开出售的情况下,一项资产所带来的净值;买卖双方都了解该资产现有的或可能被使用的用途,但卖者是被强迫出售,而买者是自愿购买。

有序清算是指在公开市场上允许在一定合理时间内寻找购买者、公开出售一项资产所带来的净值;买卖双方都了解该资产现有的或可能被使用的用途,但卖者是被强迫出售,而买者是自愿购买。

从上述有关清算价值的定义可知,其与市场价值的区别主要表现在两方面:一是买卖双方地位不平等,卖方是被迫出售;二是没有充足的时间询价,有序清算与强制清算的区别只是两者在时间限定程度上的差异。此外,值得注意的是,定义中的“净值”是指在扣除与清算相关的全部手续费和管理费之后的价值。

清算价值属于非市场价值,或者更确切地说是非正常市场价值,因此通常低于资产在正常交易条件下的市场价值。在资产评估时,清算价值一般是在市场价值的基础上进行调整获得。但是具体的调整因素较多且不易确定,因此往往由评估人员根据经验对这些因素进行推测和判断来确定资产的清算价值。

6. 保险价值

保险价值(insurable value)是指在财产保险等相关法律、法规以及保险契约等对保险标的物评估价值的有关规定和要求不满足市场价值定义条件的前提下,保险标的物相对于财产保险等相关法律、法规以及保险契约等的有关规定和要求所具有的估计数额。

7. 课税价值

课税价值(taxation value)是指在税法等相关法律、法规对课税对象税基价值的规定和要求不满足市场价值定义条件的前提下,课税对象相对于税法等相关法律、法规的有关规定和要求所具有的价值估计数额。

四、资产评估中公允价值的含义

资产评估中的公允价值是一个广义概念,其有别于会计中的公允价值。资产评估与会计中公允价值的区别是十分明显的。

会计中的公允价值是一种资产计量属性,它是建立在企业持续经营假设基础之上。它的作用是客观反映持续经营中企业资产的真实价值。资产评估中的公允价值既是一种行为目标,也是一种价值目标,它的作用在于明确资产评估的行为方向和工作目标。资产评估是在交易假设、公开市场假设、持续使用假设和清算假设等前提下进行的中介活动,从大的方面讲,资产评估的各种结果应该与评估的各种假设前提相匹配,而不仅仅是与资产的持续使用或正常市场条件相适应。从这个意义上说,资产评估中的公允价值的内涵和外延比会计计价中公允价值的内涵和外延宽得多。

会计中公允价值产生的市场条件并不苛刻,有公平市场,且熟悉情况和自愿两个要求。而资产评估中的公允价值既包括了理想市场条件下的公允价值——市场价值,也包括了非理想市场条件下的公允价值——市场价值以外的价值。即假定有一个完全竞争的市场,在这个市场上,交易各方的地位是平等的,没有强制,交易各方都是理智的和谨慎的,交易各方具有均等的机会和充分的时间。除此之外,被评估资产处在最佳使用状态也是判断资产是否存在市场价值的重要条件之一。

由于资产评估要面对各种各样的资产和各种各样的市场条件,资产评估既要评估处于正常市场条件下的资产,也要评估处于非正常市场条件下的资产,不论评估什么样的资产和什么市场环境中的资产,给出与资产自身条件和市场条件相吻合的合理价值是资产评估第一要任。公允价值作为各种条件下资产合理价值估计值的抽象和概括,使得公允价值在资产评估中具有很强的综合性。它并不一定是持续经营情况下企业资产的计价标准。因此,会计中的公允价值只是资产评估中的公允价值的一个典型,其定义和内涵比较接近资产评估中的市场价值。

【知识链接 2—1】

《企业会计准则第 39 号——公允价值计量》(部分)

第一章　总　则

第一条　为了规范公允价值的计量和披露，根据《企业会计准则——基本准则》，制定本准则。

第二条　公允价值，是指市场参与者在计量日发生的有序交易中，出售一项资产所能收到或者转移一项负债所需支付的价格。

第三条　本准则适用于其他相关会计准则要求或者允许采用公允价值进行计量或披露的情形，本准则第四条和第五条所列情形除外。

第四条　下列各项的计量和披露适用其他相关会计准则：

(一)与公允价值类似的其他计量属性的计量和披露，如《企业会计准则第 1 号——存货》规范的可变现净值、《企业会计准则第 8 号——资产减值》规范的预计未来现金流量现值，分别适用《企业会计准则第 1 号——存货》和《企业会计准则第 8 号——资产减值》。

(二)股份支付业务相关的计量和披露，适用《企业会计准则第 11 号——股份支付》。

(三)租赁业务相关的计量和披露，适用《企业会计准则第 21 号——租赁》。

第五条　下列各项的披露适用其他相关会计准则：

(一)以公允价值减去处置费用后的净额确定可收回金额的资产的披露，适用《企业会计准则第 8 号——资产减值》。

(二)以公允价值计量的职工离职后福利计划资产的披露，适用《企业会计准则第 9 号——职工薪酬》。

(三)以公允价值计量的企业年金基金投资的披露，适用《企业会计准则第 10 号——企业年金基金》。

第二章　相关资产或负债

第六条　企业以公允价值计量相关资产或负债，应当考虑该资产或负债的特征。

相关资产或负债的特征，是指市场参与者在计量日对该资产或负债进行定价时考虑的特征，包括资产状况及所在位置、对资产出售或者使用的限制等。

第七条　以公允价值计量的相关资产或负债可以是单项资产或负债(如一项金融工具、一项非金融资产等)，也可以是资产组合、负债组合或者资产和负债的组合(如《企业会计准则第 8 号——资产减值》规范的资产组、《企业会计准则第 20 号——企业合并》规范的业务等)。企业是以单项还是以组合的方式对相关资产或负债进行公允价值计量，取决于该资产或负债的计量单元。

计量单元，是指相关资产或负债以单独或者组合方式进行计量的最小单位。相关资产或负债的计量单元应当由要求或者允许以公允价值计量的其他相关会计准则规定，但本准则第十章规范的市场风险或信用风险可抵销的金融资产和金融负债的公允价值计量除外。

第三章　有序交易和市场

第八条　企业以公允价值计量相关资产或负债，应当假定市场参与者在计量日出售资产或者转移负债的交易，是在当前市场条件下的有序交易。

有序交易，是指在计量日前一段时期内相关资产或负债具有惯常市场活动的交易。清算等被迫交易不属于有序交易。

第九条　企业以公允价值计量相关资产或负债，应当假定出售资产或者转移负债的有序交易在相关资产或负债的主要市场进行。不存在主要市场的，企业应当假定该交易在相关资产或负债的最有利市场进行。

主要市场，是指相关资产或负债交易量最大和交易活跃程度最高的市场。

最有利市场，是指在考虑交易费用和运输费用后，能够以最高金额出售相关资产或者以最低金额转移相关负债的市场。

交易费用，是指在相关资产或负债的主要市场（或最有利市场）中，发生的可直接归属于资产出售或者负债转移的费用。交易费用是直接由交易引起的、交易所必需的而且不出售资产或者不转移负债就不会发生的费用。

运输费用，是指将资产从当前位置运抵主要市场（或最有利市场）发生的费用。

第十条 企业在识别主要市场（或最有利市场）时，应当考虑所有可合理取得的信息，但没有必要考察所有市场。

通常情况下，企业正常进行资产出售或者负债转移的市场可以视为主要市场（或最有利市场）。

第十一条 主要市场（或最有利市场）应当是企业在计量日能够进入的交易市场，但不要求企业于计量日在该市场上实际出售资产或者转移负债。

由于不同企业可以进入的市场不同，对于不同企业，相同资产或负债可能具有不同的主要市场（或最有利市场）。

第十二条 企业应当以主要市场的价格计量相关资产或负债的公允价值。不存在主要市场的，企业应当以最有利市场的价格计量相关资产或负债的公允价值。

企业不应当因交易费用对该价格进行调整。交易费用不属于相关资产或负债的特征，只与特定交易有关。交易费用不包括运输费用。

相关资产所在的位置是该资产的特征，发生的运输费用能够使该资产从当前位置转移到主要市场（或最有利市场）的，企业应当根据使该资产从当前位置转移到主要市场（或最有利市场）的运输费用调整主要市场（或最有利市场）的价格。

第十三条 当计量日不存在能够提供出售资产或者转移负债的相关价格信息的可观察市场时，企业应当从持有资产或者承担负债的市场参与者角度，假定计量日发生了出售资产或者转移负债的交易，并以该假定交易的价格为基础计量相关资产或负债的公允价值。

第四章 市场参与者

第十四条 企业以公允价值计量相关资产或负债，应当采用市场参与者在对该资产或负债定价时为实现其经济利益最大化所使用的假设。

市场参与者，是指在相关资产或负债的主要市场（或最有利市场）中，同时具备下列特征的买方和卖方：

（一）市场参与者应当相互独立，不存在《企业会计准则第 36 号——关联方披露》所述的关联方关系；

（二）市场参与者应当熟悉情况，能够根据可取得的信息对相关资产或负债以及交易具备合理认知；

（三）市场参与者应当有能力并自愿进行相关资产或负债的交易。

第十五条 企业在确定市场参与者时，应当考虑所计量的相关资产或负债、该资产或负债的主要市场（或最有利市场）以及在该市场上与企业进行交易的市场参与者等因素，从总体上识别市场参与者。

第五章　公允价值初始计量

第十六条　企业应当根据交易性质和相关资产或负债的特征等，判断初始确认时的公允价值是否与其交易价格相等。

在企业取得资产或者承担负债的交易中，交易价格是取得该项资产所支付或者承担该项负债所收到的价格(即进入价格)。公允价值是出售该项资产所能收到或者转移该项负债所需支付的价格(即脱手价格)。相关资产或负债在初始确认时的公允价值通常与其交易价格相等，但在下列情况中两者可能不相等：

(一)交易发生在关联方之间。但企业有证据表明该关联方交易是在市场条件下进行的除外。

(二)交易是被迫的。

(三)交易价格所代表的计量单元与按照本准则第七条确定的计量单元不同。

(四)交易市场不是相关资产或负债的主要市场(或最有利市场)。

第十七条　其他相关会计准则要求或者允许企业以公允价值对相关资产或负债进行初始计量，且其交易价格与公允价值不相等的，企业应当将相关利得或损失计入当期损益，但其他相关会计准则另有规定的除外。

第六章　估值技术

第十八条　企业以公允价值计量相关资产或负债，应当采用在当前情况下适用并且有足够可利用数据和其他信息支持的估值技术。企业使用估值技术的目的，是为了估计在计量日当前市场条件下，市场参与者在有序交易中出售一项资产或者转移一项负债的价格。

企业以公允价值计量相关资产或负债，使用的估值技术主要包括市场法、收益法和成本法。企业应当使用与其中一种或多种估值技术相一致的方法计量公允价值。企业使用多种估值技术计量公允价值的，应当考虑各估值结果的合理性，选取在当前情况下最能代表公允价值的金额作为公允价值。

市场法，是利用相同或类似的资产、负债或资产和负债组合的价格以及其他相关市场交易信息进行估值的技术。

收益法，是将未来金额转换成单一现值的估值技术。

成本法，是反映当前要求重置相关资产服务能力所需金额(通常指现行重置成本)的估值技术。

第十九条　企业在估值技术的应用中，应当优先使用相关可观察输入值，只有在相关可观察输入值无法取得或取得不切实可行的情况下，才可以使用不可观察输入值。

输入值，是指市场参与者在给相关资产或负债定价时所使用的假设，包括可观察输入值和不可观察输入值。

可观察输入值，是指能够从市场数据中取得的输入值。该输入值反映了市场参与者在对相关资产或负债定价时所使用的假设。

不可观察输入值，是指不能从市场数据中取得的输入值。该输入值应当根据可获得的市场参与者在对相关资产或负债定价时所使用假设的最佳信息确定。

第二十条　企业以交易价格作为初始确认时的公允价值，且在公允价值后续计量中使用了涉及不可观察输入值的估值技术的，应当在估值过程中校正该估值技术，以使估值技术确定的初始确认结果与交易价格相等。

企业在公允价值后续计量中使用估值技术的，尤其是涉及不可观察输入值的，应当确保该估值技术反映了计量日可观察的市场数据，如类似资产或负债的价格等。

第二十一条 公允价值计量使用的估值技术一经确定，不得随意变更，但变更估值技术或其应用能使计量结果在当前情况下同样或者更能代表公允价值的情况除外，包括但不限于下列情况：

（一）出现新的市场。

（二）可以取得新的信息。

（三）无法再取得以前使用的信息。

（四）改进了估值技术。

（五）市场状况发生变化。

企业变更估值技术或其应用的，应当按照《企业会计准则第28号——会计政策、会计估计变更和差错更正》的规定作为会计估计变更，并根据本准则的披露要求对估值技术及其应用的变更进行披露，而不需要按照《企业会计准则第28号——会计政策、会计估计变更和差错更正》的规定对相关会计估计变更进行披露。

第二十二条 企业采用估值技术计量公允价值时，应当选择与市场参与者在相关资产或负债的交易中所考虑的资产或负债特征相一致的输入值，包括流动性折溢价、控制权溢价或少数股东权益折价等，但不包括与本准则第七条规定的计量单元不一致的折溢价。

企业不应当考虑因其大量持有相关资产或负债所产生的折价或溢价。该折价或溢价反映了市场正常日交易量低于企业在当前市场出售或转让其持有的相关资产或负债数量时，市场参与者对该资产或负债报价的调整。

第二十三条 以公允价值计量的相关资产或负债存在出价和要价的，企业应当以在出价和要价之间最能代表当前情况下公允价值的价格确定该资产或负债的公允价值。企业可以使用出价计量资产头寸，使用要价计量负债头寸。

本准则不限制企业使用市场参与者在实务中使用的在出价和要价之间的中间价或其他定价惯例计量相关资产或负债。

第七章 公允价值层次

第二十四条 企业应当将公允价值计量所使用的输入值划分为三个层次，并首先使用第一层次输入值，其次使用第二层次输入值，最后使用第三层次输入值。

第一层次输入值是在计量日能够取得的相同资产或负债在活跃市场上未经调整的报价。活跃市场，是指相关资产或负债的交易量和交易频率足以持续提供定价信息的市场。

第二层次输入值是除第一层次输入值外相关资产或负债直接或间接可观察的输入值。

第三层次输入值是相关资产或负债的不可观察输入值。

公允价值计量结果所属的层次，由对公允价值计量整体而言具有重要意义的输入值所属的最低层次决定。企业应当在考虑相关资产或负债特征的基础上判断所使用的输入值是否重要。公允价值计量结果所属的层次，取决于估值技术的输入值，而不是估值技术本身。

第二十五条 第一层次输入值为公允价值提供了最可靠的证据。在所有情况下，企业只要能够获得相同资产或负债在活跃市场上的报价，就应当将该报价不加调整地应用于该资产或负债的公允价值计量，但下列情况除外：

（一）企业持有大量类似但不相同的以公允价值计量的资产或负债，这些资产或负债存在活跃市场报价，但难以获得每项资产或负债在计量日单独的定价信息。在这种情况下，企业可以采用不单纯依赖报价的其他估值模型。

（二）活跃市场报价未能代表计量日的公允价值，如因发生影响公允价值计量的重大事件等导致活跃市场的报价未能代表计量日的公允价值。

（三）本准则第三十四条（二）所述情况。

企业因上述情况对相同资产或负债在活跃市场上的报价进行调整的，公允价值计量结果应当划分为较低层次。

第二十六条 企业在使用第二层次输入值对相关资产或负债进行公允价值计量时，应当根据该资产或负债的特征，对第二层次输入值进行调整。这些特征包括资产状况或所在位置、输入值与类似资产或负债的相关程度[包括本准则第三十四条（二）规定的因素]、可观察输入值所在市场的交易量和活跃程度等。

对于具有合同期限等具体期限的相关资产或负债，第二层次输入值应当在几乎整个期限内是可观察的。

第二层次输入值包括：

（一）活跃市场中类似资产或负债的报价；

（二）非活跃市场中相同或类似资产或负债的报价；

（三）除报价以外的其他可观察输入值，包括在正常报价间隔期间可观察的利率和收益率曲线、隐含波动率和信用利差等；

（四）市场验证的输入值等。市场验证的输入值，是指通过相关性分析或其他手段获得的主要来源于可观察市场数据或者经过可观察市场数据验证的输入值。

企业使用重要的不可观察输入值对第二层次输入值进行调整，且该调整对公允价值计量整体而言是重要的，公允价值计量结果应当划分为第三层次。

第二十七条 企业只有在相关资产或负债不存在市场活动或者市场活动很少导致相关可观察输入值无法取得或取得不切实可行的情况下，才能使用第三层次输入值，即不可观察输入值。

不可观察输入值应当反映市场参与者对相关资产或负债定价时所使用的假设，包括有关风险的假设，如特定估值技术的固有风险和估值技术输入值的固有风险等。

第二十八条 企业在确定不可观察输入值时，应当使用在当前情况下可合理取得的最佳信息，包括所有可合理取得的市场参与者假设。

企业可以使用内部数据作为不可观察输入值，但如果有证据表明其他市场参与者将使用不同于企业内部数据的其他数据，或者这些企业内部数据是企业特定数据、其他市场参与者不具备企业相关特征时，企业应当对其内部数据做出相应调整。

第三节 资产评估的假设

资产评估是在特定资产业务发生之前对资产在某一时点的价格进行估算。由于资产在不同用途和不同经营环境下的效用会有所不同，因而价格也会不同。因此在评估前，评估人员需对资产的未来用途和经营环境做出合理的判断，也就是假设。以一个企业为例，若判断其持续经营，在该企业产权变动时，就需评估其持续经营状况下的公允市价；若判断其破产，就需评估其破产清算中的清算价格。这就在一定程度上说明特定的资产业务是以某种假设为前提的，同时也说明资产评估假设是与资产评估的价值类型有着密切联系的概念。因为资产评估价值类型的确定在较大程度上是由特定资产业务所决定的。为了便于理解和把握各种评估条件假设,人们习惯上按照一定的标准将评估假设划分成若干种类。例如,按照评估假设设定条件约束的内容进行分类,或者按照评估假设设定条件的真实性程度进行分类等。

一、按照评估假设设定条件约束的内容分类

按照评估假设设定条件约束的内容,可以将资产评估假设具体划分为前提假设、环境假设和评估对象利用程度假设等。

(一)资产评估前提假设

资产评估前提假设也称为资产评估基本假设,是规定资产评估最基本条件或前提的一系列假设。资产评估前提假设具体包括基本情景假设、市场条件假设和评估对象状况假设。

1. 基本情景假设

交易假设是资产评估得以进行的一个最基本的情景假设。交易假设是假定所有待评估资产已经处在交易过程中,评估师根据待评估资产的交易条件等模拟市场进行估价。众所周知,资产评估是在资产实施交易之前进行的一项专业服务活动,而资产评估的最终结果从属于资产的交换价值范畴。为了发挥资产评估在资产实际交易之前为委托人提供资产交易底价的专家判断作用,同时又能够使资产评估得以进行,利用交易假设被评估资产置于“市场交易”中,模拟市场进行评估就成为可能。

交易假设一方面为资产评估得以进行创造了条件;另一方面,它明确限制了资产评估的外部环境,即资产被置于市场交易中,资产评估不能脱离市场条件而孤立地进行。

2. 市场条件假设

资产评估市场条件假设是在交易假设的基础上,进一步限定评估对象在何种市场条件下进行交易。资产评估市场条件假设具体包括两种假设:一是公开市场假设;二是非公开市场假设。决定市场条件有两大基本要素:一是参与交易的市场主体的地位及其数量;二是交易时间是否充分。当参与交易的市场主体的数量足够多(即有众多的自愿买者和卖者参与交易)且地位平等,以及交易时间足够充分(即交易对象有充分的时间展示,且交易各方都有足够的时间来了解交易对象及市场状况)这两个条件同时具备的情况下,我们将其定义为公开市场。在上述两个条件不能同时具备的情况下,我们将其定义为非公开市场。

(1)公开市场假设

公开市场假设是假定资产拟进入的市场是一个公开市场。就资产评估而言,公开市场是指拥有充分发达与完善的市场条件,以及众多自愿的买者和卖者的竞争市场。在这个市场上,买者和卖者的地位是平等的,彼此都有获取足够市场信息的机会和时间,买卖双方的交易行为都是在自愿的、理智的,而非强制或不受限制的条件下进行的。事实上,现实中的市场条件未必真能达到上述公开市场的完善程度。公开市场假设就是假定那种较为完善的公开市场存在,而评估对象将要在这样一种公开市场中进行交易。当然,公开市场假设也是以市场客观存在的现实,即资产在市场上可以公开买卖这样一种客观事实为基础的。

一般来讲,用途越广泛、通用性越强的资产,越容易通过市场交易实现其最佳效用。这里所谓的最佳效用是指资产在法律许可范围内,被用于最有效的用途,可取得最佳经济效果。在资产评估时,对于具备在公开市场上交易条件的资产,做公开市场假设,并根据资产所在的位置、特点、市场供求等因素确定其最佳用途,按其最佳用途进行评估,有助于通过公开市场实现资产的最佳配置。

公开市场假设旨在说明一种充分竞争的市场条件,在这种条件下,资产的交换价值受市场

机制的制约并由市场行情决定,而不是由个别交易决定。

公开市场假设是资产评估中的一个重要假设,其他假设都是以公开市场假设为基本参照。公开市场假设也是资产评估中使用频率较高的一种假设,凡是能在公开市场上交易、用途较为广泛或通用性较强的资产,都可以考虑按公开市场假设前提进行评估。

(2)非公开市场假设

非公开市场假设是对于那些不能满足公开市场假设条件的所有其他市场条件的界定或假定性说明的一种概括。非公开市场假设根据满足公开市场假设条件的划分情况如表 2－4 所示。

表 2－4　　非公开市场假设划分的具体情况

假设类型	交易主体地位及数量	交易时间
有限交易主体假设	有限	充分
关联交易假设	关系特殊	充分
快速变现假设	很多	受限
	受限	受限

①有限交易主体假设

有限交易主体假设是假定参与交易的市场主体数量有限,这样的市场并不是一个充分活跃的市场,而是一个有着局限性的市场。造成这种情况的原因有许多,其中包括垄断买方或卖方的存在、交易对象应用范围过窄以及信息不畅造成的市场狭小等。在有限交易主体假设前提下,市场可能会出现买方或卖方市场,市场价格或价值可能会偏离正常市场价格或价值。

②关联交易假设

关联交易假设是假定参与交易的市场主体存在着某种利害关系,这样的市场并不是一个充分竞争的市场,而是一个有着局限性的市场。在关联交易假设前提下,市场价格或价值可能会偏离正常市场价格或价值。

③快速变现假设

快速变现假设又称为清算假设或清偿假设。它是一项十分特殊的假设,即假定资产所有者在特殊情况下被迫出售或快速变现其资产的假设条件说明。其含义如下:假定被评估资产处于清算、清偿状况;假定资产所有者受到强制力约束,必须在较短时间内出售或变现资产;清算价格存在合理低估现象,即清算价格明显低于正常交易价格。

在快速变现假设下,资产的清算价格明显低于正常的交易价格或重置成本,这是一种合理的低估现象。但是,不同的资产出现的低估程度不一样,这主要取决于资产的流动性和清算的急迫性。资产的流动性越强,则快速变现存在的损失风险越小,价值低估的程度越小,比如通用资产的低估程度小、专用资产的低估程度大;清算的时间限制越宽松,则可以寻找到的买家或潜在买家越多,在他们的竞争下,价格自然会上升。

快速变现假设体现了资产业务中债权人对资产安全性的要求,有着广阔的运用范围。例如,在银行金融资产业务中,资产债权人往往以资产的安全性作为开展金融资产业务的首要条件,需要对与其资产债权相对应的金融资产或实物资产的变现能力进行评估,即需要采用快速变现前提假设来评定估算的资产价格,以此降低和控制风险损失。

3. 评估对象状况假设

总的来说，评估对象的状况可以归纳为持续使用。从资产定义的角度，资产是能够给其拥有者或控制者带来未来经济利益的资源，能够持续使用或经营是成为资产的基本条件。持续使用假设是对资产在特定市场条件下的资产状况的一种界定或假定性说明。

这一假设包含如下含义：一是被评估资产并没有发生质的变化，仍然可以按照原有功能继续使用，或者说，假定资产功能不变，但其用途和方式可以在原有范围内发生变动；二是该假设考虑的是资产在将来的情况，而不是现在或过去的情况，因此被评估资产可以是已经使用过的、正在使用的或处于备用状态的各类资产；三是被评估资产必须是完整的评估对象，其使用价值不能以资产拆散后的各零部件的使用价值来评定，因此，也不能以拆散后的各零部件的价值来估算被评估资产的价值。持续使用假设包括以下三种继续使用形式：

(1)在用续用假设

所谓在用续用，是指被评估资产将按其在评估基准时点正在使用的地点、用途及使用方式继续使用下去。企业继续生产就是在用续用的典型例子，其典型性在于，企业作为生产经营的实体，不管其所有权、控制权发生怎样的变化，企业作为整体性资产的使用方式和用途并不发生实质性的变动，继续生产经营的属性依然如故。当然，在用续用假设不把被评估资产的使用方式和用途的变动列入其假定的范围之内。

(2)转用续用假设

由于被评估资产可能具有多样性功能并由此决定了其用途的多样性，因此，转用续用假设是指被评估资产在原有功能范围内从现行使用用途转变为其他使用用途的假定说明。例如，一件多功能的机器设备过去可能只被作为某一用途来使用，未使用它的其他功能和用途。转用续用假设就为这类资产评估确定了可以使用它的其他功能和用途的前提条件，并在此基础上来推测该类资产的使用价值和价值。

(3)移地续用假设

移地续用假设，是指被评估资产将在评估基准日后改变资产现在的空间位置，转移到其他空间位置上继续使用，如企业搬迁、资产转移等。移地续用假设又可以细分为移地在用续用假设和移地转用续用假设。

在用续用	转用续用	移地续用
正在使用的地点、用途、方式不变	现行使用用途在原有功能范围内转变为其他使用用途	资产转移到其他空间位置上继续使用，用途改变或不改变

图 2—2 资产的持续使用形式

在用续用假设、转用续用假设和移地续用假设都是对评估对象在一定市场条件下使用状态的一种界定或假定性说明，而它们对评估对象状况的设定并不完全一样。不同持续使用假设前提下的资产评估及其结果的价值类型、评估结论和适用范围常常是有差异的。评估人员首先应当明确评估中的评估对象状况，不可以笼统地使用持续使用或持续经营假设。充分认识和掌握各种持续使用假设的内涵和实质，对于我国的资产评估来说有着重要意义。

(二)资产评估环境假设

资产评估环境假设是对评估对象使用或经营的外部环境以及进行资产评估面对的条件的界定或假定性说明。由于评估对象使用或经营的外部环境,以及进行资产评估所面对的条件涉及的方面和范围较为广泛,应当按照重要性原则,将那些对评估对象使用或经营,以及资产评估影响较大的环境因素,运用假设的形式予以界定。从大的方面来讲,资产评估环境假设包括宏观环境假设和微观环境假设。

1. 宏观环境假设

资产评估中的宏观环境假设主要是对国家产业经济政策、税收货币政策、价格利率汇率政策等对资产评估影响较大的具有全局性的外部因素,以及行业竞争、企业竞争等市场竞争因素的界定或假定性说明。因为国家的政策和市场竞争因素对资产经营的效果有很大的影响,所以对资产评估结论的影响也较大。在进行资产评估时对资产评估的宏观环境进行合理设定,不但是资产评估所必需的,也是评估报告使用者正确理解评估结论的重要参考。

2. 微观环境假设

资产评估中的微观环境假设主要是对进行资产评估面对的具体条件的界定或假定性说明。资产评估面对的具体条件主要包括资产评估依据的信息资料来源的可靠性、数据资料的完整性和真实性等,资产评估面对的具体条件的优劣将直接影响评估结论的可靠性。在进行资产评估时对资产评估的微观环境进行合理设定是资产评估所必需的,也是评估报告使用者正确理解评估结论的重要参考。

(三)资产评估对象利用程度假设

评估对象利用程度假设是对评估对象利用程度和效果的一种界定或假定性说明。很显然,评估对象利用程度直接影响评估结果,在进行资产评估时,评估人员必须界定评估对象的利用程度。根据评估对象的差异,评估对象利用程度假设可以划分为整体资产利用程度假设和单项资产利用程度假设。

1. 整体资产利用程度假设

整体资产利用程度假设主要是针对企业价值评估设置的一种假设条件,是对整体评估对象利用程度、利用状况和利用效果的一种界定或假定性说明。企业的经营情况、利用状况和利用效果受许多因素影响,这其中包括企业要素资产自身的状况、要素资产之间的匹配情况、企业经营管理水平、宏观经济环境、相关行业竞争,以及同行业内部竞争等。整体资产利用程度既包括评估时点的情况,也包括预期的情况,在很多情况下,需要评估人员根据现有的数据资料进行判断和界定。整体资产利用程度假设是进行企业预期收益预测、风险预测的重要基础,也是企业价值评估的直接依据之一。在进行企业价值评估时,必须界定企业经营程度及经营状况。

2. 单项资产利用程度假设

单项资产利用程度假设主要是针对单项资产评估设置的一种假设条件。单项资产的评估价值与单项资产的利用程度紧密相关,在一般情况下,单项资产的利用程度可以划分为正常使用(最佳使用)和非正常使用两类。单项资产的非正常使用意味着资产可能存在贬值因素,如果评估人员使用了单项资产的非正常使用假设,应当给出充分的理由。

二、按照评估假设设定条件的真实性程度分类

资产评估假设除了从设定条件约束的内容角度划分以外,还可以根据评估假设设定条件

的真实性程度分类。按照评估假设设定条件的真实性程度分类，资产评估假设可以划分为真实性条件假设（一般假设）、不确定性条件假设（特别假设）和非真实性条件假设（逆向假设）。

（一）一般假设

资产评估中的一般假设也称资产评估真实性条件假设，通常是指评估师依据评估基准日客观存在的事实或可以被视为真实的条件所做的描述或假设。这些条件包括评估对象的物理、法律或经济特征，以及在评估分析中使用的数据等。

资产评估一般假设是资产评估中使用频率最高的假设，也是最基本的假设。在许多情况下，前面提到的评估对象使用方式中的一系列假设、在评估市场条件中的若干假设，以及在评估环境和评估对象利用程度中的假设大多采用了一般假设。例如，根据评估对象在评估时点正在使用的方式和良好的利用状况，假设评估对象的使用方式与使用状态为“在用续用和正常使用”；再如，根据被评估无形资产是企业中的一个要素资产的事实，假设评估对象无形资产为“要素资产或局部资产”，并以要素资产使用的评估原则及方式进行评估。对于存在活跃市场的评估对象，假设评估时市场条件为“公开市场”也是一般假设的普遍做法。

（二）特别假设

简单来说，特别假设是对资产评估中的某些不确定性条件所做的肯定假设。具体来说，是指评估师对其在评估基准日尚不能确定的情况和条件设定为事实的假设。这些条件包括评估对象的物理、法律或经济特征，以及资产的外部条件等。特别假设直接与某项特定评估业务相关，如果此假设不成立，将改变评估师的意见或结论。

在资产评估实践中经常会遇到某些不确定但对评估结论影响又很大的因素，比如国家经济政策因素、市场前景因素、汇率因素、利率因素等。如果对上述因素不加以确定，很多评估项目是无法进行的。利用特别假设对这些在未来尚不能确定的因素进行设定，可以保证评估过程得以继续。

当然，特别假设本身包含着非确定性，评估人员在使用特别假设时，应当注意特别假设赖以存在的基础，以及相关推理的科学性和逻辑性，不可以毫无根据地随意假设。例如在没有确定事实和明显证据的前提下，假设某传统行业中的一个普通企业未来每年的净资产收益率以50%的比率递增，就是毫无根据的假设。

（三）逆向假设

简单来说，逆向假设是评估师所做的与其在评估基准日所知事实和真实情况相反的假定说明。具体来说，逆向假设所设定的评估对象的物理、法律和经济特征，市场条件或趋势等资产外部条件以及分析中使用数据的真实性，与评估师在评估基准日已知的实际情况相悖。

在资产评估实践中经常会遇到某些评估对象，其在评估基准日的状态和利用程度与其客观价值有着巨大的差异。例如，评估基准日处于待开发状态的规划商业用地评估对象，如果就按评估基准日评估对象待开发的状况进行评估，将会大大低估评估对象的客观价值。从某种意义上讲，很多情况下土地都是一种在制品或半成品，如果不将土地这种在制品或半成品加工成产成品，土地的内在价值就无从体现。基于这样的认识和思维方式，在资产评估中经常采用非真实性条件假设，将评估基准日待开发的土地假设为完成开发了的房地产。

正是由于非真实性条件假设是对与现实不同或与事实不符的情况的界定或假定性说明，评估人员在使用时应当谨慎，不能滥用逆向假设。如果评估人员使用了非真实性条件假设，就需要详细说明使用的理由、限制条件，以及提醒评估报告使用者正确理解非真实性条件及假设条件下的评估结论。

第四节　资产评估的原则

资产评估的原则是规范资产评估行为和业务的准则。确定资产评估的原则是为了保证不同的资产评估人员遵循规定的资产评估程序，采用适宜的评估方法，对同一被评估资产的评估结果具有一致性。资产评估的原则包括两个层次的内容，即资产评估工作原则和经济技术原则。

一、资产评估工作原则

资产评估的工作原则是指评估机构和评估人员在评估工作中应遵循的基本原则，是资产评估中必须遵守的行为准则，是规范资产评估主体行为的准则，也是调节资产评估主体与委托人及资产业务有关权益各当事人在资产评估中的相互关系的准则。资产评估的工作原则主要包括独立性原则、客观公正性原则、科学性原则和专业性原则。

（一）独立性原则

独立性原则是指评估机构应始终坚持第三者立场，不为资产业务当事人的利益所影响。评估机构应是独立的社会公正性机构，不能为资产业务中任何一方所拥有，也不能隶属于任何一方。遵循这一原则可以从组织上保证评估工作不受有关利益方的干扰和委托者意图的影响。

（二）客观公正性原则

客观公正性原则要求评估结果应以充分的事实为依据。这就要求评估者在评估过程中以公正、客观的态度收集有关数据与资料，并要求评估过程中的预测、推算等主观判断建立在市场与现实的基础上。此外，为了保证评估的公正、客观，按照国际惯例，资产评估机构收取的劳务费用应该只与工作量相关，不与被评估资产的价值挂钩。

（三）科学性原则

科学性原则是指在资产评估过程中，必须根据特定目的，选择适用的价值类型和科学的方法，制订科学的评估方案，使资产评估结果准确、合理。在整个评估工作中，必须把主观评价与客观测算、静态分析与动态分析、定性分析与定量分析相结合，使评估工作做到科学合理、真实可信。

（四）专业性原则

专业性原则是指资产评估机构必须是提供评估服务的专业技术机构。评估机构必须拥有一支由工程、技术、营销、财会、法律、经济管理等多学科的专家组成的资产评估专业队伍，专业队伍的成员必须具有良好的教育背景、专业知识、实践经验和职业道德，具备从事资产评估业务所需要的足够的专业知识及工作经验，并通过国家有关执业资格的认定。

二、资产评估经济技术原则

资产评估的经济技术原则是指在资产评估执业过程中的一些技术规范和业务准则。实质上是评估理论的具体化，它们为评估师在执业过程中的专业判断提供指南。资产评估的经济技术原则主要包括预期收益原则、供求原则、替代原则、贡献原则和评估时点原则。

（一）预期收益原则

效用价值论认为，资产的价值由资产为其所有者带来的效用决定，效用越大，资产的价值就越高。对于资产所有者来说，效用当然是指资产所带来的收益，收益决定着资产的价值。但应注意的是，这里的收益不是过去的收益，而是未来的收益。

预期收益原则即指资产评估中，资产的价值可以不按照其过去形成的成本或购买价格决定，但是必须充分考虑它在未来可能为其控制者带来的经济效益。资产的市场价格主要取决于其未来的有用性或获利能力。未来效用越大，评估值越大；反之，一项资产尽管在取得时花费了很大的成本，但目前却无多大效用，其评估值也不会高。此外，预期收益原则要求评估人员在进行评估时，必须合理预测资产未来的获利能力和取得获利能力的有效时间。

（二）供求原则

供求原则在经济学中是指在其他条件不变的前提下，供求关系对商品价格影响的规律。假定在其他条件不变的前提下，商品的价格随着需求的增长而上升，随着供给的增加而下降。供求规律对商品价格形成的作用力同样适用于资产价值的评估，评估人员在判断资产价值时也应充分考虑和依据供求原则。

（三）替代原则

人们合理性的经济行为往往表现在：对具有相同效用的物品进行选择时，必定选择价格便宜的；而在价格相同时，则会选择效用较大的。因此，在同一市场上，如果有两种以上可以相互替代的商品存在，那么它们的价格会互相牵引而大体保持在同一水平上。

资产评估的替代原则即指在评估中面对几种相同或相似资产的不同价格时，应取较低者为评估值，或者说，评估值不应高于替代物的价格。这一原则要求评估人员从购买者的角度进行资产评估，因为资产评估值应是资产潜在购买者愿意支付的价格。

（四）贡献原则

根据经济学中的边际收益原理，各生产要素的价值大小，可依据其对总收益的贡献来衡量。由于资产总是在一定的资产整体中发挥作用，因而它的边际贡献往往是资产交易双方确认资产价格的尺度。

贡献原则即指单项资产或资产的某一构成部分的价值，取决于它对其他相关的资产或资产整体价值的贡献，而不是孤立地根据其自身的价值来确定评估值；也可以根据当缺少它时，对相关资产或资产整体价值下降的影响程度来确定其评估值。

（五）评估时点原则

市场是变化的，资产的价值会随着市场条件的变化而不断改变。为了使资产评估得以操作，并且能保证资产评估结果可以被市场检验，在资产评估时，必须假定市场条件固定在某一时点，这个时点就是评估基准日，或称估价日期。它为资产评估提供了一个时间基准。资产评估的评估时点原则要求资产评估必须有评估基准日，而且评估值就是评估基准日的资产价值。

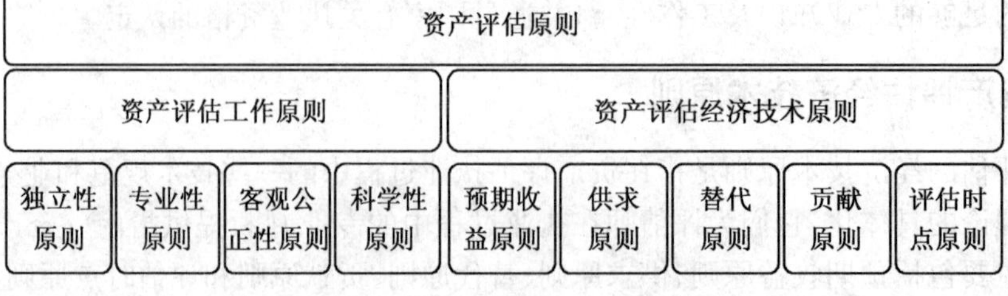

图 2—3　资产评估原则

本章小结

资产评估中的一般目的和特定目的规定资产评估的基本目标与具体方向，是理解资产评估的切入点。价值类型理论在资产评估实践中有重要作用，指引评估人员更准确地理解资产评估、把握资产评估目标，为合理地实现评估目的提供目标载体。资产评估的前提假设、环境假设、利用程度假设和特定假设是资产评估理论体系的基础之一，也是学习和掌握资产评估理论及其方法的基础。

复习题

1. 依据资产业务类型，资产评估目的可分为哪几类？
2. 什么是以市场价值为基础的评估？什么是以非市场价值为基础的评估？
3. 市场价值与市场价值以外的价值之间有什么关系？
4. 如何理解资产评估中公允价值的含义？
5. 什么是资产评估假设？
6. 如何理解资产评估的工作原则与经济技术原则？

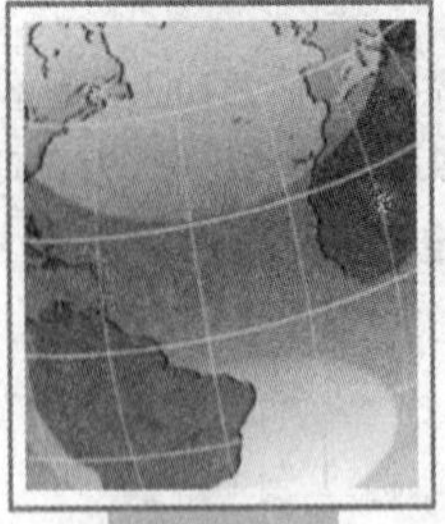

第三章 资产评估的程序与方法

学习目的与要求

资产评估程序是资产评估工作的内在联系和主要环节与步骤。通过本章学习，应了解资产评估程序的基本概念，理解资产评估程序的重要作用，掌握资产评估的具体步骤和操作环节，领会执行资产评估程序的基本要求。理解资产评估基本方法的概念、适用范围，熟悉资产评估方法选择的基本依据，了解各种评估方法间的关系，熟练掌握资产评估的市场法、收益法、成本法的基本原理、内容和各项参数指标的确定方法，做到能够熟练运用这三种基本方法。

第一节 资产评估程序

一、资产评估程序及其作用

(一)资产评估程序的主要环节

资产评估程序是指资产评估机构和评估人员执行资产评估业务、形成资产评估结论所履行的系统性工作步骤。狭义的资产评估程序开始于资产评估机构和评估人员接受委托，终止于向委托人或相关当事人提交资产评估报告书。广义的资产评估程序(资产评估基本程序)开始于承接资产评估业务前的明确资产评估基本事项环节，终止于资产评估报告书提交后的资产评估文件归档管理。

资产评估程序由具体的工作步骤组成，不同的资产评估业务由于评估对象、评估目的、评估资料搜集情况等相关条件的差异，可能需要执行不同的资产评估具体程序或工作步骤，但资产评估基本程序是相同或相通的，可以适用于各种类型的资产评估业务。

资产评估具体程序或工作步骤的划分，取决于资产评估机构和评估人员对各资产评估工作步骤共性的归纳。资产评估业务的性质、复杂程度也是影响资产评估具体程序的重要因素。根据各工作步骤的重要性，资产评估程序通常包括以下主要环节：

第一，接受资产评估委托，明确相关事项；

第二，签订资产评估业务约定书；

第三，编制资产评估作业计划；

第四，现场调查；

第五，搜集资产评估资料；

第六，评定估算；

第七，编制和提交资产评估报告书；

第八，资产评估工作档案归档。

【知识链接3—1】

《资产评估准则——评估程序》(部分)

第二章　基本要求

第五条　注册资产评估师执行资产评估业务，应当遵守法律、法规和资产评估准则的相关规定，履行适当的评估程序。

第六条　注册资产评估师通常执行下列基本评估程序：

(一)明确评估业务基本事项；

(二)签订业务约定书；

(三)编制评估计划；

(四)现场调查；

(五)收集评估资料；

(六)评定估算；

(七)编制和提交评估报告；

(八)工作底稿归档。

注册资产评估师不得随意删减基本评估程序。

第七条　注册资产评估师应当根据本准则，结合评估业务具体情况，制定并实施适当的具体评估步骤。

第八条　注册资产评估师在执行评估业务过程中，由于受到客观限制，无法或者不能完全履行评估程序，可以根据能否采取必要措施弥补程序缺失和是否对评估结论产生重大影响，决定继续执行评估业务或者终止评估业务。

第九条　注册资产评估师应当指导业务助理人员履行评估程序。

第十条　注册资产评估师应当记录评估程序履行情况，形成工作底稿。

(二)履行资产评估程序的重要性

长期以来，由于资产评估发展的特殊性，我国资产评估界对资产评估程序没有引起足够的重视，往往将《国有资产评估管理办法》中所确定的申请立项、资产清查、评定估算、验证确认等国有资产评估管理程序作为资产评估程序，没有反映出资产评估程序的本质属性。资产评估程序应当以资产评估机构和评估人员为主体，反映资产评估机构和评估人员为执行资产评估业务、形成资产评估结论所必须履行的系统性工作步骤。履行资产评估程序的重要性主要表现在以下方面：

第一，履行资产评估程序是规范资产评估机构和评估人员行为、提高资产评估业务质量的基本保证。

资产评估机构和评估人员接受委托，不论执行何种资产类型、何种评估目的的资产评估业务，都应当履行必要的资产评估基本程序，按照工作步骤有计划地进行资产评估。这样做不仅有利于规范资产评估机构和评估人员的执业行为，而且能够有效地避免在执行具体资产评估业务中可能出现的程序上的重要疏漏，切实保证资产评估的业务质量。履行资产评估程序对于提高资产评估机构业务水平乃至资产评估行业整体业务水平都具有重要意义。

第二，履行资产评估程序是评价资产评估机构和评估人员提供资产评估服务的重要依据。

资产评估服务会引起许多相关当事方的关注，包括委托人、资产占有方、资产评估报告使用人、相关利益当事人、司法部门、证券监督及其他行政监督部门、资产评估行业主管协会以及社会公众、新闻媒体等。是否履行资产评估程序不仅是衡量资产评估机构和评估人员执行资产评估业务是否规范的重要标准，也为上述相关当事方提供了评价资产评估服务的依据，同时也是委托人、司法和行政监管部门及资产评估行业协会监督资产评估机构和评估人员的主要依据。

第三，履行资产评估程序是资产评估机构和评估人员防范执业风险、保护自身合法权益、合理抗辩的重要手段。

从实际情况来看，资产评估机构和评估人员与其他当事人之间就资产评估服务引起的纠纷和法律诉讼越来越多。资产评估机构和评估人员在履行必要资产评估程序方面是否存在疏漏，已成为司法部门追究资产评估机构和评估人员责任的重要方面。因此，恰当履行资产评估程序是资产评估机构和评估人员防范执业风险的主要手段，也是在产生资产评估纠纷或诉讼后，合理保护自身权益、合理抗辩的重要手段之一。

二、资产评估程序的具体步骤

资产评估程序的具体步骤与基本内容主要体现在以下八个环节中：

(一)接受资产评估委托，明确相关事项

接受资产评估委托是资产评估程序的第一个环节，包括在签订资产评估业务约定书之前的一系列基础性工作，如对资产评估项目进行风险评价、明确与承接的资产评估项目有关的重要事项等。由于资产评估专业服务的特殊性，资产评估程序甚至在委托人委托资产评估机构、资产评估机构接受委托前就已开始。资产评估机构和评估人员在接受资产评估业务委托之前，应当采取与委托人等相关当事人讨论、阅读基础资料、进行必要的初步调查等方式，与委托人等相关当事人共同明确以下资产评估业务重要事项：

1. 接受委托应满足的基本要求

资产评估机构及其评估人员在受理或接受资产评估业务或委托时，应严格遵守资产评估职业道德和行为规范的要求，着重注意以下几个方面：

(1)评估机构和评估人员不能利用主管部门或行政机关的权力，对行业、地区的评估业务进行垄断；

(2)不应以个人的名义接受委托，应该以评估机构的名义接受委托；

(3)评估机构和评估人员不得通过诋毁、贬低同行信誉等不正当手段获得评估业务；

(4)评估机构和评估人员不得通过降低收费标准或以不切实际的承诺承揽业务；

(5)评估机构和评估人员应保持形式和实质上的独立；

(6)评估机构和评估人员不能同时为多个评估目的及要求而对同一资产进行评估；

(7)评估机构及其评估人员应充分了解评估对象、评估目的和评估范围；

(8)评估机构及其评估人员应充分分析评估业务风险，正确判断自身的执业能力，不得承揽无力完成的评估业务；

(9)按照能力原则受理评估业务并与委托人签订资产评估业务委托书；

(10)评估机构在接受委托前应赴现场进行必要的勘察，以便明确评估工作量、工作时间和收费标准等基本事宜。

2. 接受委托前需明确的基本事项

(1)委托方、产权持有者和委托方以外的其他评估报告使用者。

(2)资产评估目的及评估报告的期望用途。资产评估机构和评估人员应当与委托方就资产评估目的达成明确、清晰的共识，并尽可能细化资产评估目的，说明资产评估业务的具体目的和用途，并在可能的情况下要求委托方明确资产评估报告的期望用途和使用人。

(3)资产评估对象和评估范围。资产评估机构和评估人员应当了解评估对象及其权益基本状况，包括其法律、经济和物理状况，如资产类型、规格型号、结构、数量、购置(生产)年代、生产(工艺)流程、地理位置、使用状况、企业名称、住所、注册资本、所属行业、在行业中的地位和影响、经营范围、财务和经营状况等。资产评估机构和评估人员应当特别了解有关评估对象权利受限状况。

(4)资产评估结果的价值类型。资产评估机构和评估人员应当在明确资产评估目的的基础上，恰当确定资产评估结果的价值类型，并确信所选择的价值类型适用于资产评估目的及评估报告的期望用途。

(5)资产评估基准日。资产评估机构和评估人员应当明确资产评估基准日，并确信资产评估基准日有利于资产评估结论有效地服务于资产评估目的，减少和避免不必要的资产评估基准日期后事项。

(6)资产评估报告使用限制。资产评估机构和评估人员在接受委托前还必须与委托方进行沟通，了解本次资产评估是否有可能影响评估过程和结论的限制条件，以判断能否接受委托和怎样接受委托。

(7)资产评估报告提交时间及方式。资产评估机构和评估人员应对评估工作量有合理的判断，并与委托方进行沟通，以明确本次评估工作的具体时间安排。

(8)资产评估服务收费总额、支付时间和方式。资产评估机构在接受评估委托前，应与委托方协商资产评估收费标准和收费方式。对于资产评估对象价值量小而评估工作量大的项目，可要求委托方按评估项目的实际工作量支付评估费用。

(9)委托方与注册资产评估师工作配合和协助等其他需要明确的重要事项。资产评估机构和评估人员在明确上述资产评估基本事项的基础上，应对下列因素进行分析以确定是否承接资产评估项目：一是进行风险评价，分析资产评估项目的执业风险；二是分析资产评估机构、评估人员的专业胜任能力及相关经验；三是分析资产评估机构和评估人员的独立性，确认与委托方或相关当事方是否存在现实或潜在利益冲突。

(二)签订资产评估业务约定书

资产评估业务约定书是在资产评估机构明确了上述基本事项并对评估项目作出风险评价之后，资产评估机构与委托人共同签订的，用以确认资产评估业务的委托与受托关系，明确委托目的、被评估资产范围及双方权利和义务等相关重要事项的合同。

根据我国资产评估行业现行的有关规定，注册资产评估师承办资产评估业务，应当由其所在的资产评估机构统一受理，并与委托人签订书面资产评估业务约定书，注册资产评估师不得以个人名义签订资产评估业务约定书。资产评估业务约定书应当由资产评估机构和委托方双方的法定代表人或其授权代表签订，资产评估业务约定书应当内容全面、具体，含义清晰、准确，符合国家法律、法规和资产评估行业管理规定，具体包括以下基本内容：

其一，资产评估机构和委托方名称；

其二，资产评估目的；

其三，资产评估对象；

其四，资产评估基准日；

其五，出具资产评估报告的时间要求；

其六，资产评估报告使用范围；

其七，资产评估收费；

其八，双方的权利和义务及违约责任；

其九，签约时间；

其十，双方认为应当约定的其他重要事项。

(三)编制资产评估作业计划

资产评估作业计划是对资产评估具体作业过程中的每个工作步骤以及时间和人力情况进行的规划和安排。资产评估作业计划是资产评估机构和评估人员为完成资产评估业务而拟定的技术思路和实施方案。编制合理有效的资产评估作业计划，对合理安排工作量和工作进度、调配专业人员、按时完成资产评估业务具有重要意义。

由于资产评估项目千差万别，资产评估计划也不尽相同，其详略程度取决于资产评估业务的规模和复杂程度。资产评估机构和评估人员应当根据所承接的具体资产评估项目情况，编制合理的资产评估作业计划，并根据执行资产评估业务过程中的具体情况，及时修正、补充资产评估作业计划。

资产评估作业计划应当涵盖资产评估工作的全过程，资产评估作业计划编制过程中应当同委托人等就相关问题进行洽谈，以方便资产评估作业计划各环节和各步骤的实施，并报经资产评估机构负责人审核批准。编制资产评估作业计划应当重点考虑以下因素：

(1)资产评估目的和资产评估对象状况对资产评估技术路线的影响及评估机构的对策措施安排；

(2)资产评估业务风险、资产评估项目的规模和复杂程度对评估人员安排及其构成的要求，限定评估精度以及对评估风险的估计及控制措施；

(3)资产评估项目所涉及资产的结构、类别、数量及分布状况对资产清查范围和清查精度的要求；

(4)评估项目对相关资料搜集的要求及具体安排；

(5)委托人或资产占有方过去委托资产评估的经历、诚信状况，以及提供资料的可靠性、完整性和相关性，判断评估项目的风险及应对措施安排；

(6)资产评估途径和方法的选择及基本要求；

(7)评估中可能出现的疑难问题及专家利用；

(8)评估报告撰写的要求以及委托方制定的特别分类或披露要求。

(四)资产勘察(现场调查)

资产评估机构和评估人员执行资产评估业务，应当对评估对象进行必要的勘察，包括对不动产和其他实物资产进行必要的现场勘察。进行资产勘察工作不仅是基于资产评估人员勤勉尽责义务的要求，同时也是资产评估程序和操作的必经环节，有利于资产评估机构和评估人员全面、客观地了解评估对象，核实委托方和资产占有方提供资料的可靠性，并通过在资产勘察过程中发现的问题、线索，有针对性地开展资料搜集、分析工作。资产评估人员应在资产勘察前与委托方进行必要的沟通，以便在不影响委托方正常工作的前提下进行资产勘察。资产评估人员应根据被评估资产的特点和委托方的时间安排选择恰当的方式进行资产勘察。

勘察核实资产是在委托方自查的基础上，以委托方提供的评估登记表或评估申报明细表为准，对委托评估资产进行核实和鉴定。

1. 资产勘察的目的

资产勘察是资产评估准备工作中的重要一环，其目的主要在于：确定委托评估资产是否存在，以及其合法性和完整性；确定委托评估资产与账簿、报表的一致性；搜集委托评估所需的有关数据资料。

2. 资产勘察的主要内容

(1)了解企业财务会计制度；

(2)了解企业内部管理制度，重点是企业的资产管理制度；

(3)对企业申报的资产清单进行初审；

(4)对企业申报的各项资产进行核实；

(5)对企业申报的各项资产的产权进行验证，确认其合法性；

(6)对企业申报评估的资产中用于抵押、担保、租赁等特殊用途的资产进行专项核查；

(7)对勘察中发现申报有误的资产，根据勘察结果和有关制度规定进行勘察调整；

(8)搜集评估相关资料。

3. 资产勘察的基本要求

(1)关于资产勘察的范围要求

资产勘察的范围以委托方委托评估资产的范围为准，特别要注意委托方委托评估资产中包括的其自身占用以外的部分，如分公司资产、异地资产和租出资产等，它们也应包括在勘察之列。

(2)关于资产勘察的程度要求

关于资产勘察的程度，应根据不同种类的资产繁简有别，具体情况可参考以下要求：

对于建筑物要逐栋逐幢进行勘察核实，并了解其使用、维修和现状，以及做好勘察记录。建筑物的产权证明是核查中必不可少的项目。

对于机器设备，主要看评估对象的数量，对于项目较小、设备数量不多的情况，要对待估设备逐一核查。如果评估项目较大、设备种类繁多、数量较多，可先按 ABC 分类法找出评估重点，对 A 类设备要逐一核查并作技术鉴定，对 B 类设备也应尽量逐一核查，对 C 类设备可采取抽样核查。

对流动资产的核查程度与委托方的管理水平和自查的程度有关。对于企业管理水平较高、自查比较彻底的，对流动资产一般采用随机抽样法进行核查并做好抽查记录。按照现行规定，流动资产抽查的数量应达到国家规定的比例。如对存货进行抽查，抽查数量应达 40%以上，价值比例达 60%以上，其中残次、变质、积压及待报废的应逐项核查。

对于无形资产、长期投资、递延资产等资产要逐笔核查。

涉及评估净资产的，要对负债进行逐笔审核。

4. 勘察调整

对勘察过程中发现的账外资产及盘亏资产等，以及重复申报和遗漏的，应根据具体情况和管理要求进行必要的调整，并详细说明勘察调整的原因、过程和结果。

对于那些受财务会计制度限制而不能直接进行账务调整的盘亏损毁资产，虽可暂不作会计账务调整，但是作为评估对象，其评估对象申报表必须作出切实的调整。评估对象必须是客观存在的，不论是现实存在的还是潜在存在的，资产的勘察调整必须据实进行。

(五)搜集资产评估资料

从资产评估的过程来看，资产评估实际上就是对被评估资产的信息进行搜集、分析、判断并作出披露的过程。对资产评估加以严格的程序要求，其目的也是要保证评估对信息搜集、分析的充分性和准确性。因此，资产评估人员应当独立获取评估所依据的信息，并确保信息来源是可靠的和适当的。

在上述几个环节的基础上,资产评估机构和评估人员应当根据资产评估项目具体情况搜集资产评估相关资料。资料搜集工作是资产评估业务质量的重要保证,不同的项目、不同的评估目的、不同的资产类型对评估资料有着不同的需求,由于评估对象及其所在行业的市场状况、信息化和公开化程度差别较大,相关资料的可获取程度也不同。因此,资产评估机构和评估人员的执业能力在一定程度上体现出其搜集、占有与所执行项目相关的信息资料的能力。资产评估机构和评估人员在日常工作中就应当注重搜集信息资料及其来源,并根据所承接项目的情况确定搜集资料的深度和广度,尽可能全面、详实地搜集资料,并采取必要措施确保资料来源的可靠性。根据资产评估项目的进展情况,资产评估机构和评估人员还应当及时补充搜集所需要的资料。

资产评估机构和评估人员应当通过与委托人、资产占有方沟通并指导其对评估对象进行清查等方式,对评估对象或资产占有单位资料进行了解,同时也应当主动搜集与资产评估业务相关的评估对象资料及其他资产评估资料。搜集整理资料,一方面是为后面的资产评估准备素材和依据,另一方面也是评估机构建立评估工作底稿的需要。为满足上述两方面的要求,评估机构应搜集并整理以下重要资料(根据项目的需要可作适当的删减或增加):

1. 有关资产权利的法律文件或其他证明资料

主要的产权证明文件包括:

(1)有关房地产的土地使用证、房产执照、建设规划许可证、用地规划许可证、项目批准文件、开工证明、出让及转让合同、购买合同、原始发票等;

(2)有关在建工程的规划、批文;

(3)有关设备的购买合同、原始发票等;

(4)有关无形资产的专利证书、专利许可证、专有技术许可证、特许权许可证、商标注册证、版权许可证等;

(5)有关长短期投资的合同;

(6)有关银行借款的合同。

2. 资产的性质、目前和历史状况信息

主要资料包括:

(1)有关房地产的图纸、预决算资料;

(2)有关在建工程的种类、开工时间、预计完工时间、承建单位、筹资单位、筹资方式、成本构成、工程基本说明或计划等;

(3)有关设备的技术标准、生产能力、生产厂家、规格型号、取得时间、启用时间、运行状况、大修理次数、大修理时间、大修理费用、设备与工艺要求的配套情况等;

(4)有关存货的数量、计价方式、存放地点、主要原材料近期进货价格统计表等;

(5)有关应收及预付款的账龄统计表、主要赊销客户的信誉及经营情况、坏账准备政策、应收款回收计划等;

(6)有关长期投资的明细表,包括被投资企业、投资金额、投资期限、起止时间、投资比例、年收益、收益分配方式、账面成本等;

(7)原始证据,主要包括评估基准日的会计报表、盘点表、对账单、调节表、应收及应付询证函、盘盈及盘亏说明、报废资产情况说明及证明材料等。

3. 有关资产的剩余经济寿命和法定寿命信息

在资产勘察过程中，评估人员应了解资产的设计寿命，并通过技术鉴定了解和判断资产的剩余物理寿命和经济寿命。

4. 有关资产的使用范围和获利能力信息

资产评估人员可以通过核实资产占有方的营业执照了解被评估资产的经营范围和使用范围，并通过技术鉴定掌握资产的可使用范围和空间。

5. 资产以往的评估及交易情况信息

资产评估人员通过查询有关账簿及相关资料，了解被评估资产以往的评估和交易情况。

6. 资产转让的可行性信息

资产评估人员通过查询有关交易合同或意向书及进行相关的市场调查，了解被评估资产转让的可行性信息。

7. 类似资产的市场价格信息

资产评估人员应通过市场调查，了解和掌握与评估对象类似的资产的市场价格信息。

8. 委托方声明

有关被评估资产所有权、处置权的真实性，产权限制，以及所提供的数据资料真实性的承诺等。

9. 可能影响资产价值的宏观经济前景信息

资产评估人员需要了解国家宏观调控政策、产业政策以及相关的经济体制改革等可能影响资产价值的宏观经济前景信息。

10. 可能影响资产价值的行业状况及前景信息

资产评估人员需要了解市场结构、行业发展趋势等可能影响资产价值的行业状况及前景信息。

11. 可能影响资产价值的企业状况及前景信息

资产评估人员需要了解企业生命周期、企业经营情况以及企业获利能力等可能影响资产价值的企业状况及前景信息。

12. 其他相关信息

除上述重要资料外，资产评估人员还应了解和掌握其他相关信息，如各类资产负债清查表、登记表、评估申报明细表，资产与负债清查情况及调整说明，委托方营业执照副本及其他材料等。

(六)评定估算

资产评估机构和评估人员在占有相关资产评估资料的基础上，进入评定估算环节，即在充分分析资产评估资料的基础上，恰当选择并运用资产评估途径与具体方法形成初步资产评估结论，再经综合分析及反复审核后确定资产评估结论。该环节大致要经历以下几个阶段：

1. 分析资料

资产评估人员应当根据本次评估目的和其他具体要求，对所搜集的资产评估资料进行分析、整理，选择相关信息并确定其可靠性和可比性，对不可比信息要进行必要的调整，保证评估所用信息的质量。

2. 选择评估途径和具体评估方法

成本途径、市场途径和收益途径是三种通用的资产评估途径，从理论上讲，三种评估途径及其方法适用于任何资产评估项目。因此，在具体的资产评估执业过程中，资产评估人员应当考虑三种评估途径及其方法的适用性。如果不采用某种资产评估途径及其方法，或只采用一种资产评估途径及其方法评估资产的，资产评估人员应当予以必要说明。对宜采用两种以上资产评估途径及其方法的评估项目，应当使用两种以上资产评估途径及其方法。

3. 运用评估途径和方法评定估算资产价值

资产评估人员在确定资产评估途径及其方法后，应当根据已明确的评估目的和评估价值类型，以及所搜集的信息资料和具体的执业规范要求，恰当、合理地形成初步评估结论。采用成本途径，应当在合理确定被评估资产的重置成本和各相关贬值因素的基础上，得出初步评估结论；采用市场途径，应当合理地选择参照物，并根据评估对象与参照物的差异进行必要调整，得出初步评估结论；采用收益途径，应当在合理预测未来收益、收益期和折现率等相关参数的基础上，得出初步评估结论。

4. 审核评估结论并给出最终评估结果

在形成初步资产评估结论的基础上，评估人员和机构内部的审核人员应对本次评估所使用的资料和经济技术参数等的数量、质量以及选取依据的合理性进行综合分析，以确定资产评估结论。采用两种以上资产评估途径及其方法时，资产评估人员和审核人员还应当综合分析各评估途径及其方法之间的相关性和恰当性、相关参数选取的合理性，以确定最终资产评估结论。

(七)编制和提交资产评估报告书

资产评估机构和评估人员在执行必要的资产评估程序并形成资产评估结论后，应按有关资产评估报告的规范及委托方的要求编制资产评估报告书。资产评估报告书除了要符合有关资产评估报告书的格式规范和内容规范外，还应当根据评估项目的特点提供必要的相关信息，确保资产评估报告使用者能够正确理解资产评估结论。资产评估机构和评估人员可以根据资产评估业务性质，在遵守资产评估报告书规范和不引起误导的前提下，选择资产评估报告书的类型和详略程度。

资产评估机构应当遵守资产评估协议书中所规定的提交资产评估报告书的时间和方式，在规定的时间里以恰当的方式将资产评估报告书提交给委托人。在提交正式资产评估报告书之前，资产评估机构和评估人员可以与委托人等进行必要的沟通，听取委托人等对资产评估结论的反馈意见。在此过程中，资产评估机构和评估人员必须保证其自身的独立性和评估结论的独立性，不能为迎合委托方的不合理要求而影响了评估结论的独立性和客观性。

(八)资产评估工作档案归档

资产评估机构和评估人员在向委托人提交资产评估报告书后，应当将在资产评估工作中形成的、与资产评估业务相关的各种报表数据、鉴定材料、产权资料、文字说明、图片、照片、声明承诺等不同形式的记录及时记载并予以归档，并按国家有关规定对资产评估工作档案进行保存、使用和销毁，将资产评估工作档案归档。将这一环节列为资产评估基本程序之一，充分体现了资产评估服务的专业性和特殊性，不仅有利于应对今后可能出现的资产评估项目备查，也有利于资产评估机构总结、完善和提高资产评估业务水平。

【知识链接3—2】

国有资产评估程序

一、申报立项

需要进行资产评估的国有企业，应当向国有资产管理部门申报立项，经国有资产管理部门审批，才能委托资产评估机构进行评估。申报立项包括申报、立项批准、委托评估三个程序。

第一，需要进行国有资产评估或者依法应当进行资产评估的国有资产占用企业，应当向国有资产管理部门提出书面申请。该申请书的主要内容包括申报单位名称、隶属关系、需评估的国有资产所在地点、资产评估目的、待评估资产的范围与种类、评估工作的起讫时间和基准日期等。同时，申报资产评估的企业还要提交上级主管部门的审查意见、该项经济行为审批机关的批准文件、国有资产管理部门颁发的产权证明文件、土地管理部门颁发的土地使用权证明、房产部门颁发的房产证明、被评估资产目录和有关会计报表。

第二，国有资产管理部门审查决定是否批准立项并应当及时通知申请人。资产评估申请人的申请报告应当符合批准的条件有：所申报的评估对象必须是申报单位经营管理的国有资产；所申报评估的资产将要投入的经济活动是必须依法进行评估的，进行评估后才能正确反映资产价格，保证国有资产不流失；申报人提供的有关资料齐全，所列数据准确。对于准予立项的评估，应当填写资产评估立项表。

第三，资产评估应当选择符合法律规定、具有法定资格的资产评估机构，并委托其进行资产评估。按照法律规定，资产评估机构应当符合以下条件：必须是经过政府主管部门批准，并经过工商行政管理部门核准注册登记的、具有法人资格的组织；必须拥有相当数量的能够胜任评估工作的各类专业人员，如财会审计人员、经济管理人员、建筑工程技术人员等；在取得资产评估资格之前，必须经过若干次试评估，并从试评估中取得经验，熟悉评估操作规程、操作程序，具备一定的评估经验是资产评估的重要条件之一。选定资产评估机构之后，双方应当签订资产评估委托书，并进行公证。委托书的基本内容包括委托方、受托方及其法定代表人，评估目的，委托评估内容，评估收费标准，要求完成评估时间，双方的责任和义务，违约责任等。

二、清查资产

改制企业应当收集资料，为资产评估做好准备。委托人应当按照评估范围，对被评估资产的数量与质量情况进行实地盘点，并将结果分类登记。资产评估机构根据企业的会计报表、统计报表、财务目录及各种相关记录等资料，对企业的资产情况、债权债务情况及经营情况进行全面的清查与审核；对企业资产进行严格的产权界定，同时还需要就与资产评估有关的方面进行社会调查，以便对企业未来经济效益做出准确的预测。

在评估过程中，评估机构应当将待评估资产的账目、账卡等与其他资料进行核对，必须占有与被评估资产有关的全部信息资料。若评估一项国有企业的资产，至少要了解国家资产使用单位的独立法人证明，以及国有资产管理部门批准评估的立项通知书、资产名称、规格型号、计量单位、数量、购置时间、折旧年限、同类资产的物价变动等；另外还要根据委托书所列资产的范围逐项进行实地盘点，核查账实是否一致。被评估单位应配合资产评估机构的工作，防止弄虚作假、串通舞弊。

三、评定估算

评估机构核实鉴定后，根据不同的评估目的与对象，依照有关评估的法律、法规、政策等规定，考虑到影响资产价值的各种因素，运用科学的评估方法，选择适当的评估参数，独立、公正、合理地评估出待评估资产的真实价值。

首先，评估机构应当制订评估方案，根据实际情况加以评估。评估方案的主要内容是确定评估时间、计划和步骤，确定评估人员和分工以及评估方法等。其次，评估机构根据评估方案，选择适当的评估方法，对各项资产价格进行评定、估算。评定内容既包括对企业概况进行审查，如企业性质、隶属关系、厂址位置、所处环境、兼并条件等，也包括对企业资产、产品市场、财务状况、经济效益以及各种基本数据的综合分析、评估和鉴定。特别是在对企业总体评估（评估收益价值）时，需组织市场调查，预期资产收益，经技术处理估价现值。最后，要写出评估报告,提交给委托企业。评估报告的主要内容是评估所依据的文件、评估原则、方法、时间、参评人员等。评估报告是对资产实际价格提出的公正性文件。评估机构和评估工作人员应对该评估报告的真实性、准确性和完整性承担法律责任。评估报告还要经过评估机构负责人签名并加盖公章后才能生效。委托方取得评估报告后,如果同意其内容和意见,则应报送国有资产管理部门加以确认。

四、验证确认

国有资产管理部门接到评估报告及有关资料后,会同有关机关审核、验证、确认资产评估结果的真实性、合法性以及科学性。

首先,应当审核资产评估报告的内容,包括:报送的资料是否齐全;各项内容是否符合法律、法规、政策的规定;评估程序是否合法;评估项目是否齐全、遗漏或重评;评估方法是否合理、科学,所引用的资料、数据是否可靠、真实;评估人员是否具有符合法律规定的评估资格;评估报告的规格、内容是否符合要求等。

其次,应当进行验证。国有资产管理部门应当全面复查、实地抽查,包括:依据的资料、数据的验证;采用的计算公式、计算步骤的验证;评估结果是否与实际相一致等。

最后的步骤是确认。国有资产管理部门应当做出是否予以确认的决定并登记备案,同时向申请资产评估的当事人发出资产评估结果通知书。如果当事人或第三人有异议的,可以向上级资产管理部门申请复议。上级资产管理部门接受复议申请,并在法定期限内做出裁定书。经国有资产管理机构确认的资产评估结果具有法律效力,企业以此作为调整账目及买卖经营性或非经营性资产的定价底价的依据,同时可以进行必要的会计处理。

三、执行资产评估程序的要求

遵守资产评估程序是规范资产评估执业的基本保证,是提高资产评估质量、规避资产评估风险的重要手段。执行资产评估程序的基本要求主要包含下述三个方面的内容:

第一,资产评估机构和评估人员应当在国家和资产评估行业规定的统一资产评估程序的基础上,建立健全本机构资产评估程序制度。

由于资产评估机构和评估人员所承接的评估业务范围和具体评估对象各有不同,完全按照国家统一规定的资产评估程序执业可能会有困难,各资产评估机构应当结合本机构及评估范围和对象的实际情况,在资产评估程序基本规定的基础上进行细化和必要调整,形成本机构资产评估作业程序制度,并在资产评估执业过程中切实履行、不断完善。

第二,资产评估执业人员可在不影响资产评估质量的前提下,对资产评估程序中的某些规定作适当调整或具体化。

资产评估机构和评估人员执行资产评估业务,应当根据具体资产评估项目的情况和资产评估程序制度的基本要求,确定并履行适当的资产评估程序,在没有正当理由和可靠依据的情况下,不得随意简化或删减资产评估程序。但是,资产评估执业人员在充分掌握资产评估程序实质的基础上,根据评估对象的具体情况,可在不影响资产评估质量的前提下,对资产评估程序中的某些规定作适当的调整或具体化。资产评估机构和评估人员应当将资产评估程序的具体组织实施情况记录于工作底稿,并将主要资产评估程序执行情况在出具的资产评估报告书中予以披露。

第三,为保证切实履行资产评估程序,资产评估机构内部应建立相应的管理机制和监督制度。

为了切实履行资产评估程序，资产评估机构内部应当建立相应的执行资产评估程序的管理机制和监督制度，指导和监督资产评估执业人员在资产评估过程中实施资产评估程序。当由于资产评估项目的特殊性，资产评估人员无法完全履行资产评估程序中的某个基本环节，或受到限制而无法实施完整的资产评估程序时，资产评估机构和评估人员应当考虑这种状况是否会影响到资产评估结论的合理性，以及是否接受该评估项目；如果该评估项目属于必须完成的项目，资产评估人员必须在资产评估报告中明确披露这种状况及其对资产评估结论可能具有的影响。

第二节　资产评估的基本方法

资产评估方法是实现评定估算资产价值的技术手段。资产评估是借助多种学科理论在价值估算中的应用与实践，并在这些科学的技术方法的基础上，按照资产评估自身的运作规律和行业特点所形成的一整套方法体系，从而构成了资产评估方法体系。

资产评估方法体系由多种具体资产评估方法构成，这些方法按分析原理和技术路线的不同，可以归纳为三种基本类型（或称三种基本方法），即市场法、收益法和成本法。

一、市场法

（一）市场法的基本原理

市场法是指利用市场上相同或相近资产的近期交易价格，通过比较或类比分析来估测资产价值的评估技术思路和实现该评估技术思路的各种评估技术方法的总称。

市场法是根据替代原理，采用比较和类比的思路及方法来判断资产价值的评估技术方法。任何一个正常的投资者在购置某项资产时，他所愿意支付的价格都不会高于市场上具有相同用途的替代品的现行市价。市场法就是基于这样的理论和原则而得到运用的。运用已经被市场检验了的结果来对评估对象进行评估，显然更容易被资产业务各当事人接受。所以，市场法是资产评估中最为直接、最具说服力的评估方法之一。当然，要运用市场法对评估对象进行评估，必须满足一些基本的前提条件。

（二）市场法的基本前提

通过市场法进行资产评估，需要满足两个最基本的前提条件：其一是要有一个活跃的公开市场；其二是活跃的公开市场上要有可比资产及其交易活动。

公开市场是一个充分的市场，市场上有众多自愿的买者和卖者，他们进行平等交易。这就排除了个别交易的偶然性，市场成交价格基本上可以反映市场行情。

可比资产及其交易活动（简称参照物）是指选择的可比资产及其交易活动在近期公开市场上已经发生过，且与被评估资产及资产业务相同或相似。其可比性具体体现在以下几个方面：第一，参照物与评估对象在功能上具有可比性，包括用途、性能上的相同或者相似；第二，参照物与评估对象面临的市场条件具有可比性，包括市场供求关系、竞争状况和交易条件；第三，参照物成交时间与评估基准日间隔时间不能过长，应在一个适度时间范围内。另外，时间对资产价值的影响是可以调整的。

（三）市场法的基本程序

（1）明确评估对象。

（2）进行公开市场调查，收集相同或相似资产的市场资料，寻找参照物。

(3)分析整理资料并验证其准确性，判断选择参照物。评估人员对收集到的信息和资料应该认真分析并验证其真实可信程度，分析其交易条件和背景，参照物通常应选择三个以上。

(4)把被评估资产与参照物进行比较。

(5)分析调整差异，并量化差异。

(6)在各参照物成交价格的基础上调整已经量化的对比指标差异。

(7)综合分析确定评估结果。

按照一般要求，运用市场法通常应该选择三个或者三个以上参照物。所以，在一般的情况下，运用市场法进行评估得到的结果也可能在三个或三个以上。然而，根据资产评估的惯例要求，正式的评估结果只能有一个，这就需要评估人员对若干评估结果进行综合分析，以确定最终的评估值。

(四)市场法中的具体评估方法

市场法中的具体方法可以根据不同的划分标准进行分类，这些分类大多是尊重某种习惯分类。按照参照物与评估对象的相似程度，市场法中的具体方法可以被分为两大类：其一是直接比较法；其二是间接比较法。

1. 直接比较法

直接比较法是指利用参照物的交易价格，以评估对象的某一或若干基本特征与参照物的同一或若干基本特征直接进行比较，得到两者的基本特征修正系数或基本特征差额，在参照物交易价格的基础上进行修正而得到评估对象价值的一类方法。其基本公式为：

$$评估对象价值=参照物成交价格\times修正系数1\times修正系数2\times\cdots\times修正系数n \quad (3-1)$$

或

$$评估对象价值=参照物成交价格\pm基本特征差额1\pm\cdots\pm基本特征差额n \quad (3-2)$$

直接比较法简捷直观，便于理解和操作，但通常对参照物与评估对象之间的可比性要求较高。根据参照物与评估对象之间差异因素不同，直接比较法的具体技术方法也不相同。当参照物与评估对象的差异仅仅体现在某一基本特征上时，直接比较法还可能演变成以下方法，如现行市价法、市价折扣法、功能价值类比法、价格指数法和成新率价格调整法等。

(1)现行市价法

当评估对象本身具有现行市场价格或与评估对象基本相同的参照物具有现行市场价格的时候，可以直接利用评估对象或参照物在评估基准日的现行市场价格作为评估对象的评估价值。这种现象是存在的，例如，可上市流通的股票和债券可以按照其在评估基准日的收盘价作为评估价值，批量生产的汽车和设备等可按同品牌、同型号、同规格、同厂家、同批量的汽车和设备等的现行市场价格作为评估价值。

(2)市价折扣法

市价折扣法是以参照物成交价格为基础，考虑评估对象诸如销售条件、销售时限等方面的不利因素，设定一个价格折扣率来估算评估对象价值的方法。这种方法适用于评估对象与参照物之间仅存在交易条件方面差异的情况。其数学表达式为：

$$资产评估价值=参照物成交价格\times(1-价格折扣率) \quad (3-3)$$

【例3-1】 评估某一快速变现资产价值时，与其相同的资产的市场交易价格为10万元，经分析，快速变现市价折扣率为30%，则：

资产评估价值=10×(1-30%)=7(万元)

(3)功能价值类比法(也称类比估价法)

功能价值类比法是以参照物的成交价格为基础，将参照物与评估对象之间的功能进行类比来估算评估对象价值的方法。

①资产价值与其功能呈线性关系的情况，通常称为线性法。线性法是指评估对象的生产能力等指标与参照物相应指标呈线性关系时的评估方法。其数学表达式为：

$$评估对象评估值=参照物成交价格\times\frac{评估对象生产能力}{参照物生产能力} \tag{3-4}$$

②资产价值与其功能呈指数关系的情况，通常称为规模经济效益指数法。其一般数学表达式为：

$$评估对象评估值=参照物成交价格\times\left(\frac{评估对象生产能力}{参照物生产能力}\right)^x \tag{3-5}$$

式中，x 为功能价值指数。

当然，功能价值类比法不仅仅表现在资产的生产能力这一项指标上，它还可以通过对参照物与评估对象的其他功能指标类比，利用参照物成交价格推算出评估对象价值。

【例 3－2】 某被评估资产年生产能力为 90 吨，参照资产的年生产能力为 100 吨，评估基准日参照资产的市场价格为 10 万元，由此可以得到被评估资产价值近似为 9 万元。

资产评估价值＝10×(90÷100)＝9(万元)

(4)价格指数法

价格指数法是基于参照物的成交时间与评估对象评估基准日之间的时间间隔引起的价格变动对资产价值的影响，以参照物成交价格为基础，利用物价变动指数(价格指数)调整参照物成交价格从而得到评估对象价值的方法。其计算公式为：

$$评估对象评估价值=参照物成交价格\times(1+物价变动指数) \tag{3-6}$$

或

$$评估对象评估价值=参照物成交价格\times物价指数 \tag{3-7}$$

①运用定基指数修正。如果能够获得参照物和评估对象的定基价格指数或定基价格变动指数，价格指数法的数学表达式可以概括为：

$$资产评估价值=参照物资产交易价格\times\frac{评估基准日资产定基价格指数}{参照物交易日资产定基价格指数} \tag{3-8}$$

②运用环比指数修正。如果能够获得参照物和评估对象的环比价格指数或环比价格变动指数，价格指数法的数学表达式可以概括为：

$$资产评估价值=参照物资产交易价格\times\begin{matrix}参照物交易日至评估基准日\\各期环比价格指数乘积\end{matrix} \tag{3-9}$$

价格指数法一般只运用于评估对象与参照物之间仅有时间因素存在差异的情况，且时间差异不能过长。

【例 3－3】 已知某资产在 2013 年 1 月的交易价格为 400 万元，该种资产已不再生产，该类资产的价格变化情况如下：2013 年 2～5 月的环比价格指数分别为 103.60%、98.30%、103.50%、104.70%。根据公式(3－9)，评估对象 2013 年 5 月的评估价值接近于 441.43 万元。

资产评估价值＝400×103.60%×98.30%×103.50%×104.70%＝441.43(万元)

(5)成新率价格调整法

成新率价格调整法是以参照物的成交价格为基础，考虑参照物与评估对象新旧程度上的差异，通过成新率调整估算出评估对象的价值。其计算公式为：

$$资产评估价值=参照物成交价格\times\frac{评估对象成新率}{参照物成新率} \quad (3-10)$$

其中：

$$资产的成新率=\frac{资产的尚可使用年限}{资产的已使用年限+资产的尚可使用年限} \quad (3-11)$$

成新率价格调整法一般只运用于评估对象与参照物之间仅有新旧程度差异的情况。

当参照物与评估对象的差异不仅仅体现在某一基本特征上的时候，上述方法就可以演变成参照物与评估对象各个基本特征修正系数的计算，如交易情况修正系数、功能价值修正系数、交易时间修正系数和新旧程度修正系数等。

以上各具体方法统称为直接比较法。直接比较法具有适用性强、应用广泛的特点，而且要求评估人员有丰富的评估经验、市场阅历和评估技巧。由于直接比较法对参照物与评估对象的可比性要求较高，在具体评估过程中寻找参照物可能会受到限制，因而直接比较法的使用也相应受到一定制约。

【知识链接 3—3】

在具体操作过程中，运用直接比较法时使用频率较高的有以下技术方法：

一、市场售价类比法

市场售价类比法是以参照物的成交价格为基础，考虑参照物与评估对象在功能、市场条件和销售时间等方面的差异，通过对比分析和量化差异，调整估算出评估对象价值的评估方法。其计算公式为：

资产评估价值＝参照物成交价格±功能差异值±时间差异值±…±交易情况差异值

或

资产评估价值＝参照物成交价格×功能差异修正系数×时间差异修正系数
×…×交易情况差异修正系数

二、价值比率法

价值比率法是指利用参照物的市场交易价格与其某一经济参数或经济指标相比较形成的价值比率作为乘数或者倍数，乘以评估对象的同一经济参数或经济指标，从而得到评估对象价值的一种具体评估方法。这里只介绍两种简单的价值比率法：

(一)成本市价法

成本市价法是以被评估资产的现行合理成本为基础，利用参照物的成本市价比率来估算被评估资产评估价值的方法。其计算公式为：

资产评估价值＝参照物成交价格×(被评估资产现行合理成本÷参照物现行合理成本)

例如，评估基准日某市商品住宅的成本市价率为150%，已知被评估住宅全新住宅的现行合理成本为50万元，则该商品住宅的市价约为75万元。

资产评估价值＝50×150%＝75(万元)

(二)市盈率乘数法

市盈率乘数法主要适用于企业价值评估。市盈率乘数法是以参照物的市盈率作为乘数(倍数)，以此乘数与被评估资产的收益额相乘来估算被评估资产评估价值的方法。其计算公式为：

企业评估价值＝被评估企业相同口径收益额×参照物(企业)市盈率

例如，某被评估企业的年净利润为500万元，评估基准日资产市场上同类企业平均市盈率为20倍，则：

企业的评估价值＝500×20＝10 000(万元)

在具体评估实践中，除了可以运用直接比较法以外，也可以运用间接比较法。

2. 间接比较法

间接比较法也是市场法中最基本的评估方法。该法是以资产的国家标准、行业标准或者市场标准作为基准，分别将评估对象与参照物整体或分项进行对比打分，从而得到评估对象和参照物各自的分值，再利用参照物的市场交易价格，以及评估对象的分值与参照物的分值比值(系数)求得评估对象价值的一类评估方法。

由于间接比较法需要利用国家、行业或市场标准，应用起来有较多的局限，在资产评估实践中应用并不广泛。

上述方法只是市场法中一些经常使用的方法，市场法的具体方法还有很多。但是，使用市场法必须满足两个基本条件：其一是参照物与评估对象必须具有可比性；其二是参照物的交易时间与评估基准日间隔不能过长。

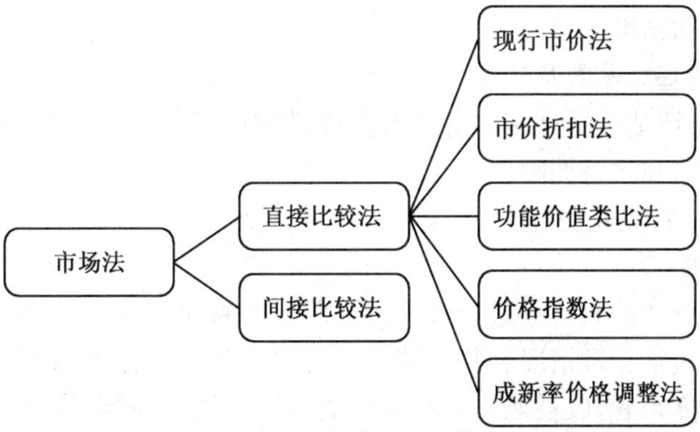

图3—1　市场法中的具体方法

二、收益法

(一)收益法的内涵

收益法是指通过评估被评估资产未来预期收益的现值，进而判断资产价值的技术思路，以及实现这个技术思路的各种评估方法的总称。

收益法是根据将利求本的思路，采用资本化和折现的途径及方法来判断和估算资产价值的评估技术规程。因为任何一个理智的投资者在购置或投资某一资产时，其所愿意支付或投资的货币数额不会高于他所购置或投资的资产在未来能给他带来的回报，即收益额。收益法就是利用预测收益、量化风险、折现等技术手段，把评估对象的预期产出能力和获利能力作为收益的基础，再根据获得收益的风险程度，以此来确定被评估资产的价值。从理论上讲，收益途径是资产评估中最为科学合理的评估方法之一。

(二)收益法的基本前提及适用范围

1. 收益法的基本前提

使用收益法需要满足以下基本条件：

(1)被评估资产可持续使用或持续经营;

(2)被评估资产的未来预期收益可以预测并可以用货币衡量;

(3)资产的预期获利年限可以预测;

(4)资产拥有者获得预期收益所承担的风险也可以预测并用货币计量。

2. 收益法的适用范围

收益法主要适用于评估对象具有持续经营能力并能不断获得收益的经营性资产,如企业股权变动、房地产及资源性资产和无形资产转让业务的评估。企业非经营性资产,如附属学校、医院的资产和职工的福利住房等,一般不采用收益法进行评估。

(三)收益法的基本程序

(1)收集并验证与评估对象未来预期收益有关的数据资料,包括经营前景、财务状况、市场形势以及经营风险等;

(2)分析测算评估对象未来预期收益及取得预期收益持续的时间;

(3)确定折现率或资本化率,折现率或资本化率的预测需要结合银行利率、国债利率、评估对象本身收益能力的稳定性,以及各种风险因素的总和判断;

(4)用折现率或资本化率将评估对象未来预期收益折算成现值;

(5)分析确定评估结果。

(四)收益法中的基本参数及确定

运用收益法进行评估涉及许多经济技术参数,其中最重要的参数有三个,分别是预期收益额、折现率(资本化率)和收益期限。

1. 预期收益额的特点及测算方法

(1)预期收益额的特点

在资产评估中,资产的收益额是指根据投资回报的原理,资产在某种情况下所得到的归其产权主体的所得额,包括正常情况和特殊情况。正常情况下,收益法中的收益额有两个比较明确的特点:从时间角度来看,收益额是评估对象的未来预期收益额,而不是评估对象的历史收益额或现实收益额;从收益的性质来看,用于资产评估的收益额是评估对象的客观收益额或正常收益额,而不是评估对象的实际收益额或账面收益额。

评估对象的客观收益额指的是评估对象在正常使用基础上所能实现或获得的收益。它是指相对于评估对象实际收益额或账面收益额的一个概念,评估对象的客观收益额与实际收益额是两个不同的概念,在数量上也往往存在差异。当评估对象始终处于正常使用或被视为正常使用的条件下,评估对象的实际收益额可能并不等同于评估对象的客观收益额。在大多数情况下,评估对象的实际收益额可能并不等同于评估对象的客观收益额,因为在评估对象的实际收益额中经常包含非正常因素,如偶发性收入或费用。如果以评估对象评估时点实际收益额作为预测评估对象未来预期收益的基础而不加以调整,意味着将在评估对象未来经营中不复存在的因素仍作为影响评估对象未来预期收益的因素加以考虑。所以,资产评估预期收益额的基础,通常是资产在正常经营条件下,排除了偶然因素和不可比因素之后的评估对象的正常收益额。

(2)预期收益额的测算方法

因评估对象不同,对评估对象的未来预期收益额测算的具体技术方法可能并不相同。但是,对任何评估对象未来预期收益额的测算都需要借助某些分析工具和分析方法,常用的分析方法包括因素分析法和回归分析法。

①因素分析法

因素分析法是一种间接预测收益的方法，它首先确定影响资产的收益和支出的具体因素；然后建立收益与这些因素的数量关系，同时对这些因素未来可能的变动进行预测；最后估算出基于这些因素的未来收益水平。这种间接预期收益的方法比较难操作，因为它要求对收益和支出背后的原因做深入分析，但是它的适用范围比较广。因素分析法定性分析的成分大于定量分析，对经验的依赖程度较大。

②回归分析法

回归分析法也是建立在对评估对象历史收益状况以及影响收益变化的各个因素分析的基础上，从历史上各年收益变化状况中找出收益变化与影响因素变化之间的规律，利用它们之间的线性关系或非线性关系进行回归分析，从而达到预测评估对象未来收益的目的。回归分析法是一种较为实用的定量分析工具。

2. 折现率的构成及测算方法

(1)折现率的构成

折现率是一种期望报酬率，是投资者在投资风险一定的情况下，对投资所期望的回报率。折现率就其构成而言，是由无风险报酬率和风险报酬率(风险溢价)构成的。无风险报酬率以同期国库券(国债)利率为准。风险溢价是对风险投资的溢价补偿，是指投资回报率超出无风险报酬率的部分。风险溢价主要包括行业风险报酬率、经营风险报酬率、通货膨胀率等。

(2)折现率的测算方法

①加和法

加和法是以折现率包含无风险报酬率和风险报酬率两部分为计算基础的，通过分别求取每一部分的数值，然后相加得到折现率。

其中，无风险利率通常可以选择同期国债利率。然后根据评估对象的各种风险因素，估计评估对象的风险程度，确定一个调整值(风险报酬率)，把它与安全利率相加，即得到折现率。这种方法简便易行，对市场要求不高，应用比较广泛，但是风险调整值的确定主观性较强，不易把握。

加和法通常应当考虑的风险因素包括行业风险、财务风险和市场经营风险等。将评估对象预期收益可能面临的各种风险对回报率的要求予以量化并累加，便可以得到折现率中的风险报酬率。

②资本成本加权法

如果从长期负债和所有者权益两方面来认识资产，长期负债和所有者权益所表现出来的利息率和投资收益率必然影响折现率的计算。对于这样的问题，我们采用加权平均法来处理，计算公式为：

折现率＝债务资本占全部资本的权重×债务资本要求的回报率×(1－所得税税率)
　　＋所有者权益占资产总额的比重×权益资本要求的回报率　(3－12)

3. 收益期限

收益期限是指资产获利能力持续的时间，通常以年限为时间单位。它由评估人员根据被评估资产自身条件及相关条件，以及有关法律、法规、合同等加以测定。与资产收益期限测定紧密相关的是资产的自然寿命、技术寿命、法定寿命和经济寿命。

资产的自然寿命是指资产从投入使用开始到不能继续使用为止的时间间隔，也称为资产的物理使用寿命。

资产的技术寿命通常是针对机器设备等含有技术成分的资产，从其投入使用开始到资产所包含的技术已经落后或者已经被其他技术所取代、已经被社会所淘汰为止的时间间隔。

资产的法定寿命通常是针对那些受法律保护才能存在的无形资产，法律规定对其进行保护的年限。

资产的经济寿命是指资产从投入使用开始到其继续使用不经济为止的时间间隔。

资产的自然寿命、技术寿命、法定寿命和经济寿命有可能是重合的，但在大多数情况下是不重合的。资产的收益期限实际上与资产的自然寿命、技术寿命、法定寿命或经济寿命中的某一个是重合的，需要评估人员根据评估对象的具体情况分析而定。

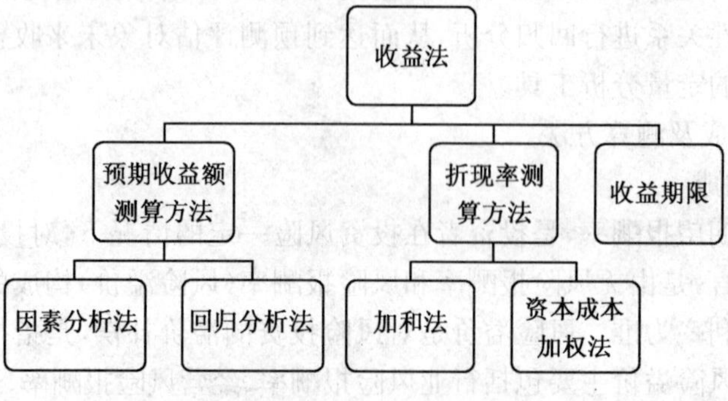

图 3－2　收益法中具体参数的测算方法

(五)收益法中常用的计算公式

收益法包括若干具体方法，按评估对象未来预期收益有无限期划分，分为有限期和无限期的评估方法；按评估对象预期收益额的情况划分，又可分为等额收益评估方法和非等额收益评估方法等。为了便于学习收益法中的数学模型，先对这些数学模型中所用的字符含义做统一的定义。

表 3－1　　公式中各字符代表的含义

P	评估值	r_i	第 i 年的折现率或资本化率
i	年序号	n	收益年期
P_i	未来第 i 年的评估值	t	纯收益年期
R_i	未来第 i 年的预期收益	A	年金
r	折现率或资本化率		

1. 等额收益评估方法

(1)在纯收益每年不变、资本化率固定且大于零、收益年期无限的情况下，有：

$$P=\frac{A}{r} \tag{3-13}$$

(2)在纯收益每年不变、资本化率固定且大于零、收益年期有限为 n 的情况下，有：

$$P=\frac{A}{r}\left[1-\frac{1}{(1-r)^n}\right] \tag{3-14}$$

(3)在纯收益每年不变、收益年期有限为 n、资本化率为零的情况下，有：

$$P=A\times n \tag{3-15}$$

2. 纯收益在若干年后保持不变

(1)纯收益在 n 年(含第 n 年)以前有变化、纯收益在 $n+1$ 年(不含第 n 年)以后保持不变、收益年期无限、r 大于零的情况下的数学模型如下:

$$P=\sum_{i=1}^{n}\frac{R_i}{(1+r)^i}+\frac{A}{r(1+r)^n} \tag{3-16}$$

【例 3-4】 某企业预计未来 4 年的预期收益为 500 万元、530 万元、550 万元、570 万元,从第 5 年起,企业的收益额将维持在 600 万元的水平上,假设折现率为 10%,则该企业的评估价值为:

(500×0.909 1+530×0.826 4+550×0.751 3+570×0.683)+600÷(10%×1.464 1)

=5 793.15(万元)

(2)纯收益在 t 年(含第 t 年)以前有变化、纯收益在 $t+1$ 年(不含第 t 年)以后保持不变、收益年期有限为 n、r 大于零的情况下也需采用上述分段法,计算公式为:

$$P=\sum_{i=1}^{t}\frac{R_i}{(1+r)^i}+\frac{A}{r(1+r)^t}\left[1-\frac{1}{(1+r)^{n-t}}\right] \tag{3-17}$$

3. 纯收益按等差级数变化

(1)在纯收益按等差级数递增、纯收益逐年递增额为 B、收益年期无限、r 大于零的情况下,有:

$$P=\frac{A}{r}+\frac{B}{r^2} \tag{3-18}$$

【例 3-5】 某房产 2007 年的纯收益为 200 万元,资本化率为 12%,若未来若干年的纯收益将在上一年的基础上增加 3 万元,则该房产的评估价值为:

(200÷12%)+[3÷(12%)²]=1 875(万元)

(2)在纯收益按等差级数递增、纯收益逐年递增额为 B、收益年期有限为 n、r 大于零的情况下,有:

$$P=\left[\frac{A}{r}+\frac{B}{r^2}\right]\left[1-\frac{1}{(1+r)^n}\right]-\frac{B}{r}\times\frac{n}{(1+r)^n} \tag{3-19}$$

(3)在纯收益按等差级数递减、纯收益逐年递减额为 B、收益年期无限、r 大于零、收益递减到零为止的情况下,有:

$$P=\frac{A}{r}-\frac{B}{r^2} \tag{3-20}$$

(4)在纯收益按等差级数递减、纯收益逐年递减额为 B、收益年期有限为 n、r 大于零的情况下,有:

$$P=\left[\frac{A}{r}-\frac{B}{r^2}\right]\left[1-\frac{1}{(1+r)^n}\right]+\frac{B}{r}\times\frac{n}{(1+r)^n} \tag{3-21}$$

4. 纯收益按等比级数变化

(1)在纯收益按等比级数递增、纯收益逐年递增比率为 s、收益年期无限、$r>0$、$r>s>0$ 的情况下,有:

$$P=\frac{A}{r-s} \tag{3-22}$$

【例 3-6】 某房产 2007 年的纯收益为 200 万元,资本化率为 11%,若未来各年的纯收益将在上一年的基础上增长 3%,则该房产的评估价值为:

200÷(11%−3%)=2 500(万元)

(2)在纯收益按等比级数递增、纯收益逐年递增比率为 s、收益年期有限为 n、$r>0$、$r>s>0$ 的情况下,有:

$$P=\frac{A}{r-s}\left[1-\left(\frac{1+s}{1+r}\right)^{n}\right] \tag{3-23}$$

(3)在纯收益按等比级数递减、纯收益逐年递减比率为 s、收益年期无限、$r>0$、$r>s>0$ 的情况下,有:

$$P=\frac{A}{r+s} \tag{3-24}$$

(4)在纯收益按等比级数递减、纯收益逐年递减比率为 s、收益年期有限为 n、$r>0$、$r>s>0$ 的情况下,有:

$$P=\frac{A}{r+s}\left[1-\left(\frac{1+s}{1+r}\right)^{n}\right] \tag{3-25}$$

5. 纯收益在 n 年(含第 n 年)前保持不变、预知第 n 年的价格为 P_n、$r>0$ 的情况下的评估方法

$$P=\frac{A}{r}\left[1-\frac{1}{(1-r)^{n}}\right]+\frac{P_n}{(1+r)^{n}} \tag{3-26}$$

三、成本法

(一)成本法的基本原理

1. 成本法及其理论基础

成本法也是资产评估的基本途径之一。成本法具体是指首先估测被评估资产的重置成本,然后估测被评估资产业已存在的各种贬损因素,并从重置成本中予以扣除而得到被评估资产价值的各种评估方法的总称。

成本法始终贯穿着一个重建或者重置被评估资产的思路。在条件允许的情况下,任何一个潜在的投资者在决定投资某项资产时,其所愿支付的价格都不会超过购建该项资产的现行购建成本。

2. 成本法的评估思路

成本法评估的基本思路是:首先计算被评估资产的现时重置成本,即按现时市场条件重新购建与被评估资产功能相同的、处于全新状态下的资产所需要的成本耗费,然后再减去各项损耗,所得到的差额即为被评估资产的评估值。因为资产的价值是一个变量,影响资产价值量变化的因素除了市场价格以外,还有因使用磨损和自然力作用而产生的实体性损耗、因技术进步而产生的功能性损耗、因资产外部因素变化而产生的经济性损耗。公式如下:

资产评估值=资产的重置成本−资产实体性贬值−资产功能性贬值−资产经济性贬值 (3−27)

成本法是以再取得被评估资产的重置成本为基础的评估方法。由于被评估资产的再取得成本的有关数据和信息来源较广泛,并且资产重置成本与资产的现行市价及收益现值也存在着内在联系和替代关系,因而在市场发育欠完善的条件下,成本法经常被广泛应用于单项资产评估。

3. 成本法的前提条件

成本法作为一个独立的评估方法，它是从再取得资产的角度来反映资产的交换价值的，即通过资产的重置成本反映资产的交换价值。在许多情况下，成本法是市场法和收益法的一个替代评估方法，成本法对评估条件的要求并不十分苛刻。但是，在运用成本法进行评估时，还是应当明确评估的前提条件：评估对象按评估时点在用用途继续使用或者改变用途继续使用，而且这种继续使用能够带来足够的回报。只有明确了被评估资产在评估时点处于使用状态，以及在此状态下能够带来足够收益的情况下，才能把握运用成本法评估资产中的各个经济技术参数的构成。

(二)成本法的基本参数

1. 重置成本

重置成本是指重新购建或在现行市场上重新购置全新状态下资产的成本。重置成本有两种形式：复原重置成本和更新重置成本。

(1)复原重置成本

复原重置成本是指采用与原资产相同的材料和建造标准、相同的设计标准与制造工艺和技术条件，以现时价格重置一个全新状态的评估对象所需的全部成本。

(2)更新重置成本

更新重置成本是指采用与评估对象不完全相同，通常是现在流行使用的原材料、建筑或制造标准、设计、规格和技术等，以现行价格水平购建与评估对象具有同等功能的全新资产所需的成本。

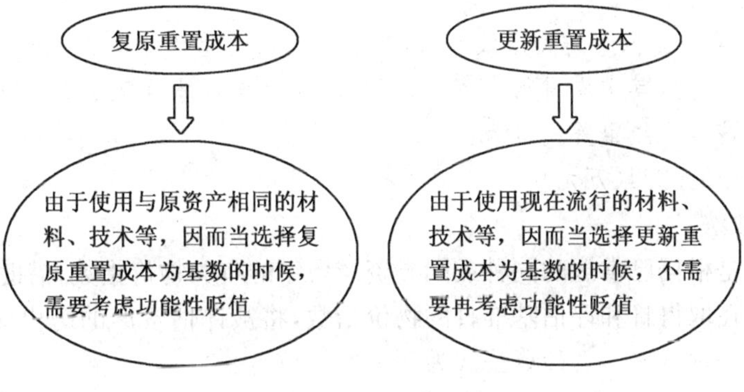

图 3—3　资产的重置成本

2. 资产的实体性贬值

资产的实体性贬值是指由于使用磨损和自然损耗造成的贬值，属于有形损耗。资产的实体性贬值通常采用相对数计量，即实体性贬值率，用公式表示为：

$$\text{资产实体性贬值率}=\frac{\text{资产实体性贬值}}{\text{资产重置成本}}\times 100\% \tag{3—28}$$

3. 资产的功能性贬值

资产的功能性贬值是指由于技术进步引起的资产功能相对落后而造成的资产价值损失。它包括新工艺、新材料和新技术的采用等而使原有资产的建造成本超过现行建造成本的超支额，以及原有资产的运营成本的超支额。

4. 资产的经济性贬值

资产的经济性贬值是指由于外部经济环境变化引起的资产闲置、收益下降等而造成的资产价值损失。如当国家产业政策调整时，原生产线的相对贬值以及由于竞争加剧所引起的营运成本的增加等。

(三)成本法中的具体评估方法

1. 重置成本的估算方法

(1)重置核算法

重置核算法也称细节分析法，它是利用会计成本核算的原理，根据评估时点重新取得评估对象所需支付的各种费用，逐项预测然后累计加总估算出资产的重置成本。实际测算过程又具体划分为购买型和自建型两种。

购买型是以在评估时点市场上重新购买评估对象的方式作为取得评估对象的手段，所以购买法又称市场重置法。购买型下资产的重置成本估测，首先要确定资产现行购买价格，然后再根据重置成本目标决定是否需要考虑运杂费、安装调试费，以及其他必要费用，将取得资产的必需费用累加起来，便可估测出资产的重置成本。

自建型是以在评估时点重新建造资产作为资产重置方式，并根据重新建造资产所需要的料、工、费及必要的资金成本和开发建设者的合理利润等分析和计算出资产的重置成本。

资产的重置成本应该包括开发者的合理收益。一是重置成本是按在现行市场条件下重新购建一项全新资产所支付的全部货币总额，应该包括资产开发和制造商的合理收益；二是资产评估旨在了解被评估资产模拟条件下的交易价格，一般情况下，价格都应该含有开发者或制造者的合理收益部分。资产重置成本中的收益部分的确定，应以现行行业或社会平均资产收益水平为依据。

【例3-7】 某企业拟购建生产线一条，其现行市场价格为200万元，运杂费为6万元，直接安装成本为15万元，其中原材料成本7万元、其他直接成本4万元、人工成本4万元，间接成本为3万元。该生产线重置成本为：

200+6+15+3=224(万元)

(2)物价指数法

物价指数法是根据已掌握的同种或同类资产历年的有关物价指数，借助于统计预期技术，推测出评估对象在取得日和评估基准日的物价指数，将被评估资产的历史成本(账面价值)调整为重置成本的一种方法。其计算公式为：

$$\text{重置成本}=\text{资产的账面价值}\times\text{物价指数} \tag{3-29}$$

或

$$\text{重置成本}=\text{资产的账面价值}\times(1+\text{物价变动指数}) \tag{3-30}$$

式中，物价指数可以是定基价格指数或环比价格指数。定基价格指数是评估基准日的价格指数与资产购建时点的价格指数之比，即：

$$\text{定基价格指数}=\frac{\text{评估基准日的价格指数}}{\text{资产购建时点的价格指数}} \tag{3-31}$$

环比价格指数可考虑下列公式计算：

$$X=(1+a_1)\times(1+a_2)\times\cdots\times(1+a_n)\times100\% \tag{3-32}$$

【例3-8】 某被评估资产购建时账面价值为500 000元，当时该类资产的价格指数为85%，评估时该类资产的价格指数为130%，则：

被评估资产重置成本=500 000×(130%÷85%)=764 706(元)

【例3-9】 某被评估资产账面价值为100 000元，2000年建成，2003年进行评估，经调查已知同类资产环比价格指数分别为10%、17%、20%，则：

$$被评估资产重置成本=100\ 000\times(1+10\%)\times(1+17\%)\times(1+20\%)\times100\%$$
$$=154\ 440(元)$$

(3)功能价值类比法

功能价值类比法是一种通过寻找与被评估资产功能相同或相近且已广泛应用的资产为参照物，根据该类资产的重置成本与其功能的关系，利用参照物的重置成本与其功能的对应关系，以及参照物的功能与被评估资产的功能之间的比例，估算被评估资产的重置成本的具体评估方法。根据资产功能与资产价值的线性关系或指数关系，功能价值类比法又可以划分为生产能力比例法和规模经济效益指数法。

生产能力比例法的数学表达式为：

$$被评估资产重置成本=参照物资产重置成本\times\frac{被评估资产年产量}{参照物资产年产量}\tag{3-33}$$

运用这种方法的前提条件和假设是资产的价值与其生产能力呈线性关系，即生产能力越大，价值(重置成本)越高，而且呈正比例变化。

通过不同资产的生产能力与其成本之间关系的分析可以发现，许多资产的成本与其生产能力之间不存在线性关系。也就是说，资产的生产能力和成本之间只是同方向变化，而不是等比例变化，这是由于规模经济效益作用的结果。两项资产的重置成本和生产能力相比较，其关系可用下列数学表达式表示：

$$\frac{被评估资产的重置成本}{参照物资产的重置成本}=\left(\frac{被评估资产的产量}{参照物资产的产量}\right)^x\tag{3-34}$$

由此可知：

$$\begin{matrix}被评估资产\\的重置成本\end{matrix}=\begin{matrix}参照物资产\\的重置成本\end{matrix}\times\left(\frac{被评估资产的产量}{参照物资产的产量}\right)^x\tag{3-35}$$

公式中的x是一个经验数据，又称为规模经济指数。我国目前为止尚未有统一的经验数据，评估过程中要谨慎使用这种方法。

2. 实体性贬值的估算方法

资产的实体性损耗也称有形损耗，是指由于使用磨损和自然力的作用而使资产实体发生的损耗。对于实体性损耗，一般可采用观察法、使用年限法和修复金额法。

(1)观察法

观察法也称为成新率法。它是由具有专业知识和丰富经验的工程技术人员对被评估资产的实体各主要部位进行技术鉴定，并综合分析资产的设计、制造、使用、磨损、维护、修理、大修理、改造情况和物理寿命等因素，将评估对象与其全新状态相比较，考察由于使用磨损和自然损耗对资产的功能、使用率带来的影响，判断被评估资产的成新率，从而估算实体性贬值。其数学表达式为：

$$资产实体性贬值=重置成本\times(1-实体性成新率)\tag{3-36}$$

式中：

$$实体性成新率=1-实体性贬值率\tag{3-37}$$

(2)使用年限法

使用年限法是利用被评估资产的实际已使用年限与其总使用年限的比值来判断其实体性贬值率，进而估测资产的实体性贬值的方法。使用年限法的数学表达式为：

$$资产实体性贬值=\frac{重置成本-预计净残值}{总使用年限}\times 实际已使用年限 \quad (3-38)$$

预计净残值是指被评估资产在清理报废时的净收回金额，在资产评估中，通常只考虑数额较大的残值，如果残值数额较小可以忽略不计。总使用年限指的是实际已使用年限与尚可使用年限之和。其计算公式为：

$$总使用年限=实际已使用年限+尚可使用年限 \quad (3-39)$$

$$实际已使用年限=名义已使用年限\times 资产利用率 \quad (3-40)$$

尚可使用年限是根据资产的有形损耗因素，预计资产的继续使用年限。由于资产在使用中负荷程度的影响，必须将资产的名义已使用年限调整为实际已使用年限。名义已使用年限是指资产从购进使用到评估时的年限。名义已使用年限可以通过会计记录、资产登记簿、登记卡查询确定。实际已使用年限是指资产在使用中实际损耗年限。实际已使用年限与名义已使用年限的差异，可以通过资产利用率来调整。资产利用率的计算公式为：

$$资产利用率=\frac{截至评估日资产累计实际利用时间}{截至评估日资产累计法定利用时间}\times 100\% \quad (3-41)$$

【例 3－10】 某资产于 2000 年 1 月购建，2010 年 1 月进行评估。根据该资产技术指标，正常使用情况下，每天应工作 8 小时，但实际每天工作 6 小时。计算该资产的实际已使用年限。计算如下：

资产利用率＝10×360×6÷(10×360×8)×100％＝75％

实际已使用年限＝10×75％＝7.5(年)

(3)修复金额法

修复金额法是根据修复资产的已损实体所需要支付的金额来判断资产的有形损耗额。此方法主要适用于具有特殊结构的可补偿性资产有形损耗额的估测。可补偿有形损耗是指技术上可修复且经济上合理的有形损耗。

3. 功能性贬值的估算方法

功能性贬值是由于技术相对落后造成的贬值。估算功能性贬值时，主要根据资产的效用和生产加工能力以及功耗、物耗、能耗水平等功能方面的差异造成的成本增加或效益降低，相应确定功能性贬值额。同时，还要重视技术进步因素，注意替代设备、替代技术、替代产品的影响，以及行业技术装备水平现状和资产更新换代速度。

通常情况下，功能性贬值可以按照下列步骤进行：

第一，将被评估资产的年运营成本与功能相同且广泛使用的主流资产的年运营成本进行比较。

第二，计算两者的差异，确定净超额运营成本。由于企业支付的运营成本是在税前扣除的，企业支付的超额运营成本会导致税前利润下降、所得税税额降低，使得企业负担的运营成本低于其实际支付额。因此，净超额运营成本是超额运营成本扣除其抵减的所得税以后的余额。

第三，估计被评估资产的剩余寿命。

第四，以适当的折现率将被评估资产在剩余寿命内每年的超额运营成本折现。这些折现值之和就是被评估资产的功能性贬值额，其数学表达式为：

$$被评估资产功能性贬值=\sum(被评估资产年净超额运营成本\times 折现系数) \quad (3-42)$$

【例 3－11】 被评估机器设备是一台技术相对落后的设备，目前社会上广泛使用的技术先进的同类设备比被评估设备的生产效率高，节约工资费用，有关资料及计算结果见表3—2。

表3—2　　设备的技术资料

项　目	技术先进设备	技术陈旧设备
月产量	8 000件	8 000件
单件工资	1.00元	2.00元
月工资成本	8 000元	16 000元
月差异额		16 000—8 000=8 000(元)
年工资成本超值额		8 000×12=96 000(元)
减：所得税(税率25%)		24 000元
扣除所得税后年净超额工资		72 000元
资产剩余使用年限		5年
假定折现率为10%，5年年金系数		3.790 8
功能性贬值额		272 937.6元

应当指出，新、老技术设备的对比，运营成本所包括的各项内容均可能影响成本超额支出。除生产效率外，原材料消耗、能源消耗以及产品质量等指标都需要全面关注，存在单因素的情形，多因素影响的情况也有很多。

此外，功能性贬值的估算还可以通过超额投资成本的估算进行，即超额投资成本可视同功能性贬值。计算公式为：

$$\text{功能性贬值}=\text{复原重置成本}-\text{更新重置成本} \quad (3-43)$$

4. 经济性贬值的估算方法

经济性贬值是指因资产的外部环境变化所导致的资产贬值，其表现形式有以下两种：一是资产利用率下降，甚至闲置；二是资产的运营收益减少。因此，经济性贬值的计算也存在以下两种方法：

(1)间接计算法(生产能力估算法)

这种方法主要测算的是因资产利用率下降所导致的经济性贬值。

$$\text{经济性贬值额}=(\text{重置价值}-\text{实体性贬值}-\text{功能性贬值})\times\text{经济性贬值率} \quad (3-44)$$

$$\text{经济性贬值率}=\left[1-\left(\frac{\text{资产预计可被利用的生产能力}}{\text{资产原设计生产能力}}\right)^x\right]\times 100\% \quad (3-45)$$

式中，x是一个经验数据，称为规模经济效益指数(功能价值指数)。在美国，规模经济效益指数一般在0.4～1之间，加工业一般为0.7，房地产行业一般为0.9。

(2) 直接计算法

该方法主要测算的是因收益额减少所导致的经济性贬值。

$$\text{经济性贬值额}=\text{资产年收益损失额}\times(1-\text{所得税税率})\times(P/A,r,n) \quad (3-46)$$

式中，$(P/A,r,n)$为年金现值系数。

在资产评估实践中，对于成新率的计算一般多采用考虑了三种贬值情况后的综合成新率。

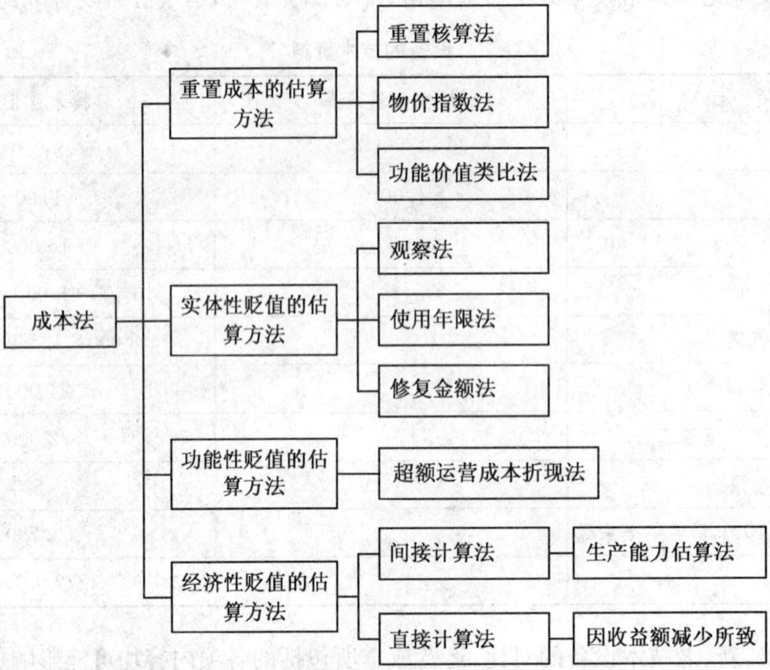

图 3—4 成本法中各因素估算方法

第三节 资产评估方法的选择

一、资产评估方法之间的关系

资产评估的市场法、收益法和成本法，以及由以上三种基本方法衍生出来的其他评估方法共同构成了资产评估方法体系。资产评估的专业性质决定了构成资产评估方法体系的各种评估方法之间存在着内在联系。而各种评估方法的独立存在又说明它们各有特点。正确认识资产评估方法之间的内在联系以及各自的特点，对于恰当地选择评估方法、高效地进行资产评估是十分重要的。

(一)资产评估方法之间的联系

从整体上说，评估方法是由相互关联的、内在相关的、不可分割的技巧和程序组成的，其共同目标就是获得令人信服的、可靠的评估价值。成本和市场金融数据的分析通常是收益法运用中不可缺少的部分，同样地，折现概念也时常被运用于市场法和成本法中。例如，市场法中分析和调整参照物价格与被评估资产价格的差异因素，会用到折现的技巧；在成本法中，对功能性贬值等的确定也要采用折现的方法。一般来说，成本法、收益法的运用都是建立在现行市价基础上的，只是它们的运用不像市场法运用表现得那么直接而已。

评估方法是实现评估目的的手段。对于特定经济行为，在相同的市场条件下，对处在相同状态下的同一资产进行评估，其评估值应该是客观的。这个客观的评估值不会因评估人员所选用的评估方法不同而出现截然不同的结果。可以认为，正是评估基本目的决定了评估方法之间的内在联系。而这种内在联系，为评估人员运用多种评估方法评估同一条件下的同一资产并进行相互验证提供了理论基础。

（二）资产评估方法之间的区别

各种评估方法独立存在本身就说明它们之间存在差异。各种评估方法从不同的角度去表现资产的价值。不论是通过与市场参照物比较获得评估对象的价值，还是根据评估对象预期收益折现获得其评估价值，抑或是按照资产的再取得方法寻求评估对象的价值，都是对评估对象在一定条件下的价值的描述。它们之间是有内在联系并可相互替代的。但是，每一种评估方法都有其自成一体的运用过程，都要求具备相应的信息基础，评估结论也都是从某一角度反映资产的价值。因此，各种评估方法之间又存在区别。

由于评估特定目的不同、评估时市场条件的差别，以及评估时对评估对象使用状态设定的差异，需要评估的资产价值类型也是有区别的。评估方法由于自身的特点，在评估不同类型的资产价值时就有了效率上和直接程度上的差别。评估人员应具备选择最直接且最有效率的评估方法完成评估任务的能力。

二、资产评估方法的选择

资产评估方法的多样性，为评估人员选择适当的评估方法来有效地完成评估任务提供了现实可能。为高效、简洁、合理地估测资产的价值，在评估方法的选择中应注意以下因素：

（1）评估方法的选择要与评估目的、评估时的市场条件、评估对象在评估过程中所处的状态，以及由此所决定的资产评估价值类型相适应。根据上述条件，当资产评估的价值类型为资产的市场价值时，可考虑按市场法、收益法和成本法顺序进行选择。

（2）评估方法的选择要受评估对象的类型、理想化状态等因素的制约。例如，对于既无市场参照物，又无经营记录的资产，只能选择成本法进行评估；对于工艺比较特别且处在经营中的企业，可以优先考虑选择收益法。

（3）评估方法的选择要受各种评估方法的运用所需的数据资料及主要经济技术参数能否收集的制约。每种评估方法的运用都需要有充分的数据资料作为依据。在一个相对较短的时间内，收集某种评估方法所需的数据资料可能会很困难。在这种情况下，评估人员应考虑采用替代的评估方法进行评估。

总之，在评估方法的选择过程中，应注意因地制宜和因事制宜，不可机械地按照某种模式或顺序进行选择。但是，不论选择哪种评估方法进行评估，都应保证评估目的、评估时所依据的各种假设和条件与评估所使用的各种参数数据，以及评估结果在性质上和逻辑上的一致性。尤其是在运用多种评估方法评估同一评估对象时，更要保证每种评估方法运用中所依据的假设、前提条件、数据参数的可比性，以便能够确保运用不同评估方法所得到的评估结果的可比性和相互可验证性。

本章小结

资产评估程序是资产评估工作的主要环节和步骤。本章第一节揭示了履行资产评估程序的意义，系统阐述了我国资产评估的具体步骤，以及与资产评估程序有关的基本要求。第二节分别介绍了资产评估中市场法、收益法和成本法三大基本方法的基本理论基础，以及在资产评估实务中的具体应用。第三节阐述了在使用资产评估三大方法时，要注意三大方法的适用范围和前提条件，选择最优的方法顺序进行评估。

复习题

1. 资产评估基本程序有哪些？

2. 资产评估业务约定书的基本内容是什么？

3. 为什么要完整地执行资产评估程序？

4. 市场法是资产评估中最重要的工具和手段，运用市场法的前提条件是什么？对参照物有什么具体要求？

5. 收益法存在和运用的经济学基础是什么？

6. 如何做到未来收益额的预测与折现率的计算口径相互匹配？

7. 在运用成本法时，如何考虑更新重置成本、复原重置成本与三大贬值因素之间的选择关系？

8. 如何理解资产评估中多种方法存在的必要性以及各种方法之间的联系？

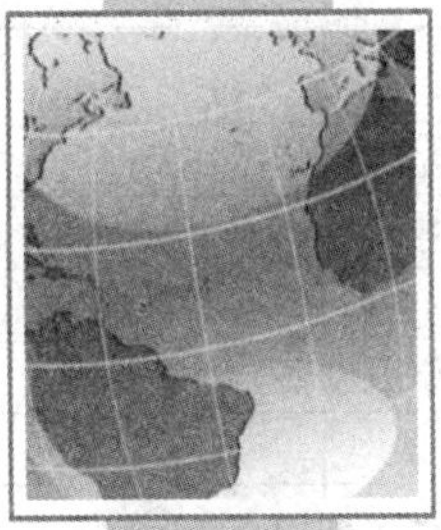

第四章 机器设备评估

学习目的与要求

通过本章学习，了解机器设备的含义及其评估的特点，掌握机器设备评估的基本方法，掌握机器设备重置成本和实体性贬值、功能性贬值、经济性贬值的含义及估算方法，熟练运用成本法评估机器设备的价值。

第一节　机器设备评估的含义与特点

一、机器设备的基本概念

(一)机器设备的含义

自然科学领域所指的机器设备，是指将机械能或非机械能转换成为便于人们利用的机械能，以及将机械能转换为某种非机械能，或利用机械能来做一定工作的装备或器具。机械是机器和机构的总称，其共同特征为：由零部件组成，零部件之间有确定的相对运动，有机械能的转换和机械能的利用。

资产评估中的机器设备是一个广义的概念。它不仅包括自然科学领域所指的机器设备，也包括人们利用电子、电工、光学等各种科学原理制造的设备。一般泛指机器设备、电力设备、电子设备、仪器、仪表、容器、器具等。

在《国际评估准则》中，对机器设备的有关定义如下：设备、机器和装备是用来为所有者提供收益的、不动产以外的有形资产。设备是包括特殊性且非永久性建筑物、机器和仪器在内的组合资产；机器包括单独的机器和机器的组合，是指使用或应用机械动力的机械装置，由具有特定功能的结构组成，用以完成一定的工作；装备是用以支持企业功能的附属性资产。

我国2007年颁布的新《资产评估准则——机器设备》中，从资产属性和自然属性两方面考虑，将机器设备定义为："人类利用机械原理及其他科学原理制造的、特定主体拥有或者控制的有形资产，包括机器、仪器、机械、装置、附属的特殊建筑物等。"

(二)机器设备的分类

机器设备种类繁多，出于设计、制造、使用、管理等不同需要，其分类的标准和方法也很多。对机器设备进行评估时，必须首先全面了解设备的分类构成，见图4－1。

1. 固定资产管理中使用的国家分类标准

原国家技术监督局在1994年1月24日颁发了《固定资产分类与代码》国家标准(GB/T14885－94)，规定了我国现行机器设备分类的国家标准。该标准出于清产核资以及国有资产管理的标准化、科学化、计算机化的需要，将机器设备分为通用设备，专用设备，交通运输设备，电器设备，电子产品及通信设备，仪器仪表、计量标准器具及量具、衡器，文艺体育设备。该标准中对上述七类设备都列出了详细目录，如表4－1所示。

表4－1　　固定资产分类(机器设备部分)

大类	中类	大类	中类
通用设备	锅炉及原动机	专用设备	炼焦和金属冶炼轧制设备
	金属加工设备		炼油、化工、橡胶及塑料设备
	起重设备		电力工业专用设备
	输送设备		非金属矿物制品工业专用设备
	给料设备		核工业专用设备
	装卸设备		航空航天工业专用设备
	泵		兵器工业专用设备
	风机		工程机械
	气体压缩机		农业和林业机械
	气体分离及液化设备		畜牧和渔业机械
	制冷空调设备		木材采集和加工设备
	真空获得及其应用设备		食品工业专用设备
	分离及干燥设备		饮料加工设备
	减速机及传动装置		烟草加工设备
	金属表面处理设备		粮油作物和烟草加工设备
	包装、气动工具等通用设备		纺织设备
专用设备	缝纫、服饰、制革和毛皮加工设备	电器设备	电器机械设备
	造纸和印刷机械		电工、电子专用生产设备
	化学药品和中成药制炼设备	电子产品及通信设备	雷达和无线电导航设备
	医疗器械		通信设备
	其他行业专用设备		广播电视设备
	武器装备	文艺体育设备	文艺设备
仪器等	仪器仪表		体育设备
	电子和通信测量仪器		娱乐设备
	专用仪器仪表	交通运输设备	工矿车辆
	计量标准器具及量具、衡器		铁路运输设备
电器设备	电机		汽车、电车(含地铁车辆)、摩托车及非机动车辆
	变压器、整流器、电抗器和电容器		水上交通运输设备
	生产辅助用电器		飞机及其配套设备
	生活用电器和照明设备	仪器等	电子计算机及其外围设备

注：仪器等是指仪器仪表、计量标准器具及量具、衡器。

2. 会计核算中使用的分类

根据我国现行财会制度，机器设备按其使用性质分为六类：

(1)生产经营用机器设备，是指直接为生产经营服务的机器设备，包括生产工艺设备、辅助生产设备、动力能源设备等。

(2)非生产经营用机器设备，是指企业所属的福利部门、教育部门等非生产部门使用的设备。

(3)租出机器设备，是指企业出租给其他单位使用的机器设备。

(4)未使用机器设备，是指企业尚未投入使用的新设备、库存的正常周转用设备、正在修理改造尚未投入使用的机器设备。

(5)不需用机器设备，是指已不适合本单位使用、待处理的机器设备。

(6)融资租赁机器设备，是指企业以融资租赁方式租入使用的机器设备。

其中，融资租赁机器设备不同于一般以租借方式租赁使用的设备。当融资租赁期满并付清租赁费后，融资租赁机器设备的使用权便完全归于承租方。在评估时，即使租赁期未满、租赁费未付完，只要合同继续有效，融资租赁方也对该设备拥有相应部分的产权。可见，融资租赁方式实际是一种分期付款的、商业信用型的设备购买方式，所以有关设备是全部或部分属于企业的资产。一般租赁的设备，承租方只有使用权，不属于承租方的资产。

3. 按机器设备的组合程度分类

机器设备在使用中通常将不同功能的设备进行分类组合，以完成某种生产工艺活动。按其组合方式和程度划分，可分为以下几类：

(1)单台设备(独立设备)。

(2)机组，如组合机床、柴油发电机组等。

(3)成套设备(包括生产线)，由若干不同设备按生产工艺过程依次排序联结，形成一个完整或主要的生产过程机器体系，如合成氨成套设备、胶合板生产线等。

除了少部分单台机器设备可以独立用于经营、具备独立获利能力之外，大多数单台机器设备所能够独立实现的价值形态是单台、独立销售的变现价值。在大多数情况下，一个具有特定功能的运营组合需要由多台机器设备组成，机器设备组合的市场价值也不一定等于组成该组合的各单台机器设备独立进行市场交易所能实现的市场价值之和。

4. 按机器设备的来源分类

机器设备按来源划分，通常可分为自制设备和外购设备两种，外购设备中又分为国内购置设备和国外引进设备。

5. 按机器设备的技术性特点分类

(1)通用机器设备

通用机器设备，一般是指可以广泛用于不同行业和企业的、具有通用性的、标准化的设备。这类设备大多具有标准化的设计生产能力或技术指标，如企业中常用的机电加工设备，切削、压力设备，铸造、运输、动力等设备。

(2)专用机器设备

专用机器设备，是指专门服务于不同行业的、具有较强行业特征的机器设备。这类机器设备所体现的工程技术特点与所服务的行业直接相关，与其他行业的技术要求有较大差异。这类设备在各个行业中都有，一般可以按行业特性进一步分类，如冶金设备、矿山设备、隧道施工设备、石油石化专用设备、专用运输设备、大型通信设备等。

(3)非标准机器设备

非标准机器设备，是指非国家定型设备，通常在市场上无法直接购买到，而是根据企业生产工艺或技术要求，由企业自制或提供设计要求交由外单位制造加工的各种设备。

机器设备还有许多分类方式，不在此一一列举。但值得注意的是，上述分类并不是独立的，分类之间可以有不同程度的关联。例如，外购设备中，可能是通用设备，也可能是专用设备，还可能是进口通用设备或进口专用设备；成套设备中，可能部分是外购的，部分是自制的。

不同的分类标准对资产评估选择何种方法、考察哪些因素，以及如何提供评估报告和附表等都具有较大影响。例如，在以资产转让为目的的评估中，对于不需用的机器设备就应考虑转让后能否转入使用或如何变现的问题，从而影响到估价。资产评估可以根据委托单位的生产技术特点、评估目的、采用的评估操作方法、评估操作人员的专业特长等，按不同分类进行操作，最后按评估结果汇总要求进行统计。在评估时既可按生产车间进行清查评估，也可按通用设备、专用设备等分类清查评估，还可按自制设备、外购设备、国内设备和进口设备分类清查评估等。完成这些工作后，再进行分类汇总。

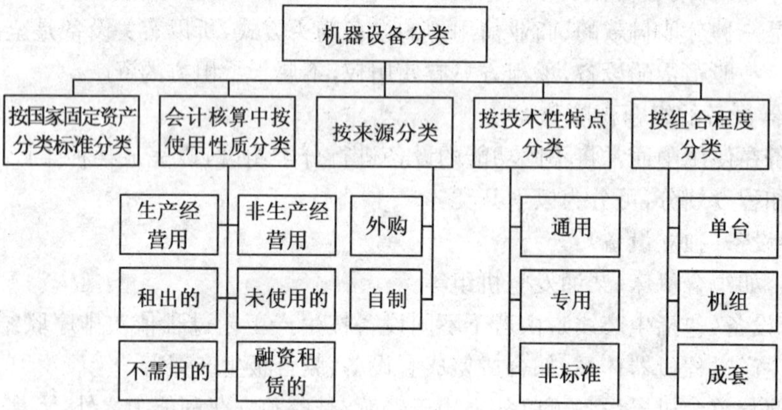

图 4－1　机器设备分类

(三)机器设备的特点

机器设备是固定资产的重要组成部分，它的主要特点有：

(1)单位价值大，使用寿命长，资金投入量大，回收期长(一次性垫付，逐步收回)。

(2)价值补偿和实物更新不同时进行。机器设备的价值补偿是通过折旧形式逐渐实现的，而实物更新一般是一次性完成的。

(3)价值和使用价值并非一成不变，贬值和增值具有同发性。机器设备在使用中产生有形磨损和无形磨损，这些都会使机器设备的价值量发生变化，有形磨损一般可以通过折旧来实现价值的完全补偿，而无形磨损所致的价值贬值在数量上难以测算。另一方面，通过技术改造会提高设备性能，实现内涵扩大再生产，同时使资产增值。在通货膨胀情况下，机器设备的现价又呈现增值趋势。

(4)机器设备属于有形的固定资产，具有动产的性质。它数量大、品种多、分布广、技术性强、情况复杂。

二、机器设备评估的基本概念

(一)机器设备评估的特点

评估机器设备是一种技术经济分析活动。而评估时需要将设备固有的特征与评估的要求相结合，机器设备本身的特点决定了其评估的特点，如图 4－2 所示。

1. 以单台、单件为评估对象

机器设备的评估一般以单台、单件作为评估对象。机器设备单位价值较高，种类、规格、型号繁多，性能与用途各不相同，为保证评估结果的真实性和准确性，一般对机器设备实行逐台、逐件地评估。对数量多、单位价值相对较低的同类机器设备可进行合理的分类，按类进行评估。对不可细分的机组、成套设备则可以采取一揽子评估的方式。

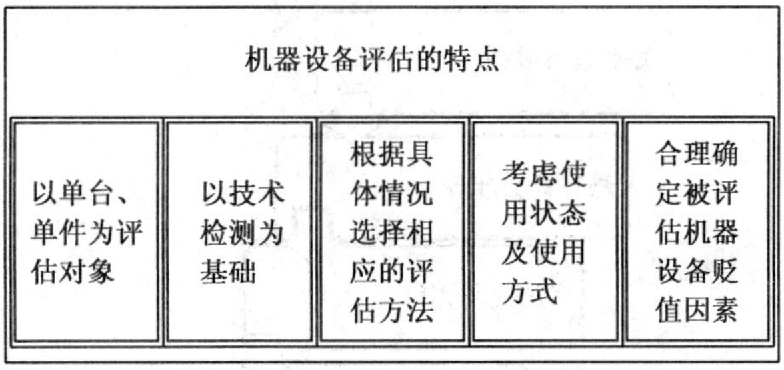

图 4—2 机器设备评估的特点

2. 以技术检测为基础

由于机器设备技术性强，涉及的专业面比较广泛，机器设备自身技术含量的多少直接决定了机器设备评估价值的高低，技术检测是确定机器设备技术含量的重要手段。又由于机器设备使用时间长，并处于不断磨损过程中，其磨损程度的大小又因机器设备使用、维修、保养等状况不同而造成一定的差异，通过技术检测来判断机器设备的磨损状况及新旧程度，这是决定机器设备价值高低的最基本因素。因此，必要的技术检测是机器设备评估的基础。

3. 根据具体情况选择相应的评估方法

机器设备品种繁多、规格型号各异，且各类设备的单项价值、使用时间、性能等差别较大。所以，在评估实践中不能采用单一的计价方法，应结合实际情况选择具体评估方法。对于市场比较成熟、交易比较活跃的机器设备，如汽车、飞机、计算机等，一般适用市场法。对于生产线、成套设备等具有独立获利能力的机器设备，可以采用收益法评估。对于更新换代快、易于发生各种贬值的机器设备，以及大多数专用设备，宜选用成本法进行评估。

4. 考虑使用状态及使用方式

机器设备在评估时所处的状态和评估时所假设或依据的状态，如正在使用状态、最佳使用状态或闲置状态，对机器设备的评估价值影响重大。另外，被评估机器设备在评估时，是按机器设备在评估基准日正在使用的方式继续使用下去，还是改变目前的使用方式作为其他用途继续使用下去，抑或是将机器设备移到异地继续使用，也将直接影响机器设备的评估价值。

5. 合理确定被评估机器设备贬值因素

随着科技发展，机器设备更新换代较快，其贬值因素比较复杂，除实体性贬值因素外，往往还存在功能性贬值和经济性贬值。科学技术的发展和国家有关的能源政策、环保政策等，都可能对机器设备的评估价值产生影响。

(二)机器设备评估的程序

科学、合理、实用的工作程序是任何一类资产评估提高工作效率、避免工作失误的重要保证。从评估人员和评估机构的角度讲，机器设备评估大致应经历以下几个阶段，如图 4—3 所示。

1. 接受委托阶段

当客户有意委托评估人员进行某项机器设备的评估时，评估人员要向客户了解被评估资产的背景、现状、评估目的和评估报告用途，以及该评估涉及的其他因素。这些都会影响整个评估过程和结果，进而影响整个评估服务的质量。

2. 评估准备阶段

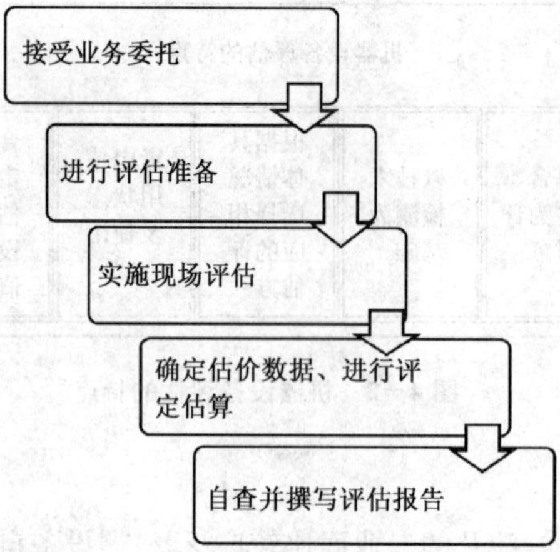

图 4—3 机器设备评估的程序

评估机构接到评估委托书以后，积极做好如下的评估准备工作：

(1)帮助委托方做好机器设备评估的基础工作，如资产清册及其相关表格的填写、必要经济技术资料的准备、机器设备清查核实的具体要求等。

(2)分析研究委托方提供的资产清册及其相关表格，组织有关评估人员进行现场勘察，掌握其机器设备的分布和现状，明确评估的范围和评估的重点，制订评估工作计划，设计主要机器设备的评估思路、评估作业表，落实评估人员。

(3)搜集评估所需数据资料。机器设备评估需要搜集的数据资料很多，广泛搜集与评估工作有关的数据资料，有利于提高评估工作效率。

3. 现场评估阶段

现场评估阶段是机器设备评估的重要阶段，其主要工作是查明实物、落实评估对象以及在落实评估对象的基础上对机器设备进行技术鉴定，以判断机器设备的技术档次、成新率以及无形损耗等情况。

(1)核查实物、落实评估对象。这是现场评估的一项基础性工作。要尽可能对所申报的机器设备逐台核实，如是否账实相符、有无遗漏或产权界定不明的机器设备。核实的方法可根据委托单位的管理现状及机器设备数量，采取全面清查、重点清查、抽样检查等不同方式落实评估对象。

(2)对机器设备进行技术鉴定。这是评估现场工作的核心。

①了解生产工艺过程，掌握各类设备的配备情况以及对企业生产的保证程度，核实企业综合生产力，确定评估重点。

②对机器设备所在的整个生产系统、生产环境和生产强度进行鉴定和评价，对生产系统的产品结构、产品市场需求、生产能力、生产班次、维修力量、技术改造以及操作人员的水平等做出总体评价，为单台机器设备的技术鉴定提供背景数据。

③对单台机器设备进行鉴定。要了解机器设备的类别和规格型号、制造厂家和出厂日期、主要用途和功能、所用能源和加工精度，要了解机器设备的利用率及其运行负荷的大小、设备实际所处状态、设备修理情况及大修周期。

④根据评估对象的技术特点划分机器设备评估类别。对机器设备进行评估，确定评估价

格标准和方法。

(3)根据评估目的确定评估价格标准，然后根据评估价格标准和评估对象的具体情况，科学地选用评估计算方法。

(4)搜集整理有关资料，测定各种技术参数，确定机器设备的成新率。评估人员应根据对机器设备的宏观技术鉴定和个人技术鉴定，以及委托单位提供的机器设备的价值状况(原值、已提折旧净值、技术改造支出等)、机器设备的使用状况(购建时间、已使用年限、预计尚可使用年限、完好率、利用率等)、机器设备的技术状况(主机和配套设备的规格型号、生产能力及主要技术经济指标等)等资料，结合评估对象的具体情况以及评估作业分析表的要求，对计算过程中需要采用的各种技术参数和经济参数，如尚可使用年限、成新率、磨损系数、价格指数等组织搜集、检验、测定。同时，应尽可能地在工作现场对被评估机器设备做出成新率的科学判断。

设计评估作业表是评估工作规范化、提高工作效率、科学地反映评估结果的要求。评估作业表的设计要考虑评估工作的要求，为搜集整理数据提供明细的纲目；也要考虑与评估流程相适应，便于评估阶段的衔接与过渡；更要考虑评估报告的要求。评估作业表是评估实务的实施纲要，它可分为评估作业分析表、评估明细表(见表4—2)、评估分类汇总表(见表4—3)。

表4—2　　　　**机器设备评估明细表**

资产占有单位名称：　　　　　　　　　　评估基准日：　年　月　日

序号	机器设备名称及型号	生产厂家	单位	数量	启用日期	清查数	调整后账面净值	评估机构编制			
								重置价值	成新率(%)	评估值	增值额
1											
2											
3											
本页合计											

资产占有单位填表人：　　　　负责人：　　　　评估人：

表4—3　　　　**机器设备评估分类汇总表**

资产占有单位名称：　　　　　　　　　　评估基准日：　年　月　日

序号	资产类别	计量单位	数量	原值	净值	重估总价	重估净价	综合成新率	增值额	增值率	备注

资产占有单位填表人：　　　负责人：　　　评估人：　　　评估时间：　年　月　日

4. 确定单台设备的估价数据、评定估算阶段

评估人员经过准备阶段和现场阶段的工作后，已经掌握了许多有关被评估机器设备在评估时所需要的数据资料。在此基础上，一方面要继续搜集所欠缺的数据资料；另一方面要对已搜集到的数据资料进行筛选和整理，特别是对设备的订货合同、发货票、工程决算书、现行设备购置价、同类设备购置价、设备产权归属材料(对产权受到某种限制的设备要进行单独处理)以及设备抵押、担保和租赁等资料给予充分的重视。

在完成上述工作后，评估人员方可本着客观公正的原则对机器设备进行评定估算，估测每

台机器设备的价值。

5. 自查及撰写评估报告阶段

由于机器设备数量多、分布较广，又是分人分散进行的评估，难免出现相同设备在不同场地、不同评估人员情况下评估值不同或重复评估或漏评的现象。评估机构要在机器设备评定估算工作基本完成时进行自查，对设备的估价依据和参数再进行一次全面的核对。在重新核对无误的基础上，根据确定的技术方法和经过验证的资料数据，按评估对象逐一完成评估作业分析表，计算评估值，并将评估结果填写在机器设备评估明细表中，编制机器设备评估分类汇总表，编写评估说明或机器设备评估部分报告。

从一般意义上讲，资产评估报告是指评估机构在完成评估工作后向委托方提交的说明评估过程及结果的书面报告。这在资产评估行业中被称为狭义的资产评估报告，即资产评估结果报告书。

第二节　成本法在机器设备评估中的应用

一、成本法的基本公式

我国机器设备的交易市场还处于发展阶段，尚需进一步规范和完善，这就使得运用市场法和收益法评估机器设备受到一定的制约，因此，成本法在机器设备的评估中得到较广泛的运用。

成本法适用于继续使用前提下不具备独立获利能力的单台设备或其他设备的评估。对继续使用前提下无法用收益法评估的机器设备，也可采用成本法进行评估。

在非继续使用前提下，若待评估机器设备无市场参照物，也可按成本法评估思路进行评估，但需对成本项目及构成要素作必要的调整，以取得非续用重估价值。

机器设备评估的成本法是通过估算被评估机器设备的重置成本和各种贬值，用重置成本扣减各种贬值作为资产评估价值的一种方法。其计算公式为：

$$P=R_c-D_p-D_f-D_e \tag{4-1}$$

式中：P——评估值；

R_c——重置成本；

D_p——实体性贬值；

D_f——功能性贬值；

D_e——经济性贬值。

二、重置成本的测算

（一）重置成本测算中应注意的问题

机器设备重置成本测算中应注意以下问题：

1. 选择复原重置成本还是更新重置成本

机器设备的重置成本通常是指按现行价格购建与被评估机器设备相同或相似的全新设备所需的成本。机器设备的重置成本可分为复原重置成本和更新重置成本两种。简单地讲，按现行的价格购建一个与被评估设备完全一样的全新设备的成本，就是设备的复原重置成本；而按现行的价格购建一个不论何种类型，但在效用上与被评估设备最接近的类似新设备的成本，就是设备的更新重置成本。

一般来讲，在技术进步快、技术进步因素对设备价格的影响较大，或者说被评估设备被淘汰（原企业不再生产）的情况下，应选择计算更新重置成本。复原重置成本一般来讲在下列两种情况下适用：一种是技术进步慢或刚购建的设备，另一种是自制非标设备。前者由于无形损耗较小，对设备的价格影响不大，后者是由于缺乏可以参照的技术先进设备。

2. 机器设备的重置成本构成

由于使用成本法评估机器设备一般以继续使用为假设前提，因此机器设备的重置成本应包括使设备处于在用状态情况下所发生的全部成本。设备的重置成本在构成上包括购建设备所发生的必要的、合理的直接成本和间接成本，以及因资金占用所发生的资金成本、合理利润及相关税费等。

机器设备的直接费用包括基础费用与其他费用两部分。基础费用是指设备的购置成本或建造成本；其他费用是指设备的运杂费、安装调试费和必要的配套装置费。对于外购的进口设备，其他费用还包括进口设备的关税、增值税、银行手续费等。

机器设备的间接费用通常是为购置、建造设备而发生的其他费用，一般包括管理费、设计费、工程监理费、保险费等。间接成本和资金成本有时不能对应到每一台设备上，一般按比例摊入。

3. 机器设备重置成本测算方法的选择

计算重置成本有三种基本方法：直接法、物价指数法、功能价值类比法，如图 4－4 所示。

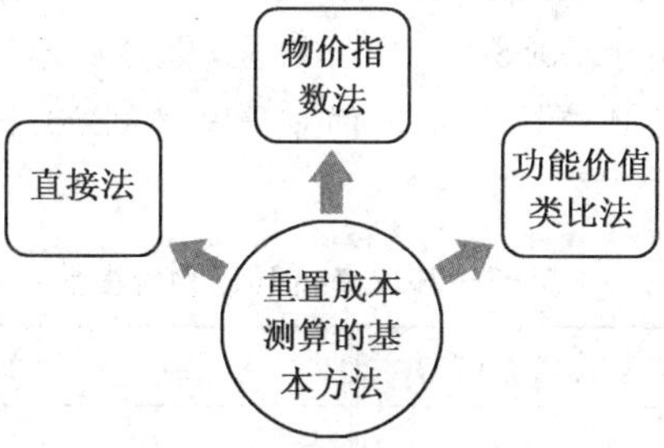

图 4－4　机器设备重置成本测算的基本方法

（1）直接法

直接法是指根据市场交易数据直接确定设备本体的重置成本，这是一种最直接有效的方法。这种方法适用于容易取得市场交易价格资料的大部分通用设备。对于难以从市场直接取得交易价格资料的非标准设备和专用设备，通常采用其他的方法。一般可通过市场询价、价格资料等渠道获得市场价格。

（2）物价指数法

物价指数法是以设备的历史成本为基础，根据同类设备的价格变动指数来估测机器设备本体的重置价值的方法。对于二手设备，历史成本是最初使用者的账面原值，而非当前设备使用者的购置成本。物价指数可分为定基物价指数和环比物价指数。

①定基物价指数。定基物价指数是以固定时期为基期的物价指数，通常用百分比来表示。以 100％为基础，当物价指数大于 100％时，表明物价上涨；当物价指数在 100％以下时，表明物价下跌。

采用定基物价指数计算设备本体的重置成本的公式为：

$$设备本体的重置成本=历史成本\times\frac{评估基准日定基物价指数}{设备购建时定基物价指数} \tag{4-2}$$

【例 4-1】 被评估设备于 2008 年 12 月购置，其原始成本为 1 200 000 元，评估基准日为 2012 年 12 月，估测评估基准日该设备本体的重置成本（2007～2012 年的定基物价指数详见表 4-4）。

表 4-4　　2007～2012 年的定基物价指数

年　份	定基物价指数（%）	年　份	定基物价指数（%）
2007	100	2010	107
2008	103	2011	110
2009	105	2012	112

评估基准日该设备主体的重置成本＝1 200 000×（112/103）＝1 304 854（元）

②环比物价指数。环比物价指数是以上期为基期的指数。如果环比期以年为单位，则环比物价指数表示该类产品当年较上年的价格变动幅度。该指数通常也用百分比表示。

采用环比物价指数计算设备本体的重置成本的公式为：

$$设备本体的重置成本=历史成本\times(P_1^0\times P_2^1\times\cdots\times P_n^{n-1}) \tag{4-3}$$

式中：P_n^{n-1}——n 年对 $n-1$ 年的环比物价指数。

【例 4-2】 被评估设备于 2008 年 12 月购置，历史成本为 1 200 000 元，评估基准日为 2012 年 12 月，估测评估基准日该设备本体的重置成本（2007～2012 年的环比物价指数详见表 4-5）。

表 4-5　　2007～2012 年的环比物价指数

年　份	环比物价指数（%）	年　份	环比物价指数（%）
2007	—	2010	101.90
2008	103.00	2011	102.80
2009	101.94	2012	101.82

评估基准日该设备本体的重置成本

＝1 200 000×（101.94%×101.90%×102.80%×101.82%）

＝1 304 747（元）

（3）功能价值类比法

功能价值类比法是根据被评估机器设备的具体情况，寻找评估时点同类设备（参照物设备）的市价或重置成本，然后根据参照物设备与被评估设备功能（生产能力）的差异，比较调整得到被评估机器设备本体的重置成本。采用此方法应重点对评估对象和所选择的参照物设备的功能与其价格或重置成本之间的关系进行分析判断，根据不同情况采用不同的评估方法。

①当该类设备的功能与其价格或重置成本之间呈线性关系或近似于线性关系时，可采用生产能力比例法。其计算公式为：

$$设备本体的重置成本=参照物设备现行价格\times\frac{被评估设备生产能力}{参照物设备生产能力} \quad (4-4)$$

②当该类设备的功能与其价格或重置成本之间呈指数关系时，可采用规模经济效益指数法。其计算公式为：

$$设备本体的重置成本=参照物设备现行价格\times\left(\frac{被评估设备生产能力}{参照物设备生产能力}\right)^x \quad (4-5)$$

式中：x 为规模经济效益指数。它是用来反映资产成本与其功能之间指数关系的指标。

【例4—3】 某企业2007年购建一套年产50万吨某产品的生产线，账面原值为2 000万元。2012年进行评估，评估时选择了一套与被评估生产线相似的生产线，该生产线2012年建成，年产同类产品75万吨，造价为5 000万元。经查询，该类生产线的规模效益指数为0.7，根据被评估生产线与参照物生产能力方面的差异，调整计算2012年被评估生产线的重置成本为：

重置成本$=5\ 000\times(50\div75)^{0.7}=3\ 764$（万元）

（二）设备重置成本测算

1. 自制设备重置成本构成

自制设备的重置成本主要包括制造成本和相配比的期间费用（如应分摊的管理费用和财务费用）、大型设备的合理制造利润、其他必要的合理费用（如设计、论证等前期费用）、安装调试费用等。

2. 自制设备重置成本测算举例

自制设备可分为标准设备与非标准设备。对于标准设备的重置成本，可参考专业生产企业的标准设备价格。自制非标设备的市场价格资料一般难以获得，故经常采用核算法来计算其重置成本。如果以原来的材料、工艺重新制造同类设备，则计算得到的是设备的复原重置成本。

【例4—4】 某企业一台自制设备的账面原值为11万元，市场无可替代产品，试评估其重置全价。

分析：该设备在市场上没有可替代的产品，而且又是自制性质，因此，可按复原重置成本评估该设备。

自制设备的成本核算资料，经评估人员核查企业提供的账表得知，账面原值11万元的构成如表4—6所示。

表4—6 **账面原值构成**

		项目名称	单　价	合　计
账面原值11万元	制造费用10万元	钢材消耗24吨	1 250元/吨	3万元
		铸铁消耗25吨	400元/吨	1万元
		外协件消耗15吨	2 000元/吨	3万元
		工时消耗5 000定额工时	4元/工时	2万元
		管理费用	每定额工时分摊2元	1万元
	安装调试费1万元	水泥消耗8吨	250元/吨	0.2万元
		钢材消耗4吨	1 250元/吨	0.5万元
		工时消耗500定额工时	4元/工时	0.2万元
		管理费用	每定额工时分摊2元	0.1万元

经市场调查和测算，现行使用单价：钢材为 1 600 元/吨，铸铁为 500 元/吨，外协件为 2 400 元/吨，水泥为 250 元/吨；每定额工时成本为 5 元，每定额工时分摊管理费用 2 元。根据现价和费用标准以及该设备原自制和安装调试的量耗资料，重估价格如表 4—7 所示。

表 4—7　　重置价格构成

<table>
<tr><td rowspan="10">重置价格</td><td></td><td>项目名称</td><td>单　价</td><td>合　计</td></tr>
<tr><td rowspan="5">制造费用重置全价12.19 万元</td><td>钢材消耗 24 吨</td><td>1 600 元/吨</td><td>3.84 万元</td></tr>
<tr><td>铸铁消耗 25 吨</td><td>500 元/吨</td><td>1.25 万元</td></tr>
<tr><td>外协件消耗 15 吨</td><td>2 400 元/吨</td><td>3.6 万元</td></tr>
<tr><td>工时消耗 5 000 定额工时</td><td>5 元/工时</td><td>2.5 万元</td></tr>
<tr><td>管理费用</td><td>每定额工时分摊 2 元</td><td>1 万元</td></tr>
<tr><td rowspan="4">安装调试费重置全价1.19 万元</td><td>水泥消耗 8 吨</td><td>250 元/吨</td><td>0.2 万元</td></tr>
<tr><td>钢材消耗 4 吨</td><td>1 600 元/吨</td><td>0.64 万元</td></tr>
<tr><td>工时消耗 500 定额工时</td><td>5 元/工时</td><td>0.25 万元</td></tr>
<tr><td>管理费用</td><td>每定额工时分摊 2 元</td><td>0.1 万元</td></tr>
</table>

综上所述，该自制设备原地续用的重置成本＝12.19＋1.19＝13.38(万元)。

【例 4—5】 某企业一台机器设备需评估其重置全价。有关资料如下：

自制设备成本为 30 万元(其中：钢材占 40%，铸铁占 20%，人工费占 30%，管理费占 10%)。按现行技术条件更新自制设备，钢材和铸铁均可节约 20%，人工可节省 10%。通过市场调查得知，自制设备自制造以来，钢材价格上升 80%，铸铁价格上升 50%，工时成本上涨 100%，管理费按工时分摊的额度上升 40%。

分析：按现行技术条件，该自制设备的结构大有改进的必要，改进以后能节约用料，而其功能仍能保持。根据这种情况，可按更新重置的要求，采用成本途径来评估。评估人员对费用和价格上涨的情况进行试算，表明企业提供的该项资料合乎标准。听取了专业人员的评价，得知材料、人工节约核算是符合现实的。

评估人员在确定该项设备的评估方法后，可依据上述资料进行计算：

材料成本　　17.28＋7.2＝24.48(万元)

其中：钢材　　30×40%×(1−20%)×(1＋80%)＝17.28(万元)

　　　铸铁　　30×20%×(1−20%)×(1＋50%)＝7.2(万元)

人工成本　　30×30%×(1−10%)×(1＋100%)＝16.2(万元)

管理费用　　30×10%×(1−20%)×(1＋40%)＝3.36(万元)

合计　　24.48＋16.2＋3.36＝44.04(万元)

因此，该自制设备的更新重置全价为 44.04 万元。

核算自制机器设备重置成本的方法很多，以下再介绍一种测算自制非标设备重置成本的方法：综合估价法。

综合估价法是根据设备的主材费用和主要外购件费用与设备成本费用有一定的比例关系，通过确定设备的主材费用和主要外购件费用，计算出设备的完全制造成本，并考虑企业利润、税金和设计费用，以此确定设备的重置成本的方法。计算公式为：

$$P=(C_{m1}\div K_m+C_{m2})\times(1+K_p)\times(1+K_d/n)\times(1+K_t) \quad (4-6)$$

式中：P——设备价格；

C_{m1}——主材费用；

K_m——成本主材费率；

C_{m2}——主要外购件费用；

K_p——成本利润率；

K_d——非标设备设计费率；

n——非标设备的生产数量；

K_t——销售税金率。

【例 4—6】 某悬链式水幕喷漆室为自制非标设备，购建日期为 2002 年 12 月，评估基准日为 2009 年 9 月 30 日。计算该悬链式水幕喷漆室的重置成本。

计算过程如下：

根据设计图纸，该设备主材为钢材，主材的净消耗量为 20 吨，评估基准日钢材不含税市场价为3 600元/吨，另外，所需主要外购件不含税费用为45 000元。主材利用率 85%，成本主材费率 55%，成本利润率 12%，设计费率 16%，产量 2 台。

首先确定设备的主材费用，该设备的主材利用率为 85%，则：

主材费用 $C_{m1}=20\div85\%\times3\ 600=84\ 706$(元)

成本利润率 $K_p=12\%$

如增值税税率为 17%，城市维护建设税税率为 7%，教育费附加费率为 3%，则：

销售税金率 $K_t=17\%\times(1+7\%+3\%)=18.7\%$

非标设备设计费率 $K_d=16\%$

非标设备的数量 $n=2$(台)

$$
\begin{aligned}
\text{设备的重置成本 } P &= (84\ 706\div55\%+45\ 000)\times(1+12\%)\times(1+16\%/2)\\
&\quad \times(1+18.7\%)\\
&=285\ 739(\text{元})
\end{aligned}
$$

3. 外购国产设备重置成本的确定

外购国产设备是指企业购置的由国内厂家生产的各种通用设备及专用设备。该类设备在企业的机器设备中占的比重较大，是机器设备评估中最主要的内容。对该类设备重置成本的确定，应根据不同的情况采取相应的方法。

对于能够取得设备现行购置价格的机器设备，可通过市场调查，从生产厂家或销售部门取得设备购买价格或建造费，在此基础上加上合理的运杂费、安装调试费及其他费用来估测被评估机器设备的重置成本。

设备的运杂费一般可以根据设备的重量、体积、运输距离、运输方式确定。计费标准可以向有关运输部门查询得到。对于设备的安装调试费及其他费用，评估人员可以通过逐项估算基础和安装工程的人工费、材料费、机械费等来确定。对于一些大型工业企业，由于设备的数量较多，为了提高工作效率，评估人员有时按机器设备购置价的一定比例来计算设备的运杂费、基础费、安装费。

(1)外购国产单台(件)不需安装设备的重置成本

单台(件)设备无需安装，即便需要安装，安装周期也较短，这种情况下，设备购置与安装费等所占用资金的资本成本可以忽略不计。其重置成本计算公式为：

$$\text{重置成本}=\text{全新设备基准日的公开市场成交价格}+\text{运杂费} \tag{4-7}$$

或

$$\text{重置成本}=\text{全新设备基准日的公开市场成交价格}\times(1+\text{运杂费率})$$

(2)外购国产单台(件)需要安装设备的重置成本

对于需要安装的一般设备,应在购置价的基础上,加上运杂费和安装调试费,确定其重置成本。其计算公式为:

$$重置成本=全新设备基准日的公开市场成交价格+运杂费+安装调试费 \quad (4-8)$$

或

$$重置成本=全新设备基准日的公开市场成交价格\times(1+运杂费率+安装调试费率)$$

(3)外购成套需安装设备的重置成本

外购成套设备是指由多台(件)设备组成的、具有相对独立的生产能力和一定收益能力的生产装置。对于这种成套设备,重置成本一般可用单台(件)设备重置成本的估算方法,即先评估单台(件)设备成本,再计算求和。但是,在实际操作中,一些属于整体性的费用就不一定能够计入单台(件)设备的成本,如整体的安装调试费、资金成本等,这些费用应另外计算。如果是大型关联生产系统,包括的机器设备数量大、品种多、情况各异,加之本身整体费用十分复杂,因此,在评估实务中,通常将其作为一个完整的生产系统,以整体方式估算成套设备的重置成本。

如果被评估的成套设备仍在生产和销售,就可以通过询价法直接确定其重置成本;如果只能寻找到与被评估机组相类似的参照机组,就需通过调整被评估机组与参照物之间在生产能力、技术层次、使用地点、生产时间等方面的差异,得到被评估机组的重置成本。

在计算过程中,需注意的是,对于大型机组、生产线等的生产能力差异的调整一般运用财务规模经济效益指数法。鉴于成套设备的交易频率与单台(件)设备相比较低,寻找在评估基准日购建的参照物相对困难,因此往往需要对时间因素进行调整。地点差异主要考虑参照物与被评估资产之间是否存在运输费或其他相关费用方面的差异。

4. 外购进口设备重置成本测算

(1)进口设备重置成本构成

进口设备重置成本用公式表示为:

$$\begin{aligned}重置成本=&\begin{matrix}现行国际市场的\\离岸价(FOB)\end{matrix}+\begin{matrix}境外途中\\保险费\end{matrix}+境外运杂费+进口关税\\&+消费税+增值税+\begin{matrix}银行及其\\他手续费\end{matrix}+国内运杂费+安装调试费\end{aligned} \quad (4-9)$$

其中,各组成要素的计算过程如下:

①离岸价(FOB)。是指卖方在出口国家的装运港口交货的价格;若把前三项成本构成加总(即离岸价+境外途中保险费+境外运杂费),则叫做到岸价,用CIF来表示。

②境外途中保险费。其计算公式为:

$$境外途中保险费=\frac{(离岸价+海运费)\times保险费率}{1-保险费率} \quad (4-10)$$

保险费率可根据保险公司费率表确定,一般在0.4%左右。

③境外运杂费。可按设备的重量、体积及海运公司的收费标准计算,也可按一定比例计取,取费基数为设备的货价,其计算公式为:

$$国外海运费=离岸价\times海运费率 \quad (4-11)$$

海运费率:远洋一般取5%~8%,近洋一般取3%~4%。

④进口关税。其计算公式为：

$$关税=到岸价\times关税税率 \quad (4-12)$$

关税的税率按国家发布的关税税率表计算。

⑤消费税。如果进口设备属于消费税的征收范围，还要计算消费税，其计算公式为：

$$消费税=\frac{(到岸价+关税)\times消费税税率}{1-消费税税率} \quad (4-13)$$

消费税的税率按国家发布的消费税税率表计算。

⑥增值税。其计算公式为：

$$增值税=(到岸价+关税+消费税)\times增值税税率 \quad (4-14)$$

注：减免关税，同时减免增值税。

⑦银行及其他手续费。一般包括银行财务费、外贸手续费等。如果进口的是车量，还包括车辆购置附加费。

银行财务费的取费基数为货价人民币数。

$$银行财务费=离岸价\times费率 \quad (4-15)$$

我国现行银行财务费率一般为0.4%～0.5%。

车辆购置附加费：

$$车辆购置附加费=(到岸价+关税+消费税)\times费率 \quad (4-16)$$

⑧进口设备的国内运杂费。进口设备的国内运杂费是指进口设备从出口国运抵我国后，从所到达的港口、机场、车站等地，将设备运到使用目的地现场所发生的港口费（港口建设费，港务费，驳运费，倒垛、堆放保管费，报关、转单、监卸费）、装卸费、运输费、保管费及国内运输保险费等，不包括在运输超限设备时发生的特殊措施费。其计算公式为：

$$进口设备的国内运杂费=到岸价\times进口设备国内运杂费费率 \quad (4-17)$$

其中，运杂费费率分为海运方式和陆运方式两种，国家有相应的规定。

⑨进口设备的安装调试费。其计算公式为：

$$进口设备安装调试费=相似国产设备原价\times国产设备安装调试费率 \quad (4-18)$$

或

$$进口设备安装调试费=进口设备到岸价\times进口设备安装调试费率$$

由于进口设备原价较高，其安装调试费率一般低于国产设备的安装调试费率。

(2)进口设备重置成本测算方法的选择

①对于可查询到进口设备现行离岸价(FOB)或到岸价(CIF)的，按以下公式计算：

$$\begin{aligned}重置成本=&(\text{FOB}+途中保险费+国外运杂费)\times现行外汇汇率+进口关税+增值税\\&+银行及其他费用+国内运杂费+安装调试费\end{aligned}$$

或

$$\begin{aligned}重置成本=&\text{CIF}\times现行外汇汇率+进口关税+增值税+银行及其他费用+国内运杂费\\&+安装调试费\end{aligned} \quad (4-19)$$

②对于无法寻找进口设备现行FOB或CIF的，若可以取得国外替代产品的现行FOB或CIF，可采用功能价值类比法或直接比较法来估测被评估机器设备的重置成本；若没有国外替代产品的现行FOB或CIF，也可利用国内替代设备的现行市价或重置成本推算被评估进口设备的重置成本。

③若以上几种渠道都行不通，也可利用物价指数调整法估测进口设备的重置成本。但是，

用物价指数调整法评估进口设备的重置成本有其限制范围：

对于那些技术已经更新的进口设备，不宜采用物价指数调整法，因为一旦技术更新，旧型号设备很快被淘汰，其价格会大幅度下降。只有那些技术更新周期较长、该型号设备仍在国外大量使用、技术上未被淘汰的设备，适宜采用物价指数调整法。

运用物价指数调整法调整计算进口设备重置成本时，其中原来用外币支付的部分，应使用设备生产国的物价变动指数来调整，而不是用国内的物价变动指数来调整，但对原来的国内费用（进口关税、增值税、银行手续费、运杂费、安装调试费等）都应按国内的物价变动指数来调整。用物价指数调整法估测进口设备的重置成本的公式如下：

$$\begin{aligned}重置成本=&\frac{账面原值中的到岸价值}{进口时的外汇汇率}\times 进口设备生产国同类资产价格变动指数\\&\times 评估基准日外汇汇率\times(1+现行进口关税税率)\times(1+其他税费率)\\&+账面原值中支付人民币部分价格\times 国内同类资产价格变动指数\end{aligned}\tag{4-20}$$

该数学表达式是假定进口设备的到岸价格全部以外汇支付，其余均以人民币支付。如实际情况与此假设不符，应自行调整。上式中，被评估进口设备的账面原值中的到岸价值除以进口时的外汇汇率，相当于按进口时的汇率将以人民币计价的进口设备到岸价值调整为以外币计价的设备到岸价值。进口设备生产国同类资产价格变动指数，可根据设备生产国设备出口时的同类资产价格指数与评估时点的同类资产价格指数的比值求取。而实际操作过程中，不但设备生产国设备出口时的同类资产价格指数不易获取，即使是评估时点的同类资产价格指数也不易取得。所以，实际运用上述公式时，往往以进口设备生产国在设备出口时的价格水平为基期价格水平，再根据设备生产国从基期到评估时点每年的价格变化率，将设备生产国设备出口价值从原值调整为现值。其数学表达式为：

$$\begin{matrix}进口设备\\价格现值\end{matrix}=\frac{设备原值（人民币）中支付外汇部分}{设备进口时的外汇汇率}\times\left(1+\begin{matrix}设备生产国从设备出口到\\评估时点的价格变化率\end{matrix}\right)\tag{4-21}$$

评估基准日外汇汇率比较容易获得，其他税费中的关税、增值税和消费税的税率视进口设备的性质、种类的不同，按海关的税收手册所规定的税率纳税；外贸手续费与银行手续费按规定费率计算；其他杂费包括口岸管理费、海关监管费、商检费等，费率较低，视进口设备CIF的高低而定，有时可忽略不计。由于关税税率可能变动，评估时应以评估基准日的税率为准。

设备原值中支付人民币部分主要是指国内运杂费和安装调试费等项目。关于这部分费用，可利用国内物价变动指数直接将其原值调整为现值。

在运用物价指数调整法对进口设备重置成本进行估测时，应将支付外汇部分与支付人民币部分，或者说将受设备生产国物价变动影响部分与受国内物价变动影响部分分开，分别运用设备生产国的物价变动指数与国内的物价变动指数进行调整，不应综合采用国内或设备生产国的物价变动指数一揽子调整。

(3)进口设备重置成本测算举例

【例 4—7】 被评估进口设备离岸价格为 10 000 000 美元，国外海运费率为 4%，境外保险费率为 0.4%，关税税率为 25%，增值税税率为 17%，银行财务费率为 0.4%，公司代理费率为 1%，国内运杂费率为 1%，安装费率为 0.5%。设备从订货到安装完毕投入使用需要 2 年时间，第一年投入资金比例为 40%，第二年投入资金比例为 60%。假如每年资金均匀投入,不计复利,银行贷款利率为5.8%,美元与人民币的汇率为1∶7。试估算该设备的重置成本。

分析:该设备的重置成本包括设备离岸价、海外运输费、海外保险费、关税、增值税、银行财务费、公司代理手续费、国内运杂费、安装费、资金成本。其计算过程如下:

国外海运费=10 000 000×4%=400 000(美元)

国外运输保险费=(10 000 000+400 000)×0.4%=41 600(美元)

设备到岸价=(10 000 000+400 000+41 600)×7=73 091 200(元)

关税=73 091 200×25%=18 272 800(元)

增值税=(73 091 200+18 272 800)×17%=15 531 880(元)

银行财务费=10 000 000×0.4%×7=280 000(元)

公司代理手续费=73 091 200×1%=730 912(元)

国内运杂费=73 091 200×1%=730 912(元)

安装费=73 091 200×0.5%=365 456(元)

资金合计=73 091 200+18 272 800+15 531 880+280 000+730 912+730 912+365 456
　　　　=109 003 160(元)

资金成本=109 003 160×40%×5.8%×1.5+109 003 160×60%×5.8%×0.5
　　　　=3 793 309.97+1 896 654.98
　　　　=5 689 964.95(元)

重置成本=109 003 160+5 689 964.95
　　　　=114 693 124.95(元)

三、实体性贬值的估算

(一)成新率的确定

如何正确确定机器设备的成新率,对评估结果有着重要的影响。机器设备由于受使用、维修、保养等各因素的影响,即便是同期购建的相同机器设备,也会存在磨损、性能等方面的差异。因此,在确定成新率时,必须根据设备的实际情况和所掌握的资料,采用不同的检测手段进行测定,要求评估人员运用专业知识和经验进行判断和预测。在一般情况下,设备的成新率直接与有形损耗有关,而影响有形损耗的主要因素有设备使用年限、设备使用强度、维护和保养状况以及设备的工作环境等。成新率的确定主要有三种具体的方法。

1. 使用年限法

使用年限法又称寿命法、建成年限法,即在机器设备已使用年限和尚可使用年限已确定的条件下,确定成新率的方法。计算公式为:

$$\text{成新率}=\frac{\text{资产尚可使用年限}}{\text{资产实际已使用年限}+\text{资产尚可使用年限}}\times 100\% \qquad (4-22)$$

由上式可见,决定成新率的因素有两项:实际已使用年限和尚可使用年限,而两者之和即为资产的寿命。

当然,在资产评估时不一定所有的机器设备都选择年限这个指标,也可以采用其他表示生产功能的指标,如车辆往往选择行驶公里数这个指标。

(1)实际已使用年限

实际已使用年限,即机器设备实际用于生产经营活动的年限,不包括闲置时间,因而这里的年限不一定就是从资产购建日到评估基准日之间的年限，也不同于会计折旧年限。根据我国会计制度规定，季节性停用和大修理停用的设备仍应计提折旧，因此会计折旧年限不能反映使用年限，比较合理的计算应是既考虑折旧年限，又考虑设备实际的运行记录，即：

$$\text{实际已使用年限}=\text{名义使用年限}\times\text{设备利用率} \tag{4-23}$$

(2)名义使用年限

名义使用年限可从会计账户上查到(已提折旧年限)，而设备利用率可由下式求出：

$$\text{资产利用率}=\frac{\text{截至评估基准日累计实际利用时间}}{\text{截至评估基准日法定利用时间}}\times 100\% \tag{4-24}$$

如果在机器设备的使用过程中，曾多次追加投资更新改造，这必将延长资产寿命或等效缩减已使用年限，这时可以各次投资的重置成本为权重，对各次投资后的"实际已使用年限"进行加权平均，确定等效的实际已使用年限，或称加权平均实际已使用年限：

$$\text{加权平均实际已使用年限}=\frac{\sum(\text{历次投资的重置成本}\times\text{投资后的实际使用年限})}{\sum\text{历次投资的重置成本}} \tag{4-25}$$

投资后的实际使用年限是指更新改造期至评估期的年限。

(3)尚可使用年限

尚可使用年限是机器设备的剩余使用寿命，即还可使用的年限。尚可使用年限同样受使用状况、运行环境和维修保护情况的影响，评估时，对这些因素必须慎重考虑。确定尚可使用年限的常用方法有三种：

①法定年限法

参考国家财会制度规定的折旧年限，扣除已使用年限，即为尚可使用年限(尚可使用年限＝法定使用年限－已使用年限)。但必须注意，法定折旧年限反映了同类机器设备的经济寿命和国有企业的承受能力等经济因素。评估是针对特定设备进行的，所以除非评估目的是为了确定计提折旧的基价，必须采用法定年限，否则在采用法定折旧年限时，应考虑设备的实际运行情况和维修保养等因素作适当调整。

②退役年限法

所谓退役年限法，是指通过对大量相同机器设备实际使用到退役的年限统计，确定一个合理的使用寿命年限，而后再扣除已使用年限，计算出尚可使用年限的一种方法。

③技术鉴定法

技术鉴定法是指工程技术人员在现场检测机器设备的各项性能指标，并向操作人员、管理人员了解有关情况，从而判断出成新率的一种方法。该方法考虑的主要方面包括设备的外观和附件成套情况，设备的精度、磨损和功能情况，已使用年限和使用率，设备的维修保养情况，以及设备的工作环境等。

2. 折余法

折余法又称净值折算法，它是通过估算资产的实际净值与原值的比率来确定成新率的一种简便方法。假定被评估机器设备处于正常使用状态，且折旧制度的设计主要就是为了资产的价值补偿，这时可用已计提折旧来反映资产的成新率。其计算公式为：

$$\text{成新率}=1-\frac{\text{已提折旧}}{\text{资产原值}} \tag{4-26}$$

显然，在实行直线折旧的情况下，上式计算的成新率与法定年限法相同。

3. 修复法

修复法通过估算机器设备恢复原有精度或全新功能所需的费用占该设备原值的百分比来确定其成新率。其计算公式为：

$$成新率=\left(1-\frac{可修复性损耗+不可修复性损耗}{重置成本}\right)\times 100\% \qquad (4-27)$$

(二)无形损耗的确定

1. 技术性贬值

技术性贬值是指因技术进步使购建设备本体的成本相对降低而形成的贬值，如因技术进步使被评估设备的设计、结构、工艺和用料变得相对落后，材料用量相对过多，或因所用材料、配件等的价格下跌(量耗不变)而引起重置成本或原始成本得不到社会承认。换句话说，是由于上述原因，致使生产同样机器设备所需的社会必要劳动耗费减少，从而使机器设备的历史价值得不到承认，使重置全价贬值。造成技术性贬值的主要原因是：

(1)工艺和技术革新。工艺和技术革新使购建原设备时的材料用量大幅度下降。

(2)材料替代。被评估设备的用料昂贵，新设备已采用廉价的替代材料。

(3)结构改进。结构改进使得新设备操作简便、配套容易，总体购建成本降低，相比之下，原设备就出现了贬值。

此外，还有其他各项因素会引起技术性贬值。因这类贬值表现为原始成本的虚增，故贬值额应由该设备全部寿命周期分摊，从而应在成新率折算前的重置成本中扣除。

2. 功能性贬值

功能性贬值是指由于科学技术进步，市场上出现了性能更好、效率更高、运营费用更低的同类设备且被普遍使用，从而使原有设备因性能落后而引起的价值相对降低。这类贬值主要体现在设备的产出率降低和与新设备相比运营费用的相对提高。它的计算条件往往只包括设备在尚可使用年限内，因功能落后，运营成本增加和利润减少。确定这类贬值，通常可遵循如下步骤：

(1)选取可比同类设备。功能性贬值是原有设备与采用新技术的设备对比而形成的。在评估工作中，应结合本企业的实际设备运行的工作条件，选用比被评估设备更新、效率更高、更节能、更节料的同类设备作为参照物。

(2)计算参照物新增效益。在1年内能比被评估资产节省多少运营投入或增加多少产出量(在运行投入相同的情况下)，参照物的新增效益即为被评估资产的相对贬值。

(3)估算被评估设备的尚可使用年限。

(4)折现尚可使用年限的贬值。

(5)以适当的折现率将被评估设备在尚可使用年限内每年的超额运营成本折现，这些折现值之和就是被评估设备的功能性贬值。

【例4-8】 计算某炼油厂锅炉超额运营成本引起的功能性贬值。经分析，该锅炉正常运转需8名操作人员，每名操作人员的年工资及福利费约为12 000元，锅炉的年耗电量为12万千瓦时。目前具有相同能力的新式锅炉只需5个人操作，年耗电量为8万千瓦时。电的价格为1.3元/千瓦时，被评估锅炉的尚可使用年限为6年，所得税税率为25%，适用的折现率为10%。

根据上述数据资料，被评估锅炉的功能性贬值估测如下：

年超额运营成本=12 000×(8-5)+1.3×(120 000-80 000)=88 000(元)

年净超额运营成本＝88 000×(1－25%)＝66 000(元)

其在剩余寿命年限内的功能性贬值额＝66 000×$(P/A,10\%,6)$

＝66 000×4.355 3＝287 449(元)

3. 经济性贬值

经济性贬值是指机器设备由于运营环境等设备本身以外的原因所引起其自身价值的贬值。这类贬值原因可以是:原材料供应紧张;市场竞争激烈;由于环境污染等原因政府进行的干预,以及其他经济政策;等等。

这类贬值与功能性贬值都体现在产出减少和运营费用增加等方面,但其原因并非设备本身所造成的,所以评估时,应分别按原因单独计算两类贬值。

经济性贬值的计算思路与前面功能性贬值的计算思路是一致的。外部环境的变化导致被评估资产的收益减少,收益的减少导致净收益的减少,以后各年减少的净收益的现值之和就是该资产产生的经济性贬值,用公式表示为:

$$\text{经济性贬值}=\sum_{t=1}^{n}\frac{\text{第 }t\text{ 年损失的净收益}}{(1+r)^t}$$

或者借鉴规模经济效益指数法,用下面的公式计算:

$$\text{经济性贬值率}=1-\left(\frac{\text{预计尚可使用的生产能力}}{\text{设计生产能力}}\right)^x \tag{4－28}$$

$$\text{经济性贬值率}=1-\text{预计资产利用率}^x$$

式中:x——规模经济效益指数。

特别要注意,并非所有目的的评估都要考虑经济性贬值,要根据具体情况区别对待。

综上所述,可得出按重置成本法计算设备重置净值的关系式:

资产评估值＝(复原重置成本－技术性贬值)×成新率－功能性贬值－经济性贬值

(4－29)

总之,在计算机器设备重置净值时,必须考虑求取重置全价的方法、计算成新率的方法和选用参照物的功能情况等,确定是否应单独扣除某种贬值。一般情况下,当按复原重置成本法和物价指数调整法评估重置全价时,都要考虑是否应单独扣除技术性贬值和功能性贬值,而在采用功能成本法求取重置全价时,这两类贬值都不必充分计算;在采用其他方法求得的重置全价中,一般都必须考虑由于技术进步引起的功能性贬值,只有当采用更新重置成本法,且参照物不存在功能性贬值时,其重置全价才暗含了功能性贬值的扣除。经济性贬值,在评估单项机器设备时,一般不予考虑,只有当成套生产设备转让,且在原地续用时,可能存在经济性贬值。

【例 4－9】 某企业的一条生产线,购建时设计生产能力为每天生产1 600件产品,设备状况良好,技术上也很先进。由于市场竞争加剧,使该生产线开工不足,每天只生产1 200件产品。经评估,该生产线的重置成本为 800 万元,规模效益指数取 0.7,如不考虑实体性贬值,试估算该生产线的经济性贬值。

经济性贬值率＝$[1-(1\ 200/1\ 600)^{0.7}]\times 100\%=18.2\%$

经济性贬值额＝800×18.2%＝145.6(万元)

第三节　市场法和收益法在机器设备评估中的应用

一、市场法在机器设备评估中的应用

(一)市场法在机器设备评估中的适用范围和前提条件

机器设备评估的市场法，是指在市场上选择相同或相类似的设备为参照物，以其近期市场成交价为依据，通过对被评估设备与参照物设备的比较因素进行对比分析，调整两者的差异对价格的影响，由此得出被评估设备评估价值的一种评估方法。

市场法主要适用于机器设备自身价值或变现价值的评估，如果要评估机器设备的在用续用价值，则要考虑运输费、安装调试费等相关费用。机器设备自身价值和变现价值与在用续用价值的不同，不仅在于价格构成项目的不同，更主要的是受市场因素影响的程度不同。运用市场法评估必须具备以下前提条件：

1. 需要一个充分发育且活跃的机器设备交易市场

这是运用市场法估价的基本前提。充分发育且活跃的设备交易市场应包括三种市场：一是全新机器设备市场，它是常规性的生产资料市场；二是二手设备市场，即设备的旧货市场；三是设备的拍卖市场。三种市场中影响设备交易价格的因素各不相同，而二手设备市场是否活跃发达是运用市场法的首要前提。

2. 能够找到与被评估设备相同或相类似的参照物设备

在设备市场中与评估对象完全相同的资产是很难找到的，一般是选择与被评估设备相类似的机器设备作为参照物，参照物与被评估机器设备之间要具有可比性。这是决定市场法运用与否的关键。

(二)运用市场法评估机器设备的基本步骤

运用市场法评估机器设备的基本步骤如图 4—5 所示。

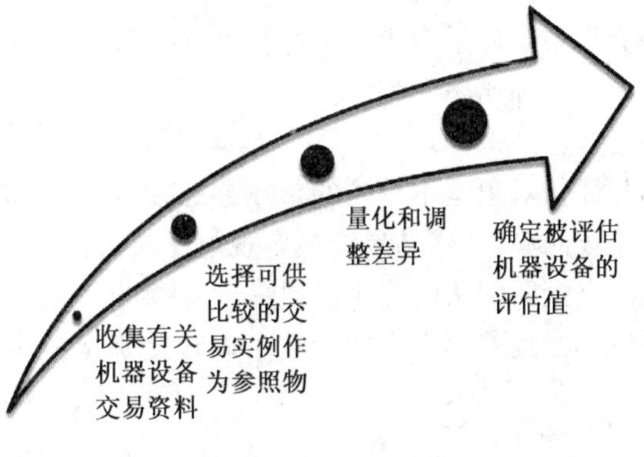

图 4—5　运用市场法评估机器设备的基本步骤

1. 收集有关机器设备交易资料

市场法的首要工作就是在掌握被评估机器设备基本情况的基础上，进行市场调查，收集与评估对象相同或类似的机器设备交易实例资料。所收集的资料一般包括机器设备的交易价格、交易日期、交易目的、交易方式，以及机器设备的类型、功能、规格型号、已使用年限、实体状态等。对所收集的资料还应进行查实，确保资料的真实性和可靠性。

2. 选择可供比较的交易实例作为参照物

对所收集的资料进行分析整理后，按可比性原则，选择所需的参照物。参照物选择的可比性，至少应关注交易情况的可比性和设备本身各项技术参数的可比性。比较因素是一个指标体系，它要能够全面反映影响价值的因素。一般来讲，设备的比较因素可归纳为四大类，即个别因素、交易因素、时间因素、地域因素。

设备的个别因素一般是指反映设备在结构、形状、尺寸、性能、生产能力、安装、质量、经济性等方面差异的因素。在评估中，常用简单的描述指标作为比较因素，如名称、型号规格、生产能力、制造厂家、技术指标、设备的出厂日期、安装方式、实体状态等。

设备的交易因素是指交易动机、交易背景对价格的影响，不同的交易动机和交易背景都会对设备的出售价格产生影响。例如，清偿、快速变现或带有一定优惠条件的出售，其售价往往低于正常的交易价格。另外，交易数量也是影响设备价格的一个重要因素，大批量的购买价格一般要低于单台购买价格。

设备的时间因素表现在不同交易时间的市场供求关系、物价水平等都会不同，评估人员应选择与评估基准日最接近的交易案例，并对参照物的时间影响因素作出调整。

设备的地域因素是指由于不同地区市场供求条件等因素的不同，设备的交易价格也受到影响，评估参照物应尽可能与评估对象在同一地区。如评估对象与参照物存在地区差异，则需要作出调整。

3. 量化和调整差异

设备的差异主要表现在交易情况、质量、功能、新旧程度、交易日期等方面，将被评估设备和参照物设备按可比因素进行比较，量化差异因素，逐一调整参照物的价格。

4. 确定被评估机器设备的评估值

对差异因素量化调整后，得出初步评估结果。对初步评估结果进行分析，一般用多个参照物设备调整后的价格的算术平均值或加权平均值作为被评估设备的评估值。

(三)运用市场法评估机器设备的具体方法

运用市场法评估机器设备是通过对市场参照物进行价值调整完成的。常用的调整方法有三种：直接匹配法、类比调整法和比率调整法。

1. 直接匹配法

直接匹配法是根据与评估对象基本相同的市场参照物，通过直接比较来确定评估对象的价值。直接匹配法相对比较简单，评估结果能最客观地反映设备的价值，但这种方法对市场参照物的可比性要求较高。直接匹配法的使用前提是，评估对象与所选择的参照物基本相同，需要调整的项目较少、差异不大，且差异产生的影响可以直接确定。例如，计算机、汽车、飞机等可以使用直接匹配法。

$$V=V_i+\Delta_i \qquad (4-30)$$

式中：V——评估值；

V_i——参照物的市场价值；

Δ_i——差异调整。

【例 4-10】 被评估电脑与市场上正在交易的参照物电脑在型号、购置年月、中央数据处理器、硬盘及各主要系统等方面的状况基本相同。只是评估对象需要更换内存，更换费用约为300 元；被评估电脑在购置后更换了显卡，原配显卡市场价为 400 元，升级的显卡价值 900 元。

若该参照物的市场售价为 7 000 元，则被评估电脑的评估价值为：

$$V = V_i + \Delta_i$$
$$= 7\,000 + 300 + 900 - 400$$
$$= 7\,800(\text{元})$$

2. 类比调整法

类比调整法是通过比较分析相似的多个市场参照物与被评估设备的可比因素差异，并分别对这些因素逐项作出调整，由此确定被评估设备的价值。这种方法是在无法获得基本相同的市场参照物的情况下，以相似的参照物作为分析调整的基础。为了减少调整时因主观因素产生的误差，所选择的参照物应尽可能与评估对象相似。从数量上讲，一般应选择三个或三个以上可比的参照物进行比较；从时间上讲，参照物的交易时间应尽可能接近评估基准日；从地域上讲，应尽可能与评估对象在同一地区。

3. 比率调整法

比率调整法是通过对大量市场交易数据的统计分析，掌握相似的市场参照物的交易价格与全新设备售价的比率关系，用此比率作为确定被评估机器设备价值的依据。例如，在评估一台甲公司生产的车床时，找不到同样规格、同一生产厂家的车床的价格，但能找到类似规格、不同厂家生产的车床的价格。经分析认为，与被评估资产役龄和状态相似的车床的售价是其重置成本的 40%～50%。于是，有理由认为被评估设备的价值也在其重置成本的 40%～50%的范围内。

二、收益法在机器设备评估中的应用

利用收益法评估机器设备是通过估算设备在未来的预期收益，并采用适当的折现率折算成现值，然后累加求和，得出机器设备评估值。其基本计算公式为：

$$P = \sum_{i=1}^{n} \frac{F_i}{(1+r)^i} \tag{4-31}$$

式中：P——评估值；

F_i——机器设备未来第 i 个收益期的预期收益额；

r——折现率；

n——收益期限。

使用这种方法的前提条件是：能够确定被评估机器设备的获利能力、净利润或净现金流量；能够确定资产合理的折现率。就单项机器设备而言，大部分不具备独立获利能力。因此，单项设备评估通常不宜采用收益法。对于自成体系的成套设备、生产线，以及可以单独作业的车辆等具有独立获利能力的机器设备，可以使用收益法评估。另外，在使用成本法评估整体企业价值时，收益法也可广泛应用于租赁机器设备的评估。

对于租赁的设备，其租金收入就是收益。如果租金收入和折现率是不变的，则设备的评估值为：

$$P = A \times \sum_{i=1}^{n} \frac{1}{(1+r)^i} = \frac{A}{r}\left[1 - \frac{1}{(1+r)^n}\right] \tag{4-32}$$

式中：P——评估值；

A——收益年金；

r——折现率；

n——收益期限。

用收益法评估租赁设备价值的步骤如下：首先，确定租赁设备的收益。对租赁市场上类似设备的租金水平进行调查分析，经过比较调整后确定被评估设备的预期收益。调整的因素可能包括租赁时间、租赁方式、地点、规格和役龄等。对于在评估时有租赁合同约定的出租设备，一般需考虑其合同约定。其次，确定收益期限。通常根据被评估机器设备的状况，估计其剩余经济寿命年限，作为确定收益期限的依据。最后，计算评估值。根据类似设备的租金及市场售价确定被评估设备的折现率，并根据被评估设备的收益期限，用相关公式计算评估值。

【例 4－11】 用收益法评估某租赁设备。

（1）测算预期收益。评估人员在租赁市场上了解到被评估设备的三个参照物的年租金信息，如表 4－8 所示。

表 4－8　　参照物的年租金信息表

参照物	日期	租金(元/年)
A	上个月	12 000
B	上个月	12 000
C	去年	11 500

三个参照物和评估对象是相同的，前两个参照物和被评估设备是同期租赁的，第三个参照物是前一年租赁的，由于物价上涨 4%，第三个数据应调至每年 11 960 元，因此预期年收益为每年 12 000 元是合理的。

（2）根据该机器设备的当前状况，估测其尚可使用年限为 10 年，10 年后残值为 0。

（3）评估师对类似设备交易市场和租赁市场进行调查，通过测算净租售比的方式得到该类设备的折现率为 15%。

则该设备的评估值为：

$$P=\frac{A}{r}\left[1-\frac{1}{(1+r)^n}\right]$$

$$=12\ 000\times\frac{1}{15\%}\left[1-\frac{1}{(1+15\%)^{10}}\right]=12\ 000\times5.018\ 8=60\ 226(\text{元})$$

本章小结

机器设备评估是资产评估的重要内容之一。本章系统地阐述了机器设备评估的三种方法及其应用。目前在国内，在机器设备评估中运用最多的是成本途径，成本途径也在机器设备评估中几乎发挥到了极致。随着社会主义市场经济体制的不断健全和发展，市场途径在资产评估中的地位随之上升，在机器设备评估中也不例外。

复习题

1. 机器设备评估的特点有哪些？
2. 机器设备类资产在评估时选择何种评估途径取决于什么？
3. 机器设备贬值的分类有哪些？各项贬值如何进行估算？

4. 机器设备重置成本测算的方法有哪些?

5. 运用市场法对机器设备评估的前提是什么?

6. 如何运用市场法与收益法对机器设备进行评估?

案例题

万方机械有限公司因资产重组,拟将锻压车间的一台机器设备报废,现委托评估机构对该机器设备的价值进行评估,评估基准日为2012年8月31日。评估人员根据掌握的资料,经调查分析后,决定采用成本法评估。

设备名称:双盘摩擦压力机

规格型号:J53-300

制造厂家:B机械厂

启用日期:1997年8月

账面原值:180 000元

账面净值:100 000元

1. 概况介绍

(1)用途及特点

该设备是普通多用途锻压设备,用于万方机械有限公司锻压车间手术器械成型模锻、挤压、精压、切边、弯曲、校正等作业。

该设备结构紧凑、动力大、刚性强、精度高、功能性强,采用液压操纵装置,可进行单次打击和连续自动打击。

(2)结构及主要技术参数

①结构

机架、滑块、飞轮与主轴(其上安装两个大摩擦轮)四个部分;液压操纵、刹紧、退料及缓冲四个装置;还有电气设备(主电机和油泵电机)。

②主要技术参数

公称压力:3 000KN

打击能量:2 000KJ

最小封闭高度:不得小于300mm

液压系统工作油压:2～3 MPa

2. 估算重置价值

(1)估算购置价格

经向原制造厂家——B机械厂——询价得知,相同规格型号的J53-300型双盘摩擦压力机报价(2012年8月31日,即评估基准日)为人民币188 000元。

(2)估算重置价值

①购置价格＝188 000(元);

②运杂费＝购置价格×运杂费率＝188 000×5%＝9 400(元);

③基础费＝购置价格×基础费率＝188 000×5%＝9 400(元);

④安装调试费:根据生产厂家承诺该项费用免收;

⑤资金成本:因该设备可在不到一个月时间内完成安装调试工作,故资金成本不计。

重置价值＝购置价格＋运杂费＋基础费＋安装调试费＋资金成本

＝188 000＋9 400＋9 400＋0＋0

＝206 800(元)

3. 确定综合成新率

(1)确定经因素修正的成新率

①取锻压设备规定使用(经济)年限 17 年。

②确定已使用(实际)年限为 15 年(启用日期 1997 年 8 月～评估基准日 2012 年 8 月)。

③确定因素修正系数 $a=0.99$。

制造质量 $a1$——1.10(B 机械厂制造,质量优良);

利用程度 $a2$——1.00(2 班/日作业,利用程度正常);

维护保养 $a3$——1.00(正常);

修理改造 $a4$——1.00(无修理改造);

故障情况 $a5$——1.00(无故障);

运行状态 $a6$——1.00(正常);

工作环境 $a7$——0.90(高温、灰尘、振动)。

④确定已使用(经济)年限为 15.15 年(15÷0.99)。

⑤确定尚可使用(经济)年限为 1.85 年(17－15.15)。

⑥确定经使用年限法因素修正后的实际成新率。

实际成新率＝尚可使用(经济)年限/规定使用(经济)年限×100%

＝1.85/17×100%

≈11%

(2)确定现场勘察综合技术鉴定成新率

表 4—9

序　号	项　目	标准权重分值	细　目	技术鉴定分值
1	机架部分	(20)		(6)
		8	(1)机身、横梁无变形裂纹;	3
		4	(2)机身、横梁拉紧螺栓,横梁中部螺母及下部法兰盘均紧固;	1
		6	(3)压力机的四导轨面有轻度磨损;	2
		2	(4)表面漆皮全部脱落。	0
2	滑块、飞轮部分	(18)		(4)
		4	(1)螺杆与飞轮切向键连接牢固;	1
		6	(2)飞轮轮缘摩擦块有中度磨损;	1
		8	(3)螺杆下端踵片与滑块内推力轴承有中度磨损与疲劳点蚀。	2
3	主轴部分	(10)		(1)
		5	(1)主轴轴承有轻度磨损;	1
		5	(2)主轴上两个摩擦轮与飞轮接触处有轻度磨损。	0
4	液压操纵装置	(18)		(6)
		2	(1)操纵轻便、灵活可靠;	0
		7	(2)因该机已工作 15 年,故驱动滑块上下运动与主轴左右运动的油缸和活塞有轻度磨损,溢流阀阀体与阀芯也有磨损;	2
		7	(3)油压系统工作油压尚可保证在 2～3MPa 范围;	3
		2	(4)个别部分管子或管子接头处有渗漏油现象。	1

续表

序　号	项　目	标准权重分值	细　目	技术鉴定分值
5	刹紧装置	(10)		(1)
		3	(1)制动拉紧钢带上的摩擦带有中度磨损；	0.5
		3	(2)螺杆上的刹紧轮表面有中度磨损；	0.5
		4	(3)刹紧操纵机构制动板、推动杆及杠杆铰接处有轻度磨损。	0
6	退料装置	(5)		(0)
		3	(1)两根与滑块连接的拉杆完好；	0
		2	(2)退料装置座上的顶杆稍有变形，基本完好。	0
7	缓冲装置	(4)		(1)
		4	硬质耐油橡胶缓冲圈局部撞击破损，但尚未失效。	1
8	电气润滑设备	(15)		(3)
		7	(1)主电机与油泵电机运转正常，但轴承有轻度磨损；	2
		5	(2)电气元件与接线轻度老化；	0.5
		3	(3)润滑管道有轻度积污堵塞。	0.5
9	合计	100		22

经现场勘察技术鉴定，其成新率为22%。

(3)确定综合成新率

综合成新率＝使用年限法因素修正后的成新率×40%＋现场勘察技术鉴定成新率×60%

＝11%×40% ＋ 22%×60%

＝17.6%

4. 确定评估价值

评估价值＝重置价值×综合成新率

＝206 800×17.6%

＝36 396.8(元)

第五章
房地产评估

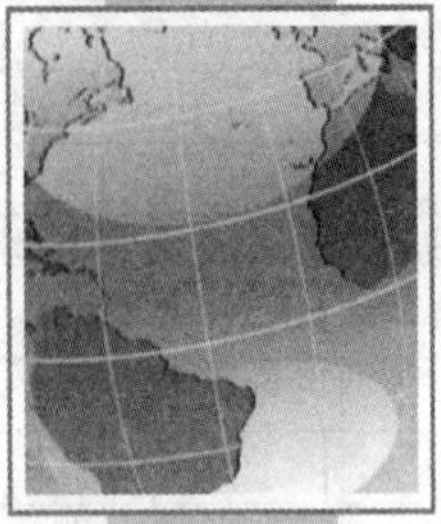

学习目的与要求

本章系统地介绍房地产评估的含义与特点、房地产评估的各种方法。通过本章的学习，学生应掌握成本法、市场法、收益法在房地产评估中的应用，熟悉剩余法在房地产评估中的应用，了解路线价法在房地产评估中的应用。

第一节　房地产评估的含义与特点

一、房地产及房地产评估

（一）房地产的定义

房地产是指土地、建筑物和其他地上定着物及其权属的总称。其中，土地是指地球表面及其上下一定范围的空间。建筑物是指人工建筑而成，由建筑材料、建筑构配件和设备等组成的整体物。其他地上定着物是指固定在土地或建筑物上，与土地、建筑物不能分离，或者能够分离，但是分离不经济或者分离后会破坏土地、建筑物的完整性、使用价值或功能，或者使土地、建筑物的价值受到明显损害的植物或人工建筑等。

房地产是企业和个人资产中的重要组成部分，是资产评估的主要对象。从资产评估的角度讲，房地产是土地和房屋及其权属的总称。

（二）房地产的特性

1. 房地产的自然特征

房地产的自然特征源于土地的自然特性。土地是房屋的物质载体，土地的特性一定会通过房地产表现出来。房地产的自然特征如表5－1所示。

表5－1　　房地产的自然特征

自然特征	说　明
位置固定性	房屋固着在土地上，其相对位置固定不变
质量差异性	土地的位置不同，造成了土地之间的自然差异，同时也造成了房地产效用差异
使用长期性	如果合理使用，土地可以永续利用，且建筑物的使用年限长达数十年

2. 房地产的社会经济特征

房地产的社会经济特征如表5－2所示。

表 5—2　　房地产的社会经济特征

社会经济特征	说　明
供求区域性	土地位置的固定性决定了房地产具有区域性的特点
供给的相对垄断性	我国土地所有权和使用权的垄断性决定了房地产供给的相对垄断性
利用的多方向性	土地的用途是多样的，建筑物的用途在某种意义上也具有转换的可能性，因此房地产利用的多方向性客观上要求在合法的前提下确定房地产的最佳用途
效益的级差性	土地质量的差异性使不同区位土地的生产力不同，房地产利用的多方向性使其在经济效益上具有级差性
政策限制性	房地产市场受国家和地区政策影响较大，城市规划、土地利用规划、土地用途管制、住房政策、房地产信贷政策、房地产税收政策等都会对房地产的价格产生直接或间接的影响

3. 房地产的价值特征

在我国，土地公有制使得国家在土地所有权和使用权上占据了垄断地位，进而房地产市场较其他国家也比较特殊，形成了房地产的两级市场，即一级市场和二级市场。

(1)土地的两级市场

土地使用权的一级市场是由政府主导的市场，政府的主导作用集中表现在一级土地市场上。在我国实行国有土地使用权可以转让，因此一级土地市场是政府土地使用权出让的市场。国有土地使用权出让是指国家以土地所有者的身份将国有土地使用权在一定年限内让与土地使用者，并由土地使用者向国家支付土地使用权出让金的行为。国有土地使用权出让可以采取协议、招标、拍卖和挂牌的方式。

土地使用权价格按照土地使用用途的不同和使用年限的长短区分为各种年期的使用权价格，其出让的最高年限由国务院按下列用途确定：①居住用地 70 年(可以无限续展)；②工业用地 50 年；③教育、科技、文化、卫生、体育用地 50 年；④商业、旅游、娱乐用地 40 年；⑤综合或者其他用地 50 年。土地使用权的二级市场是土地使用权的再转让市场，即已经从政府取得土地使用权的企业、单位和个人将土地使用权再转让的市场。

(2)房产的两级市场

房产也有两级市场，房产的初级市场或一级市场是房产的建造市场，房产的二级市场是房产的交易市场。

既然房地产存在着两级市场，房地产的市场价格或价值就自然存在着两个级次：第一个级次包括一级土地市场价格或价值，以及房产建造价格或价值；第二个级次包括二级土地市场价格或价值，以及房产二级市场价格或价值。由于房地产评估立足于房地产的二级市场，评估人员需要知晓存在一级土地市场价格或价值，以及房产建造价格或价值，不要混淆了房地产的一级市场和二级市场，以及房地产的一级市场价值和二级市场价值。房地产的二级市场是一个较为丰富的市场，在房地产的二级市场中包括了转让市场、租赁市场、抵押市场、拍卖市场等。

房地产二级市场的多样性决定了房地产价值的多样性，房地产价值具有以下基本特征：①房地产价值是房地产的权益价值；②房地产价值与其用途和效用相关；③房地产价值具有个别性和区域性。

二、影响房地产价格及评估价值的因素

影响房地产价格和评估价值的因素很多，错综复杂。各种因素对房地产价格的影响是不同的，有的有利于提高房地产的价格，有的则起到相反的作用。同时，不同的因素对房地产价格的影响程度也不尽相同，有的影响力较大，有的则较小，甚至没有影响。并且这些因素本身具有动态性，因此它们对房地产价格和评估价值的影响也是动态的。随着时间不同，这些因素以及它们的影响作用也不相同。正是因为这样，在进行房地产价格评估时，应明确把握各种影响因素，充分调查和分析过去的变化、现在的状态及未来的趋势，并研究分析各种因素之间的相互关系。

影响房地产价格的因素，按照它们与房地产的关系，可分为一般因素、区域因素和个别因素三个层次。

(一)一般因素

一般因素是指影响一定区域范围内所有房地产价格和评估价值的一般的、普遍的、共同的因素。这些因素通常会在较广泛的地区范围内，对各宗房地产的价格和评估价值产生全局性的影响。这类因素主要包括经济因素、社会因素和行政因素等，如表 5－3 所示。

表 5—3　影响房地产价格及评估价值的一般因素

一般因素	说　明
经济因素	从大的方面来讲，一个国家或地区的经济发展水平是影响房地产价格和评估价值的最基本的因素。例如，国民经济增长速度、国民生产总值、居民收入水平、物价指数等因素都会对房地产价格和评估价值产生影响。
社会因素	社会因素对房地产价格和评估价值的影响主要是由人口、社会福利水平、家庭结构、社会治安状况等因素造成的。
行政因素	行政因素主要是指影响房地产价格和评估价值的制度、政策、法规、行政措施等因素，如土地使用制度与住房制度、地价政策，城市规划、土地利用规划、城市发展战略，税收制度、贷款政策、投资政策、交通管制等。

(二)区域因素

区域因素是指某一特定区域内的自然条件与社会、经济、行政等因素相结合所产生的区域性特征。这些区域性特征具体表现为区域繁华程度、道路通达程度、交通便捷程度、基础设施和公共设施状况以及区域环境等。

(三)个别因素

个别因素分为土地的个别因素和建筑物的个别因素，如表 5－4 所示。土地个别因素，也叫宗地因素，是宗地自身的条件和特征对该地块价格的影响。

表 5—4　影响房地产价格及评估价值的个别因素

个别因素	说　明
土地的个别因素	具体包括区位、面积、临街宽度、临街深度、土地形状、地质、地形、地势、容积率、土地使用年限等
建筑物的个别因素	主要表现为建筑物的面积、结构、材料、设计、设备、施工质量，以及与周围环境的协调等

三、房地产评估的原则

房地产评估当然要遵循资产评估的一般原则，但由于房地产本身的特殊性，决定了房地产评估中还应遵循一些专业性原则。房地产评估的专业性原则主要有：

（一）合法原则

房地产评估中的合法原则，是指房地产评估是以房地产的合法取得、合法使用、合法交易、合法处分等为前提的，评估结果是被评估房地产在依法判定的权益下的价值，即被评估房地产在现行法律、法规、规章、政策及合同等约束下的权益价值。房地产的合法取得通常以房地产的合法产权证明文件为依据，合法使用一般以城市规划为准绳，合法交易和合法处分主要以房地产有关法规以及文件、批件、合同、协议为依据。在房地产评估中，合法使用是评估人员需要着重关注的，这里包括房地产用途、容积率、覆盖率、建筑高度和建筑风格等合法性问题，即房地产使用必须符合城市规划的要求及其他有关的政府规定。

合法原则并非是房地产评估所特有的，只是因为房地产的取得、使用、交易、处分等受法律、法规、政策等的限制较多，才使得贯彻合法原则在房地产评估中尤显重要。

（二）最高最佳使用原则

最高最佳使用原则，是指房地产评估应以评估对象的最高最佳使用为前提，评估结果是被评估房地产在最高最佳使用状态下的价值。房地产的最高最佳使用，是指法律上允许、技术上和经济上可行，能给评估对象带来最高价值的使用。

房地产的最高最佳使用在评估实践中，通常是指能使评估对象获利最多的用途。当评估对象在评估基准日的实际用途是最高最佳用途时，评估就可以按此用途进行。如果评估对象的在用用途不是最高最佳使用用途，这时应当根据最高最佳使用原则，对评估对象的最高最佳用途进行判断和选择，并以此为基础进行评估，但使评估对象从在用用途变为最高最佳用途所需的支出应作为贬值扣除。

不过，最高最佳使用原则并不是在任何情况下都需要遵循的，通常在评估房地产的市场价值时才需要贯彻，因为市场价值类型要求资产最高最佳使用。

（三）房地综合考虑原则

尽管建筑物和土地是可以加以区别的评估对象，但是由于两者在使用价值上的相互依存和价格形成中的内在联系，我们应把两者作为相互联系的对象综合评估。

建筑物和土地相互依存和价格形成中的内在联系主要表现在：首先，建筑物不能脱离土地而独立存在，没有什么空中楼阁，而建筑物又是土地的最终产品或主导产品。其次，土地的使用价值需要通过建筑物来反映。土地的价格除了取决于其自身的性能、地理位置等因素外，主要取决于土地用途的选择，而土地用途选择是否恰当就完全反映在土地上建筑物这一实体上，即在土地上建造什么样的建筑物。例如，在一个城市闹市中心的地块上建造了不合格的建筑物，则这块土地的价值就会受损，从而贬值。再次，建筑物的价格除了受建造时所付出的劳动或费用制约外，还取决于它所处的地理位置及其与所在地域是否协调。土地的用途及与建筑物的协调直接影响房地产的整体价值。

正是由于建筑物与土地存在这样一种关系，房产价格评估中要考虑土地的价格，即房地合一。而单独评估土地的价格，也要考虑土地上开发何种类型的建筑物，才能据以估算土地的价值。

(四)区域及地段原则

区域及地段原则,是指房地产价格的评估必须体现房地产所处的经济地理位置的差别,应考虑区域及地段差异对房地产价格的影响。

由于房地产具有不可移动性,其所处位置是固定的,房地产随经济地理位置的差异,其价格呈现显著的差别。可以说,区域和地段是影响房地产价格的重要和主要因素。在城市中,交通状况、基础设施、产业分布、自然景观、人文景观、社区服务、文化娱乐设施等各种因素都有很强的区域性、地段性,这些因素分别对房地产的环境质量产生着重大影响,共同作用形成了房地产的社会经济地理位置和地段,从而决定着房地产价格。此外,一个城市的经济发展程度,也会对房地产价格产生影响。经济发展程度高,房地产的利用程度、收益也会高,同时有支付能力的需求也会扩大,这两方面都将促使城市地价的上升。

房地产随经济地理位置差异及繁荣与发展程度的不同,出现级差收入。在同一城市以地段级差形式或区域级差形式反映,在不同的城市之间一般以区域级差形式反映。

按照区域及地段原则来评估房地产价格,在总体上应做到沿海地区高于内地,大中城市高于中小城镇,城市中心、繁华地段高于其他地段和郊区。按照区域及地段原则评估房地产价格的重点是,同一城市房地产价格应形成合理级差,房地产价格应反映其所处地段的级差程度。

【知识链接5—1】

在资源有限并为国家所垄断的条件下,为了满足社会对矿产品和盐的需要,除应对优等和中等资源进行开采外,还必须对劣等资源进行开采。为了维持劣等资源的开采,同一产品的市场价格必须由劣等资源的个别价格来决定。这样,开采优等和中等资源的企业就会因其价格优和成本低,经常获得超过平均利润的收入,这种收入即为级差收入。开采矿产品和盐的级差收入也应该收归国家所有,这样才能解决企业间的苦乐不均问题,为企业创造一个公平竞争的环境。

第二节　成本法在房地产评估中的应用

一、房地产评估中成本法的基本思路

成本法是通过估测被评估房地产的重新购建成本,然后扣除各种贬值,以确定评估对象房地产价值的评估思路和技术方法。

成本法适用于新开发建造、计划建造或可以假设重新开发建造的房地产价值评估。成本法也被广泛用于那些既无收益又很少发生交易的房地产价值评估,如政府的办公楼、学校、图书馆、医院、军队营房、公园等公用、公益性房地产,以及化工厂、钢铁厂、发电厂、码头、机场等有独特设计或只针对个别用户的特殊需要而开发建造的房地产。单纯的建筑物评估通常也采用成本法,但对于建筑物过于老旧的房地产,成本法并不太适用,因为老旧房地产的重新购建价值和贬值的估算较为困难,可能因得不到市场数据的支持而很难判断评估结论的合理性。

二、房地产重置成本的估测

房地产的重置成本通常包括土地取得成本、开发成本、管理费用、投资利息、开发利润、相关税费等。

(一)土地取得成本

土地取得成本是取得开发用地所需的各种费用。根据房地产开发中土地使用权获得的途径,土地取得成本的构成如表5—5所示。

表5—5　　土地取得成本的构成

土地取得方式	土地取得成本
征用集体土地	包括农地征用费和土地使用权出让金。具体情况应按国家和当地政府规定的征地补偿费标准和土地出让金标准计算。
城市房屋拆迁	包括房屋拆迁补偿安置费和土地使用权出让金。具体情况应按国家和当地政府规定的拆迁安置补偿费标准和土地出让金标准计算。
市场交易	包括支付的土地使用权价款和缴纳的相关税费(手续费、契税等)。土地取得成本可按实际支出额或通过与类似土地进行比较分析后确定。

(二)开发成本

开发成本可分为土地开发成本和房屋建造成本两部分,是在取得土地后进行土地开发和房屋建设所需的直接费用、税金等。它通常包括:

(1)勘察设计及前期工程费,包括可行性研究、规划、勘察、设计,场地临时用水、用地,以及场地平整等工程前期所发生的费用。前期工程费用可按工程设计预算计算,或以建筑安装工程费用为基数采用比率的方法来确定。

(2)基础及配套设施建设费,包括所需的道路、给水、排水、电力、通信、燃气、热力等的建设费用及非经营性配套工程费用。基础设施建设费应按国家和地方政府颁发的城市规划定额指标计算;配套设施建设费一般按详细规划和施工图预算计算,如果有完整的建筑工程决算资料,可通过对原工程决算数进行调整修正后确定。

(3)公共事业配套费,主要包括公共建筑配套费、公共交通配套费、绿化费、自来水建设费、污水处理建设费、供电建设费、煤气建设费等。根据国家和地方政府规定的费用标准计算。

(4)建筑安装工程费,是开发商(建设单位)向承包商(施工单位)支付的工程款,包括承包商的直接费、间接费、利润和税金等。建筑安装工程费一般按施工图预算计算,如果有完整的建筑工程决算资料,可通过价格指数调整或采用其他方法对原工程决算数进行调整修正后确定,也可以采用与类似单位工程造价比较的思路确定。

(三)管理费用

管理费用包括房地产开发企业管理人员的工资、办公费、差旅费等,可按土地取得成本与开发成本之和乘以一定的比率计算。

(四)投资利息

房地产中的投资利息是指房地产的投资成本,通常是以土地取得成本、开发成本和管理费用之和为基数来计算的。利息率应选择评估基准日建设银行基本建设贷款的利率,如果选择一年期贷款利率,则用复利计算;如果选择与项目建设期相同期限的贷款利率,则采用单利计算。土地取得成本的计息期一般为整个开发建设期;开发成本和管理费用应当根据投资状况确定计息期。开发成本和管理费用通常被理解为在每年内均匀投入。建设周期为一年的项目,其计息期一般按照半年计算;建设周期超过一年的项目,其计息期需要按每次投资在各年占用的具体时间分别计算。

(五)开发利润

开发利润是在正常情况下房地产开发商所能获得的平均利润。开发利润通常以土地取得成本、开发费用和管理费用之和为基数,按房地产行业开发同类房地产平均利润率水平计算。

(六)相关税费

相关税费是销售开发完成后的房地产所需的费用及应由开发商缴纳的各种税费,主要分为以下几种:

(1)销售费用,包括广告宣传费、销售代理费等。通常按房地产售价的一定比例计算。

(2)销售税金及附加,包括营业税、城市维护建设税和教育费附加,应当按税法规定的税率计算。

(3)其他销售税费,包括由卖方承担的印花税、交易手续费等,应当按税法及政府的有关规定计算。

三、房地产实体性贬值的估测

由于土地不存在有形损耗,房地产中的实体性贬值是指建筑物的实体性贬值。建筑物的实体性贬值可以通过实体性贬值率或成新率来反映。成新率的估测方法主要有使用年限法和打分法。

(一)使用年限法

使用年限法是用建筑物的尚可使用年限占建筑物全部使用年限的比例作为建筑物的成新率。其数学表达式为:

$$\text{建筑物成新率}=\frac{\text{建筑物尚可使用年限}}{\text{建筑物尚可使用年限}+\text{建筑物实际已使用年限}} \qquad (5-1)$$

测定一个较为合理的建筑物尚可使用年限是运用使用年限法的关键,这需要评估人员具有丰富的实践经验,对建筑物现行状态、维修保养状况、使用效果情况进行全面分析和判断。在实际应用过程中,评估人员可以借鉴国家有关建筑物折旧年限的规定(见表5—6、表5—7),合理判断建筑物的成新率。

表5—6　　房屋建筑物分类折旧年限

房屋及其分类	折旧年限	建筑物及其分类	折旧年限
(1)钢结构		(1)管道	
①生产用房	50	①长输油管道	16
②受腐蚀生产用房	30	②长输气管道	16
③受强腐蚀生产用房	15	③其他管道	30
④非生产用房	55	(2)露天库	20
(2)钢筋混凝土结构		(3)露天框架	30
①生产用房	50	(4)冷藏库	30
②受腐蚀生产用房	35	其中:简易冷藏库	15
③受强腐蚀生产用房	15	(5)烘房	30

续表

房屋及其分类	折旧年限	建筑物及其分类	折旧年限
④非生产用房	60	(6)冷却塔	20
(3)砖混结构		(7)水塔	30
①生产用房	40	(8)蓄水池	30
②受腐蚀生产用房	30	(9)污水池	20
③受强腐蚀生产用房	15	(10)储油罐、池	30
④非生产用房	50	(11)水井	30
(4)砖木结构		其中:深水井	20
①生产用房	30	(12)破碎场	20
②非生产用房	40	(13)船厂平台	30
(5)简易结构	10	(14)船坞	30
		(15)修车槽	30
		(16)加油站	30
		(17)水电站大坝	60
		(18)其他建筑物	30

表 5—7　居住用房屋的耐用年限

房屋结构	耐用年限
钢筋混凝土结构	60～80
砖混结构	40～60
砖木结构	30～50
简易结构	10～15

(二)打分法

打分法是评估人员依据建筑物构成中的最重要部分，把建筑物分为结构、装修和设备三个部分，并分别给出它们在整个建筑物价值中的权重，然后对每个部分再按不同子项目以及各子项目成新率的评分标准分别打分，再按各个部分汇总，根据结构、装修和设备三个部分的得分以及它们各自的权重加权平均确定建筑物的成新率。其计算公式为：

$$成新率=\left(\frac{结构部分}{合计得分}\times G+\frac{装修部分}{合计得分}\times S+\frac{设备部分}{合计得分}\times B\right)\div 100\times 100\% \qquad (5-2)$$

式中：G——结构部分的评分修正系数；

S——装修部分的评分修正系数；

B——设备部分的评分修正系数。

评估人员采用打分法测定建筑物的成新率，一般是通过填制《房屋建筑物成新率评定表》来完成的，《房屋建筑物成新率评定表》的格式见表 5—8。

表 5—8　　房屋建筑物成新率评定表

单位名称：　　　　　　　　坐落：

<table>
<tr><td>建筑名称</td><td></td><td>结构类型</td><td></td><td>建造年份</td><td></td><td>层数</td><td></td><td>建筑面积</td><td></td></tr>
<tr><td>分部</td><td>序号</td><td>项目</td><td>评分</td><td colspan="6">评分依据</td></tr>
<tr><td rowspan="6">结构部分</td><td>1</td><td>地基基础</td><td></td><td colspan="6">是否有足够承载力，有无不均匀下沉</td></tr>
<tr><td>2</td><td>承重构件</td><td></td><td colspan="6">是否完好坚固，梁、板、柱有无裂缝、变形、露筋</td></tr>
<tr><td>3</td><td>非承重墙</td><td></td><td colspan="6">墙体有无腐蚀、损坏，预制板节点是否牢固</td></tr>
<tr><td>4</td><td>屋面</td><td></td><td colspan="6">是否渗漏，防水、隔热、保暖层是否完好</td></tr>
<tr><td>5</td><td>楼地面</td><td></td><td colspan="6">整体面层是否牢固，有无空鼓、起砂、下沉、裂缝</td></tr>
<tr><td>6</td><td>(1+2+3+4+5)×G</td><td></td><td colspan="6"></td></tr>
<tr><td rowspan="6">装修部分</td><td>7</td><td>门窗</td><td></td><td colspan="6">是否完好无损、开关灵活，玻璃五金是否齐全</td></tr>
<tr><td>8</td><td>外装饰</td><td></td><td colspan="6">是否完整、黏结牢固</td></tr>
<tr><td>9</td><td>内装饰</td><td></td><td colspan="6">是否完整牢固，有无空鼓、裂缝、剥落</td></tr>
<tr><td>10</td><td>顶棚</td><td></td><td colspan="6">是否完好无损，有无变形</td></tr>
<tr><td>11</td><td>细木装修</td><td></td><td colspan="6">是否完好无损，有无变形，油漆是否完好、有光泽</td></tr>
<tr><td>12</td><td>(7+8+9+10+11)×S</td><td></td><td colspan="6"></td></tr>
<tr><td rowspan="4">设备部分</td><td>13</td><td>水卫</td><td></td><td colspan="6">上下水是否通畅，各种器具是否完好、齐备</td></tr>
<tr><td>14</td><td>电气照明</td><td></td><td colspan="6">线路、装置是否完好、牢固，绝缘是否良好</td></tr>
<tr><td>15</td><td>暖气</td><td></td><td colspan="6">管道、设备是否完好、无堵漏，使用是否正常</td></tr>
<tr><td>16</td><td>(13+14+15)×B</td><td></td><td colspan="6"></td></tr>
<tr><td colspan="2">总　计</td><td>(6+12+16)</td><td></td><td>成新率</td><td colspan="5"></td></tr>
</table>

评估人员：　　　　　　　　评定日期：

关于打分法的打分标准，可参照原城乡建设环境保护部颁发的《房屋完损等级评定标准》，该标准根据房屋的结构、装修、设备等组成部分，将其完好和损坏程度划分为 5 个等级：(1)完好房，成新率为 80%～100%；(2)基本完好房，成新率为 60%～80%；(3)一般损坏房，成新率为 40%～60%；(4)严重损坏房，成新率在 40%以下；(5)危险房，残值。在实际打分过程中，还要依靠评估人员的专业知识和实际评估操作经验。关于成新率评分修正系数(权重)的确定，主要是依据建筑物结构、装修和设备各部分价值在整个建筑物中所占比重的大小来确定。类型不同、结构不同，以及装修豪华程度不同的建筑物各组成部分的权重可能有差异，评估人员应根据评估对象建筑物的实际情况，认真分析和测算，制定出科学合理的成新率评分修正系数。不同结构类型房屋成新率的评分修正系数见表 5—9。

表 5—9　　不同结构类型房屋成新率的评分修正系数表

	钢筋混凝土结构			砖混结构			砖木结构			其他结构		
	结构部分	装修部分	设备部分	结构部分	装修部分	设备部分	结构部分	装修部分	设备部分	结构部分	装修部分	设备部分
单层	0.85	0.05	0.1	0.7	0.2	0.1	0.8	0.15	0.05	0.87	0.1	0.03
二、三层	0.8	0.1	0.1	0.6	0.2	0.2	0.7	0.2	0.1			
四、五、六层	0.75	0.12	0.13	0.55	0.15	0.3						
七层以上	0.8	0.1	0.1									

四、房地产功能性贬值、经济性贬值的估测

(一)房地产功能性贬值的估测

房地产功能性贬值是指技术革新、建筑工艺改进、建筑设计理念更新,引起原有建筑物的建筑风格、建筑物的内外布局、建筑物的基本装修和设备陈旧落后,建筑物不能满足现实生产、经营或居住的需要,使其价值降低。

房地产功能性贬值可采取以下思路估测:

(1)修复原有功能使其能够满足现实需要,如改变原有设计布局、更新装修和设备,则所花费的修复费用相当于功能性贬值额。

(2)将功能陈旧的房地产与建造成本、新旧程度、外部环境等因素基本相同的房地产交易价格进行比较,两者交易价格之间的差额便是功能性贬值。

(3)与房地产的实体性贬值一起考虑,确定包括功能性贬值因素在内的综合成新率。

(二)房地产经济性贬值的估测

房地产经济性贬值是指由于宏观经济环境、市场竞争、政府有关房地产制度及政策、税收政策、交通管制、自然环境、人口因素、人们的心理因素等外界条件的变化,使建筑物的利用率下降,收益损失,导致其价格降低。

房地产经济性贬值可采取以下思路估测:

(1)与外部条件没有发生变化前相同的房地产交易价格进行比较,两者交易价格之间的差额即为经济性贬值。

(2)对于收益性房地产可用房地产未来收益净损失额折现的方法估测经济性贬值。

(3)与房地产的实体性贬值一起考虑,确定包括经济性贬值因素在内的综合成新率。

五、成本法评估房地产应用示例

【例5—1】 评估对象为某事业单位办公楼,占地面积为300平方米,建筑总面积为600平方米,该建筑的建筑结构为砖混结构,共4层,建于2009年10月。评估该房地产2013年10月的市场价值。

评估过程如下:

1. 评估方法的选择

由于评估对象房地产为事业单位办公楼,无直接收益,也很少有交易实例,故在评估时采用成本途径及方法,其数学表达式为:

房地产评估值=土地使用权评估值+建筑物评估值

建筑物评估值=重置成本×成新率

2. 估测土地价值

估测土地价值方法及过程省略,假定土地评估单价为900元/平方米,则土地总价值为270 000元。

3. 估测建筑物的价值

(1)估测建筑安装成本

重置建筑安装成本的估测采用单位工程造价比较法,通过市场调查,选取三个比较实例作为参照物,进行分析比较,具体情况见表5—10。

表 5—10　　估测建筑安装成本

	参照物 1	参照物 2	参照物 3
单位造价(元/平方米)	840	780	790
建筑面积(平方米)	800	600	580
层数	6	5	5
建筑结构	砖混	砖混	砖混
竣工(决算)时间	2013 年 4 月	2013 年 8 月	2013 年 9 月
用途	办公楼	办公楼	办公楼

经分析比较,参照物 1 外墙面粘贴釉面砖,内部装修也好于评估对象,由此单位工程造价较评估对象高 5%,调整后的单位造价为 798 元/平方米(840×0.95)。参照物 2 和参照物 3 与评估对象的情况基本相同,无需调整。此外,2013 年年初至评估基准日的建材价格、施工取费等无多大变化,市场价格指数方面不予调整。用简单算术平均法计算评估对象的单位造价为:

评估对象建筑安装总造价=(798+780+790)÷3×600=473 400(元)

(2)估测勘察设计及前期工程费

勘察设计费按建筑安装成本的 2%计提,其他前期工程费按建筑安装成本的 1.5%计提,则:

总前期费用=473 400×(2%+1.5%)=16 569(元)

(3)计算基础设施及配套工程费

根据政府有关规定及费用标准,基础设施及配套工程费为 28 000 元。

(4)计算管理费用

建设单位管理费按建筑安装成本的 2%计提,则:

管理费用=473 400×2%=9 468(元)

(5)计算投资利息

该项目建设期为 1 年,假定评估时银行 1 年期基本建设贷款利率为 9%,则:

投资利息=(473 400+16 569+28 000+9 468)÷2×9%=23 735(元)

(6)计算开发利润

经调查分析,房地产行业开发该类房地产的平均投资利润率为 15%,则:

开发利润=(473 400+16 569+28 000+9 468)×15%=79 116(元)

(7)计算销售税金及销售费用

经调查分析,营业税税率为 5%,城市维护建设税税率为 7%,教育费附加征收率为 3%,销售费用为开发后房价的 3%。

营业税=(473 400+16 569+28 000+9 468+23 735+79 116)÷(1−5%)×5%
　　=33 173(元)

城市维护建设税=33 173×7%=2 322(元)

教育费附加=33 173×3%=995(元)

营业税及附加合计=33 173+2 322+995=36 490(元)

销售费用=(473 400+16 569+28 000+9 468+23 735+79 116+36 490)×3%
　　=20 003(元)

(8)计算建筑物的重置成本

重置成本＝473 400＋16 569＋28 000＋9 468＋23 735＋79 116＋36 490＋20 003

＝686 781(元)

(9)估测建筑物成新率

经评估人员现场勘察，采用打分法计算得出该建筑物的成新率为94.63％，见表5—11。

表5—11　　房屋建筑物成新率评定表

建筑名称	办公楼	结构类型	砖混	建造年份	2009年	层数	4层	建筑面积	600平方米
分部	序号	项目	评分	评分依据					
结构部分	1	地基基础	24	是否有足够承载力，有无不均匀下沉					
	2	承重构件	24	是否完好坚固，梁、板、柱有无裂缝、变形、露筋					
	3	非承重墙	14	墙体有无腐蚀、损坏，预制板节点是否牢固					
	4	屋面	19	是否渗漏，防水、隔热、保暖层是否完好					
	5	楼地面	14	整体面层是否牢固，有无空鼓、起砂、下沉、裂缝					
	6	(1＋2＋3＋4＋5)×G	71.25						
装修部分	7	门窗	24	是否完好无损、开关灵活，玻璃五金是否齐全					
	8	外装饰	19	是否完整、黏结牢固					
	9	内装饰	19	是否完整牢固，有无空鼓、裂缝、剥落					
	10	顶棚	18	是否完好无损，有无变形					
	11	细木装修	13	是否完好无损，有无变形，油漆是否完好、有光泽					
	12	(7＋8＋9＋10＋11)×S	11.16						
设备部分	13	水卫	38	上下水是否通畅，各种器具是否完好、齐备					
	14	电气照明	23	线路、装置是否完好、牢固，绝缘是否良好					
	15	暖气	33	管道、设备是否完好、无堵漏，使用是否正常					
	16	(13＋14＋15)×B	12.22						
总　计		(6＋12＋16)	94.63	成新率	94.63％				

评估人员：　　　　　　　　　　评定日期：

说明：G、S、B分别为结构、装修、设备部分的修正系数，本次评估G、S、B分别取0.75、0.12、0.13。

(10)计算建筑物评估值

经调查分析，该建筑物不存在功能性贬值和经济性贬值，则：

建筑物评估值＝重置成本×成新率

＝686 781×94.63％

＝649 901(元)

4. 计算房地产评估值

房地产评估值＝土地使用权评估值＋建筑物评估值

＝270 000＋649 901

＝919 901(元)

房地产单价＝919 901÷600＝1 533(元/平方米)

5. 评估结论

根据计算结果，经分析确定评估对象房地产的价值为 919 901 元，房地产单价为每平方米 1 533 元。

第三节　市场法在房地产评估中的应用

一、房地产评估中市场法的基本思路

市场法又称市场比较法，是指在求取被评估房地产价格时，将被评估房地产与近期内市场上已经发生了交易的类似房地产加以比较，对已发生了交易的类似房地产的已知价格进行调整修正，得出被评估房地产合理价值的一种评估方法。这里的“类似房地产”，是指在用途、所处地区等方面与被评估房地产相同或相似的房地产，类似房地产在市场法中通常被称为交易实例房地产，简称交易实例，或称为参照物房地产、类比房地产。这里的“合理价值”，是指在一定评估目的下，被评估房地产最有可能实现的市场价值。

市场法适用于发育完善的房地产市场，并且在市场上能够收集到大量的与被评估房地产相类似的市场交易实例资料。运用市场法的具体对象包括具有活跃市场的交易性房地产，如房地产开发用地、商品住宅、公寓、别墅、写字楼、商场、标准厂房等。而对于那些没有活跃市场的非交易性房地产，或很少发生交易的房地产，如特殊工业厂房、公园、教堂、寺庙、纪念馆等，则不宜采用市场法。

【知识链接 5—2】

《资产评估准则——不动产》第二十三条规定，注册资产评估师采用市场法评估不动产时，应当收集足够的交易实例。收集交易实例的信息一般包括：

(1)交易实例的基本状况，主要有名称、坐落、四至、面积、用途、产权状况、土地形状、土地使用期限、建筑物建成日期、建筑结构、周围环境等；

(2)成交日期；

(3)成交价格，包括总价、单价及计价方式；

(4)付款方式；

(5)交易情况，主要有交易目的、交易方式、交易税费负担方式、交易人之间的特殊利害关系、特殊交易动机等。

《资产评估准则——不动产》第二十四条规定，用作参照物的交易实例应当具备下列条件：

(1)在区位、用途、规模、建筑结构、档次、权利性质等方面与评估对象类似；

(2)成交日期与评估基准日接近；

(3)交易类型与评估目的吻合；

(4)成交价格为正常价格或者可修正为正常价格。

市场法在房地产评估中的具体运用，主要体现为市场售价类比法、基准地价修正法和市场租金倍数法等在房地产评估中的具体应用。

二、市场售价类比法在房地产评估中的应用

(一)市场售价类比法的基本思路

市场售价类比法，又称市场比较法、交易案例比较法等，它是将评估对象房地产与在近期内已经交易的类似房地产加以比较，并根据已发生交易的类似房地产的价格，经过因素修正得

出评估对象房地产在评估基准日可能实现的合理价值估计数额的评估方法。

采用市场售价类比法评估房地产的价值时，通常要对参照物房地产（可比性强的交易实例）的交易价格进行交易情况、交易日期、房地产状况、容积率、土地使用权剩余年限等因素的修正，然后得出评估对象房地产的评估价值。

（二）市场售价类比法的评估步骤

运用市场售价类比法评估房地产价值时，通常采取以下步骤：

1. 交易情况修正

交易情况修正就是剔除交易行为中的一些特殊因素所造成的交易价格偏差，使所选择的参照物的交易价格成为正常价格。特殊因素对交易情况的影响主要表现在：(1)有特别利害关系人之间的交易；(2)有特殊动机的交易；(3)有意为逃避交易税而签订虚假交易合同的情况；(4)买方和卖方不了解市场行情，盲目购买或出售的交易。上述情况对交易价格的影响，主要由评估人员靠经验加以判断修正。交易情况修正的数学表达式为：

$$正常价格=参照物交易价格\times交易情况修正系数 \quad (5-3)$$

$$交易情况修正系数=\frac{正常交易情况分值(用 100 表示)}{参照物实际交易情况评分} \quad (5-4)$$

2. 区域因素修正

区域因素修正首先是找出参照物房地产所在区域与评估对象房地产所在区域在商业繁华程度、交通状况、环境景观、城市规划、基础设施、公共设施等方面的差异；然后根据价格差异程度对参照物房地产的价格进行调整。区域因素修正系数主要采用参照物房地产与评估对象房地产直接比较，通过评分的办法确定。首先以评估对象的区域状况为基准（通常定为 100 分），将所选择的参照物的各区域因素与评估对象对应的各区域因素逐项比较打分。如果参照物房地产所在区域状况好于评估对象房地产所在区域状况，所评分数就高于 100；相反，所评分数就低于 100。然后根据各区域因素子项对房地产价格的影响程度，分别给出不同的权重，再将各参照物对应的各区域因素子项的实际评分分别乘以对应的权重，得到各参照物区域因素的综合得分。最后将评估对象区域因素值(100)与各参照物的区域因素综合得分相比，得出各参照物的区域因素修正系数。区域因素修正的数学表达式为：

$$评估对象房地产区域状况下的价格=参照物交易价格\times区域因素修正系数 \quad (5-5)$$

$$区域因素修正系数=正常区域因素分值\div参照物区域因素评分 \quad (5-6)$$

3. 个别因素修正

个别因素修正的主要是参照物与评估对象在土地面积、土地形状、临街状态、基础设施建设、位置、地势、地形、土地使用年限、土地容积率等方面的差异，以及建筑物新旧程度、建筑规模、建筑结构、建筑式样、朝向、楼层、设备、装修、平面布置、工程质量等方面的差异。个别因素修正的方法与区域因素修正的方法基本相同，通常也采用直接比较和打分的方法确定个别因素修正系数，然后通过计算将参照物房地产价格修正为评估对象房地产自身状态下的价格。个别因素修正的数学表达式为：

$$评估对象自身状态下的价格=参照物交易价格\times个别因素修正系数 \quad (5-7)$$

$$个别因素修正系数=正常个别因素分值\div参照物个别因素评分 \quad (5-8)$$

单独评估土地使用权价值的时候，如果参照物与评估对象在土地使用权年限、容积率（建筑总面积与土地总面积的比值）等因素上有较大差异，可单独进行土地使用权年限和容积率修正。

(1)土地使用权年限修正系数的数学表达式为：

$$y=\left[1-\frac{1}{(1+r)^{N}}\right]\div\left[1-\frac{1}{(1+r)^{n}}\right] \quad (5-9)$$

式中：y——土地使用权年限修正系数；

n——参照物土地使用权剩余年限；

N——评估对象土地使用权剩余年限；

r——折现率。

【例 5－2】 评估对象土地使用权剩余年限为 40 年，参照物土地使用权剩余年限为 30 年，假设折现率为 8%，则土地使用权年限修正系数为：

$$y=\left[1-\frac{1}{(1+8\%)^{40}}\right]\div\left[1-\frac{1}{(1+8\%)^{30}}\right]=1.059\ 2$$

(2)容积率修正系数的数学表达式为：

$$y'=\frac{\text{评估对象土地容积率地价指数}}{\text{参照物土地容积率地价指数}} \quad (5-10)$$

式中：y'——容积率修正系数。

4. 交易日期修正

由于参照物房地产与评估对象房地产的交易时间不同，如果此期间价格发生了变化，就需要进行交易日期修正，将参照物当时的交易价格修正为评估基准日的交易价格。交易日期修正一般是利用价格指数，利用定基价格指数进行交易日期修正的数学表达式为：

$$\begin{matrix}\text{交易日期修正后}\\\text{的房地产价格}\end{matrix}=\text{参照物交易价格}\times\frac{\text{评估基准日房地产价格指数}}{\text{参照物交易日房地产价格指数}} \quad (5-11)$$

5. 确定评估对象评估价值

一般情况下，运用市场售价类比法需要选择三个以上参照物，通过各种因素修正后，应得到三个以上初步评估结果(通常称为比准价值)，最后需要确定一个评估值，作为最终的评估结论。在具体操作过程中，可采用简单算术平均法、加权算术平均法、中位数法或取若干比准价值中的某一个作为评估结果。

(1)简单算术平均法。将多个参照物交易实例修正后的初步评估结果简单地进行算术平均后，作为评估对象房地产的最终评估价值。

(2)加权算术平均法。判定各个初步评估结果(比准价值)与评估对象房地产的接近程度，并根据接近程度赋予每个初步评估结果以相应的权重，然后将加权平均后的比准价值作为评估对象房地产的评估价值。

三、基准地价修正法在房地产评估中的应用

(一)基准地价修正法的含义

基准地价修正法，是指利用当地政府制定的评估对象宗地所处地段的基准地价作为参照，对出让年限、交易日期、土地状况、市场转让因素等进行修正，从而计算评估对象宗地在评估基准日市场价值的一种方法。基准地价修正法实质上是市场途径的一种具体方法。

基准地价修正法中的基准地价，是对城镇各级土地或均质地域及其商业、住宅、工业等土地利用类型评估的土地使用权单位面积平均价格。它是由政府制定的城镇国有土地的基本标准价格，是不同区域、不同用途土地的一级市场平均价格。

表 5—12　　**基准地价的基本构成**

构成部分	说　明
土地出让金	国家作为土地所有者向受让者收取的一定年限的土地使用费中的纯收入部分
基础设施配套费	政府用于城市基础设施配套建设已投入和近期预期投入的费用部分，包括市政公用设施配套费、四源费(自来水、污水处理、供热、供气建设费)、小区建设配套费等
土地开发及其他费用	包括平整土地费用、征地拆迁费用等

目前，全国的许多城市都制定了基准地价，但在基准地价的构成上并不完全一致。因此，在具体应用基准地价修正法时，应注意当地基准地价的构成，不能机械地套用公式。

(二)基准地价修正法的应用

基准地价修正法的数学表达式为：

$$p=A\cdot a_1\cdot a_2\cdot a_3\cdot a_4 \tag{5-12}$$

式中：p——评估对象土地使用权评估价值；

A——评估对象宗地所处地段的基准地价；

a_1——年限修正系数；

a_2——交易日期修正系数；

a_3——土地状况修正系数；

a_4——市场转让因素修正系数。

基准地价土地用途划分为商业、综合、居住、工业四类。根据不同用途土地的特点及相应的地价水平，将四类用地的基准地价由高至低、由城区至远郊区分别划分为若干个级别，如表 5—13所示。

表 5—13　　**某市基准地价表**　　单位：元/平方米

土地用途	价格类型	土地级别									
		一级	二级	三级	四级	五级	六级	七级	八级	九级	十级
商业	楼面熟地价	7 210～9 750	5 680～7 680	4 530～6 130	3 720～5 090	2 720～4 000	1 970～2 900	1 150～1 980	530～1 180	250～540	140～260
	楼面毛地价	2 660～4 900	1 680～3 120	1 500～2 420	1 240～1 860	970～1 450	720～1 090	500～740	360～540	180～380	90～190
综合	楼面熟地价	5 540～8 250	4 440～6 000	3 620～4 940	2 650～3 900	1 960～2 790	1 290～2 080	880～1 320	430～900	200～450	140～260
	楼面毛地价	1 640～4 500	1 460～2 200	1 130～1 690	880～1 320	660～990	500～740	400～600	250～470	140～260	90～150
居住	楼面熟地价	4 740～7 000	3 800～5 760	2 730～4 590	2 090～3 600	1 500～2 790	1 060～1 820	630～1 080	330～650	180～370	140～260
	楼面毛地价	1 710～3 000	900～2 100	550～1 300	400～930	300～680	190～430	150～350	120～280	100～220	90～150
工业	楼面熟地价	1 200～1 800	1 000～1 220	850～1 050	600～900	420～680	310～510	220～330	150～240	100～170	
	楼面毛地价	420～850	430～530	340～440	270～360	195～300	135～225	100～160	60～100	20～60	

基准地价的表示形式为楼面熟地价和楼面毛地价。楼面熟地价是指各土地级别内，完成通平的土地在平均容积率条件下，每建筑面积分摊的完整土地使用权的平均价格。楼面毛地

价是指各土地级别内，在平均容积率条件下，政府收取的某种用途法定最高出让年期内的土地出让金、市政基础设施配套建设费的平均楼面价格。

四、市场租金倍数法在房地产评估中的应用

市场租金倍数法的基本做法是，将评估对象房地产的年收益（通常为未来第一年的正常租金）乘以相关的市场租金倍数来计算评估对象房地产价值。该评估方法的数学表达式为：

$$评估对象的评估价值=评估对象的年正常收益\times 市场租金倍数$$

市场租金倍数是用与评估对象房地产相类似的参照物房地产的市场价格除以其相关口径的收益（租金）后所得的倍数。市场租金倍数会因参照物相关收益计算口径的不同而有多种，如毛租金倍数、净租金倍数、总收入倍数和净收入倍数等。市场租金倍数的计算公式为：

$$市场租金倍数=\frac{参照物房地产市场交易价格}{参照物房地产的年租金} \tag{5-13}$$

在具体运用市场租金倍数法时，对同一评估对象可按不同口径的收益（租金），乘以按参照物相应收益口径计算的正常租金倍数，得到评估对象的一组初步评估价值，再采用加权平均、算术平均等方法估测被评估房地产的评估价值。

五、市场法评估房地产应用示例

【例 5—3】 评估对象为朝阳小区某公建，具体情况如下：

位置与环境：小区周边交通发达，位置与环境较好。

占用土地的基本情况：该地块土地级别为六级。目前已取得了土地使用权。

评估对象的基本情况：该评估对象是朝阳小区甲住宅楼的一层公建，建于 2006 年，建筑面积为1 400平方米。公建层高 3.3 米，全部为框架结构，按八级抗震烈度设防。

评估要求：评估该房地产 2011 年 4 月 1 日的市场价格。

评估过程如下：

1. 选择评估方法

该类房地产有较多的交易实例，故采用市场售价类比法进行评估。

2. 收集有关的评估资料，选择参照物房地产

通过对所选择的类似房地产交易资料的分析和筛选，确定可比性较强的三个交易实例作为参照物。

参照物 A：朝阳小区乙住宅楼的一层公建。该建筑建于 2009 年，位于评估对象东面，框架结构，售价为5 300元/平方米，成交日期为 2008 年 4 月，当时为期房。

参照物 B：绿茵住宅小区的步行街的一层公建。绿茵住宅小区位于朝阳小区东侧 500 米。参照物 B 建于 2009 年，其建筑结构、装修水平及设备状况与评估对象基本相同，售价为5 800元/平方米，成交日期为 2010 年 9 月，交易情况为拍卖。

参照物 C：位于评估对象的西侧，是临街的一层公建，建于 2009 年，其建筑结构、设备状况与评估对象房地产基本相同，售价为7 000元/平方米，成交日期为 2010 年 11 月。

3. 对参照物房地产进行交易情况、交易日期、区域因素和个别因素修正

评估对象与三个参照物各种因素的比较情况见表 5—14。

表 5—14　　　　区域条件说明表

		评估对象	参照物 A	参照物 B	参照物 C
交易日期			2008 年 4 月	2010 年 9 月	2010 年 11 月
交易情况		正常	期房	拍卖	正常
区域因素	商业繁华度	一般	一般	好	好
	离市中心距离	相同	相同	稍近	相同
	交通便捷度	较好	较好	好	好
	道路通达度	较好	较好	好	好
	土地级别	六级	六级	六级	六级
	环境质量优劣度	较好	较好	较好	较好
	绿地覆盖度	较好	较好	较好	较好
	基础设施完善度	较好	较好	较好	较好
	公用设施完备度	较好	较好	较好	较好
	规划限制	无	无	无	无
个别因素	小区内所处位置	较好	较好	较好	好
	临街状况	较好	较好	较好	好
	新旧程度	优	优	优	优
	楼层	一层	一层	一层	一层
	朝向	南北	南北	南北	南北
	建筑结构	框架	框架	框架	框架
	建筑质量	较好	较好	较好	较好
	建筑物用途	相同	相同	相同	相同
	权利状况	较好	较好	较好	较好
	装修水平	较好	较好	较好	好
	设备状况	好	好	好	好
	物业管理	优	优	优	优

第一，进行交易情况修正。经分析，三个参照物中，参照物 A 为期房，与正常交易相比，交易价格偏低 10%，交易情况修正系数为 100/90；参照物 B 为拍卖房，与正常交易相比，交易价格偏低 5%，交易情况修正系数为 100/95；参照物 C 为正常交易，交易情况修正系数为 100/100。

第二，进行交易日期修正。经分析，评估对象所在城市 2011 年 4 月该类房地产的市场价格与 2008 年 4 月、2010 年 9 月和 2010 年 11 月相比，分别上涨了 15%、5%和 3%，则参照物 A、参照物 B 与参照物 C 的交易日期修正系数分别为 115/100、105/100、103/100。

第三，进行区域因素修正。将参照物 A、参照物 B 与参照物 C 的各区域因素分别与评估对象房地产进行比较，然后打分，并通过加权平均分别得到综合得分，最后得出参照物 A、参照物 B 与参照物 C 的区域因素修正系数分别为 100/100、100/101.5、100/101.6，具体打分及计算情况见表 5—15。

表 5—15　　　　区域因素直接比较表

区域因素	权重	评估对象	参照物 A	参照物 B	参照物 C
商业繁华度	0.15	100	100	105	103

续表

区域因素	权重	评估对象	参照物 A	参照物 B	参照物 C
离市中心距离	0.13	100	100	101	100
交通便捷度	0.12	100	100	103	105
道路通达度	0.11	100	100	102	105
土地级别	0.07	100	100	100	100
环境质量优劣度	0.10	100	100	100	100
绿地覆盖度	0.08	100	100	100	100
基础设施完善度	0.10	100	100	100	100
公用设施完备度	0.09	100	100	100	100
规划限制	0.05	100	100	100	100
比较结果	1	100	100	101.5	101.6

第四，进行个别因素修正。将参照物 A、参照物 B 与参照物 C 的个别因素分别与评估对象的个别因素进行比较，然后打分，并通过加权平均分别得到综合得分，最后得出参照物 A、参照物 B 与参照物 C 的个别因素修正系数分别为 100/99.6、100/100.2、100/101.4，具体打分及计算情况见表 5—16。

表 5—16　　个别因素直接比较表

个别因素	权重	评估对象	参照物 A	参照物 B	参照物 C
小区内所处位置	0.12	100	98	100	105
临街状况	0.15	100	99	101	105
新旧程度	0.10	100	100	100	100
楼层	0.08	100	100	100	100
朝向	0.07	100	100	100	100
建筑结构	0.13	100	100	100	100
建筑质量	0.10	100	100	100	100
建筑物用途	0.09	100	100	100	100
权利状况	0.06	100	100	100	100
装修水平	0.02	100	100	100	103
设备状况	0.05	100	100	100	100
物业管理	0.03	100	100	100	100
比较结果	1	100	99.6	100.2	101.4

第五，计算评估对象房地产价值。首先计算三个参照物的比准价值，计算过程见表 5—17。通过对三个参照物的可比性分析，对参照物 A、参照物 B 与参照物 C 分别给出不同的权重 0.5、0.2、0.3，采用加权平均法计算评估对象的评估单价。

表 5-17 房地产价值计算表

	参照物 A	参照物 B	参照物 C
实际成交价格(元/平方米)	5 300	5 800	7 000
交易情况修正	100/90	100/95	100/100
交易日期修正	115/100	105/100	103/100
区域因素修正	100/100	100/101.5	100/101.6
个别因素修正	100/99.6	100/100.2	100/101.4
比准价值(元/平方米)	6 799	6 303	6 998

6 799×0.5+6 303×0.2+6 998×0.3=6 760(元/平方米)

4. 计算评估结果

评估单价:6 760 元/平方米

评估价值:1 400×6 760=9 464 000(元)

第四节 收益法在房地产评估中的应用

一、房地产评估中收益法的基本思路

收益法是计算评估对象房地产未来预期的正常纯收益,选用适当的折现率或资本化率将未来纯收益折算为现值,以估测房地产价值的思路及方法。收益法既可以评估房地产(房地合一)的价值,也可以评估土地或建筑物的价值。

收益法适用的对象是有收益或潜在收益的房地产,如商场、商务办公楼、公寓、宾馆、酒店、餐馆、游乐场、影剧院等房地产。对于政府办公楼、学校、公园等公用、公益性房地产的评估,收益法一般是不适用的。

收益法涉及三个基本要素:一是被评估房地产的预期收益;二是折现率或资本化率;三是被评估资产取得预期收益的持续时间。因此,能否清晰地把握上述三个要素,是恰当运用收益法的基本前提条件。

二、房地产纯收益的测算

房地产纯收益是通过首先测算房地产的正常收入和房地产的正常费用,然后用房地产的正常收入减去房地产的正常费用的方法得到。

房地产正常收入不是房地产的实际收入,它是剔除了特殊的、偶然的因素之后房地产所能得到的正常客观的收入(有租约限制的除外)。房地产正常收入通常是在考虑和分析房地产的实际收益、类似房地产收益、房地产市场走势以及房地产收入的风险性和可实现性的基础上确定的。

房地产正常费用也不是房地产为取得实际收益而付出的实际费用,它是房地产取得正常收入必须支付的各项支出,一般通过从房地产实际费用中剔除不正常费用项目和数额的方式求得。

三、房地产资本化率的测算

(一)房地产资本化率的种类

房地产的资本化率是一种期望的投资收益率,而投资收益率的大小与投资的风险正相关,因此在确定房地产的资本化率时,应选择那些与获取评估对象房地产的纯收益具有同等风险的投资的收益率。此外,要注意不同地区、不同时期、不同用途或不同类型的房地产,由于投资的风险不同,资本化率也不尽相同。在房地产评估中,由于评估对象不同,应采用的资本化率也不同,主要有三种类型:土地资本化率、建筑物资本化率、综合资本化率。

土地资本化率、建筑物资本化率和综合资本化率三者虽然含义不同,但又是相互联系的。三种资本化率之间的联系可用下列公式表示:

$$r=\frac{r_1p_1+r_2p_2}{p_1+p_2} \tag{5-14}$$

$$r_1=\frac{r(p_1+p_2)-r_2p_2}{p_1} \tag{5-15}$$

$$r_2=\frac{r(p_1+p_2)-r_1p_1}{p_2} \tag{5-16}$$

式中:r——综合资本化率;

r_1——土地资本化率;

r_2——建筑物资本化率;

p_1——土地价值;

p_2——建筑物价值。

【例5—4】 某宗房地产的总价值为800万元,经估测建筑物部分的价值为600万元,假定综合资本化率为8%,建筑物资本化率为10%,则土地的资本化率为:

$$\frac{800\times8\%-600\times10\%}{800-600}=2\%$$

(二)房地产资本化率的测算方法

1. 累加法

累加法是通过安全利率加上风险报酬率来确定房地产资本化率的方法。安全利率是指无风险的资本投资收益率,在我国房地产评估实践中通常选择国债或银行定期存款利率作为安全利率。风险报酬率是根据社会经济环境、投资风险、变现风险以及通货膨胀等因素对房地产投资的影响综合确定。这种方法的数学表达式为:

$$\text{房地产资本化率}=\text{安全利率}+\text{风险报酬率} \tag{5-17}$$

2. 市场租价比法

市场租价比法是在市场上选取多个(通常为3个以上)同评估对象房地产相似的交易实例的正常纯租金(纯收益)与价格的比率作为依据,然后求出各交易实例正常纯租金与价格比率的平均值,以此作为评估对象房地产的资本化率。该方法运用的前提是各年租金等额、收益期限永续,其数学表达式为:

$$r=\sum_{i=1}^{n}\frac{A_i}{P_i}\div n \tag{5-18}$$

式中:r——评估对象房地产的资本化率;

A_i——交易实例 i 的纯收益;

P_i——交易实例 i 的价格；

n——交易实例个数。

【例 5—5】 选择 4 个与评估对象房地产相类似的交易实例，各交易实例有关数据资料见表 5—18。

表 5—18　　交易实例相关资料

交易实例	租金(万元/年)	价格(万元)	还原利率(%)
1	10	115	8.70
2	15	165	9.09
3	20	236	8.47
4	25	275	9.09

根据表 5—18 中的数据资料，采用简单算术平均法求得：

房地产资本化率＝(8.70%＋9.09%＋8.47%＋9.09%)÷4＝8.84%

四、房地产收益年限的确定

(一)单独的土地或单独的建筑物评估

对于单独的土地或单独的建筑物的评估，应分别根据土地使用权年限和建筑物经济寿命来确定未来可获收益的年限。在对收益折现时，纯收益中不扣除建筑物折旧费和土地摊提费。

(二)土地和建筑物合成一体评估

建筑物的经济寿命比土地的使用权年限长或两者相等时，根据土地使用权年限来确定未来可获收益的年限。在对收益折现时，纯收益中不扣除建筑物折旧费和土地摊提费。如果建筑物的经济寿命比土地的使用权年限长，还应将土地使用权年限到期时建筑物部分的残余价值或政府收回土地使用权对建筑物的补偿价值折现。

建筑物的经济寿命比土地的使用权年限短时，以土地使用权年限为房地产的收益年限，但对房地产的收益折现分两段进行：第一段以建筑物的经济寿命为界，将房地合一的纯收益折现，纯收益中不扣除建筑物折旧费和土地摊提费；第二段将土地使用权年限超过建筑物经济寿命的土地剩余使用权年限中的土地纯收益折现，并把此价值加到第一段房地产的评估价值中。

五、房地产价值的估测

(一)房地合一价值的估测

估测房地合成一体的房地产价值，应根据上面章节的有关方法分别测算和确定房地产纯收益、资本化率和收益年限，并运用合适的评估计算公式进行收益折现。房地产评估实务中，常用的评估计算公式主要有以下几种：

1. 收益年限为有限期，各年收益额不相等

$$p=\sum_{i=1}^{n}\frac{R_i}{(1+r)^i} \tag{5—19}$$

式中：p——房地产价值；

R_i——第 i 年房地产的纯收益；

r——综合资本化率；

n——房地产收益年限。

2. 收益年限为有限期,各年收益额相等

$$p=\frac{A}{r}\left[1-\frac{1}{(1+r)^{n}}\right] \tag{5-20}$$

式中:p——房地产价值;

A——房地产的纯收益(年金);

r——综合资本化率;

n——房地产收益年限。

3. 收益年限为无限期,各年收益额相等

$$p=\frac{A}{r} \tag{5-21}$$

式中:p——房地产价值;

A——房地产的纯收益(年金);

r——综合资本化率。

4. 收益年限为无限期,收益额按等比级数递增

$$p=\frac{A}{r-g} \tag{5-22}$$

式中:p——房地产价值;

A——房地产的纯收益(年金);

r——综合资本化率;

g——房地产收益递增率。

(二)土地价值的估测

1. 单纯的土地出租

首先通过土地的正常收入减去土地的正常费用得到土地的纯收益,然后用适当的土地资本化率将土地纯收益折现。常用的收益折现公式为:

(1)收益年限为有限期,各年收益额相等

$$p_1=\frac{A_1}{r_1}\left[1-\frac{1}{(1+r_1)^{n}}\right] \tag{5-23}$$

式中:p_1——土地价值;

A_1——土地的纯收益(年金);

r_1——土地资本化率;

n——土地收益年限。

(2)收益年限为无限期,各年收益额相等

$$p_1=\frac{A_1}{r_1} \tag{5-24}$$

式中:p_1——土地价值;

A_1——土地的纯收益(年金);

r_1——土地资本化率。

2. 房地产出租或经营

土地价值是房地产价值减去房屋价值后剩余的价值。运用收益法评估土地的价值,通常是用房地产的纯收益减去建筑物的纯收益得到土地的纯收益,用土地资本化率对土地的纯收益折现求和,即可得到土地的价值。常用的评估计算公式如下:

(1)收益年限为有限期,各年收益额相等

$$p_1=\frac{(A-A_2)}{r_1}\left[1-\frac{1}{(1+r_1)^n}\right] \quad (5-25)$$

其中:

$$A_2=p_2\times r_2$$

式中:p_1——土地价值;

A——房地合一的纯收益(年金);

A_2——建筑物的纯收益(年金);

r_1——土地资本化率;

n——土地收益年限;

p_2——建筑物价值;

r_2——建筑物资本化率。

评估时,建筑物价值应采用收益途径以外的途径和方法计算,通常采用成本途径,评估计算公式为:

建筑物价值=建筑物重置成本×成新率

(2)收益年限为无限期,各年收益额相等

$$p_1=\frac{(A-A_2)}{r_1} \quad (5-26)$$

式中:p_1——土地价值;

A——房地合一的纯收益(年金);

A_2——建筑物的纯收益(年金);

r_1——土地资本化率。

公式中,建筑物纯收益的计算方法与第一种情况相同。

(三)建筑物价值的估测

建筑物价值是房地产价值减去土地价值后剩余的价值。运用收益法评估建筑物的价值,通常是用房地产的纯收益减去土地的纯收益得到建筑物的纯收益,用建筑物资本化率对建筑物的纯收益折现求和,即可得到建筑物的价值。评估计算公式如下:

1. 收益年限为有限期,各年收益额相等

$$p_2=\frac{(A-A_1)}{r_2}\left[1-\frac{1}{(1+r_2)^n}\right] \quad (5-27)$$

其中:

$$A_1=p_1\times r_1$$

式中:p_2——建筑物价值;

A——房地合一的纯收益(年金);

A_1——土地的纯收益(年金);

r_2——建筑物资本化率;

n——建筑物收益年限;

p_1——土地价值;

r_1——土地资本化率。

评估时,土地价值应采用收益途径以外的途径和方法计算,如市场途径和成本途径等。

2. 收益年限为无限期,各年收益额相等

$$p_2=\frac{(A-A_1)}{r_2} \tag{5-28}$$

式中:p_2——建筑物价值;

A——房地合一的纯收益(年金);

A_1——土地的纯收益(年金);

r_2——建筑物资本化率。

公式中,土地纯收益的计算方法与第一种情况相同。在实际评估操作中,评估人员应该根据建筑物的收益和收益年限的具体状况选择适当的评估计算公式。

六、收益法评估房地产应用示例

【例5-6】 某评估对象概况如下:评估对象为6层砖混结构办公楼,土地总面积为500平方米,房屋建筑面积为1 500平方米,月租金为4.5万元。假设建筑物的资本化率为10%,使用年限为60年,土地资本化率为8%,管理费以年租金的3%计,维修费以房屋现值的1.5%计,房租损失准备费按半月租金计,保险费按房屋现值的3‰计,房产税为年租金收入的12%,土地使用税为每年每平方米2元,营业税及附加综合税率为年租金收入的5.5%。该建筑物尚可使用年限为50年,土地使用权年限为40年,建筑物价值按成本法求得为120万元。

评估要求:用收益法评估该房屋的土地使用权价值。

评估过程如下:

1. 计算年有效总收入

年有效总收入=45 000×12−45 000÷2=517 500(元)

2. 计算年运营费用

管理费=540 000×3%=16 200(元)

维修费=1 200 000×1.5%=18 000(元)

保险费=1 200 000×3‰=3 600(元)

房产税=540 000×12%=64 800(元)

营业税及附加=540 000×5.5%=29 700(元)

土地使用税=500×2=1 000(元)

年运营费用=16 200+18 000+3 600+64 800+29 700+1 000=133 300(元)

3. 计算房地产纯收益

房地产纯收益=517 500−133 300=384 200(元)

4. 计算土地纯收益

房屋纯收益=1 200 000×10%=120 000(元)

土地纯收益=384 200−120 000=264 200(元)

5. 计算土地使用权价值

$$\text{土地使用权价值}=\frac{264\ 200}{8\%}\times\left[1-\frac{1}{(1+8\%)^{40}}\right]=3\ 150\ 483(\text{元})$$

土地单价=3 150 483÷500=6 301(元/平方米)

6. 评估结论

本宗土地使用权的评估值为3 150 483元,单价为每平方米6 301元。

第五节　其他方法在房地产评估中的应用

一、剩余法

(一)剩余法的基本思路

1. 剩余法的含义

剩余法又称假设开发法，它是将评估对象房地产预期开发完成后的价值，减去未来正常的开发成本、利润和税费等，以此确定评估对象价值的方法。剩余法是土地价值评估中的一种重要方法。

剩余法的基本思路是，开发商欲投资开发一宗房地产，由于存在竞争，其投资目的是希望获取社会正常利润。因此，开发商首先需仔细研究所开发土地的内外条件，如坐落位置、面积大小、周围环境、交通状况、规划所允许的用途、覆盖率、容积率等；然后进行最有效利用方式的设计，包括使用用途和使用强度，同时预测开发完成最有效设计后的房地产转让或租赁出去的价格，以及为开发建造房地产发生的开发建设成本、获得的正常利润和应缴纳的税费。通过上述分析测算，开发商就知道了待开发房地产支付的最高价格，这个最高价格等于预期开发完成后的价值减去开发成本、开发利润和缴纳税金后的余额。

2. 剩余法的运用范围

(1)开发土地，包括生地、毛地、熟地。

(2)在建工程，主要指各类未完工的建筑工程项目。

(3)可装修改造或可改变用途的旧房。

3. 剩余法的评估计算公式

待开发房地产价值＝开发完成后房地产价值－开发成本－管理费用

－投资利息－开发利润－销售税费　　(5－29)

【知识链接 5－3】

生地、熟地、毛地、净地的区别如下：

生地指的是已完成土地使用权批准手续(指征收)，但没进行或部分进行基础设施配套开发和土地平整而未形成建设用地条件的土地。

熟地指的是已完成土地开发等基础设施建设(具备“几通一平”)，并形成建设用地条件可以直接用于建设的土地。

毛地指的是已完成宗地内基础设施开发，但尚未完成宗地内房屋拆迁补偿安置的土地。

净地指的是已完成宗地内基础设施开发和场地内拆迁、平整，土地权利单一的土地。

一般而言，“生地”、“熟地”重点着眼于建设；而“毛地”、“净地”更多着眼于出让。至于区别，可以比较基本概念体会。

国土资发[2010]151 号文规定，对于商品住房用地，不得“毛地”出让。

一般而言，“熟地”多见于评估中，而“净地”是俗称，在近年来出让中出现。例如，评估人员视之为“熟地”的土地，出让者却可能表述为“净地”；也就是说，两者可能是同样地块不同阶段、不同人员的不同表述。当然，两者之间也可能存在区别。两者的区别在于：

(1)用途不同。前者用于评估，后者用于出让。

(2)内涵不同。两者基础设施配套方面不一定一致。

(3)开发程度不同。前者已形成建设用地条件,后者则不一定。

(二)剩余法的评估步骤

1. 调查待开发房地产的基本情况

调查的内容包括:土地位置、面积大小、形状、平整情况、地质状态、基础设施状况、交通状况等;政府规划限制,如土地规定的用途、容积率、覆盖率、建筑高度等;土地使用权的限制,如使用年限、可否续期,以及对转让、抵押等的有关规定。如评估在建工程,还应调查工程进度、完工情况、开发成本的投入情况等。如果评估对象是毛地,调查的内容还包括旧建筑物情况、拆迁规模和费用等情况。

2. 选择最佳的开发利用方式

在政府城市规划所允许的范围内,如土地用途、建筑容积率、覆盖率等,选取最佳的开发方式,如建筑规模、建筑高度、建筑式样。在选择最佳的开发利用方式中,最重要的是选择最佳的房地产用途及设计方案,要注意考虑现实社会需要程度和未来发展趋势。

3. 估计建设期

建设期包括整个房地产开发过程周期,以及在房地产开发过程中各时期的各项费用投入时间,目的在于考虑货币的时间价值。建设期可根据其他相同类型、同等规模的建筑物已有的正常建设期来估计确定。

4. 预测开发完成后房地产价值

开发完成后房地产价值是房地产未来的价值。通常可以根据同地区、同类用途、建筑规模和式样相同或相似的房地产现行市场价格,再考虑该类房地产价格的变化趋势,然后进行推测。如果预计房地产出租,则可通过预测未来租金,然后将收益折现的方法来确定房地产开发后的价值。

5. 估测开发成本

如果评估对象是待开发的土地,开发成本主要包括勘察设计及前期工程费、基础及配套设施建设费、公共事业配套费、建筑安装工程费等。可根据当地房地产价格构成情况分项估算,估算方法与成本法相同。通常可采用比较法估算,即通过当地同类房地产开发项目当前开发成本水平推算。如果评估对象是毛地,开发成本中还应考虑拆迁费用。

6. 估测管理费用

管理费用可按开发成本的一定比例计算。

7. 估测投资利息

投资利息以待开发房地产取得成本、开发成本和管理费用三项之和为基数,乘以评估基准日建设银行基本建设贷款利率求得。其中,待开发房地产取得成本的计息期为整个开发建设期;开发成本和管理费用的计息期为开发建设期的一半。

8. 估测开发利润

投资利润以待开发房地产取得成本、开发成本和管理费用三项之和为基数,按行业同类房地产开发的平均利润率计算。

9. 估测销售税费

销售税金及附加根据国家税法规定估算。其他销售费用,如房地产销售或出租的中介代理费、市场营销广告费、买卖手续费等,一般以房地产总售价的一定比例计算。

10. 计算并确定待开发房地产价值

上述各项指标确定后,可根据剩余法的评估计算公式计算待开发房地产价值。需要注意的是，用开发完成后房地产价值减去开发成本、管理费用、利息、利润和销售税费后，得到的是待开发房地产在开发完成后时点的价值；如果计算待开发房地产在评估时点的价值，还应将待开发房地产在开发完成后时点的价值折现。折现率的确定，应考虑同一市场上类似房地产开发项目所要求的平均收益率。

(三)剩余法评估房地产应用示例

【例5—7】 估价对象概况如下：评估对象土地为七通一平的空地，面积为1 000平方米，且土地形状规则；允许用途为商住混合，允许建筑容积率为7，覆盖率≤50%，土地使用权年限为50年，出售时间为2013年10月10日。需要评估出该地块2013年10月10日的市场价值。

评估过程如下：

1. 确定评估方法

该地块为待开发土地，可采用剩余法评估。设房地产开发完成时点的地价为P_n，评估时点的地价为P，折现率为r，建设期为n，则：

$$P=P_n\times\frac{1}{(1+r)^n}$$

2. 选取最佳开发方式

根据规划的要求和市场调查，该地块最佳开发方式如下：建筑覆盖率适宜为50%，建造商业居住混合楼。该建筑为框架结构，总建筑面积为7 000平方米，单层建筑面积均为500平方米，共14层，其中1～2层为商业用房，共1 000平方米，3～14层为住宅，共6 000平方米。

3. 预计建设期

预计共2年完成，即2015年10月完成。

4. 预计开发完成后房地产价值

预计建造完成后，其中的商业楼即可全部售出，住宅楼的80%在建造完成后可售出，20%半年后才能售出。预计当时售价，商业楼为4 000元/平方米，住宅楼为2 500元/平方米，折现率为10%，则：

$$\text{开发完成后房地产价值}=4\,000\times1\,000+2\,500\times6\,000\times\left[80\%+\frac{20\%}{(1+10\%)^{0.5}}\right]$$
$$=1\,886.04(\text{万元})$$

5. 估计开发费用

经估测，总开发费用(包括管理费)为800万元。

6. 估测投资利息

该房地产在未来2年的建设期内，开发费用的投入情况为：第1年投入60%，第2年投入40%。经调查了解，建行基本建设贷款年利息率为8%，则：

$$\text{投资利息}=P\times[(1+8\%)^2-1]+800\times60\%\times[(1+8\%)^{1.5}-1]+800\times40\%\times[(1+8\%)^{0.5}-1]=0.17P+71.29(\text{万元})$$

7. 估测开发利润

经调查分析，房地产行业开发同类房地产的平均利润率为20%，则：

$$\text{开发利润}=(P+800)\times20\%=0.2P+160(\text{万元})$$

8. 估算销售税金及附加

根据税法，评估对象的营业税税率为5%，城市维护建设税税率为7%，教育费附加费率为3%，则：

营业税＝1 886.04×5%＝94.30(万元)

城市维护建设税＝94.30×7%＝6.60(万元)

教育费附加＝94.30×3%＝2.83(万元)

营业税及附加合计＝94.30＋6.60＋2.83＝103.73(万元)

9. 估测销售费用

经分析，销售费用为开发后房地产价值的3.5%，则：

销售税费＝1 886.04×3.5%＝66.01(万元)

10. 计算地价

$P_2 = 1\,886.04 - 800 - 0.17P - 71.29 - 0.2P - 160 - 103.73 - 66.01 = P\ (1+10\%)^2$

整理得：

$(1+10\%)^2 P + 0.17P + 0.2P = 1\,886.04 - 800 - 71.29 - 160 - 103.73 - 66.01$

$P = 685.01 \div 1.58 = 433.55$(万元)

单位地价＝433.55×10 000÷1 000＝4 336(元/平方米)

11. 评估结论

经估测，评估对象土地在2013年10月10日的市场价值为433.55万元，每平方米土地的价值为4 336元。

二、路线价法

(一)路线价法的基本思路

1. 路线价法的含义

路线价法是对面临特定街道、接近性相等的城镇土地，设定标准深度，计算在该深度上数宗地块的平均单价并附设在该特定街道上(此单价称为路线价)，然后据此路线价，再配合深度价格修正率表，计算出邻接该街道的其他土地地价的一种估价方法。

路线价法的基本思路是：城市内各宗地块的价格随其离开街道的距离(即临街深度)的增加而递减，而在同一路线价区段内，各宗地块又因其深度、宽度、形状、位置和面积的差异使价格有所不同，要进行合理修正才能最终得到宗地价格。因此，路线价、深度价格修正率及各种修正系数合理与否，是采用路线价法进行土地估价的关键。

2. 路线价法的适用范围

路线价法对于城市土地价格评估具有普遍的适用性。它特别适用于土地课税、征地拆迁、土地重划或其他需要在大范围内对大量土地进行评估的情况。该方法具有公平合理、简便易行的特点，因此被英、美、日及中国台湾等许多国家和地区所采用。但是，此方法在我国大陆目前的土地估价中还没有被普遍运用。

3. 路线价法的评估计算公式

$$土地单价＝路线价×深度价格修正率 \tag{5—30}$$

$$土地总价＝路线价×深度价格修正率×土地面积 \tag{5—31}$$

采用此方法估价时，如果街道两边的土地另有特殊条件存在，如街角地、两面临街地、不规则形地等，则还要进行因素的加减修正，数学表达式为：

$$土地单价＝路线价×深度价格修正率×其他价格修正率 \tag{5—32}$$

$$土地总价＝路线价×深度价格修正率×其他价格修正率×土地面积 \tag{5—33}$$

(二)路线价法的评估步骤

1. 划分路线价区段

路线价区段是指具有同一路线价的地段。在划分路线价区段时，应将接近性大致相等的地段划分为同一路线价区段。两个路线价区段的分界线，原则上是地价有显著差异的地点，通常以十字路或丁字路的中心处划分。但在较繁华的街道，有时需将两路口之间的地段划分为两个以上的路线价区段，分别设定不同的路线价；而在某些不繁华的街道，有时需将数个路口划分为一个路线价区段。此外，在同一街道上，两侧繁华程度有显著差异时，应视为两个路线价区段考虑。

2. 设定标准深度

设定的标准深度通常是路线价区段内临街各宗土地的深度的众数。如某路线价区段的临街宗地大部分深度为 18 米，则标准深度应设定为 18 米。

3. 确定路线价

路线价是设定在路线上的标准地块的单位地价。路线价的计算通常是在同一路线价区段内选择若干标准地块作为样本，然后用市场法、收益法等评估方法，分别求出各样本的单位地价，并把各样本的单位地价算术平均(或取众数)，最终得出路线价。

4. 制定深度指数表和其他修正率表

深度指数是指宗地地价随临街深度的差异的变化程度。深度指数表是将土地随临街深度的不同而引起相对价格差异的关系编制成的表格。制作深度指数表的原则是，地块的各部分价格随临街深度的增加而有递减的趋势，即深度越深、接近性越差，价格就越低。此外，根据其他因素，如街角地、形状、宽窄等的影响，还应编制其他修正率表。

5. 计算各地块的价值

根据路线价、深度指数表和其他修正率表以及宗地面积，就可计算各地块的价值。

本章小结

房地产评估是资产评估的重要内容。房地产评估常用方法有市场法、收益法、成本法和剩余法等，对各种方法的选择和运用应注意其适用的前提条件，一般应根据房地产评估的目的、评估时的市场条件，以及评估对象自身的性质和特点选择适当的方法。如果条件具备，也可以选择多种方法进行评估，并通过分析最后确定评估结论。

复习题

1. 如何理解房地产评估中的最佳使用原则？
2. 运用市场法评估房地产时，需要考虑哪些主要价值影响因素？
3. 房地产重置成本由哪些因素构成？
4. 剩余法的基本原理是什么？
5. 路线价法的评估步骤有哪些？

案例题

评估位于海淀区中关村大街 18 号中关村科贸中心五层部分房地产，即建筑面积为5 028.58平方米、容积率约为 9.56 的房屋，相应分摊的剩余土地使用年限为 39.13 年的国有土地使用权的取得成本。

评估基准日：2012 年 5 月 8 日。

一、评估对象

产权方提供的有关资料如下：

(一)土地权属

1. 土地使用权人：北京中关村科技发展(控股)股份有限公司

2. 坐落：北京市海淀区中关村大街 18 号

3. 使用权类型：出让

4. 用途：综合、配套(地下)、地下车库

5. 使用权面积：12 135.32 平方米

6. 使用权终止日期：配套(地下)2041 年 6 月 26 日，综合、地下车库 2051 年 6 月 26 日

(二)区位状况

区位状况包括估价对象所处的位置(坐落)、交通、区域环境及配套设施等。

1. 坐落：估价对象位于海淀区中关村大街 18 号(中关村科贸中心)，所在地段地理位置优越，东临中科院宿舍，南临中科大厦，西临中关村大街，北距北四环西路 150 米，距中关村一桥约 150 米。

2. 交通：道路通畅、公共交通便捷，附近有 302、307、332、320、355、681、683、697、699、716、718、731、732、808、801、811、运通 106、运通 205、特 4、特 6 等多条公交线路通过并设站，紧邻地铁四号线和十号线中关村站，购物、出行十分便利。

3. 区域环境：估价对象处于中关村西区核心地段，商业氛围浓郁，客流量充足，市场需求量大。

4. 配套设施：周边分布有中关村大厦、海兴大厦、理想国际大厦、辉煌大厦、CEC 大厦、天创科技大厦、银谷大厦、世纪科贸大厦、中科大厦、海龙电子城、鼎好电子商城、银网中心、中关村 E 世界、1+1 大厦、融科资讯中心、左岸工社、第三极、新中关等中高档公寓、商铺和写字楼；另外还有海淀医院、海淀剧院、人大附中、家乐福超市、中关村图书城等配套设施。

二、评估方法

估价人员在认真分析所掌握的资料并对估价对象及邻近类似房地产进行实地勘察、调查后，根据估价对象的特点，遵照国家有关法律、法规、估价技术标准，经过反复研究，确定选用市场比较法进行估价。

运用市场比较法的步骤是：在所调查的交易实例中选取可比实例，对交易日期、交易情况、交易方式、土地用途、区域因素、个别因素、土地使用年限等进行修正，求取估价对象的比准价格。

根据土地估价替代原则，利用市场比较法，必须以发育健全的房地产市场为基本条件，并掌握充足的交易实例资料。由于估价对象所在区域土地出让实例较多，与估价对象比较具有相关性和替代性，故可以采用市场比较法，即将估价对象与在较近时期内已经发生交易的类似土地实例进行对照比较，并依据交易发生的已知价格，参照该土地的交易情况、交易日期、区域以及个别因素等差别，修正后得出估价对象在估价时点的地价。

基本公式为：

宗地价格＝比较实例宗地价格×交易情况修正系数×交易日期修正系数×区域因素修正系数
×个别因素修正系数

三、估价过程

(一)比较实例的选择

可比实例 A：海淀区东升乡居住、商业项目，规划用途为居住、商业金融用地，出让方式为挂牌出让公告，建设用地面积为34 253.22 平方米，规划建筑面积为104 537平方米，容积率约为 3.05，基础设施开发程度为三通一平，2010年 5 月 15 日成交总价为176 000万元，折合楼面熟地单价为16 836元/平方米。

可比实例 B：海淀区清河 406＃商业金融项目，规划用途为商业金融用地，出让方式为挂牌出让公告，建设用地面积为1 906平方米，规划建筑面积为4 449平方米，容积率约为 2.33，基础设施开发程度为七通一平，2010年 5 月 1 日成交总价为6 350万元，折合楼面熟地单价为14 273元/平方米。

可比实例 C:海淀区北蜂窝商业金融项目,规划用途为商业金融用地,出让方式为挂牌出让公告,建设用地面积为5 976.955平方米,规划建筑面积为15 000平方米,容积率约为2.51,基础设施开发程度为七通一平,2010年5月17日成交总价为21 100万元,折合楼面熟地单价为14 067元/平方米。

(二)比较因素条件说明

表 5—19　　比较因素条件说明表

		估价对象	可比实例 A 海淀区东升乡居住、商业项目	可比实例 B 海淀区清河406#商业金融项目	可比实例 C 海淀区北蜂窝商业金融项目
楼面成交价格(元/平方米)		待估	16 836	14 273	14 067
交易情况		正常	正常	正常	正常
交易日期			2010年5月15日	2010年5月1日	2010年5月17日
土地用途		综合	居住、商业金融用地	商业金融用地	商业金融用地
土地使用年限		剩余约39.13年	居住70年 商业40年 综合50年	商业40年 综合50年	商业40年 综合50年
区域因素	交通通达状况	通达	通达	较通达	较通达
	公共配套设施	周围有银行、商场、学校、医院等公共服务设施,完善	周围有银行、商场、学校、医院等公共服务设施,完善	周围有银行、商场等公共服务设施,较完善	周围有银行、商场等公共服务设施,较完善
	区域繁华度	繁华	较繁华	一般	一般
	环境条件	较好	较好	一般	一般
个别因素	地形、地质条件	较好	较好	较好	较好
	临路状况	好	一般	差	较差
	宗地土地开发程度	七通一平	三通一平	七通一平	七通一平
	宗地面积(平方米)	12 135.32	34 253.22	1 906	5 976.96
	容积率	9.56	3.05	2.33	2.51
	宗地形状	较规则	较规则	较规则	较规则

(三)因素修正说明及修正幅度确定

交易情况修正:由于土地具有不可移动的特性,土地市场一般属于不完全市场,因此其价格往往容易受当时一些特殊行为的影响,必须将个别的特殊交易剔除。以上所选择的几个可比实例,均为公开市场上正常交易,故不用修正。

交易日期修正:估价对象与可比实例的交易日期有时间差异时,随着时间的推移,房地产价格有较明显的变化。因可比实例交易日至评估基准日地价有较明显变化,故需要进行修正。据估测,从2010年至2012年,房价累计上涨了4%。三个可比实例均于2010年成交,设为100,故估价对象为104。

土地用途修正:土地用途是决定土地价格的核心因素。土地用途不同,土地产权人从土地中获得的未来收益的预期不同,土地价格就不同。可比实例A以居住用途为主,故因素修正幅度为—3。

土地使用年限修正:土地使用权价格是一种有限年期的价格,且随着剩余使用年限的缩短而逐渐减少,当达到规定的使用年限后,其价格为0,因此必须进行土地使用年限修正。估价对象与三个可比实例相比,可比实例因素修正幅度均为+2。

(四)区域因素修正

三个可比实例均为周边地区的交易实例,但小环境可能不同,故根据交通通达状况、公共配套设施、区域繁华度、环境条件等因素找出区域因素优劣造成的减价或增价修正。

交通通达状况:分为通达、较通达、一般、较差、差五个等级,将估价对象所在区域的交通通达状况设为100,各可比实例与估价对象相比,可比实例A因素修正幅度为0,可比实例B因素修正幅度为—5,可比实例C因素修正幅度为—4。

公共配套设施：分为完善、较完善、基本完善、较差、差五个等级，将估价对象所在区域的公共配套设施设为100，可比实例A与估价对象相比周边公共配套设施均为完善，因素修正幅度为0，可比实例B和可比实例C周边公共配套设施为较完善，因素修正幅度分别为－6和－5。

区域繁华度：分为繁华、较繁华、一般、较差、差五个等级，将估价对象所在区域的繁华度设为100，可比实例A因素修正幅度为－2，可比实例B和可比实例C因素修正幅度为－5。

环境条件：分为好、较好、一般、较差、差五个等级，将估价对象所在区域的环境设为100，各可比实例与之相比每上升或下降一个等级，因素幅度上升或下降1。可比实例A与估价对象环境状况均为较好，因此因素修正幅度为0，可比实例B和可比实例C环境状况一般，因素修正幅度为－1。

（五）个别因素修正

主要考虑了地形、地质条件，临路状况，宗地土地开发程度，宗地面积，容积率和宗地形状等因素进行修正。

地形、地质条件：将估价对象的地形、地质条件设为100，由于三个可比实例与估价对象地形、地质条件较为一致，故因素修正幅度为0。

临路状况：分为好、较好、一般、较差、差五个等级，将估价对象的临路状况设为100，可比实例A因素修正幅度为－2，可比实例B因素修正幅度为－4，可比实例C因素修正幅度为－3。

宗地土地开发程度：将估价对象宗地土地开发程度设定为100，估价对象的土地开发程度为七通一平，各可比实例与之相比每增加或减少一通，因素幅度上升或下降2。可比实例A宗地开发程度为三通一平，故因素修正幅度为－8，可比实例B和可比实例C宗地开发程度为七通一平，因素修正幅度为0。

宗地面积：将估价对象的宗地面积条件设为100，三个可比实例与之相比，可比实例A因素修正幅度为＋3，可比实例B因素修正幅度为－3，可比实例C因素修正幅度为－2。

容积率：将估价对象的容积率条件设为100，三个可比实例与估价对象相比，因素修正幅度均为＋1。

宗地形状：估价对象与各可比实例宗地形状均为较规则，将估价对象宗地形状设为100，其可比实例的修正幅度均为0。

表5－20　　比较因素条件指数表

		估价对象	可比实例A 海淀区东升乡居住、商业项目	可比实例B 海淀区清河406＃商业金融项目	可比实例C 海淀区北蜂窝商业金融项目
成交价格（元/平方米）		待估	16 836	14 273	14 067
交易情况		100	100	100	100
交易日期		104	100	100	100
土地用途		100	97	100	100
土地使用年限		100	102	102	102
区域因素	交通通达状况	100	100	95	96
	公共配套设施	100	100	94	95
	区域繁华度	100	98	95	95
	环境条件	100	100	99	99
个别因素	地形、地质条件	100	100	100	100
	临路状况	100	98	96	97
	宗地土地开发程度	100	92	100	100
	宗地面积	100	103	97	98
	容积率	100	101	101	101
	宗地形状	100	100	100	100

（六）比较修正过程

表 5－21　　比较修正计算表

		可比实例 A	可比实例 B	可比实例 C
		海淀区东升乡 居住、商业项目	海淀区清河 406＃ 商业金融项目	海淀区北蜂窝 商业金融项目
成交价格（元/平方米）		16 836	14 273	14 067
交易情况		100/100	100/100	100/100
交易日期		104/100	104/100	104/100
土地用途		100/97	100/100	100/100
土地使用年限		100/102	100/102	100/102
区域因素	交通通达状况	100/100	100/95	100/96
	公共配套设施	100/100	100/94	100/95
	区域繁华度	100/98	100/95	100/95
	环境条件	100/100	100/99	100/99
个别因素	地形、地质条件	100/100	100/100	100/100
	临路状况	100/98	100/96	100/97
	宗地土地开发程度	100/92	100/100	100/100
	宗地面积	100/103	100/97	100/98
	容积率	100/101	100/101	100/101
	宗地形状	100/100	100/100	100/100
修正系数		1.143 6	1.290 8	1.238 1
比准价格（人民币元/平方米）		19 254	18 424	17 416

（七）求取估价对象楼面熟地价

根据上述所选可比实例 A、B、C 测算修正后的比准价格，考虑可比实例与估价对象所处的区位环境、市场需求及其他各项条件较为相似，故采用简单算术平均法确定估价对象楼面熟地价：

估价对象楼面熟地价＝（19 254＋18 424＋17 416）÷3＝18 365（元/平方米）

估价对象土地总价值＝18 365×5 028.58÷10 000＝9 234.99（万元）

（八）契税

契税是指在土地、房屋权属转移时，向承受权属者一次性征收的一种税收，契税税率为 3%，则：

契税＝9 234.99×3%＝277.05（万元）

四、评估结果

土地取得成本合计＝9 234.99＋277.05＝9 512.04（万元）

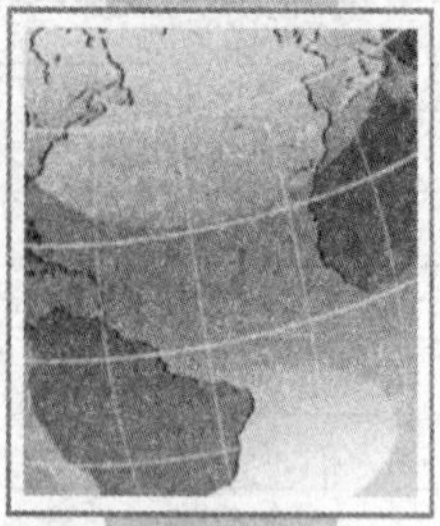

第六章 无形资产评估

学习目的与要求

本章系统地阐述了无形资产评估的含义，分析了影响无形资产评估价值的因素，并详细地介绍了无形资产评估的三种方法。通过本章学习，应熟悉无形资产的定义及特性，理解无形资产评估的含义，理解并掌握影响无形资产评估价值的因素，掌握收益法在无形资产评估中的应用，了解成本法在无形资产评估中的应用以及市场法评估无形资产时参照物的选择及其注意事项。

第一节　无形资产评估的含义与特点

一、无形资产的定义及其特性

(一)无形资产的定义

无形资产是指特定主体所拥有或者控制的、不具有实物形态的、能持续发挥作用且能带来经济利益的资源。无形资产分为可辨认无形资产和不可辨认无形资产。可辨认无形资产包括专利权、专有技术、商标权、著作权、土地使用权、特许权等；不可辨认无形资产是指商誉。

(二)无形资产的特性

1. 附着性

无形资产没有具体的物质实体形态，看不见、摸不着，必须依附于一定的有形资产来体现其价值。例如，土地使用权通过土地来发挥作用，制造某产品的专有技术要体现在技术图纸、工艺上。因此，评估人员在评估中确定无形资产的预期收益能力时，一方面要考虑与无形资产共同发挥作用的有形资产的范围，另一方面也要划分有形资产和无形资产各自带来的收益，从而准确地评估无形资产的价值。

2. 共益性

无形资产区别于有形资产的一个重要特点就是，它可以作为共同财产，由不同的主体同时享有，即在不同的地点、同一时间，不同的主体可以使用同一项无形资产。例如，一种先进高效的管理模式可以被一系列企业所采用，从而提高管理效率、减少运营成本；一项技术专利在一个企业使用的同时，也可以转让给其他企业使用。肯德基和麦当劳餐厅遍布全国各地，而且各个连锁店的食物味道一致，就是无形资产具有共益性的最好体现。

但是，无形资产的共益性也受到市场有限性和竞争性的制约。例如，由于追求自身利益的需要，各主体对无形资产的使用还必须受相关合约的限制。因此，在评估无形资产时，必须考虑无形资产的保密程度和作用环境。在转让方继续使用该项无形资产的情况下，也要考虑由于无形资产的转让是否形成了竞争对手，从而增加了竞争压力的机会成本。

3. 积累性

无形资产的积累性体现在两个方面：一是一项无形资产的形成基于其他无形资产的发展；二是无形资产自身的发展也是一个不断积累和演进的过程。因此，一方面，无形资产总是在生产经营的一定范围内发挥特定的作用；另一方面，无形资产的成熟程度、影响范围和获利能力也处在变化之中。

4. 替代性

无形资产的替代性是指一种工艺取代另一种工艺或一种技术替代另一种技术，其特性不是共存或积累，而是更新替代。例如，电脑软件通过不断更新升级带来了新的功能。由于一项无形资产总会被更新的无形资产所取代，因此在无形资产评估中必须考虑到无形资产的作用期间，尤其是尚可使用年限。这主要取决于该领域内技术进步的速度以及无形资产带来的竞争等。

二、无形资产评估的含义及其价值影响因素

(一)无形资产评估的含义

所谓无形资产评估，是以无形资产价值形成理论为基础，考虑影响无形资产价值变动的各种因素，选用适当的评估方法，对无形资产在一定时点上的价值进行量化的过程。理解这个概念需要把握以下两点：

1. 无形资产评估必须与无形资产的具体属性相联系

无形资产的属性从不同的角度有不同的分类，例如无形资产的物理属性、功能属性、经济属性等，这些属性需要不同的方法、程序去把握和评价。而本章主要是从无形资产的经济属性出发来确定其经济属性中的价值属性。在评估过程中，评估人员需要根据实际情况，运用专业判断来确定作为评估对象的无形资产的价值形式。

2. 确定无形资产的价值量必须与特定时间点相联系

无形资产在不同时点具有不同的价值量，因此，评估人员必须根据特定的时间点来确定无形资产的价值量，不与时间点相联系的价值量是没有任何意义的。一般地，我们将评估时所采用的基准时间点称为“评估基准日”。

(二)影响无形资产评估价值的因素

1. 无形资产的取得成本

与有形资产相比较，无形资产在成本确定方面并不是十分明晰和易于计量的。一般来说，外购无形资产的成本较易确定，而自创无形资产则相对困难一些。因为无形资产的非重复性特点，使其在创造过程中所耗费的劳动缺乏横向比较性。同时，无形资产的研发与其研发中的阶段性成功和失败等密切相关，但这部分的成本是很难确定的。无形资产的取得成本一般包括创造发明成本、法律保护成本、发行推广成本等。

2. 无形资产的机会成本

机会成本是指该项无形资产转让、投资、出售后失去市场而损失收益的大小。

3. 无形资产的收益能力

成本是从对无形资产补偿的角度考虑的，但许多无形资产的价值不是以其实际成本确定，而是以应用后创造的效益确定，如专利权、专营权、版权、商标权等。因此，无形资产的收益能力是影响无形资产评估价值的一个重要因素。一项无形资产，在环境、社会、制度允许的条件下，获利能力越强，其评估价值越高；获利能力越弱，其评估价值越低。有的无形资产，尽管其创造成本很高，但不能适应市场的需求，或者收益能力低微，其评估价值同样会很低。

4. 无形资产的使用期限

无形资产一般都有一定的使用期限。使用期限的长短,一方面取决于该无形资产的先进程度,另一方面取决于其无形损耗的大小。一般来说,无形资产越先进,其领先水平越高,使用期限越长。同样地,其无形损耗程度越低,使用期限越长。考虑无形资产的期限,除了应当考虑法律保护期限外,更主要的是考虑其具有预期超额收益的期限(或者收益期限)。比如某项发明专利,保护期为 20 年,但由于无形损耗较大,拥有该项专利预计获得超额收益的期限为 10 年,则这 10 年即为评估该项专利时所应当考虑的期限。

5. 无形资产的科学价值

科学技术成果如同产品一样也有生命周期,即要经历发展、成熟、衰退的过程,这是竞争规律作用的结果。科技成果技术水平越高、垄断性越强、保密工作做得越好,使用期限就越长,则其成果获得超额收益的能力就越强,评估值相应就越高。同时,科技成果的成熟程度也会影响评估价值,其开发程度越高、技术越成熟,运用该技术成果的风险性就越小,评估值就会越高。

6. 无形资产的成果使用方式

从转让内容看,无形资产转让包括所有权转让和使用权转让。无形资产转让权利的大小直接关系到买卖双方的经济利益,通常是买方获得的权利越大,无形资产的评估值越高。就所有权转让和使用权转让来说,所有权转让的无形资产评估值通常高于使用权转让的评估值。例如,专利权的转让价格就比专利许可证的转让价格高很多,因为一项专利可以向多个厂家授让许可证,每个厂家只获得使用权,没有所有权,转让价格就低,而且随着转让次数的增加,其评估值会呈下降趋势。

7. 无形资产的市场供需状况

无形资产的市场供需状况可以从两个方面来考虑:一是无形资产市场需求情况;二是无形资产的使用程度。对于可出售、转让的无形资产,其评估值随市场需求的变动而变动。具体表现为:市场需求大,评估价值就高;市场需求小,评估价值就低。同样地,无形资产的使用范围越广,使用程度越高,需求者越多,需求量越大,评估值就越高。

8. 无形资产的发展趋势、更新换代速度

无形资产的更新换代越快,无形损耗越大,其评估值越低。无形资产价值的损耗和贬值,不取决于自身的使用损耗,而取决于本身以外同类或替代无形资产变化的情况。因此,评估人员在评估时,应注意参考国内外同类或替代无形资产的成熟程度、发展前景、更新换代的速度。

9. 无形资产的转让费用支付方式

无形资产的转让费用支付方式也在一定程度上影响无形资产的评估值,一般有总付、提成支付、混合支付三种方式。

(1)总付。总付是指买卖双方就一项无形资产的价格谈妥后,由买方按价格的现值一次或分期付清。这种支付方式实施过程中的风险和投资后的经济风险,是由买方承担的。总的来说,该种方式对买方来讲弊多利少,对卖方来讲利多弊少。因此,评估值就应该低一些。

(2)提成支付。提成支付是以受让方的销售额或利润额的一定比例或者产品数量为基础,以确定每件提成多少的支付方式,在提成支付合同中规定提成的基础和提成比例。该种支付方式的提成计算具有较大的主观随意性,易受买方的操纵和控制,不利于卖方。因此,评估值较高。

(3)混合支付。这种支付方式要求买方在合同执行时支付转让费总额的一部分,剩余部分按照规定的部分提成。首次支付的部分一般称为入门费或最低收费额。这种最低收费额保证了卖方的最低利益，而且双方共同承担后期开发的风险，对买卖双方都比较公平。因此，评估值居中。

10. 无形资产价值的其他影响因素

除上述因素外，国家的宏观经济政策、无形资产所在行业地区的发展规划和政策、行业发展前景、同类无形资产的价格水平等，也会影响无形资产的评估价值，在进行评估时，应予以适当考虑，以使评估结果更为精准。

三、无形资产评估的特点

与有形资产评估相比较，无形资产评估具有以下特点：

（一）无形资产需要确认

在具体评估无形资产时，不能仅仅满足于对影响无形资产价值因素的一种判断，还必须深入地核查落实评估对象，明确评估对象的自身状况。对无形资产自身状况的了解和掌握，往往通过对无形资产的鉴定来完成。具体鉴定大致可以从以下几个方面进行：

1. 对无形资产权属的鉴定

对无形资产是拥有所有权还是拥有使用权、权利是独家拥有还是多方控制、无形资产的使用范围如何等方面的鉴定，可以通过查询被评估无形资产的内容、国家有关规定、专业机构评价鉴定、法律文书等来完成，如专利证书、商标注册证、著作权登记证书。

2. 对无形资产的功能进行技术鉴定

对无形资产的功能进行技术鉴定，要与同类无形资产进行比较，从而对被评估无形资产的功能作用的技术性、可靠性做出鉴定。

3. 对无形资产作用空间和使用条件进行鉴定

评估人员在进行评估时，应根据无形资产评估的目的、无形资产的具体种类，以及该类无形资产发挥作用需要的条件及配套工作来把握无形资产的作用空间。从某种意义上讲，无形资产的作用空间构成了无形资产评估对象的组成部分，即同一无形资产与不同作用空间的结合，其实就构成了不同的评估对象。因为这些不同的排列组合，其获利能力和评估价值都是有差异的。

（二）无形资产评估通常以产权变动为前提

从我国目前的市场条件和人们对无形资产的认识水平来看，无形资产评估通常是以产权变动为前提的。以产权变动为前提的无形资产评估中的评估对象通常有两种：一种是当无形资产的拥有者或控制者以其拥有或控制的无形资产作为投资或交易对象对外投资或交易时，被投资或交易的无形资产成为评估对象；另一种是当企业整体发生产权变动时，企业资产中所包括的无形资产随企业产权变动而成为评估对象。

第二节　收益法在无形资产评估中的应用

一、无形资产评估中收益法的基本思路

无形资产的价值主要是通过超额获利能力体现出来的，运用收益法来衡量其价值高低适用于大多数无形资产评估项目。收益法的基本思路是从无形资产的超额收益入手，将无形资产带来的超额收益资本化或折成现值作为无形资产评估价值。收益法的运用涉及三大基本参

数，即超额收益、折现率和收益期限。

根据无形资产转让或许可使用选取参数的渠道不同，运用收益法进行评估时，可以选择下列两种方式：

$$P=\sum_{t=1}^{n}\frac{K\cdot R_t}{(1+r)^t} \tag{6-1}$$

$$P=Y+\sum_{t=1}^{n}\frac{K\cdot R_t}{(1+r)^t} \tag{6-2}$$

式中：P——无形资产的评估值；

K——无形资产分成率；

R_t——第 t 年分成基数(超额收益)；

t——收益期限；

r——折现率；

Y——最低收费额。

公式(6－1)中的 K 为无形资产的分成率。由于无形资产附着性的特点，使得其价值的实现通常需要借助相应的有形资产，所以，在计量“纯”无形资产的收益时，就要将有形资产贡献的部分剥离掉。统计分析发现，超额收益与有形资产和无形资产共同创造的合收益之间是有一定规律的，这个规律以分成率来表达，即：

分成率＝超额收益/有形资产和无形资产共同创造的合收益

公式(6－1)与公式(6－2)的区别在于：公式(6－2)比公式(6－1)多了一项最低收费额，但是在计算无形资产的分成率时，公式(6－2)是按扣除最低收费额后测算的。因此，从根本上讲，公式(6－2)与公式(6－1)是一致的。通常称公式(6－1)为“收益模式”，公式(6－2)为“成本－收益模式”。

所谓最低收费额，是指在无形资产转让中，根据购买方实际生产能力和销售情况收取转让费中确定的“入门费”，即无论购买方以后使用该无形资产的情况如何、获利多少，都必须先交纳这一笔费用。最低收费额由以下两个因素确定：无形资产的重置成本净值和无形资产转让的机会成本。

其一，无形资产的重置成本净值。购买方使用无形资产，就应由购买方补偿成本费用。当购买方与转让方共同使用该项无形资产时，则由双方按运用规模、收益范围等来分摊。关于无形资产重置成本净值的具体估算，参见本章的第三节。

其二，无形资产转让的机会成本。由于无形资产的转让，可能会因停止由该无形资产支撑的营业而减少收益，也可能会因为自己创造了竞争对手而减少利润或是增加开发支出。这些构成了无形资产转让的机会成本，理应由无形资产的购买者来承担。

综合考虑以上两大因素来评估最低收费额，可得到以下公式：

无形资产的最低收费额＝重置成本净值×转让成本分摊率＋无形资产转让的机会成本(6－3)

其中：

$$\text{转让成本分摊率}=\frac{\text{购买方运用无形资产的设计能力}}{\text{运用无形资产的总设计能力}}\times 100\% \tag{6-4}$$

无形资产转让的机会成本＝无形资产转让的净减收益＋无形资产再开发的净增费用 (6－5)

式中：

购买方运用无形资产的设计能力，可根据设计产量或按设计产量计算的销售收入确定。

运用无形资产的总设计能力，是指运用无形资产的各方汇总的设计能力，由于是分摊无形资产的重置成本净值，因而不是按照实际运用无形资产的规模，而是按照设计规模来确定权重。当购买方独家使用该无形资产时，转让成本分摊率为1。

无形资产转让的净减收益，一般是指在无形资产尚能发挥作用期间减少的净现金流量。该项可通过边际分析的方法测算得到。

无形资产再开发的净增费用，包括保护和维持该无形资产最佳的科研费用和其他费用、员工再培训费用等。该项也是运用边际分析的方法进行测算。

【例6—1】 某企业转让A产品的全套生产技术，经收集和测算得到如下资料：

(1)该企业与购买企业共同享有该产品的生产技术，双方设计能力分别为2 000万件和500万件；

(2)A产品的全套生产技术由国外引进，账面价格为300万元，已使用2年，尚可使用8年，两年累计通货膨胀率为7%；

(3)该项技术转让对该企业生产经营有较大影响。由于市场竞争加剧，产品价格下降，在以后8年减少的销售收入按折现值计算为70万元，增加开发费用以提高质量、保住市场的追加成本按折现值计算为30万元。

试评估该项无形资产转让的最低收费额。

分析计算：

第一，2年来累计通货膨胀率为7%，对外购无形资产的重置成本可按价格指数法调整，并根据成新率确定净值，可得A产品的全套生产技术的重置成本净值为：

$$300\times(1+7\%)\times\frac{8}{2+8}=256.8(\text{万元})$$

第二，因转让双方共同使用该无形资产，设计能力分别为2 000万件和500万件，故评估重置成本分摊率为：

$$\frac{500}{500+2\,000}\times100\%=20\%$$

第三，由于无形资产转让后加剧了市场竞争，在该无形资产的寿命期间，销售收入减少和费用增加的折现值是转让无形资产的机会成本，根据已知资料可得：

$$70+30=100(\text{万元})$$

所以，该无形资产转让的最低收费额评估值为：

$$256.8\times20\%+100=151.36(\text{万元})$$

二、无形资产超额收益的估算

无形资产超额收益的测算，是采用收益法评估无形资产的关键。由于无形资产附着于有形资产发挥作用并产生共同收益，因此，无形资产超额收益测算的关键是，如何从这些共同收益中分离出无形资产带来的收益。

确定无形资产超额收益的方法有直接估算法、差额法、分成率法以及要素贡献法。

(一)直接估算法

通过未使用无形资产与使用无形资产的前后收益情况对比分析，从而确定无形资产的收益额。在许多情况下，从无形资产为特定持有主体带来的经济利益来看，可以将无形资产划分为收入增长型和费用节约型。

1. 收入增长型无形资产

收入增长型无形资产是指无形资产应用于生产经营过程，能够使得产品的销售收入大幅度增加。增加的原因在于：

(1)生产的产品能够以高出同类产品的价格销售，从而获得超额收益。

这种原因形成的超额收益可以用下列公式计算：

$$R=Q(P_2-P_1)(1-T) \tag{6-6}$$

式中：R——超额收益；

P_1——未使用无形资产单位产品的价格；

P_2——使用无形资产后单位产品的价格；

Q——产品销售量(此处假定销售量不变)；

T——所得税税率。

(2)生产的产品采用与同类产品相同价格的情况下，销售数量大幅度增加，市场占有率扩大，从而获得超额收益。

该种情况下的超额收益可以用下列公式计算：

$$R=(Q_2-Q_1)(P-C)(1-T) \tag{6-7}$$

式中：R——超额收益；

Q_1——未使用无形资产产品的销售量；

Q_2——使用无形资产后产品的销售量；

P——产品价格(此处假定价格不变)；

C——产品的单位成本；

T——所得税税率。

销售量的增加不仅可以增加销售收入，还会引起成本的增加。因此，估算销售量增加形成收入增加，从而形成超额收益时，必须扣减由于销售量增加而增加的成本。同时应注意的是，销售收入增加可以引起收益的增加，它们是同方向的，但由于存在经营杠杆和财务杠杆效应，销售收入和收益一般不是同比例变动，这在计算中应予以考虑。

2. 费用节约型无形资产

费用节约型无形资产是指无形资产的应用，使得生产产品中的生产费用降低，从而形成超额收益。可以参考下列公式计算无形资产的超额收益：

$$R=Q(C_1-C_2)(1-T) \tag{6-8}$$

式中：R——超额收益；

C_1——未使用无形资产产品的单位成本；

C_2——使用无形资产后产品的单位成本；

Q——产品销售量(此处假定销售量不变)；

T——所得税税率。

【知识链接 6-1】

收入增长型和费用节约型无形资产的划分，是假定其他资产因素不变的情况下，为了明晰无形资产超额收益来源情况的人为划分方法。通常，无形资产应用后，其超额收益是各资产因素共同作用的结果。评估者应根据上述特殊情况，进行综合性的运用和测算，科学地测算超额收益。

(二)差额法

当无法将使用无形资产和没有使用无形资产的收益情况进行对比时,采用无形资产和其他类型资产在经济活动中的综合收益与行业平均水平进行比较,可得到无形资产的获利能力,即“超额收益”。

(1)收集有关使用无形资产的产品生产经营活动财务资料,进行盈利分析,得到经营利润和销售利润率等基本数据。

(2)对上述生产经营活动中的资金占用情况(固定资产、流动资产和已有账面价值的其他无形资产)进行统计。

(3)收集行业平均资金利润率等指标。

(4)计算无形资产带来的超额收益。

$$\text{无形资产的超额收益}=\text{经营利润}-\text{资产总额}\times\text{行业平均资金利润率} \quad (6-9)$$

或

$$\begin{matrix}\text{无形资产的}\\\text{超额收益}\end{matrix}=\text{销售收入}\times\text{销售利润率}-\text{销售收入}\times\frac{\text{每元销售收入}}{\text{平均占用资金}}\times\begin{matrix}\text{行业平均}\\\text{资金利润率}\end{matrix} \quad (6-10)$$

应注意的是,使用上述方法计算出来的超额收益,有时不完全由被评估无形资产带来(除非能够认定只有这种无形资产存在),往往是一种组合无形资产的超额收益,还必须进行分解处理。

(三)分成率法

无形资产的收益额通过分成率来获得,是目前国际和国内技术交易中常用的一种实用方法,其计算公式为:

$$\text{无形资产收益额}=\text{销售收入(利润)}\times\text{销售收入(利润)分成率} \quad (6-11)$$

销售收入和销售利润的测算比较容易,重要的是确定无形资产分成率。公式中无形资产收益的分成率是无形资产在总收益中的分成比例,实质上是确定无形资产对总收益的贡献率。既然分成对象是销售收入或销售利润,那么相应地就有两个不同的分成率。由于销售收入与销售利润有内在的联系,可以根据销售利润分成率推算出销售收入分成率,反之亦然。两者的关系为:

$$\text{无形资产收益额}=\text{销售收入}\times\text{销售收入分成率}$$

$$\text{无形资产收益额}=\text{销售利润}\times\text{销售利润分成率}$$

即有:

$$\text{销售收入分成率}=\text{销售利润分成率}\times\text{销售利润率}$$

$$\text{销售利润分成率}=\text{销售收入分成率}\div\text{销售利润率}$$

在无形资产转让实务中,一般是交易双方确定一定的销售收入分成率,俗称“抽头”。例如,在国际市场上一般技术转让费为销售收入的3%～5%,如果按社会平均销售利润率10%推算,技术转让费为销售收入的5%,则技术转让的利润分成率为50%。从销售收入分成率本身很难看出转让价格是否合理,但是转换成利润分成率,就可以进行判断。实务中,由于受让企业的利润额不易控制和核实,因此,按销售收入分成是比较合理的。而在评估中则应以评估利润分成率为基础,至于换算成销售收入分成率,只需要掌握销售利润率及各年度利润的变化情况。

利润分成率的确定,是以无形资产带来的追加利润在利润总额中的比重为基础的。有的情况下容易直接计算，而在不容易区别追加利润的情况下，往往要采取迂回的方法。评估无形资产转让的利润分成率有多种方法，下面主要介绍两种方法，即边际分析法和约当投资分成法。

1. 边际分析法

边际分析法是选择两种不同的生产经营方式进行比较：一种是运用普通生产技术或企业原有技术进行经营，另一种是运用转让的无形资产进行经营。后者利润大于前者利润的差额，就是投资于无形资产所带来的追加利润；然后测算各年度追加利润占总利润的比重，并按各年度利润现值的权重，求出无形资产经济寿命期间追加利润占总利润的比重，即评估的利润分成率。该种方法的关键是，科学分析追加无形资产投入可以带来的净追加利润，这也是购买无形资产所必须进行决策分析的内容。其计算公式为：

$$利润分成率=\frac{\sum 追加利润现值}{\sum 利润总额现值} \tag{6-12}$$

【例 6—2】 某企业转让 B 产品的生产专利技术，购买方用于改造 B 产品的生产线。经对无形资产边际贡献因素的分析，测算在其寿命期间各年度分别可带来追加利润 200 万元、180 万元、140 万元、110 万元，分别占当年利润总额的 40%、30%、20%和 11%，折现率为 10%。

试评估该项无形资产的利润分成率。

分析计算：

第一，各年度利润总额现值之和为：

$$\frac{\frac{200}{40\%}}{1+10\%}+\frac{\frac{180}{30\%}}{(1+10\%)^2}+\frac{\frac{140}{20\%}}{(1+10\%)^3}+\frac{\frac{110}{11\%}}{(1+10\%)^4}$$

$=500\times0.909\ 1+600\times0.826\ 4+700\times0.751\ 3+1\ 000\times0.683\ 0$

$=454.55+495.84+525.91+683$

$=2\ 159.3$(万元)

第二，追加利润现值之和为：

$$\frac{200}{1+10\%}+\frac{180}{(1+10\%)^2}+\frac{140}{(1+10\%)^3}+\frac{110}{(1+10\%)^4}$$

$=200\times0.909\ 1+180\times0.826\ 4+140\times0.751\ 3+110\times0.683\ 0$

$=181.82+148.752+105.182+75.13$

$=510.884$(万元)

第三，无形资产利润分成率为：

$$\frac{510.884}{2\ 159.3}\times100\%=23.66\%$$

所以，该项无形资产的利润分成率为 23.66%。

2. 约当投资分成法

由于利润往往是无形资产与其他资产共同作用的结果，而无形资产通常具有较高的成本利润率，因此，可以考虑采用约当投资分成法，即在成本的基础上附加相应的成本利润率，折合成约当投资，按无形资产的折合约当投资与购买方投入的资产约当投资的比例确定利润分成率，其计算公式为：

$$无形资产利润分成率=\frac{无形资产约当投资量}{购买方约当投资量+无形资产约当投资量}\times100\% \tag{6-13}$$

式中：

无形资产约当投资量＝无形资产重置成本×(1＋适用成本利润率)

购买方约当投资量＝购买方投入的总资产重置成本×(1＋适用成本利润率)

确定无形资产约当投资量时，适用成本利润率按转让方无形资产带来的利润与其成本之比计算。没有企业的实际数据时，可按社会平均水平确定。确定购买方约当投资量时，适用成本利润率按购买方的现有水平计算。

【例6—3】 某企业转让C产品的专利使用权，拟采用利润分成的方式收取转让费。该产品专利的重置成本为200万元，专利成本利润率为300%，受让方的资产重置成本为1 000万元，成本利润率为20%。

试评估该项无形资产利润分成率。

分析计算：

第一，该企业无形资产的约当投资量为：

200×(1＋300%)＝800(万元)

第二，受让方的约当投资量为：

1 000×(1＋20%)＝1 200(万元)

第三，该项无形资产的利润分成率为：

$$\frac{800}{1\ 200+800}\times 100\%=40\%$$

应该指出的是，在国内外技术交易中，分成率不是一个固定的值，它会随着受让方使用无形资产生产的产品产量的增加而递减。评估人员在利用分成率法确定无形资产收益额时，要根据实际情况分析，合理确定分成收益。

(四)要素贡献法

有些无形资产已经成为生产经营的必要条件，由于某些原因不可能或很难确定其带来的超额收益，这时可以根据构成生产经营的要素在生产经营活动中的贡献，从正常利润中粗略估计出无形资产带来的收益。

我国理论界通常采用"三分法"，即主要考虑生产经营活动中的三大要素：资金、技术和管理，这三种要素的贡献在不同行业是不一样的，如表6－1所示。

表6－1　　不同行业三大要素的贡献率

要素 行业类型	资金	技术	管理
资金密集型行业	50%	30%	20%
技术密集型行业	40%	40%	20%
一般行业	30%	40%	30%
高科技行业	30%	50%	20%

三、无形资产折现率的估算

折现率是指与投资该无形资产相适应的投资报酬率。一般来说，无形资产投资收益高、风险性强，因此，无形资产的折现率往往要高于有形资产的折现率。评估时，评估者应根据该项无形资产的功能、投资条件、收益获得的可能性条件和形成概率等因素，科学测算其风险报酬率，以进一步测算出其适合的折现率。另外，折现率的口径应与无形资产评估中采用的收益额的口径保持一致。

四、无形资产收益期限的确定

无形资产收益期限或称有效期限，是指无形资产发挥作用、具有超额获利能力的时间长度。资产评估实践中预计无形资产收益期限，可依照下列方法确定：

第一，法律或企业合同、企业申请书分别规定法定有效期限和收益年限的，可按照法定有效期限与收益年限孰短的原则确定。

第二，法律未规定有效期限，企业合同或企业申请书中规定收益年限的，可按照规定的收益年限确定。

第三，法律和企业合同或申请书均未规定有效期限和收益年限的，按预计收益期限确定。预计收益期限可以采用统计分析或与同类资产比较得出。

无形资产在发挥作用的过程中，其损耗是客观存在的。无形资产损耗的价值量，是确定无形资产有效期限的前提。无形资产因为没有物质实体，所以无形损耗是导致其价值降低甚至丧失的原因，从而提前终止对其使用。具体来说，导致无形资产收益期限减少的可能原因有下列几种：

(1)新的、更为先进的、更经济的无形资产的出现，代替了旧的无形资产，使得采用原无形资产无利可图时，原有无形资产价值就丧失了。

(2)由于无形资产传播面扩大，其他企业普遍掌握该种无形资产，获得该项无形资产已不需要任何成本，使拥有该项无形资产的企业不再具有获得超额收益的能力时，其价值也就大幅度贬低或丧失。

(3)企业拥有的某项无形资产所决定的产品销售量骤减、需求大幅度下降时，该项无形资产价值就会减少，甚至完全丧失。

在科学技术发达的今天，无形资产更新周期加快、经济寿命缩短，因此我们不能只单一地关注合约上对时间期限的规定而不考虑外部环境变化的影响。受许多因素的影响，很多无形资产实际有效期限比其法定保护期要短得多，评估时，对这些情况应给予足够的重视。

五、收益法评估无形资产应用示例

(一)无形资产的所有权价值评估

【例6－4】 某科技发展公司5年前自行研发出一项大功率电热转换体及其处理技术，并获得发明专利证书，专利保护期为15年。现在，该公司准备将该专利技术出售给某家刚起步的小企业，因此需要对该项专利技术2013年的价值进行评估。

评估分析和计算过程如下：

(1)评估对象和评估目的。由于该科技发展公司出售的是专利，因此，转让的是专利技术的所有权。

(2)专利技术鉴定。该项技术已申请专利，该技术所具备的基本功能可以从专利说明书以及有关专家鉴定书中得到。此外，截至2013年，该项专利技术已经在该科技发展公司使用了5年，产品已进入市场，并深受消费者欢迎，市场潜力比较大。因此，该项专利技术的有效功能较好。

(3)评估方法选择。该项专利技术具有较强的获利能力，而且，同类型的专利技术在市场上被授权使用的情况较多，分成率容易获得，从而为测算收益额提供了保证。因此，可以采用收益法进行评估。

(4)判断确定评估参数。根据对该类专利技术的更新周期以及市场上产品更新周期的分析，确定该专利技术的剩余使用年限为5年。根据对该类技术的交易实例的分析，以及该技术对产品生产的贡献性分析，预计销售收入分成率为5%。

根据过去经营绩效及对未来市场需求的分析，评估人员对未来5年的销售收入进行预测，结果详见表6—2。

表6—2　　预期销售收入测算结果

年　份	销售收入(万元)
2014	500
2015	600
2016	700
2017	800
2018	850

根据当前的市场投资收益率，确定该项专利技术评估中采用的折现率为10%。

(5)计算评估值。结果详见表6—3。

表6—3　　评估值计算表　　单位：万元

年　份	销售收入	分成额 (销售收入×5%)	收益总额 (r=10%)
2014	500	25	22.73
2015	600	30	24.79
2016	700	35	26.30
2017	800	40	27.32
2018	850	42.5	26.39
合　计	3 450	172.5	127.53

因此，该专利技术的评估值为127.53万元。

(二)无形资产的使用权价值评估

【例6—5】 甲厂将阳光牌摩托车的注册商标使用权通过许可合同给乙厂使用，使用时间为5年。双方约定由乙厂每年按使用该商标新增利润的30%支付给甲厂，作为商标使用费，试评估该商标使用权价值。

评估分析和计算过程如下：

(1)预测使用期限内新增利润总额。其取决于每辆车的新增利润和预计产量。对于产量的预测，应根据许可合同的有关规定及市场情况进行。如果许可合同中规定有地域界限，在预测时必须予以考虑，否则就可能导致预测量过多，以致评估值失实。根据评估人员预测，每辆车可新增利润20元，第1年至第5年摩托车的产量分别为40万辆、50万辆、60万辆、70万辆、80万辆。

由此确定每年新增净利润为：

第 1 年：40×20=800(万元)

第 2 年：50×20=1 000(万元)

第 3 年：60×20=1 200(万元)

第 4 年：70×20=1 400(万元)

第 5 年：80×20=1 600(万元)

(2)确定分成率。以许可合同中确定的 30%作为分成率。

(3)确定折现率。假设折现率为 15%。

(4)确定每年新增净利润的现值，见表 6-4。

表 6-4　　每年新增净利润的现值　　单位：万元

年　份	新增净利润额	折现系数	现　值
1	800	0.869 6	695.68
2	1 000	0.756 2	756.2
3	1 200	0.657 5	789
4	1 400	0.571 8	800.52
5	1 600	0.497 2	795.52
合　计	6 000	3.352 3	3 836.92

(5)计算评估值。

评估值=3 836.92×30%=1 151.08(万元)

所以，该商标使用权的评估价值为 1 151.08 万元。

第三节　成本法在无形资产评估中的应用

一、无形资产评估中成本法的基本思路

(一)无形资产的成本特性

无形资产的成本包括研制或取得、持有期间的全部物化劳动和活劳动的费用支出。采用成本法进行评估的无形资产具有以下成本特性：

1. 不完整性

与购建无形资产相对应的各项费用是否计入无形资产的成本，是以费用支出资本化为条件的。在企业生产经营过程中，科研费用一般都是比较均衡地发生的，并且比较稳定地为生产经营服务，因而我国现行财务制度一般把科研费用从当期生产经营费用中列支，而不是先对科研成果进行费用资本化处理，再按无形资产折旧或摊销的办法从生产经营费用中补偿。这种办法简便易行，大体上符合实际，并不影响无形资产的再生产。因此，企业账簿上反映的无形资产成本是不完整的，大量的账外无形资产的存在是不可忽视的事实。另一方面，即使是按国家规定进行费用支出资本化的无形资产的成本核算，一般也是不完整的。因为无形资产的创建具有特殊性，有大量的前期费用，如培训、基础开发或相关试验等往往不计入该无形资产的成本，而是通过其他途径进行补偿。

2. 弱对应性

无形资产的创建经历基础研究、应用研究和工艺生产开发等漫长过程，成果的出现具有较大的随机性、偶然性和关联性，比如在一系列的研究失败之后偶尔出现一些成果，由其承担所有的研究费用显然不够合理。而在大量的先行研究成果（无论是成功还是失败）的积累之上，往往可能产生一系列的无形资产，然而，继起的这些研究成果是否应该以及如何承担先行研究的费用也很难明确判断。

3. 虚拟性

由于无形资产的成本具有不完整性、弱对应性的特点，所以无形资产的成本往往是相对的。特别是一些无形资产的内涵已经远远超出了其外在形式的含义，其成本只具有象征意义或虚拟性。例如商标，其成本核算的是商标设计费、登记注册费、广告费等，而商标的内涵是标示商品内在质量信誉。这种无形资产实际上包括了该商品使用的特种技术、配方和多年的经验积累，而商标形式本身所花费的成本只具有象征性或虚拟性。

无形资产的成本特性决定了采用成本法评估无形资产具有很大的局限性。在运用成本法评估无形资产，尤其是利用无形资产的取得成本作为其评估价值时应格外慎重。而且，使用成本法评估无形资产应当具备可利用的历史成本资料。

(二)成本法评估无形资产的基本思路

采用成本法评估无形资产，其基本公式为：

$$无形资产评估值=无形资产重置成本\times成新率 \qquad (6-14)$$

从公式(6－14)能够看出，估算无形资产重置成本和成新率，从而科学确定无形资产评估值，是评估人员所面临的重要工作。无形资产重置成本是指现时市场条件下重新创造或购置一项全新无形资产所耗费的全部货币总额。根据企业取得无形资产的来源情况，无形资产可以划分为自创无形资产和外购无形资产。不同类型的无形资产，其重置成本构成和评估方式不同，需要分别进行估算。成新率用来衡量无形资产的贬值。由于无形资产没有物质实体，不存在实体性贬值，因此，在无形资产评估中，成新率的确定应考虑无形资产使用频率与时间的关系，即无形资产的功能性贬值和经济性贬值。

【知识链接6－2】

《资产评估准则——无形资产》第二十七条规定，注册资产评估师使用成本法时应当：

(1)根据被评估无形资产形成的全部投入，充分考虑无形资产价值与成本的相关程度，恰当考虑成本法的适用性；

(2)合理确定无形资产的重置成本，无形资产的重置成本包括合理的成本、利润和相关税费；

(3)合理确定无形资产贬值。

二、无形资产重置成本的估算

(一)自创无形资产重置成本的估算

自创无形资产的成本是由创建该资产所消耗的物化劳动和活劳动费用构成的，自创无形资产如果已有账面价值，由于其在全部资产中的比重一般不大，可以按照定基价格指数作相应调整，即得到重置成本。在实践中，自创无形资产往往无账面价值，需要进行评估。评估方法主要有核算法和倍加系数法。

1. 核算法

核算法的基本计算公式为：

无形资产重置成本＝直接成本＋间接成本＋资金成本＋合理利润　　(6－15)

直接成本按照无形资产创建过程中实际发生的材料、工时消耗量，根据现行价格和费用标准进行估算。即：

无形资产直接成本＝$\sum$(物质资料实际消耗量×现行价格)＋$\sum$(实际工时×现行费用标准)

需要说明的是，评估无形资产直接成本不是按现行消耗量而是按实际消耗量来计算。这是因为：第一，无形资产是创造性的成果，一般不能原样复制，所以不能模拟在现有生产条件下再生产的消耗量；第二，无形资产生产过程是创造性智力劳动成果，技术进步的作用最为明显，如果按模拟现有条件下的复制消耗量来估测重置成本，必然影响到无形资产的价值形态的补偿，从而影响到无形资产的创建。从具体的评估实践来看，由于无形资产开发的各项支出均有原始会计记录，只要按国家规定的范围计算消耗量，并按现行价格和费用标准计价就可以。

自创无形资产重置成本计算中一般需要考虑合理利润，合理利润来源于自创无形资产的直接成本、间接成本、资金成本之和与外购同样的无形资产的平均市场价格之间的差额。基于一些特定评估目的的无形资产重置成本的计算，可以不考虑合理利润。

2. 倍加系数法

对于投入智力比较多的技术型无形资产，考虑到科研劳动的复杂性和风险，可用以下公式估算无形资产重置成本：

$$\text{无形资产重置成本}=\frac{C+\beta_1 V}{1-\beta_2}\times(1+L) \qquad (6-16)$$

式中：C——无形资产研制开发中的物化劳动消耗；

V——无形资产研制开发中的活劳动消耗；

β_1——科研人员创造性劳动倍加系数；

β_2——科研的平均风险系数；

L——无形资产投资报酬率。

(二)外购无形资产重置成本的估算

外购无形资产一般有购置费用的原始记录，也可能有可以参照的现行交易价格，评估相对比较容易。外购无形资产的重置成本包括购买价和购置费用两部分，一般可以采用以下两种方法：

1. 市价类比法

在无形资产交易市场中选择类似的参照物，再根据功能和技术先进性、适用性对其进行调整，从而确定其现行购买价格。购置费用可根据现行标准和实际情况核定。

2. 价格指数法

(1)一次性付款方式下的外购无形资产重置成本的估算。该种情况下，可以考虑运用价格指数法进行估测，其公式为：

重置成本＝账面原始成本×价格变动指数

价格变动指数应综合考虑生产资料价格指数的变化和消费资料价格指数的变化。根据被评估无形资产的种类及可能投入的活劳动情况，选择生产资料价格指数的权重与消费资料价格指数的权重。

(2)分期付款方式下的外购无形资产重置成本的估算。这种情况下，可以考虑按以下思路进行：首先估算该无形资产成交时点的价值，即把已支付的款额和尚未支付的款额都按一定的折现率折算为成交时点的价值，然后再按价格指数法将无形资产成交时点的价值推算到评估时点，用公式表达为：

$$C_n=\sum_{i=1}^{n}\frac{R_iW_i}{(1+r)^i} \tag{6-17}$$

式中：C_n——无形资产重置成本；

R_i——每期付款额；

r——折现率；

W_i——价格变动指数；

n——付款期限数。

三、无形资产贬值的估算

无形资产的贬值表现为功能性贬值和经济性贬值。功能性贬值，是由于科学技术的进步，或者由于无形资产的普遍使用，使其获取超额利润的能力下降，造成价值降低；经济性贬值，是由于外部市场环境的变化，导致需求的减少或价值的贬损，最终造成价值的减少。在评估无形资产的贬值程度时，应综合考虑这两方面的因素。

通常情况下，无形资产贬值的评估可以采用专家鉴定法和剩余经济寿命预测法。

（一）专家鉴定法

专家鉴定法是指邀请有关技术领域的专家，对被评估无形资产的先进性、适用性作出判断，从而确定其成新率的方法。

（二）剩余经济寿命预测法

剩余经济寿命预测法是指由评估人员通过对无形资产剩余经济寿命的预期和判断，以确定其成新率的方法。其计算公式为：

$$\text{成新率}=\frac{\text{剩余使用年限}}{\text{已使用年限}+\text{剩余使用年限}}\times100\% \tag{6-18}$$

公式(6－18)中，已使用年限比较容易确定，剩余使用年限应由评估人员根据无形资产的特征，通过分析判断获得。

在确定成新率时，应注意无形资产使用效用与时间的关系，这种关系通常是非线性的。有的无形资产的效用呈非线性递减关系（如技术型无形资产），有的无形资产的效用在一定时间内呈非线性递增关系（如商标、商誉等）。评估人员在评估时，应对这种变化趋势进行分析并予以说明。

四、成本法评估无形资产应用示例

【例6－6】 鸿运股份有限公司由于经营管理不善，亏损严重，资不抵债。该公司拟将一项实用新型专利技术进行转让，以偿还部分债务。该专利技术是公司3年前自行研制开发的，并已获得专利证书。现需要对该专利技术进行评估。

评估分析和计算过程如下：

(1)确定评估对象

该项专利技术是鸿运股份有限公司自行研制开发并申请的专利权，该公司对其拥有所有权。因此，确定的评估对象是该专利技术的完全产权。

(2)技术功能鉴定

该专利技术的专利权证书、技术检验报告书均齐全。根据专家鉴定和现场勘察，表明该项专利技术应用中对于提高产品质量、降低产品成本均有很大作用，效果良好，与同行业的同类技术相比较，处于领先水平。经分析，鸿运股份有限公司经济效益不佳、亏损严重，是由于公司管理人员素质较低、管理混乱所致。

(3)评估方法选择

由于该公司经济效益欠佳，很难确切地预计该项专利技术的超额收益，且同类技术在市场上尚未发现交易实例，因此选用成本法评估。

(4)各项评估参数的估算

首先，分析测算其重置成本。该项专利技术是鸿运股份有限公司自创形成的，其开发形成过程中的成本资料可从该公司获得。具体如表6—5所示。

表6—5　　专利技术开发过程中的成本　　单位：元

成本项目	金　额
材料费用	52 200
工资费用	2 800
专用设备费	4 500
资料费	1 950
咨询鉴定费	5 000
专利申请费	4 500
培训费	3 500
差旅费	4 000
管理费分摊	3 600
非专用设备折旧费分摊	8 900
合　计	90 950

因为专利技术难以复制，各类消耗仍按过去实际发生定额计算，对其价格可按现行价格计算。根据考察、分析和测算，近3年生产资料价格上涨指数分别为6%、7%和9%。由于消费资料价格指数难以获得，且该专利技术开发中工资费用所占份额很小，因此，可以将全部成本按生产资料价格指数调整，即可估算出该项专利技术的重置成本。

重置成本＝90 950×(1＋6%)×(1＋7%)×(1＋9%)＝112 439(元)

其次，确定该项专利技术的成新率。该项实用新型专利技术的法律保护期限为10年，尽管还有7年，但根据专家鉴定分析和预测，该项专利技术的剩余使用期限为5年，由此可以计算出成新率。

$$成新率=\frac{5}{3+5}\times 100\%=62.5\%$$

(5)计算评估值

评估值＝112 439×62.5%＝70 274(元)

所以，该项专利技术的评估值为70 274元。

五、无形资产评估中应用成本法需注意的事项

工程图纸、计算机软件、营业执照、人员聘用合同等无形资产可以采用成本法评估。在无形资产评估时，首先必须对无形资产进行慎重的鉴定，无形资产的成本必须能够识别而且可以计量。所以，采用成本法评估无形资产价值时，应注意：

(1)无形资产的重置成本应当包括开发者或者持有者的合理收益；

(2)要考虑无形资产的功能性贬值和经济性贬值；

(3)使用成本法时也会涉及市场分析和收益分析，例如，市场的供求关系直接影响与目标无形资产有关的材料成本、人工成本和间接成本，而对于开发商利润和创新报酬的决定就要借助收益法分析。

第四节　市场法在无形资产评估中的应用

一、无形资产评估中市场法的基本思路

无形资产评估中的市场法是指根据替代思路，利用市场上同类或类似无形资产的交易资料和交易价格，通过对比、分析、调整等具体技术手段来估测被评估无形资产价值的评估方法。

市场法的基本公式如下：

$$\text{无形资产价值}=\frac{\text{参照物的成交价格}}{\text{收益性指标}\times\text{各项调整系数}} \tag{6-19}$$

所谓收益性指标，一般包括无形资产应用所产生的收益指标，如无形资产的产品收入、EBIT、EBITDA、现金流等指标。

运用市场法进行评估时，应根据被评估无形资产或类似无形资产的历史交易情况，重点分析被评估无形资产与已交易无形资产在性质特点、收益能力、竞争能力、技术水平、成熟程度等方面是否具备可比性，恰当考虑市场法的适用性。

市场法是资产评估实践中一种简单有效的方法，然而，由于无形资产特殊性、唯一性、非标准性等特征以及我国无形资产市场的实际情况，运用市场法评估无形资产的案例并不多见。

二、参照物的选择与比较

(一)在市场上寻找相同或类似的参照物

作为参照物的无形资产与被评估无形资产至少要满足形式相似、功能相似、载体相似及交易条件相似等可比性要求，见表 6—6。

表 6—6　　作为参照物的无形资产的要求

可比性	具体要求
形式相似	参照物与被评估资产按照无形资产分类原则，可以归并为一类。
功能相似	尽管参照物与被评估资产的设计和结构不可避免地存在差异，但它们的功能和效用应该相同和近似。
载体相似	参照物与被评估资产所依附的产品或服务应满足同质性要求，所依附的企业则应满足同行业与同规模的要求。

续表

可比性	具体要求
交易条件相似	参照物的成交条件与被评估资产模拟的成交条件在宏观、中观和微观层面上都应大体接近。

(二)收集类似无形资产交易的市场信息

评估人员在参照物与被评估无形资产在形式、功能和载体方面满足可比性要求的基础上，应尽量收集促使交易达成的市场信息，该信息主要涉及供求关系、产业政策、市场结构、企业行为和市场绩效的内容，其中对市场结构分析尤为重要，即需要分析卖方之间、买方之间、买卖双方之间、市场内已有的买方和卖方与正在进入或可能进入市场的买方和卖方之间的关系。

(三)比较调整确定被评估无形资产的评估值

无论是纵向比较还是横向比较，参照物与被评估无形资产会因时间、空间和条件的变化而产生差异。评估人员应综合考虑宏观经济变化情况、行业变化情况和无形资产自身变化情况，从而对无形资产的评估值作出相应的调整。

三、无形资产评估中应用市场法需注意的事项

(一)具有合理比较基础和类似的无形资产

对于参照物的要求，国际评估准则委员会发布的《无形资产评估指南》指出："使用市场法必须具备合理的比较依据和可进行比较的类似的无形资产。参照物与被评估无形资产必须处于同一行业，或处于对相同经济变量有类似反应的行业。这种比较必须具有意义，并且不能引起误解。"

(二)要收集与被评估无形资产相关的交易信息

1. 收集类似的无形资产交易的市场信息，为横向比较提供依据

市场结构不同，资产的定价也会有所不同。评估人员应收集类似无形资产交易的市场信息，以便选择恰当的参照物及其可比交易活动，并与评估对象进行横向比较。

2. 收集被评估无形资产以往的交易信息，为纵向比较提供依据

评估人员既要看到无形资产具有依法实施多元和多次授权经营的特征，使得过去交易的案例成为未来交易的参照依据，同时也应注意到，时间、地点、交易主体和条件的变化也会影响被评估无形资产的价值。

(三)要收集相关、可靠、合理、有效的价格信息

(1)相关，是指所收集的价格信息与需要做出判断的被评估无形资产的价值有较强的关联性。

(2)可靠，是指所收集的价格信息经过对信息来源和收集过程的质量控制，具有较高的置信度。

(3)合理，是指所收集的价格信息能反映被评估无形资产载体结构和市场结构特征，不能简单地用行业或社会平均的价格信息推理具有明显结构异质特征的被评估无形资产的价值。

(4)有效，是指所收集的价格信息能够有效地反映评估基准日的被评估无形资产在模拟条件下的可能的价格水平。

(四)在参照物与被评估无形资产之间做适当调整

无论是横向比较还是纵向比较，参照物与被评估无形资产会因时间、空间和条件的变化而

产生差异，评估人员应对此做出言之有理、持之有据的调整。

本章小结

无形资产是指特定主体所控制的、不具有实物形态的、对生产经营长期发挥作用且能带来经济利益的资源。本章系统地描述了影响无形资产评估价值的因素，并介绍了采用收益法评估无形资产主要涉及无形资产超额收益、无形资产折现率以及无形资产收益期限的估算；采用成本法评估无形资产时，应注意掌握无形资产相对于有形资产所具有的三个成本特性，即不完整性、弱对应性和虚拟性，采用成本法评估无形资产的重点在于无形资产重置成本的估算以及无形资产贬值的估算；采用市场法评估无形资产的重点在于参照物的选择与比较。

复习题

1. 无形资产评估的特点是什么？
2. 无形资产的成本特性是什么？
3. 影响无形资产评估价值的因素主要有哪些？
4. 如何选择无形资产的评估方法？
5. 运用收益法评估无形资产时，如何选择无形资产超额收益的估算方法？
6. 运用成本法评估无形资产时，如何选择无形资产重置成本的估算方法？
7. 运用市场法评估无形资产时，评估人员应注意哪些事项？

案例题

“惠农”商标的评估说明

背景：海西（集团）公司拟发起设立股份有限公司，其主要产品和经营性资产均进入拟设立的股份公司。

1. 商标及企业概况

海西（集团）公司是全国生产农用运输车的企业，是国家农用车重点发展的大集团之一，主要产品商标为“惠农”牌注册商标，由文字和图案构成，注册日期为 2002 年 10 月 1 日，注册号为 789778801，核定使用商品为第 12 类，即农用运输车、客车、轿车和摩托车。目前使用“惠农”商标的主要产品有三轮和四轮农用运输车，其产量居全国同行业前茅，知名度高，在用户中享有较高的声誉，为企业带来了良好的经济效益。

2. 评估依据

（1）“惠农”牌商标注册证书；

（2）企业前三年及评估基准日财务报表及相关资料；

（3）主要客户及市场概况；

（4）原国家科委（现科技部）中国科技促进发展研究中心“关于农用车走俏的启示”调研报告；

（5）原国家机械工业委员会（现工业和信息化部）“农用运输车市场需求与产品结构构成研究”调研报告；

（6）国家对农用车产业的有关政策；

（7）企业发展规划；

（8）其他。

3. 产品及市场状况

（1）产品

“惠农”牌主导产品有五种规格型号的三轮农用车和三种规格型号的四轮农用车，产品质量较高，平均故障里程均在2 500公里以上，优于国家标准，居同行业领先地位。该系列三轮车、四轮车均为国家主管部门质量评定一等品，“惠农”牌商标的农用车还获中国质量管理协会“2008年全国用户满意产品”等荣誉称号。

(2)市场

海西(集团)公司具有生产规模优势，三轮农用车的产量在2009年前居同行业前三，市场遍及全国，市场占有率近15%，并在非洲若干国家建厂生产、销售。

随着农用车市场高速发展期的结束，市场竞争更趋激烈，不少企业生产难以为继，而该集团公司生产仍具良好发展态势，在同行业中位居前列。2009～2012年的农用车销售量和销售收入分别见表6—7、表6—8。

表6—7　　2009～2012年销售量统计表

年份	2009		2010		2011		2012	
品种	销售量（辆）	增长率（%）	销售量（辆）	增长率（%）	销售量（辆）	增长率（%）	销售量（辆）	增长率（%）
三轮	120 002	—	126 811	5.67	123 825	−2.35	132 371	6.90
四轮	6 779	—	6 876	1.43	6 390	−7.07	6 946	8.70
合计	126 781	—	133 687	5.45	130 215	−2.60	139 317	6.99

表6—8　　2009～2012年销售收入统计表　　单位：万元

年份	2009		2010		2011		2012	
品种	销售收入	增长率（%）	销售收入	增长率（%）	销售收入	增长率（%）	销售收入	增长率（%）
三轮	52 501	—	56 180	7.01	51 048	−9.13	58 712	15.01
四轮	7 623	—	6 966	−8.62	7 031	0.93	7 652	8.83
合计	60 124	—	63 146	5.03	58 079	−8.02	66 364	14.27

4. 评估方法

采用超额收益现值法，即根据商标产品单位售价超过同行业平均售价的部分，按一定的期限和折现率计算现值。计算公式为：

$$P=\sum_{t=1}^{n}\frac{R_t}{(1+r)^t}$$

式中：P——商标估计值；

n——收益年限；

r——折现率；

R_t——第t年商标产品的超额收益。

(1)收益年限

农用车结构相对简单，易于生产，行业整体技术水平不高，竞争激烈，综合考虑企业在行业中的地位和技术水平，确定商标带来超额收益的年限为5年。

(2)折现率

根据一年期银行存款利率5.67%和风险报酬率共同确定。风险报酬率主要考虑企业所处行业的风险因素。

农用运输车是由农机改造而发展起来的，相对汽车而言，其结构简单、技术含量低、易生产，市场竞争激烈。尽管国家已限制建设新厂，但现有企业的生产规模在扩大，特别是原汽车制造业的介入，使市场竞争更加激烈。目前农用车的价格低，适合农民使用，其性能也较差；由于国家对农用车的定位不甚明确，管理较薄弱，易发生交通事故，产生不良社会影响；或由于农民的收入提高、道路条件改善等情况，导致用户追求性能更优越的汽车，而使整个产业萎缩、衰退。同时，该集团公司三轮、四轮农用车的销售收入占公司总销售收入的

95%以上，一旦产品开发滞后，或决策失误，企业将面临险境。

鉴于上述因素综合考虑，确定风险报酬率为6%，折现率为：

$r=5.67\%+6\%=11.67\%$

因此，为了计算方便，折现率可按12%计算。

(3)超额收益

截至2008年年底，全国登记在"目录"上的生产农用运输车的企业共247家，"惠农"牌三轮车产量居同行业的前六位。

根据近期"惠农"牌农用车主要销售市场资料，将"惠农"牌农用车与其他厂家生产的相同规格产品进行比较。四轮车售价与其他商标产品基本一致，三轮车的售价见表6—9。

表6—9 **主要销售市场售价比较表**

项 目	福建	江西	广东	山东	河北	其他
占全部销售量比重(%)	21.8	29.5	16.3	12.5	10.5	9.4
单位售价平均差异(元)	60	40	50	0	50	40

单位售价加权平均差异

$=60\times21.8\%+40\times29.5\%+50\times16.3\%+0\times12.5\%+50\times10.5\%+40\times9.4\%$

$=42$(元)

依据企业近年来的实际产销情况、财务状况和企业发展规划，同时考虑到目前同行业的竞争和中国加入世界贸易组织、国家家电产品下乡补贴政策等因素可能带来的对本行业不利和有利的影响，对企业2013～2017年的超额收益进行预测，预测结果见表6—10。

表6—10 **超额收益预测表**

项 目	2013年	2014年	2015年	2016年	2017年
销售量(辆)	134 708	138 749	142 911	147 198	151 614
销售收入(万元)	64 271	66 199	68 185	70 230	72 337
每辆车的超额收益(元)	42	42	40	35	30
超额收益总额(万元)	565.77	582.75	571.64	515.19	454.84
所得税后超额收益(万元) (所得税税率按25%计算)	424.33	437.06	428.73	386.39	341.13
折现系数(贴现率12%)	0.892 9	0.797 2	0.711 8	0.635 5	0.567 4
超额收益现值(万元)	378.88	348.42	305.17	245.55	193.56
合 计	1 471.58				

5. 评估结果

经评估计算，"惠农"牌商标权的评估价值为1 471.58万元。

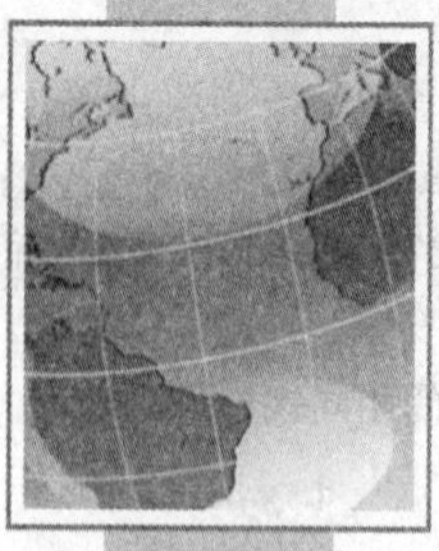

第七章 特殊资产评估

学习目的与要求

本章系统地描述了特殊资产评估的具体内容，分析了金融不良资产、森林资源资产、投资性房地产等评估对象，阐释这三类特殊资产的评估要点，并介绍了金融不良资产、森林资源资产、投资性房地产的评估方法。通过本章学习，应了解三类特殊资产评估的基本概念，熟悉金融不良资产的产生及分类，理解森林资源资产评估的概念和投资性房地产的评估对象，掌握林木资产、林地资产、投资性房地产的评估方法。

第一节　特殊资产评估要点

随着我国市场经济的不断发展完善，资产评估业务也得到了极大程度的发展。在此期间，机器设备、无形资产、房地产等原有评估业务日臻完善；同时，也涌现出大量的新型评估业务，如金融不良资产评估、森林资源资产评估、投资性房地产评估等，对这类特殊资产的评估研究已刻不容缓。

一、金融不良资产

金融不良资产是指银行持有的次级、可疑及损失类贷款，金融资产管理公司收购或接管的金融不良资产债权，以及其他非银行金融机构持有的不良债权。金融不良资产主要包括不良贷款和以物抵贷资产，以及资产处置过程中由于对部分不良贷款实施了债转股，或以资抵债等形成的资产。

(一)金融不良资产产生

亚洲金融危机之后，我国政府增强了对金融体系稳定性的关注。在我国，长期计划经济体制下政企不分等多种因素，形成了国有银行和国有企业之间高度依存的银企关系。许多国有企业由于设备技术落后、债务负担沉重、经营机制不适应市场要求，出现了大面积亏损。由此导致国有银行巨额贷款难以清收，从而银行资产质量严重恶化的状况。

为从根本上防范化解金融风险，彻底解决国有商业银行的不良贷款问题，维护国有商业银行的信誉和提高其国际竞争力，建立一个健康和可持续发展的金融体系，我国政府借鉴国际先进经验，于1999年先后组建了四家国有独资金融资产管理公司，将商业银行的部分不良贷款剥离到资产管理公司集中管理和处置。

【知识链接7—1】

20世纪80年代，许多国家相继出现了大规模的系统性金融危机。在拉丁美洲，以墨西哥、阿根廷、智利、巴西等为代表的一些国家外债负担沉重，致使发达国家银行向这些拉丁美洲国家提供的大量贷款难以收回，对国际金融稳定产生了不良影响。

在美国,20世纪80年代末的利率动荡和利率风险导致银行体系不良资产大幅增加,大批储蓄信贷机构陷入信用危机,到1988年,有问题的银行数量超过1 400家,倒闭银行达200多家。

在亚洲,日本在20世纪80年代的泡沫经济后遗症进一步恶化,金融机构积淀的不良资产问题日益沉重,致使日本经济陷入长期低迷。而开始于泰国的亚洲金融危机不仅席卷了整个东南亚国家,而且蔓延到全球,俄罗斯"外汇走廊"被迫取消,基本丧失了正常的对外和对内支付能力。

1989年,美国国会通过立法形式从美国联邦存款保险公司中分离出一个名为重组信托公司的机构,专门处置储蓄信贷机构的不良资产。继美国之后,成立资产管理公司处置金融不良资产的办法被世界多数国家采用。韩国在遭遇1997年亚洲金融危机后不久,即开始消化金融不良资产,将原来专门处理税收罚没款项的国有公司改组专门处置金融不良资产,并于1998年成立了不良资产整理基金,与亚洲开发银行贷款等资金共同运作,迅速建立起韩国特色的不良资产市场。

(二)金融不良资产分类

金融不良资产大致可以分为实物类资产、股权类资产、债权类资产和其他资产等。

1. 实物类资产

主要包括收购的以物抵贷资产、资产处置中收回的以物抵债资产、受托管理的实物资产及其所产生的权益,以及其他能实现债权清偿权利的实物资产,如存货、短期投资、固定资产、长期投资等。

2. 股权类资产

主要包括商业性债转股、抵债股权和抵押股权等。

3. 债权类资产

债权类资产在商业银行剥离前多为次级、可疑甚至损失类资产。资产管理公司接收后,处置这类资产时面临着财产直接支配权小、市场操作性差、不确定性因素多的现实状况。

4. 其他资产

主要包括土地使用权、商标权等无形资产以及收益凭证等其他相关资产。

金融不良资产与一般的金融资产不同,其特点具体见表7—1。

表7—1　　金融不良资产的特点

资　产		特　点
金融不良资产	实物类资产	1. 财产资料不全:资产本身存在瑕疵,缺失产权证明,财务会计资料丢失或账实不符。 2. 市场操作性差:财产直接支配权小,市场公开出售、处于最佳使用状态等评估假定受限。
	股权类资产	
	债权类资产	
	其他资产	

二、森林资源资产

森林资源是不是商品、有没有价值是林业经济学界长期以来讨论的核心问题。很长一段时间内,学术界普遍认为自然资源是无价的,森林资源主要是自然产生的,其只有使用价值而没有价值。这样的一种思想导向使人们错误地认为森林资源产品高价、原料低价,从而导致了森林资源锐减和环境日益被破坏。自20世纪80年代末以来,人们逐渐认识到资源和环境是有价值的，认识到了森林资源在森林生物群体的物质生产、能量储备及其对周围环境的影响方面所表现出的价值。森林资源资产的分类方法很多，按照物质形态特征，森林资源资产可以分为林木资源资产、林地资源资产和森林景观资产。具体分类如图 7—1 所示。

- 森林资源资产
  - 林木资源资产
    - 用材林
    - 经济林
    - 薪炭林
    - 竹　林
    - 防护林
    - 特用林
  - 林地资源资产
    - 有林地
    - 疏林地
    - 未成林造林地
    - 灌木林地
    - 采伐迹地
    - 火烧迹地
    - 苗圃地
    - 国家规划的宜林地
  - 森林景观资产

图 7—1　森林资源资产分类

【知识链接 7—2】

按照物质形态总的特征，森林资源可以分为森林生物资源、森林土地资源及森林环境资源。

(1)森林生物资源：森林、林木及以森林为依托生存的动物、植物、微生物等资源。

(2)森林土地资源：有林地、疏林地、宜林荒山荒地等。

(3)森林环境资源：森林景观资源、森林生态资源等。

除此之外，按照其他分类标准，森林资源的分类如表 7—2 所示。

表 7—2　　森林资源其他分类

分类标准	具体类型
起源与演变	天然林资源、天然次生林资源、人工促进的天然林资源、人工林资源
物质结构	林地资源、林木资源、林区野生植物资源、林区野生动物资源、林区微生物资源、林区环境资源
经济活动关系	经营性森林资源、非经营性森林资源

森林资源资产评估要根据特定的目的，遵循社会客观经济规律和公允的原则，按照国家法定的标准和程序，运用科学可行的方法，以统一的货币单位，对具有资产属性的森林资源实体及其预期收益进行评定估算。它是评估者在根据被评估森林资源资产的实际情况、所掌握的市场动态资料以及对现在和未来进行多因素分析的基础上，对森林资源资产所具有的市场价值进行评定估算。

三、投资性房地产

(一)投资性房地产的概念

投资性房地产，是指为赚取租金或资本增值，或者两者兼有而持有的房地产。

(1)已出租的土地使用权，是指企业通过出让或转让方式取得的、以经营租赁方式租出的土地使用权。

(2)持有并准备增值后转让的土地使用权，是指企业取得的、准备增值后转让的土地使用权。按照国家有关规定认定的闲置土地，不属于持有并准备增值后转让的土地使用权。

(3)已出租的建筑物，是指企业拥有产权的、以经营租赁方式租出的建筑物，包括自行建造或开发活动完成后用于出租的建筑物。

(二)投资性房地产的特点

投资性房地产具有以下特点：

(1)投资性房地产不是用于销售。投资性房地产的最终目的在于持有并增值，即指企业仍拥有该房地产的所有权。这不同于一般的用于销售的房地产。根据准则的定义，用于销售以获取差价的房地产，应界定为存货，不是投资性房地产。

(2)投资性房地产的实际使用寿命较长，应当对其后续支出与处置加以考虑。

(3)由于受到法律规定的限制，我国企业持有土地的行为，只是获得了土地使用权，而并非取得了所有权，因此企业持有的自用或用于销售的土地应界定为无形资产范畴；对于为了出租或资本增值而持有的土地，应界定为投资性房地产。

(4)企业持有投资性房地产的目的不是为了耗用，而是为了赚取长期的租金收益或获得资本增值。对于这部分资产的核算，应当充分遵循实质重于形式的原则进行收益的确认。

具体而言，投资性房地产与一般性房地产的区别见表7—3。

表7—3　　投资性房地产与一般性房地产的区别

	投资性房地产	一般性房地产(自用或销售用房地产)
用途	用于经营租赁	自用房地产：企业自身生产经营所消耗 销售用房地产：销售
状态	投资性房地产	自用房地产：固定资产等 销售用房地产：作为房地产开发企业的存货
目的	赚取租金或资本增值	耗用或获取产品收入

第二节　金融不良资产评估

一、金融不良资产评估概述

(一)金融不良资产评估对象

任何一项资产评估的首要任务均是明确评估对象。在金融不良资产评估过程中，认识评估对象及其特点是做好评估工作的重要前提。金融不良资产的评估对象重点是指商业银行剥离、金融资产管理公司收购的贷款类资产和以物抵债类资产。

贷款类资产包括按国家规定实施债权转股权的银行债权、单独安排剥离和收购规模的呆账贷款，以及与上述贷款相对应的表内、表外应收未收利息和收购后形成的孳息。以物抵债类资产是指依法行使抵押或质押权收回的资产、依法受偿的破产企业的资产、因协议抵偿收回的资产、其他经法定程序依法收回的资产。

(二)金融不良资产评估目的及价值类型

金融不良资产的评估目的是指资产管理公司为管理和处置不良资产，聘请中介评估机构对评估对象提供公允价值或咨询意见。

对标的物明确、现时条件下各类商品市场价格信息来源渠道广泛的物权、股权类金融不良资产，一般能够评估出不同假设前提下的公允价值。而在偿债能力评估和债权价值分析中，由于评估客体不明确、评估资料不齐全甚至根本无债务人资料，评估师对评估对象无法作出客观公允的价值判断，只能根据自己的专业判断能力和对市场交易行情的分析提供一种专业咨询意见。

在明确评估目的的基础上，选择合适的价值类型对评估结果影响较大。考虑到金融不良资产资料不足、评估受限等因素，多数金融不良资产评估的价值类型为非市场价值。比较常用的是强制变现价值，这一价值通常不是出于销售者的自愿而是被迫对资产进行处置的价格。此外，对于债转股项目、资产重组项目适用于持续经营价值，资本金项目适用于投资价值。

二、金融不良资产评估方法

金融不良资产形成原因复杂，且资产法律权属不明确，这些导致评估过程中评估依据不足、程序不到位，成本法、收益法、市场法等一般评估方法无法有效合理地对金融不良资产进行评估。因此，专门针对金融不良资产的评估方法应运而生，主要包括假设清算法、现金流偿债法、交易案例比较法和专家打分法。

(一)假设清算法

1. 假设清算法的定义

假设清算法是指在假设对债务企业和责任第三方进行清算偿债的情况下，基于债务企业整体资产，根据被评估债权在债务企业中的地位，分析判断被评估债权可能收回的金额或比例。

在进行债务企业偿债能力分析时，应根据债务企业不同的经营情况采用不同的清算价格，如表7—4所示。

表7—4　　假设清算法下清算价格选取表

价格类型	前提条件	特　点	适用情况
强制清算价格	债务企业或资产在短期内被强制出售，以出售所得偿还现有债务	资产短期变现，评估价格一般低于正常价格	适用于关停债务企业或即将进入诉讼偿债阶段的债务企业
有序清算价格	债务企业以现有资产出售所得偿还现有债务	资产允许在一定时间内出售，资产价值不会因立即变现而出现较大损失，评估价格一般低于正常价格	适用于半关停债务企业

续表

价格类型	前提条件	特　点	适用情况
续用清算价格	债务企业准备以现有资产偿还现有债务，但债务企业仍处于持续经营状态；既可用现有资产偿还债务，也可用经营新增收益清偿债务	债务企业的资产处于充分有效状态，评估价格一般采用正常价格，不考虑因变现产生的折扣	适用于持续经营债务企业

2. 假设清算法的评估程序

运用假设清算法对金融不良资产进行评估的一般程序如下：

(1)对债权人债权资料进行分析。

(2)剔除债务人不能用于偿债的无效资产和债务人的无效负债，以此确定债务企业的有效资产和有效负债。无效资产应包括福利性资产、待处理流动资产、待处理不动产损失、待摊和递延资产等。无效负债是指长期挂账无须支付的负债以及福利性资产相对应的负债。无效资产和无效负债的剔除都应详细阐述依据，并附相应证明材料。

(3)根据债务人的经营状态和分析目的，采用适当的价值类型，对企业的有效资产进行评估，对负债进行确认。

(4)扣除优先偿还债务。可予以优先扣除的债务通常包括抵押债权、职工工资福利、职工劳务保险、职工住房公积、应交税金、涉诉赔款等。扣除时要有可靠的政策依据，并附相关证明文件。

(5)扣除优先偿还费用。可予以优先扣除的费用包括清算及中介费、职工安置费等。对于以上可扣除的费用项目，均应按照国家有关规定以及当地省级以上人民政府及相关部门规定扣除。对于持续经营企业，除抵押债权和国家另有规定外，不得优先扣除清算费用和职工安置费用。

(6)评估确认一般债务总额。

一般债务总额＝负债总额－无效债务－优先偿还债务　　(7－1)

(7)分析计算一般债权的受偿比例。

一般债权受偿比例＝可用于偿还一般债权人的资产/一般债务总额　　(7－2)

其中：

可用于偿还一般债权人的资产＝资产总额－无效资产－优先偿还项目

优先偿还项目＝优先偿还债务＋优先偿还费用

(8)计算特定一般债权受偿金额。

特定一般债权受偿金额＝特定一般债权金额×一般债权受偿比例　　(7－3)

其中：

特定一般债权金额＝被评估债权金额－特定债权优先受偿金额

(9)分析影响受偿的其他因素。影响受偿的其他因素包括或有收益、债务企业新增偿债能力、或有损失等。对于仍有持续经营能力、能产生经营净现金流量的债务企业，当采用上述假设清算法计算的偿债能力低于实际债务时，应充分考虑其以未来收益偿债的可能性。但存在特殊情况，即新增的偿债能力有可能是负数，这是因为有序清算所获得的受偿可能会低于强制清算所获得的受偿。在这种情况下，新增的偿债能力按零计算。

(10)分析被评估债权的受偿金额及受偿比例。

受偿金额＝优先受偿金额＋一般受偿金额＋债务企业新增偿债金额＋第三方所获受偿金额 (7－4)

受偿比例＝债权受偿金额/被评估债权总额 (7－5)

(11)说明特别事项。

(二)现金流偿债法

1. 现金流偿债法的定义

现金流偿债法是指依据企业近几年的经营和财务状况，考虑行业、产品、市场、企业管理等因素的影响，对企业未来一定年限内可偿债现金流和经营成本进行合理预测分析，考察企业以未来经营及资产变现所产生的现金流清偿债务的方法。

2. 现金流偿债法的评估程序

(1)搜集企业财务资料和经营情况资料。

(2)分析企业历史资料，合理预测企业未来现金流量。

(3)结合资产处置方式和企业实际情况，合理确定企业未来现金流量中可用于偿债的比例(偿债系数)和预期偿债年限。

(4)确定折现率。折现率为基准利率(国债利率)与风险调整值之和。风险调整值应当考虑到不良贷款损失率、不良贷款企业使用资金的成本、预期企业利润率及企业生产面临的各类风险等因素。

(5)将企业预期偿债年限内全部可用于偿债的现金流量折现，测算偿债能力。

(6)对特别事项进行说明。

(三)交易案例比较法

1. 交易案例比较法的定义

交易案例比较法是指首先通过定性分析掌握债权资产的基本情况和相关信息，确定影响债权资产价值的各种因素，然后选取若干近期已经发生的与被分析债权资产类似的处置案例，对影响债权资产处置价格的各种因素进行量化分析，必要时可通过适当方法选取主要影响因素作为比较因素，与被分析债权资产进行比较并确定比较因素修正系数，对交易案例的处置价格进行修正，并综合修正结果以得出被分析债权资产价值的一种分析方法。

2. 交易案例比较法的程序

(1)对债权资产进行定性分析。定性分析主要借助如下资料进行：债权债务关系形成及其维权情况的全部档案资料；贷款历史形成、导致损失原因、企业经营状况、商业银行贷款五级(或四级)分类资料；从当地政府相关部门(如工商、土地、房产等部门)或债务人主管部门处获取的有关债务人或债务责任关联方的信息；现场实地勘察情况和债权处置人员市场调查、询价资料等。通过分析这些资料，确定影响债权资产价值的各种因素。

(2)选取交易案例。主要选取的口径包括所处地域、债权形态、债务人性质和行业、交易条件等。这个环节的关键是选取参照物。选取的参照物要与待评估债权有可比性，如果参照物与待评估债权差异很大，因素调整就很难进行，评估结论的可信程度将会降低。

(3)在评估对象与参照物之间进行比较因素调整。比较因素包括但不限于债权情况(包括贷款时间、本息结构、剥离形态等)、债务人情况(包括行业、性质、规模、地域等)、不良资产的市场状况、交易情况(包括处置方式、交易批量、交易时间、交易动机等)。

(4)将参照物与评估对象进行比较、打分，将指标差异比较、量化。

(5)分析估测债权价值。首先，将交易案例的债权回收比例分别除以其对应的分值，得出评估对象的参照比例；然后，根据参照物与评估对象的相似程度，取其不同的权重进行加权；最后，得出债权的分析价值。

利用交易案例比较法计算债权资产应回收价值的公式为：

$$V=\frac{\sum_{j=1}^{m}(D_j \times \sum_{i=1}^{n} k_i/100)}{j} \times V_0 \qquad (7-6)$$

式中：V——债权资产应回收价值；

V_0——债权余额；

D_j——第 j 个案例的实际回收率；

m——案例个数；

k_i——第 i 个因素条件下的调整分值；

n——修正因素个数。

（四）专家打分法

1. 专家打分法的定义

专家打分法是指通过匿名方式征询有关专家的意见，对专家意见进行统计、处理、分析和归纳，客观地综合多数专家经验与主观判断，对大量难以采用技术方法进行定量分析的因素做出合理估算，经过多轮意见征询、反馈和调整后，对债权价值和价值可实现程度进行分析的方法。

2. 专家打分法的程序

专家打分法的具体程序参见图 7—2。

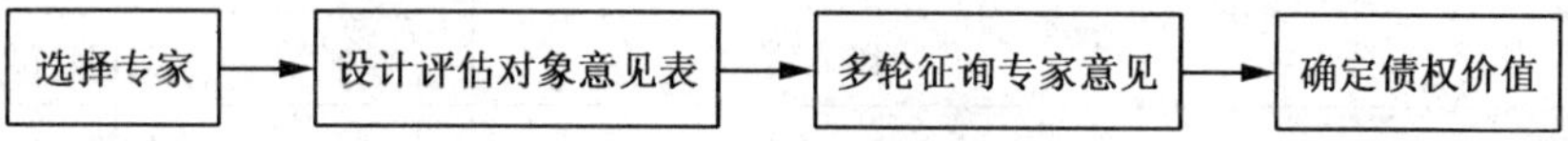

图 7—2　专家打分法程序

专家打分法的关键在于所选择专家的水平，因此，拟选择的专家总体权威程度要高、代表面要广、人数要适当。选择的专家应包括从事银行信贷、债务管理、不良资产处置工作的人员，以及熟悉当地债权市场行情的人士等。

三、金融不良资产评估示例

【例 7—1】　某资产管理公司拟处置金融不良资产 3 600 万元，其中抵押贷款 1 500 万元，担保贷款 500 万元，其余均为信用贷款。为了尽快盘活该笔资产，资产管理公司和债务企业多次协商，决定采用债务重组方式处置该债权。为了确定债务企业的实际偿还能力，特委托 ABC 评估公司对债务企业进行偿债能力分析评估，作为重组的参考依据。

采用假设清算法的评估过程如下：

ABC 评估公司接受委托，对债务企业进行调查后获悉：该企业为有限责任公司，已处于停产状态，短期内企业的生产难以恢复正常运行；担保贷款的担保方已破产，无偿债能力。故采用假设清算法对该债务企业进行评估，应该选取强制清算价格。

截至评估基准日，债务企业资产的账面价值及评估价值如表 7—5 所示。

表 7—5　**债务企业资产的账面价值与评估价值**　单位:元

科目名称	账面价值	评估价值
货币资金	214 497.03	214 497.03
应收账款	6 179 473.44	2 317 947.34
预付账款	18 212.00	18 212.00
其他应收款	803 386.90	795 338.69
存货	1 487 983.67	956 495.35
待摊费用	178 667.60	178 667.60
长期投资	20 000.00	20 000.00
设备	3 241 506.63	2 214 358.25
建筑物	18 424 484.39	13 391 220.40
土地	17 150 000.00	15 359 424.00
资产总计	47 718 211.66	35 466 160.66
短期借款	42 100 000.00	46 000 000.00
应付账款	7 188 486.63	7 188 487.63
其他应付款	5 228 993.83	5 228 994.83
应付职工薪酬	556 321.70	556 322.70
应付福利费	64 063.08	64 064.08
应交税金	46 473.82	46 474.82
其他未交款	14 836.64	14 837.64
负债合计	55 199 175.70	59 099 181.70

对上述评估结果中不具备处置条件的福利性固定资产 300 万元(无对应的福利性负债)和待摊费用 178 667.60 元,应作为无效资产予以扣除。

另经查询,债务企业以自有的全部设备抵押给其他金融机构获得贷款 250 万元,本次设备评估价值小于贷款金额,应全部用于优先偿还其他债务,不足偿还的部分作为一般债务。

在拟处置的债权中,有 1 500 万元债权为土地抵押贷款,应作为委托方优先受偿债务,土地评估价值超出贷款金额部分用于偿还一般债务。在其他应付款评估值中包含养老统筹金 12 万元,应作为优先偿还一般债务。

经过上述分析,结果如表 7—6 所示。

表 7—6　**债权综合偿债能力系数计算表**

序　号	项　目	金　额(元)
1	资产总额	35 466 160.66
2	无效资产	3 178 667.60
2.1	福利性资产	3 000 000.00

续表

序　号	项　目	金　额(元)
2.2	待处理流动资产	0.00
2.3	待处理固定资产	0.00
2.4	待摊、递延资产	178 667.60
2.5	其他	0.00
3	有效资产(1—2)	32 287 493.06
4	负债总额	59 099 181.70
5	无效负债	0.00
5.1	与福利性资产对应的负债	0.00
5.2	长期挂账无须支付的负债	0.00
6	有效负债(4—5)	59 099 181.70
7	优先偿还抵押债务	17 214 358.25
8	优先偿还一般债务	786 858.60
8.1	应付职工薪酬	556 321.70
8.2	应付福利费用	64 063.08
8.3	养老统筹金	120 000.00
8.4	住房公积金	0.00
8.5	应交税金	46 473.82
8.6	其他	0.00
9	优先扣除的费用项目	645 749.86
9.1	清算及中介费	645 749.86
9.2	职工安置费	0.00
9.3	其他	0.00
10	可用于偿还一般债权人的资产(3—7—8—9)	13 640 526.35
11	一般负债总额(6—7—8)	41 097 964.85
12	一般偿债能力系数(10/11)	0.33
13	被评估债权金额	36 000 000.00
14	特定债权优先受偿金额	15 000 000.00
15	特定债权一般债权部分(13—14)	21 000 000.00
16	特定债权一般受偿额(15×12)	6 969 957.14
17	剩余未受偿债权由担保人所获受偿额及其他	0.00
18	特定债权综合受偿额(14+16+17)	21 969 957.14
19	特定债权综合偿债能力系数(18/13)	0.61

该资产管理公司拟处置特定金融不良资产 3 600 万元(其中抵押贷款 1 500 万元,担保贷款 500 万元),可变现金额为21 969 957.14元,变现价值在 61%左右。

第三节 森林资源资产评估

一、森林资源资产评估概述

森林资源是指以多年生木本植物为主体并包括以森林环境为生存条件的林内动物、植物、微生物等在内的生物群落。它具有一定的生物结构和地段类型,并形成特有的生态环境。

(一)森林资源资产评估对象

森林资源资产的评估对象是指发生森林资源资产产权变动或经营主体变动的森林资源资产,包括林木、林地和森林景观资产以及整体林业企事业森林资源资产。

在确定森林资源资产的评估对象时应注意:森林资源资产的评估对象在评估前后是现实存在的。如果某一林地资产改变用途成为非林业用地,则不能将其作为森林资源的评估对象。森林资源资产的评估对象必须为某产权主体所直接控制,产权主体享有支配、使用和收益的权利;不能为特定经济主体所控制的森林资源,如森林中具有迁徙特点的野生动物资源、难以识别的微生物资源及森林生态资源,因其是不可控的社会公益资源,故不能作为评估对象。此外,产权不清、无法为特定主体带来预期收益的森林资源资产,也不应纳入评估范围。

(二)森林资源资产评估特点

与其他资产的评估相比,森林资源资产评估因其资产的独特性,也有其自身的特点:

(1)资产可再生性对评估的影响。森林资源资产具有可再生性,且其经营具有周期性。只要经营科学,就可以实现永续经营。因此,在资产评估中,应重点考虑:未来经营期的长短;森林更新、培育、保护费用的分担;对单块森林资源资产的评估以一个经营周期为时间序列进行测算。

(2)森林经营的长周期性。森林的经营周期少则数年,多则数十年,更有甚者上百年。因此在评估中应考虑:价格更多地选择现行市场价格;对未来投入产出的预测一般以现时的投入产出价格乘以预期的投入产出数量计算;对未来投入产出的预测不含物价变动的因素。

(3)林地资产和林木资产的不可分割性。林地资产和林木资产是森林资源资产的实物主体,林木生于地,地因木而谓林地,所以林地与林木具有不可分割性,而且林地的价值必须通过林木的价值合理计算。

(4)森林资源资产的地域性。评估时应考虑森林级差地租,如气候条件、土地肥沃程度、交通条件等。

二、林木资产评估方法

林木资产也称立木资产,一般是指林地上尚未被采伐的树木,是活立木和枯立木的总称。它是一种生物资产,有着独特的生物特性,与其他一般资产相比,具有经营周期的长期性、再生性、多元效益性及复杂而多变的内部结构等特点。

林木资产是森林资源资产的重要组成部分,是林业市场经济中主要的经营对象之一,也是森林资源资产交易最为活跃的部分。林木资产评估要根据不同的林种,选择适用的评估方法进行评定估算,本书中重点讲述市场法、收益法、成本法这三种林木资产评估方法。具体而言,市场法采用现行市价法，收益法则具体应用市场价倒算法和收获现值法，成本法体现为重置成本法和序列需工数法。

(一)现行市价法

1. 现行市价法的含义及公式

现行市价法是以相同或类似林木资产的现行市价作为比较基础，评估待评估林木资产价值的方法。其计算公式为：

$$P=K\times K_b\times G\times Q \tag{7-7}$$

式中：P——林木资产评估值；

Q——被评估林木资产的蓄积量；

K——林分[①]质量调整系数；

K_b——物价指数调整系数；

G——参照物单位蓄积的交易价格。

上式中，林木资产的蓄积量是指一定面积的森林中现有树木的材积总量。主要是指树干的材积，以立方米为计量单位。

2. 现行市价法的运用

现行市价法在林木资产市场发育比较充分的地区，是各个年龄阶段林木资产评估的首选方法。与一般性资产的评估相比，在运用该法对林木资产进行价值评估时，考虑到林木资产的特性，应注意以下两点：

(1)合理选择评估的参照案例

对于幼龄林，应注意林地因素的影响，以免重复计算或漏计。对于中龄、成熟阶段的林木资产，案例的选择应尽可能地考虑以下因素：与待评估资产的年龄相同；评估基准日相近；反映林分质量的因素(单位面积蓄积、平均胸径等)相似。

(2)正确确定林分质量调整系数与物价指数调整系数

首先，应根据林分的蓄积、平均直径等反映林木林分质量的因子调整各参照案例的林分。这是因为森林资产的林分的质量差异极大，各参照案例的林分不可能与待评估林分完全相同。其次，应调整物价指数。由于森林资源资产市场发育不充分，找到近期的评估案例的可能性非常小，如果利用过去不同日期的案例，则必须考虑到当时与评估基准日市场的物价指数的不同，对其进行调整。

(二)收益法

1. 市场价倒算法

(1)市场价倒算法的含义

市场价倒算法又称木材剩余价值法，是近熟林林木、成熟林林木、过熟林林木资产评估的首选方法。它是用被评估林木采伐后所得的木材市场销售总收入，扣除木材经营所消耗的成本(含有关税费)及合理利润后，将剩余部分作为林木资产评估价值的方法。其计算公式为：

$$P=W-C-F \tag{7-8}$$

式中：P——林木资产评估价值；

W——销售总收入；

① 林分，是指内部特征大体一致而与邻近地段又有明显区别的一片林子。一个林区的森林，可以根据树种组成、森林起源、林相、林龄、疏密度等因素的不同，划分成不同的林分。

C——木材经营成本(采运成本、销售成本、期间费用及相关税费);

F——木材经营合理利润。

(2)市场价倒算法的运用

使用该方法时,成本与税金可依据当地的相关成本与税金水平确定;关键因素销售收入的预测一般采用立木出材率表法。立木出材率表法是在已有的立木出材率表的基础上,通过调整相关具体指标得到待评估林木实际可以得到的经济材料量,再将各数量与对应价格相乘求和后得到总收入的方法。木材的平均价格一般参照当地林业主管部门颁发的市场指导价,结合当地实际情况综合确定。

2. 收获现值法

(1)收获现值法的定义

收获现值法是将预测林分生长到主伐时纯收益的折现值,扣除评估基准日到主伐前预计的各项经营措施成本现值后的差额作为待评估林木资产评估值的一种方法。其计算公式如下:

$$B_u = \frac{A_u + D_a(1+p)^{u-a} + D_b(1+p)^{u-b} + \cdots}{(1+p)^{u-n}} - \sum_{i=n}^{u} \frac{C_i}{(1+p)^{i-n+1}} \qquad (7-9)$$

式中:B_u——待评估林木资产价值;

u——预测第 u 年林分适于主伐;

A_u——参照林分第 u 年主伐[①]时的纯收入;

D_a、D_b——参照林分第 a、b 年间伐[②]的纯收入;

p——折现率;

C_i——第 i 年的营林生产成本(含地租);

n——林分年龄。

(2)收获现值法的运用

理论上收获现值法可以用于任何年龄阶段的林木资产,但实际上该法一般用于中龄林和近熟林的林木评估。这一方法在预测收入及成本时结合了重置成本法和市场价倒算法,是一种比较完整、系统的方法,在运用时应注意:主伐时间 u 通常取该林分所属森林经营类型的主伐年龄的龄级上限,间伐时间通常按该林分所属森林经营类型措施设计表所规定的时间确定;投资收益率应扣除通货膨胀因子;主伐时纯收入的预测通常按照市场价倒算法计算,间伐纯收入按当地该类型 a 年或 b 年生林分间伐的平均水平,根据市价倒算出。

(三)成本法

1. 重置成本法

重置成本法是指将按现时工价及生产水平,重新营造一块与被评估林木资产相类似的林分所需的成本费用作为被评估林木资产评估价值的方法。其计算公式为:

$$P = K \times \sum_{t=1}^{n} C_t (1+r)^{n-t} \qquad (7-10)$$

式中:P——林木资产评估价值;

---

① 主伐是森林采伐的一种森林作业类型,是对成熟林分进行的采伐作业,其目的主要是获取和利用木材,但也可以是通过采伐而促进森林的更新。

② 间伐是指在一定的森林面积上分次砍伐全部的林木。一般在一个龄级期内进行 2~4 次采伐,并借助于上方母树的天然下种,实现迹地更新。

K——林分质量调整系数；

C_t——过去第 t 年以现时工价及生产水平为标准计算的生产成本；

r——折现率；

n——林分年龄。

2. 序列需工数法

序列需工数法是指以现行工价和森林经营中各工序的需工数，估算被评估森林资源资产的评估值。序列需工数法是适合森林资源资产特点的一种特殊的重置成本法。其计算公式为：

$$E_n = K\sum_{i=1}^{n} N_i \times B \times (1+p)^{n-i+1} \tag{7—11}$$

式中：E_n——林木资产评估价值；

K——林分质量调整系数；

N_i——第 i 年的需工数；

i——投资序列年份；

B——评估时的日工价；

p——折现率；

n——林分年龄。

3. 成本法的运用

由于森林资源资产的特殊性，如经营森林投资期长、短期内得不到回报、成本不断投入、林分不断生长且价值日渐升高、主伐时一次性回报等，在运用重置成本法评估林木资产价值时应当注意：分年度投入的成本要复利计算现值；不考虑成新率问题。

林木的培育主要是劳动力的投入，当地林业主管部门一般会有经营森林标准工时资料，再用工价与所需工时相乘即可计算出重置成本，非常简单、方便。

总而言之，在实务评估中，林木资产的种类很多，应根据其不同特性选择适当的评估方法进行评估。各种评估方法都有其优缺点，适用于不同的情形，如表 7—7 所示。

表 7—7　林木资产各种评估方法比较

方法		优点	缺点	适用范围
现行市价法		以市场交易价为基础；计算简单，可信度高；易于被利益相关人接受	受市场变化影响较大；评估结果无法反映各个组成部分的价值	适用于林木资源市场充分发展、各种有交易的林木资产的评估
收益法	市场价倒算法	能够真实反映林木资产的本金化价格；与投资决策相关联	受人为的主观影响较大；受未来不可预测因素的影响	适用于成熟、近熟、过熟用材林木资产的评估
	收获现值法			适用于中龄林、近熟林的林木资产的评估
成本法		成本资料易于收集；评估结果以成本为基础，满足资源再生的需要	考虑时间价值因素，评估结果可能不准确；脱离市场	适用于没有活跃的交易市场的林木资产，幼龄林、中龄林，经营周期较短的速生树种的评估

三、林地资产评估方法

林地即直接或间接用于发展林业的土地，也称为林业用地，包括郁闭度[①] 0.2 以上的乔木林地、竹林地、经济林地、灌木林地、疏林地、未成林造林地、采伐迹地、火烧迹地、苗圃地、林业科研教学的林用地和县级以上人民政府批准规划的宜林地，以及国有森林经营单位的林地。

林地资产是自然本身的产物，又受到人类活动的影响。因此，其有着不同于其他资产的自然特性，如有限性、位置固定性、依附性、易变性、林地质量差异性等。同时，林地资产还具有供给稀缺性、可垄断性、用途广泛性等经济特性。

林地资源是森林资源的重要组成部分，是森林资源的载体，也是森林资源资产中的基础性成分。根据不同种类林地资源的特性，本章主要介绍现行市价法、林地期望价法、林地费用价法三种评估方法。

(一)现行市价法

1. 现行市价法的含义及公式

现行市价法，是以具有相同或类似条件的林地在活跃市场上的现行交易价格作为参照，经过调整后得到林地资产价值的方法。其计算公式为：

$$B_u = K_1 \times K_2 \times K_3 \times K_4 \times G \times S \tag{7-12}$$

式中：B_u——林地价；

G——参照林地单位面积的交易价格(元/立方米)；

S——被评估林地面积；

K_1——林地质量调整系数；

K_2——林地等级调整系数；

K_3——物价指数调整系数；

K_4——其他各因素的综合调整系数。

2. 现行市价法的运用

实务中，运用现行市价法评估我国的林地资产，收集资料时应考虑我国林业要素市场自身的特点：林地市场不规范、市场交易区域性强；市场交易不够活跃，市场交易价格尚不能公允地反映林地价值。这些特点是由我国林业改革与发展及市场发育程度影响所形成的，因此在运用此法时还应注意收集大量的社会经济、自然条件资料，并考虑地区、环境等因素。

(二)林地期望价法

1. 林地期望价法的含义及公式

林地期望价法又称土地使用期望价法，它是评估用材林林地资产的主要方法。该法以实行永续轮伐为前提，并拟定每个轮伐期林地上的收益相同，支出也相同，从无林地造林开始进行计算，将无穷多个轮伐期的纯收入全部折为现值，累加求和值即为被评估森林资源资产的评估值。其计算公式为：

$$B_u = \frac{A_u + D_a(1+p)^{u-a} + D_b(1+p)^{u-b} + \cdots - \sum_{i=1}^{n} C_i \times (1+p)^{u-i+1}}{(1+p)^u - 1} - \frac{V}{p} \tag{7-13}$$

① 郁闭度是指森林中乔木树冠遮蔽地面的程度，是反映林分密度的指标。它是以林地树冠垂直投影面积与林地面积之比，以十分数表示，完全覆盖地面为 1。简单地说，郁闭度就是指林冠覆盖面积与地表面积的比例。

式中：B_u——林地价；

A_u——实现林分第 u 年主伐时的纯收入；

D_a、D_b——第 a 年、第 b 年间伐的纯收入；

C_i——各年度营林直接投资；

V——平均营林生产间接费用；

p——折现率（不含通货膨胀利率）；

n——轮伐期的年数。

2. 林地期望价法的运用

林地期望价法在测算时首先应明确以下问题：

(1)主伐纯收入。在用公式(7－13)对林地资产进行评估时，主伐纯收入是指木材销售收入扣除采运成本、销售费用、管理费用、财务费用、有关税费、木材经营的合理利润后的剩余部分。

(2)间伐纯收入。间伐纯收入的计算原理与主伐纯收入的相同，但其产量少、规格小、价格低，在进行第一次间伐时很可能出现负收入（即成本、税费、投资应有的合理利润部分超过了木材销售收入的情况）。此外，通常按照森林经营类型设计表确定间伐的时间、次数和间伐强度。

(3)营林成本。营林生产成本包括清杂整地、挖穴造林、幼林抚育、劈杂除草、施肥等直接生产成本，以及护林防火、病虫防治等按面积分摊的间接成本。管理费用摊入各类成本。根据森林经营类型设计表设计的措施和技术标准，按照基准日的工价、物价水平确定直接成本的重置值；按面积分摊的间接成本则是根据近年来营林生产中实际发生的分摊数，结合物价变动指数进行调整确定。

(三)林地费用价法

1. 林地费用价法的含义及公式

林地费用价法是用取得林地所需要的费用和把林地维持到现在状态所需的费用来确定林地价格的方法。其计算公式为：

$$B_u = A \times (1+p)^n + \sum_{i=1}^{n} M_i (1+p)^{n-i+1} \tag{7－14}$$

式中：B_u——林地价；

A——林地购置费；

M_i——林地购置后，第 i 年林地改良费；

p——折现率；

n——林地购置年限。

2. 林地费用价法的运用

运用该法对林地资产进行评估时，由于林地的购置年限一般较短，各项成本费用大多比较清晰，具体运用时应注意以下两点：

(1)各年度的改良费用一般采用历史的账面成本，而非重置成本。

(2)折现率 p 一般采用商业利率。但如果林地的购置费和各年的林地改良费均采用基准日的重置成本，则其折现率用不含通货膨胀率的利率。

林地费用价法在一般的土地资产评估中较常使用，而在林地资产评估中，由于林地购入后仅维持、改良而不进行经营的情况较少，所以该方法的应用也较少。

在实务评估中，林地资产的种类很多，应根据其不同特性选择适当的评估方法进行评估。各种方法都有其优缺点，适用于不同的情形，如表7—8所示。

表7—8 林地资产各种评估方法比较

方法	优点	缺点	适用范围
现行市价法	应用广泛；可信度高，计算容易，说服力强；客观反映林地目前的市场情况	受市场变化影响较大；对市场的要求较为严格	任何形式、任何林种林地资产
林地期望价法	数据容易取得，说服力较强	大量运用估测，人为因素大，参数估测缺乏客观依据	用材林、同龄林林地资产
林地费用价法	从成本角度出发，直观明了	工作量大而频繁；需大量的数据资料和经济技术支持	幼龄林林地、苗圃地；林地的购置费用明确、购置年限短，或购置后仅实施了改良措施而尚未经营的林地

第四节 投资性房地产评估

一、投资性房地产评估概述

投资性房地产评估业务是随着会计采用公允价值计量模式而在国际范围内逐步发展起来的新兴资产评估业务。2006年，我国新会计准则发布后，投资性房地产评估开始成为我国资产评估行业的业务之一。

投资性房地产评估，是指按照《以财务报告为目的的评估指南（试行）》要求，对符合会计准则规定条件的投资性房地产在评估基准日的公允价值进行分析、估算，并发表专业意见的行为和过程。

（一）投资性房地产评估的对象

根据《投资性房地产评估指导意见（试行）》，投资性房地产的评估对象是已出租的建筑物、已出租的土地使用权、持有并准备增值后转让的土地使用权。

已出租的建筑物和已出租的土地使用权，是指以经营租赁（不含融资租赁）方式出租的建筑物和土地使用权，包括自行建造或开发完成后用于出租的房地产，即企业拥有产权的建筑物或企业通过受让方式取得的土地使用权。已出租的投资性房地产租赁期满，因暂时空置但继续用于出租的，仍作为投资性房地产。

持有并准备增值后转让的土地使用权，是指企业通过受让方式取得的、准备增值后转让的土地使用权。

闲置土地不属于持有并准备增值的土地使用权。根据《闲置土地处置办法》（中华人民共和国国土资源部令第53号）的规定，闲置土地是指土地使用者依法取得土地使用权后，未经原批准用地的人民政府同意，超过规定的期限未动工开发建设的建设用地。

【知识链接7—3】

具有下列情形之一的，也可以认定为闲置土地：

（1）国有土地有偿使用合同或者建设用地批准书未规定动工开发建设日期，自国有土地有偿使用合同生效或者土地行政主管部门建设用地批准书颁发之日起满1年未动工开发建设的；

(2)已动工开发建设但开发建设的面积占应动工开发建设总面积不足1/3，或者已投资额占总投资额不足25%且未经批准中止开发建设连续满1年的；

(3)法律、行政法规规定的其他情形。

为了更好地把握投资性房地产的评估对象，结合《企业会计准则第3号——投资性房地产》的规定，还需要注意以下几点：

(1)部分用于赚取租金或资本增值，部分用于生产商品、提供劳务或经营管理的房地产，用于赚取租金或资本增值的部分能够单独计量和出售的，可以确认为投资性房地产；否则，不能作为投资性房地产。

(2)企业将建筑物出租并按出租协议向承租人提供保安和维修等其他服务，所提供的其他服务在整个协议中不重大的，可以将该建筑物确认为投资性房地产；所提供的其他服务在整个协议中如为重大的，该建筑物应视为企业的经营场所，应当确认为自用房地产。

(3)关联企业之间租赁房地产的，租出方应将出租的房地产确认为投资性房地产。母公司以经营租赁的方式向子公司租出房地产的，该项房地产应当确认为母公司的投资性房地产，但在编制合并报表时，作为企业集团的自用房地产。

(4)企业拥有并自行经营的旅馆饭店，其经营目的是通过向客户提供客房服务取得服务收入，该业务不具有租赁性质，不属于投资性房地产；将其拥有的旅馆饭店部分或全部出租，且出租的部分能够单独计量和出售的，出租的部分可以确认为投资性房地产。

(5)自用房地产，是指为生产商品、提供劳务或者经营管理而持有的房地产，如企业的厂房和办公楼、企业生产经营用的土地使用权等，不属于投资性房地产。企业出租给本企业职工居住的宿舍，即使按照市场价格收取租金，也不属于投资性房地产。这部分房地产间接为企业自身的生产经营服务，具有自用房地产的性质。

(6)作为存货的房地产，是指房地产开发企业销售的或为销售而正在开发的商品房和土地。这部分房地产属于房地产开发企业的存货。例如，甲房地产开发商建造了一栋商住两用楼盘，一层出租给一家大型超市，其余楼层均为普通住宅。在这种情况下，如果一层的商铺能够单独计量和出售，应当确认为甲企业的投资性房地产，其余楼层为甲企业存货，即开发产品。

(二)投资性房地产评估的价值类型

根据《以财务报告为目的的评估指南(试行)》的规定，对投资性房地产的评估还应注意投资性房地产的价值类型。

《投资性房地产评估指导意见(试行)》指出，投资性房地产评估是指按照《以财务报告为目的的评估指南(试行)》要求，对符合会计准则规定条件的投资性房地产在评估基准日的公允价值进行分析、估算，并发表专业意见的行为和过程。可见，虽然现在企业对投资性房地产的计量有成本计量与公允价值计量两种模式，但是在对投资性房地产的评估中更加强调公允价值的考量。《以财务报告为目的的评估指南(试行)》指出："注册资产评估师应当知晓，当符合会计准则计量属性规定的条件时，会计准则中的投资性房地产的公允价值一般等同于资产评估准则中的市场价值。"这也是现行市场对投资性房地产评估的要求。也正是建立在这一价值类型的基础上，提出了投资性房地产评估的基本方法：市场法和收益法。

投资性房地产评估和一般性房地产评估的区别如表7-9所示。

表 7—9 投资性房地产评估与一般性房地产评估的区别

	投资性房地产评估	一般性房地产评估
评估目的	以持有增值为目的的租赁或转让	房地产转让、房地产抵押、房地产典当、房地产保险和损害赔偿等
评估对象	已出租的土地使用权、持有并准备增值后转让的土地使用权、已出租的建筑物	土地、建筑物和房地
价值类型	公允价值(市场价值)	市场价值、非市场价值(投资价值、抵押价值、典当价值、保险价值等)

二、投资性房地产评估方法

根据《投资性房地产评估指导意见(试行)》,投资性房地产评估的基本方法有两种,即市场法和收益法。在实务中,注册资产评估师应当根据评估对象的具体情况、资料收集情况和数据来源等相关条件,恰当选择评估方法。

(一)收益法

投资性房地产评估的收益法是以预期原理为理论依据,求取估价对象在估价时点之后的正常收益,选取适当的资本化率将其折现到估价时点后累加,以此估算估价对象的客观合理价格或价值的方法。

运用收益法评估投资性房地产时,应当关注以下方面:

(1)应当对企业来自投资性房地产的租金收益,以及当期产生的相应费用进行分析,合理判断租金收益与相应费用的匹配性,合理确定净收益。其中,投资性房地产的净收益是指租金中直接归属于评估对象所对应的房地产权益部分,不包括物业管理费、代垫水电费等其他项目,并应当恰当考虑免租期和租金收取方式的影响。

(2)应当关注投资性房地产现有租约条款对公允价值的影响,包括租金及其构成、租期、免租期、续租条件和提前终止租约的条件。注册资产评估师应当关注租约的合法、有效性,了解实际履行状况。对合法、有效并实际履行的租约,预测未来净收益所使用的租约期内的租金应当采用租约所确定的租金,租约期外的租金应当采用正常客观的租金。当约定租金与市场租金水平存在较大差异时,应当分析其原因,并进行充分披露。

(3)应当根据建筑物的剩余经济寿命年限与土地使用权剩余使用年限等参数,以及有关法律、法规的规定,合理确定收益期限。

(4)应当合理确定折现率。折现率应当反映评估基准日类似地区同类投资性房地产的平均回报水平和评估对象的特定风险。折现率的口径应当与收益口径保持一致,并考虑租约、租期、租金等因素对折现率选取的影响。

(二)市场法

投资性房地产评估的市场法是以替代原则为依据,将估价对象与在估价时点的近期有过交易的类似房地产进行比较,对这些类似房地产的成交价格做适当的修正,以此估算估价对象的客观合理价格或价值的方法。

在运用市场法评估投资性房地产时,应当关注以下方面:

(1)应当收集足够的同类或者类似房地产的交易案例,并对所收集的信息及其来源进行审慎分析。在选用交易案例时,应当关注案例的可比性,重点分析投资性房地产的实物状况、权益状况、区位状况、交易情况及租约条件。

(2)应当建立价值可比基础，细化相关比较因素，包括交易情况、交易日期、容积率、使用年期、面积、具体位置、经营业态和所带租约等，明确相关指标参数内涵。

运用收益法也要充分收集相关信息，合理确定评估参数，尤其要关注不确定性参数和敏感性参数。同时以市场法为辅助，并仔细考虑不同评估方法所得评估结果差异的原因，作出可能的调整。两种方法在实务中的应用条件不同，其优缺点及适用范围见表7—10。

表7—10　收益法与市场法比较

方　法	优　点	缺　点	适用性
收益法	只与未来收益相关，结果准确	受人为的主观影响较大；受未来不可预测因素的影响	适用于有收益或有一定潜在收益的投资性房地产
市场法	以市场交易价为基础；计算简单，可信度高；易于被利益相关人接受	受市场变化影响较大；应用的前提条件苛刻	适用于同一供求范围内存在较多的类似房地产的交易情况

【知识链接7—4】

在实务中，对投资性房地产的评估不仅需要考虑环境的影响、取得资料的难易程度，还应注意以下特殊情况：

1. 土地和建筑物分开核算

当评估师采用市场法和收益法评估投资性房地产时，评估结论通常包括土地使用权价值。注册资产评估师应当关注已出租的建筑物的会计核算中是否包含建筑物所对应的土地使用权。如果会计核算中不包含土地使用权，应当提请企业管理层重新分类，或者在评估结论中扣除土地使用权的价值，并在评估报告中进行必要的披露。

2. 经营模式的影响

在评估房地产公司的整体价值时，应该明确房地产公司作为单纯的开发类企业，虽然利润的增长速度要快过单纯的收租类企业，但企业为维持业绩增长而扩大投资规模，所面临的资金和经营风险压力巨大。而收租类企业，虽然回报期较长，但收益稳定、现金流充沛，并坐享资产增值的长期收益。因此，房地产开发企业拥有一定的收租物业，在经营模式上，比单纯开发类的企业或单纯收租类的企业更有优势，在评估的参数选取方面，涉及的投资回报率即折现率是不同的。由于国家税收政策中针对不同目的的物业税收政策不同，评估人员还应关注税收对评估的影响。

3. 资产减值测试的考虑

评估人员对涉及的投资性房地产减值测试，除了应了解相关财务规定外，还应注意以前年度评估方法的统一性，并就采用的尚可使用年限、成新率、残值等参数与企业财务政策进行衔接。对已经采用公允价值计量的企业，如果出现尚可使用年限、成新率与企业制定的财务政策不一致的情况，评估人员应查找、分析原因，并将分析结论与审计师充分沟通后，对企业财务政策提出合理化建议，同时，也可以根据企业的需要，针对企业财务政策根据评估结论出具相应的咨询报告。

4. 租金的考虑

评估方法的选择是开展投资性房地产评估的重要一步。根据定义，已出租的房地产属于投资性房地产。这类投资性房地产本身带有租约，评估师需要了解目前存在的租约中的租金是否公允。在租金远远高于或低于市场租金的情况下，基于本类业务的评估目的，评估师不能假设该类投资性房地产是空置状态而进行估值。在选择评估方法时，哪种方法更能恰当地考量这些特殊租约对投资性房地产价值的影响，就成为评估师进行方法选择时重点考虑的问题。

三、投资性房地产评估示例

【例 7—2】 Y 房地产开发公司拟于 2011 年底在中国内地 A 股市场首发上市。该公司拥有的房地产中，有一项房地产项目根据《企业会计准则第 3 号——投资性房地产》可以确认为投资性房地产。公司管理层选择公允价值模式对该类投资性房地产进行后续计量。

该投资性房地产是位于广东省 W 市中心城区的某购物广场，建成于 2010 年 3 月。该购物中心为地上 2 层，建筑面积共 16 000 平方米，目前大部分已出租。根据会计准则，需在 2010 年 12 月 31 日确认房地产的公允价值。

1. 评估对象分析

管理层委托了某评估机构根据会计准则的要求，评估该投资性房地产于 2010 年 12 月 31 日的公允价值。评估师根据与管理层签订的业务约定书，在 2011 年×月 5 日到×月 8 日对该房地产进行了现场勘察，并收集了房地产权属证书、房地产租赁合同等信息；同时，还对同一商圈的房地产出租情况、租金水平进行了市场调查。

根据管理层提供的资料，评估师了解到管理层委托某著名中介代理机构代为招租，并提供房地产管理服务。目前其出租状况见表 7—11。

表 7—11　　Y 房地产开发公司投资性房地产出租情况表

	面积（平方米）	状态	租金（元/月·平方米）	费用（元/月·平方米）	租期（年）	租赁期开始日	租赁条件
第一层	4 000	出租	80	—	10	2010 年 7 月 1 日	从 2012 年开始租金每年增长 3%，租金按季支付，装修免租期为 5 个月
	2 000	出租	200	20	5	2010 年 10 月 1 日	从 2012 年开始租金每年增长 8%，租金按季支付，装修免租期为 3 个月
	2 000	闲置	—	—	—	—	—
第二层	6 000	出租	80	—	10	2010 年 7 月 1 日	从 2012 年开始租金每年增长 3%，租金按季支付，装修免租期为 5 个月
	1 000	出租	150	20	5	2010 年 10 月 1 日	从 2012 年开始租金每年增长 8%，租金按季支付，装修免租期为 3 个月
	1 000	闲置	—	—	—	—	—

第一层 4 000 平方米和第二层 6 000 平方米出租给某家电连锁超市；其余的 6 000 平方米分割为 50～300 平方米不等的单元出租给小商户。第一层其他 4 000 平方米在基准日时点已出租 2 000 平方米，第二层剩余的 2 000 平方米在基准日时点已出租 1 000 平方米，各商户缴纳的 20 元/月·平方米的费用为直接支付给房地产管理公司的房地产管理费。除非特别说明，案例中所有租金为不含房地产管理等杂费的税前租金。

2. 市场信息收集

评估师根据待估房地产的租赁情况，对周边房地产的市场租金售价进行了调查，同时也从公司的数据库中获得了部分市场租金售价信息。评估师根据待估房地产的特征，选取了五项房地产进行了租金售价信息调查，调查收集到其中三项房地产有部分大面积租赁给大中型超市或家电连锁店，以及小面积出租业务的相关信息，分别见表 7—12 和表 7—13。

表 7—12　　大面积租赁案例

	面积（平方米）	租金（元/月·平方米）	租期（年）	租赁期开始日
第一项	10 000	100	5	2010 年 10 月 15 日
第二项	15 000	75	—	2010 年 6 月（建成并开始招租）
第三项	—	96	8	2010 年

表 7—13　　小面积租赁案例

	租金范围	租期	年租金增长率
底层商铺	160～300 元/月·平方米	3～5 年	4%～10%
二层商铺	120～240 元/月·平方米		

3. 评估方法选取

根据《企业会计准则第 3 号——投资性房地产》第十条规定，“采用公允价值模式计量的，应当同时满足下列条件：投资性房地产所在地有活跃的房地产交易市场；企业能够从房地产交易市场上取得同类或类似房地产的市场价格及其他相关信息，从而对投资性房地产的公允价值作出合理的估计”。

由于该准则并没有对活跃的房地产交易市场进行详细描述，该投资性房地产交易市场应该选择带租约出售的房地产交易市场和房地产租赁市场。由于 W 市目前带租约出售的房地产项目较少，尤其是大面积租赁租约的房地产项目几乎没有成交案例，而类似商业房地产租赁市场非常活跃，因此，考虑采用收益法来评估该房地产于 2010 年 12 月 31 日的公允价值。

4. 评估参数确定

(1)房地产客观市场租金确定

①大面积租赁单元。根据市场信息的收集，了解到第二项以大面积租赁的房地产与委估房地产类似，处于招租阶段，目前以较低于市场租金的价格出租，以该房地产作为确定委估房地产的市场客观租金的案例不太合适。因此，选取第一项和第三项房地产作为可比案例，以该两项的租金为基础，在分析租约条款、区位因素和个别因素的基础上，根据评估师的现场勘察和经验判断，对上述因素进行相应的调整。最终确定客观市场租金为 110 元/月·平方米。

②小面积租赁单元。从市场调查信息中选取合适的可比案例，确定地上 1 层的客观市场租金为 250 元/月·平方米，地上 2 层的客观市场租金为 190 元/月·平方米。

(2)空置与收租损失的确定

根据市场调查，同类房地产目前市场平均空置率为 7%；根据历史信息，市场平均空置率为 5%～12%。因此，选取市场平均空置率为 8%。同时考虑 2% 的收租损失，确定空置与收租损失比率为 10%。（注：为简便起见，假设自 2011 年 12 月 31 日起至现有租约到期日，该房地产小面积单元出租率一直保持在 95% 以上。同时假设在空置与收租损失比率为 10% 中已考虑了承租人流动的因素。）

(3)税费的确定

根据税法规定，房产税适用税率为 12%，营业税及附加适用税率为 5.55%。

(4)成本费用的确定

①管理费用。根据历史财务信息和评估师的经验判断,假设该房地产的管理费为年租金的3%。

②重置提拨款。根据评估师的经验判断,假设该房地产的重置提拨款为年租金的2%,主要用于重大机电设施的大修或重置。

③市场推广费。根据市场调查信息和评估师的经验判断,假设市场推广费(含中介代理费)为年租金的5%。

(5)折现率的确定

根据2010年的无风险利率水平,通过风险因素分析,采用风险累加法确定租期内与净营运收益对应的要求回报率(或称折现率)为10%,并确定用于对租期外净营运收益进行资本化的要求回报率(或称资本化率)为7%。

(6)收益年限的确定

根据房地产权证,该房地产土地使用权终止日期为2045年12月30日。因此,剩余收益年限确定为35年。此处假设不考虑土地使用权终止日时点建筑物的残值。

5. 评定估算过程(节选)

评定估算过程见表7—14和表7—15。

表7—14　　Y公司投资性房地产评估计算表　　单位:元

	2010年	2011年	2012年	2013年	2014年	2015～2045年
有效租金收入	800 000	19 152 600	23 406 576	24 784 702	27 061 140	28 080 000
其中:						
大面积单元	800 000	9 600 000	9 888 000	10 184 640	11 185 090	11 880 000
小面积单元	0	9 552 600	13 518 576	14 600 062	15 876 050	16 200 000
税费小计(17.55%)	140 400	3 361 281	4 107 854	4 349 715	4 749 230	4 928 040
其中:						
营业税及附加(5.55%)	44 400	1 062 969	1 299 065	1 375 551	1 501 893	1 558 440
房产税(12%)	96 000	2 298 312	2 808 789	2 974 164	3 247 337	3 369 600
营运及管理费用小计(8%)	64 000	1 532 208	1 872 526	1 982 776	2 164 891	2 246 400
其中:						
管理费(3%)	24 000	574 578	702 197	743 541	811 834	842 400
市场推广费(5%)	40 000	957 630	1 170 329	1 239 235	1 353 057	1 404 000
重置提拨款(2%)	16 000	383 052	468 132	495 694	541 223	561 600
净营运收益	579 600	13 876 059	16 958 064	17 956 517	19 605 796	20 343 960
折现期	—	1	2	3	4	
折现因子	1.00	0.91	0.83	0.75	0.68	8.78
现值	579 600	12 627 214	14 075 193	13 467 388	13 331 941	178 619 969
评估结果:232 121 705元　　评估单价:14 508元/平方米						

表 7—15　　Y 公司投资性房地产评估假设条件

租约期内租金(大面积单元)	80 元/月·平方米	评估基准日	2010 年 12 月 31 日
租约期内租金(小面积单元)	183 元/月·平方米	折现率	10%
市场客观租金(大面积单元)	110 元/月·平方米	资本化率	7%
市场客观租金(小面积单元)	地上 1 层为 250 元/月·平方米 地上 2 层为 190 元/月·平方米	空置与租金损失率	10%
建筑面积(大面积单元)	10 000 平方米	税率	17.55%
建筑面积(小面积单元)	6 000 平方米	管理费	3%
租金增长率(大面积单元)	3%	市场推广费	5%
租金增长率(小面积单元)	8%	重置提拨款	2%

本章小结

本章讲述的特殊资产主要有金融不良资产、森林资源资产和投资性房地产。本章概括性地描述了各类特殊资产的评估对象及评估目的、价值类型。依据各类特殊资产的特征，系统阐述了针对各类特殊资产的独特的评估方法。假设清算法、现金流偿债法、交易案例比较法和专家打分法适用于金融不良资产的评估；林地期望价法、林地费用价法分别是收益法和成本法在林地资源评估中的特殊应用。

复习题

1. 简述金融不良资产的定义及类别。
2. 简述金融不良资产的评估方法及其评估程序。
3. 简述林木资产的评估方法及优缺点、适用范围。
4. 简述林地资产的评估方法及优缺点、适用范围。
5. 简述投资性房地产的评估对象及评估基本要点。
6. 简述投资性房地产的评估方法以及在运用时应注意的问题。

案例题

某农场地处中温带大陆季风气候区，主要土壤为森林棕壤及暗棕壤土，黑土层厚，有利于林木的生长。农场交通便利，主要公路贯穿境内。农场林业用地面积 31 269 公顷，有林地面积 18 858 公顷，疏林地面积 91 公顷，灌木地面积 256 公顷，未成林造林地面积 2 565 公顷，苗圃地面积 6 公顷，无林地面积 9 492 公顷。

一、对被评估小班的核实

首先，以该农场提供的人工林林相图为抽样总体，以 95%的可靠性布设一定数量的样地进行实地调查，要求总体蓄积量抽样精度达到 90%以上，核对其境界线是否正确。然后，在林相图上直接量算核查各类土地和林木类型的面积，主要地类的抽样精度要求达到 95%以上。采用典型选样的方法分别林地及林木类型、林龄等因子，根据本次评估目的、林分结构等因素，抽出 5%小班进行核查。对抽中小班的各项按规定必须进行核查的因子进行实地调查，规定每个小班中 80%的核查项目误差不超出允许值，对核查项目误差超出允许值的予以调整。检查结果表明，该农场提供的 401 个被评估小班的调查因子资料是准确的，可以作为评估之用。

二、技术经济指标的确定

根据当地调查、收集的资料进行综合分析，采用经济指标(成本、费用均为现值，价格为现价)见表7－16。

表7－16　　各类经济指标

营林成本	造林成本	2 250元/公顷(整地费450元/公顷、苗木费675元/公顷、栽植费1 125元/公顷)
	幼林抚育成本	1～3年抚育费150元/公顷，4～5年抚育费45元/公顷
	管护成本	管护费30元/公顷，护林防火费3元/公顷
木材销售有关成本费用	调查设计费	6元/立方米
	采伐成本	80元/立方米
	运输成本	35元/立方米
	销售成本	5元/立方米
	育林基金	原木25元/立方米，小径木15元/立方米
商品材销售价格	630元/立方米	
商品材出材率①	85%	
主伐龄、主伐期(40年)	幼龄林　1～20年	
	中龄林　21～30年	
	近熟林　31～40年	
	成熟林、过熟林　41年以上	
经营利润率	10%	
投资收益率	4%	
森林经营风险率	3%	

三、评估方法及评估说明

根据原国家国有资产管理局和原林业部颁布的《森林资源资产评估技术规范(试行)》规定，不同龄组分别采用不同的评估方法进行评估。本案例中，幼龄林采用重置成本法，中龄林、近熟林采用收获现值法，成熟林、过熟林采用市场价倒算法。

(一)林地价格及林地使用权价格的计算

由林地类型与林地等级及林地指数的关系，确定被评估小班各林地类型的林地等级。本次评估根据该农场提供的自然经济条件，包括土壤、水分、海拔、坡度等因子，将该农场作为一个评估单位进行计算，取其均值(主伐期单位面积蓄积取200立方米/公顷)。

用收获现值法计算林地价格与林地使用权价格：

单位面积林地价格＝主伐期单位面积蓄积×商品材出材率×(商品材价格－育林基金及维简费－调查费－采运费－销售费)÷(1＋投资收益率)^{主伐期}

$=200\times0.85\times(630-25-6-115-5)\div(1+4\%)^{40}$

＝16 961(元/公顷)

林地使用权价格＝该林地等级的单位面积林地价格×投资收益率

$=16\ 961\times4\%=678.44$(元/公顷)

(二)林木价格的计算

1. 幼龄林林木基准价格的计算

对于幼龄林林木基准价格采用重置成本法。

① 商品材出材率是假定主伐小班皆伐后经过实际造材所得到的实际出材率，已扣除了因木材缺陷、采伐、集材及运输等所造成的损耗。

第 1 年林木重置价格＝(造林成本＋幼林抚育成本＋管护成本＋林地使用权价格)×(1＋利润率)

以后各年林木重置价格＝上一年林木重置价格＋(该年幼林抚育成本或抚育间伐成本＋管护成本＋林地使用权价格)×(1＋利润率)

第 1 年林木重置价格＝(2 250＋150＋30＋3＋678.44)×(1＋10％)
＝3 422.584(元/公顷)

第 2 年林木重置价格＝3 422.584 ＋(150＋33＋678.44)×(1＋10％)
＝4 370.168(元/公顷)

2. 中龄林和近熟林林木基准价格的计算

中龄林和近熟林林木基准价格采用收获现值法。用收获现值法计算林木价格的公式为：

第 i 年林木价格＝[单位面积蓄积×商品材出材率×(商品材价格－育林基金及维简费－调查费－采运费－销售费)－(主伐期－i)×(管护成本＋林地使用权价格)×(1＋利润率)÷(1＋投资收益率)]÷(1＋投资收益率)$^{(主伐期-i)}$

第 28 年林龄的落叶松的基准价格＝[200×0.85×(630－25－6－115－5)－(40－28)×(33＋678.44)×(1＋10％)÷(1＋4％)]÷(1＋4％)$^{(40-28)}$
＝45 220.94(元/公顷)

3. 林木价格修正系数的确定

考虑各项因子对森林生长的影响，对被评估小班进行系数调整，计算公式为：

各被评估小班的修正系数＝小班单位面积蓄积÷小班林龄对应的平均面积蓄积

考虑到当地的林木资源条件，取主伐期时的单位面积蓄积为 200，小班各林龄对应的平均面积蓄积按 7％的递减率考虑。

例如，28 年林龄的落叶松的平均面积蓄积＝200÷(1＋7％)$^{(40-28)}$＝88.80(立方米/公顷)。28 年林龄的落叶松的蓄积量为 85 立方米，面积为 1 公顷，单位面积蓄积为 85 立方米/公顷，则修正系数＝85÷88.80＝0.96。

2 年期幼龄林修正系数＝200/[200/(1＋7％)$^{(40-2)}$]＝13.08

28 年期中龄林修正系数＝200/[200/(1＋7％)$^{(40-28)}$]＝2.25

4. 幼龄林、中龄林和近熟林林木评估价格的计算

幼龄林、中龄林和近熟林林木评估价格＝幼龄林、中龄林和近熟林林木基准价格×修正系数×(1＋森林经营风险率)

幼龄林评估价格＝4 370.168×13.08×(1＋3％)＝58 876.65(元/公顷)＝294.38(元/立方米)

中龄林评估价格＝45 220×2.25×(1＋3％)＝104 797.35(元/公顷)＝523.98(元/立方米)

5. 成熟林、过熟林林木评估价格的计算

成熟林及过熟林评估采用市场价倒算法。

$$E=W-C-F$$

其中，E 表示林木资产评估值；W 表示销售总收入；C 表示木材经营成本；F 表示木材经营合理利润。

根据《黑龙江省林业厅锯切用原木价格表(中准价格)》，取成熟及过熟林龄的落叶松价格为 880 元/立方米。

用市场价倒算法计算价格为：

[880－(25＋115＋5)－880×10％]×0.85＝549.95(元/立方米)

四、评估结果与分析

采用上述方法得出各小班的评估结果汇总如下：

根据上述按单位面积评估平均单价进行分析，幼龄林的单位面积评估值偏低，原因是在低龄阶段的林木的蓄积量较小，林木评估值较低。按单位蓄积量评估值进行分析，三个龄段的单位蓄积量评估平均单价分别为 294.38 元/立方米、523.98 元/立方米、549.95 元/立方米。

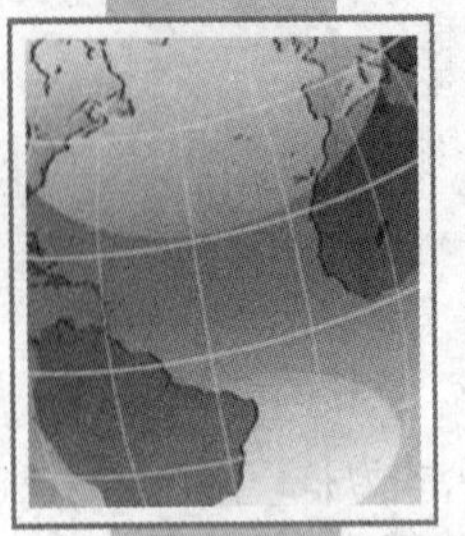

第八章 企业价值评估

学习目的与要求

本章阐释了企业价值评估的含义与特点，并系统介绍了收益法、市场法及其他方法在企业价值评估中的具体应用。通过本章的学习，应了解企业的含义及特点，理解企业价值的实质，掌握企业价值评估的含义以及企业价值评估的对象与特点，重点掌握收益法和市场法在企业价值评估中的具体应用，熟悉成本法及其他方法在企业价值评估中的应用。

第一节 企业价值评估的含义与特点

一、企业价值评估的含义

（一）企业的定义及其特点

要对企业的价值进行评估，首先要理解企业的概念。企业可作如下定义：企业是按照法律程序建立的，以营利为目的，由各种要素资产组成并且具有持续经营能力的，自主经营、自负盈亏、自我约束、自我发展的法人实体。

作为一类特殊的资产，企业有其自身的特点：

1. 合法性

企业是按照法律程序建立的经济实体，其存在必须接受法律法规的约束。这是企业建立的基础，因此，对企业的判断和界定必须首先从法律法规的角度即从合法性等方面来界定。

2. 营利性

企业作为一类特殊的资产，其经营目的就是营利。为了达到营利的目的，企业需要在既定的生产经营范围内，将若干要素资产有机组合，并形成相应的生产经营结构和功能。

3. 整体性

构成企业的各个要素资产虽然各具不同性能，但它们是在服从特定系统目标前提下构成企业整体的。可能构成企业的各个要素资产的个体功能不会都很健全，但它们可以被整合为具有良好整体功能的资产综合体。当然，即使构成企业的各个要素资产的个体功能良好，但如果它们之间的功能不匹配，由此组合而成的企业整体功能也未必很好。因此，整体性是企业区别于其他资产的一个重要特征。

4. 持续经营性

企业要获取利润，必须保持持续经营，而且要在经营过程中不断地创造收入、降低成本。为此，企业要在持续经营中保证实现营利目的，企业的要素资产不仅要有良好的匹配性和整体性，还必须能够适应不断变化的外部环境及市场结构，并适时地作出调整，保持企业生产结构、产品结构与市场结构的协调。

(二)企业价值的实质

企业价值是客观存在的企业属性,企业价值可以从不同的角度来定义。从政治经济学的角度,企业的价值是指凝结在其中的社会必要劳动时间;从会计核算的角度,企业的价值是指建造或取得企业的全部支出或全部耗费;从财务管理的角度,企业的价值是指企业未来现金流的折现值,即企业内在价值;从市场交换的角度,企业的价值是指企业在市场上的货币表现。

在资产评估中,对企业价值实质的理解主要表现为以下三个方面:

1. 企业价值是企业的公允市场价值

这不仅是由企业作为资产评估的对象所决定的,而且是由对企业进行价值评估的目的所决定的。企业价值评估从根本上讲是服从和服务于企业的产权转让或产权交易,如企业并购或重组;企业价值评估的主要目的是在企业进行产权交易时,使交易双方对拟交易企业的价值有一个较为清晰的认识,所以企业价值评估应建立在公允市场假设之上,其揭示的是企业的公允市场价值。

2. 企业价值基于企业的获利能力

人们创立企业或收购企业的目的不在于获得企业本身具有的物质资产或企业生产的具体产品,而在于获得企业未来产生的现金流。因此,企业价值取决于要素资产组合的整体获利能力,不具备现实或潜在获利能力的企业也就不存在企业价值。如果企业长期不能产生获利能力,企业就难以持续经营,清算或变现可能是企业的明智选择,此时,企业只是一些要素资产的堆积,已经不是真正意义上的企业价值了。

3. 企业价值有别于账面价值、公司市值和清算价值

账面价值是以历史成本为基础进行计量的会计概念,可以通过企业的资产负债表获得。由于没有考虑通货膨胀、资产的功能性贬值和经济性贬值等重要因素的影响,所以企业资产的账面价值明显区别于资产评估中的企业价值。

公司市值是指上市公司全部流通股股票的市场价格。在发达的资本市场上,由于信息相对充分、市场机制相对完善,公司市值与企业价值具有一致性。而中国尚处在经济转型中,证券市场既不规范,也不成熟,因而不宜将公司流通股市值直接作为企业价值评估的依据。

清算价值是指企业在非持续经营条件下的各要素资产的变现价值,即企业停止经营,变卖所有的企业资产减去所有负债后的现金余额。破产清算企业的价值评估,不是一般意义上对企业价值的揭示,该类企业作为生产要素整体已经丧失了盈利能力,因而也就不具有通常意义上的企业价值。

(三)企业价值的表现形式

多年来,很多人对企业价值评估的认识仅限于资产的范畴,但是随着我国企业股份制的深入发展以及资本市场的扩大,各种层面的企业股权交易将越来越频繁,股权价值的评估也成为企业价值评估的一项主要任务。因此,在企业价值评估之前,要特别注意明确评估对象及其权益的状况。

首先,明确被评估股权的比例、状况和性质。《资产评估准则——企业价值》指出,企业价值评估报告中应当对企业的股权分布与持股状况、被评估股权的比例均有一个清楚的交代,而不是在评估报告一开始就把企业的资产负债表一一列上,这种明确的列示会使使用者对评估对象有一个全面的认识和了解。其次,对于被评估股权的性质要有一个清楚的认识,并在评估报告中加以说明,是控股权还是非控股权?是流通股权还是非流通股权?因为这涉及评估价值的溢价或折价问题,对于最后的企业价值评估结论有着重要的影响。

根据评估对象的不同，谨慎区分企业整体价值、股东全部权益价值和股东部分权益价值，并在评估报告中明确说明，如表 8－1 所示。

表 8－1　　企业价值的表现形式

<table>
<tr><td rowspan="2">流动资产价值(A)</td><td colspan="2">流动负债和长期负债中的非付息债务价值(C)</td></tr>
<tr><td>营运资本($A-C$)</td><td rowspan="2">付息债务价值(D)</td></tr>
<tr><td colspan="2" rowspan="2">固定资产和无形资产价值(B)</td></tr>
<tr><td rowspan="2">股东全部权益价值(E)</td></tr>
<tr><td colspan="2">其他资产价值(F)</td></tr>
</table>

由表 8－1 可以看出，流动资产价值加上固定资产、无形资产价值和其他资产价值构成了全部资产的价值，即 $A+B+F$；流动负债和长期负债中的非付息债务价值加上付息债务价值和股东全部权益价值构成了全部负债和权益价值，即 $C+D+E$。

企业总资产价值是企业流动资产价值、固定资产和无形资产价值、其他资产价值之和，即 $A+B+F$；也等于企业全部负债价值加上股东全部权益价值之和，即 $C+D+E$。股东全部权益价值＝$(A+B+F)-(C+D)=E$；企业整体价值＝$(A+B+F)-C=(A-C)+B+F=D+E$；企业投资资本价值是企业总资产价值减去企业流动负债价值后的价值，或用企业所有者权益价值加上企业的长期债务价值表示。

在企业价值评估实务中，一般是在得到股东全部权益价值后再确定部分权益价值。如何分析和确定部分权益价值，《资产评估准则——企业价值》指出：

其一，股东部分权益价值并不必然等于股东全部权益价值与股权比例的乘积，因为在某些情况下，同一企业内不同股东的同等股份权益的价值可能会不相等。这种价值的不相等可能源于两种情况：一是对股权的控制支配程度或缺乏这种支配的权利；二是被评估企业权益的市场流动性程度或缺乏这种市场性。

其二，股东部分权益价值的评估应当在适当及切实可行的情况下，考虑由于控股权和少数股权等因素产生的溢价或折价。

(四)企业价值评估的内涵

根据 2011 年中国资产评估协会颁布的《资产评估准则——企业价值》的规定，企业价值评估是指“注册资产评估师依据相关法律法规和资产评估准则，对评估基准日特定目的下的企业整体价值、股东全部权益价值或者股东部分权益价值等进行分析、估算并发表专业意见的行为和过程”。

所以，企业价值评估是为企业创造价值服务的，它是按照特定目的采用特定方法对企业全部或部分价值进行估价的过程，评估的是企业创造价值的能力，即持续获利能力。

企业价值评估的目的是分析和衡量一个企业或一个经营单位的公允价值，并提供有关信息以帮助投资人和管理当局改善决策。

二、企业价值评估的范围

(一)企业价值评估的一般范围

企业价值评估的一般范围通常指企业的产权资产范围。具体来讲，企业价值评估的一般范围应该是企业产权涉及的全部资产，包括企业产权主体自身拥有并投入经营的部分、企业产权主体自身拥有但未投入经营的部分、虽不为企业产权主体自身所拥有及经营但可以由企业产权主体控制的部分，例如全资子公司、控股子公司，以及非控股公司中的投资部分等。在具体界定企业价值评估的一般范围时，应根据以下相关数据资料进行：

(1)企业有关产权转让或产权变动的协议、合同、章程中规定的企业资产变动范围；

(2)企业有关资产产权证明、账簿、投资协议、财务报表、审计报告等。

(二)企业价值评估的具体范围

在对企业价值评估的一般范围进行界定之后，并不能将所界定的企业资产范围直接作为企业价值评估中的具体资产范围。因为企业价值评估基于企业的整体盈利能力，所以判断企业价值就是要正确分析和判断企业的盈利能力。企业的盈利能力是企业的有效资产共同作用的结果。要正确揭示企业价值，就要将企业资产范围内的有效资产和无效资产进行正确的界定与区分，将企业的有效资产作为评估企业价值的具体资产范围。这种区分是进行企业价值评估的重要前提。

在界定企业价值评估的具体范围时，应注意以下几点：

(1)对于在评估时点产权不清的资产，应划为“待定产权资产”，不列入企业价值评估的资产范围。例如，在公司并购时，当商标权等无形资产正发生产权纠纷、产权不清时，将其划入“待定产权资产”，不列入企业价值评估的资产范围。

(2)对于在评估时点产权清晰的资产，应在产权清晰的基础上区分企业的有效资产和无效资产。在进行区分时，应该考虑以下几点：

①对企业有效资产的判断，应该以该资产对企业盈利能力形成的贡献为基础；

②在有效资产的贡献下形成的企业盈利能力应是企业的正常盈利能力，由于偶然因素而形成的短期盈利及相关资产不能作为判断企业盈利能力和划分有效资产的依据；

③评估人员应对企业价值评估进行客观揭示，如果企业的出售方拟进行企业资产重组，则应该在不影响企业盈利能力的前提下进行重组。

(3)在企业价值评估中，对无效资产有两种处理方式：一是进行资产剥离，将企业的无效资产在企业价值评估前单独剥离出去，不列入企业价值评估的范围，作为独立的部分进行单独处理，并在评估报告中予以披露；二是在无效资产不影响企业盈利能力的前提下，用适当的方法将其进行单独评估，并将评估值加总到企业价值评估的最终结果之中，或将其可变现净值进行单独列示披露。

(4)如果企业出售方拟通过“填平补齐”的方法对影响企业盈利能力的薄弱环节进行改进，评估人员应着重判断该改进对于正确揭示企业盈利能力的影响。

三、企业价值评估的特点

(一)整体性

企业价值评估是一种整体性评估，企业价值评估对象是由多个或多种单项资产组成的资产综合体，这些资产组成的资产综合体最终所形成的企业整体资产的预期获利能力，是决定企业价值高低的关键因素。

企业价值评估作为一种整体性评估，与构成企业的各个单项资产的评估值简单加和既有联系，又有区别。其联系主要表现为以下两点：

(1)从单项资产评估汇总确定企业评估价值的角度来说，企业资产数量越多、质量越高，评估值越高。资产的数量、质量是决定企业获利能力的重要因素。

(2)在企业资产有效、企业经营以营利为目的假设前提下，企业资产评估值应以整体企业评估值与各个单项资产的评估值简单加和的大小关系为判断标准。企业的资产收益率与社会(更多的是与行业)平均资产收益率相同,则单项资产评估汇总确定的企业资产评估值应与整体企业评估值趋于一致。如果企业资产收益率低于社会(或行业)平均资产收益率,单项资产评估汇总确定的企业资产评估价值就会比整体企业评估价值高;如果企业资产收益率高于社会(或行业)平均资产收益率,整体企业评估价值则会高于单项资产评估汇总的价值,超过的部分则是企业商誉的价值。

企业价值评估与构成企业的各个单项资产的评估值简单加和的差异,如表 8-2 所示。

表 8-2　企业价值评估与各单项资产评估值加和的差异

差异分析	企业价值评估	企业各单项资产评估值加和
评估对象的差异	按特定生产工艺或经营目标有机结合起来的资产综合体	先把各个单项资产作为独立的评估对象进行评估,然后再加总
影响因素的差异	以企业的获利能力为核心,综合考虑影响企业获利能力的各种因素以及企业面临的各种风险进行评估	评估时只针对影响各个单项资产价值的各种因素展开
评估结果的差异	企业的评估值中包含不可确指的无形资产——商誉	除了商誉单独评估外,一般评估报告中不包含商誉

(二)复杂性

1. 评估理论和方法的复杂性

从理论上讲,企业价值评估应当优先采用未来现金流量折现法,但是在企业经营过程中,其现金流量很难精确预测。评估时,除了要考虑企业的盈利能力之外,还要考虑创新能力、抗风险能力、核心竞争力等影响因素,还需要搜集企业各项相关历史数据和未来几年的预测数据。最重要的是折现率的选择,对于估计折现率,要考察影响企业预期收益的宏观政策、行业状况、市场供求、通货膨胀等多方面因素。

2. 企业价值的动态性

企业的价值不仅取决于资产本身的价值和企业未来的期望收益,而且要考虑在预期期限内时间价值对预期收益的影响。企业价值的这种动态性主要表现在两个方面:一是各年的资产运营条件一旦发生变化,则实现的预期收益也会不断发生变化;二是各年实现的预期收益由于时间价值的不同,反映在资产上的价值也不一样。

(三)无绝对参照物

对于单项资产评估而言,许多资产存在着相同或相似产品的交易市场,并形成资产的市场交易价格,这些相同或相似的资产可以作为资产评估时的参照物。但是,由于企业是一种特殊商品,并不存在一个同类商品的交易市场,世界上任何两家企业都不可能完全相同,因此不能直接采用寻求参照物市场价格的方法来估算企业价值,必须进行必要的调整。

第二节　收益法在企业价值评估中的应用

一、企业价值评估中收益法的基本原理

(一)基本前提

收益法是将被评估企业在未来剩余经济寿命期限内所能获取的收益进行折现,按评估基

准日的现值作为被评估企业价值的一种资产评估方法。

在运用收益法对企业价值进行评估时，一个必要的前提是判断企业是否具有持续盈利能力。只有当企业具有持续盈利能力时，运用收益法对企业进行价值评估才有意义。

收益法涉及三个基本要素：被评估企业的预期收益，折现率或资本化率，被评估企业取得预期收益的持续时间。与此相对应，收益法在企业价值评估中运用的基本前提是：

(1)企业的未来预期收益可以合理预测并可以用货币计量；

(2)企业获得预期收益所承担的风险可以预测并可以用货币计量；

(3)企业的预期获利年限可以预测。

(二)基本思路和公式

企业价值评估中的收益法就是通过预测目标企业未来所能产生的经济收益，并根据获取这些经济收益所面临的风险所要求的回报率作为折现率进行折现，得到目标企业价值，因此，运用收益法评估企业价值的基本原理是现值原理。收益法的基本公式表示为：

$$\text{企业价值}=\sum_{t=1}^{n}\frac{\text{经济收益流}_t}{(1+\text{折现率})^t} \tag{8-1}$$

(三)基本模型

1. 股利现金流量模型

在对股权资本进行评估时，把股利作为股权资本唯一现金流量的模型就是股利现金流量模型。该模型是用于计算每股内在价值的模型，它假设未来股利增长模式是可预测的，并事先确定了折现率。

股票价值是由股票未来的现金流量决定的，包括预期每期支付的股利和持有期期末支付的价格，其计算公式为：

$$P_0=\frac{D_1}{1+r}+\frac{D_2}{(1+r)^2}+\frac{D_3}{(1+r)^3}+\cdots$$

$$P_0=\sum_{t=1}^{\infty}\frac{D_t}{(1+r)^t} \tag{8-2}$$

式中：P_0——普通股现值；

D_t——每期股利现金流量，是企业分配给股权投资人的现金流量；

r——股票折现率。

上式是股利现金流量模型的基本表达式，它是无限多项代数式之和。现实中，不可能对无限期的股利支付水平做出预测，根据不同企业股利支付的特点，该模型可以简化为零增长股利现金流量模型、固定增长股利现金流量模型和阶段增长股利现金流量模型三种。

(1)零增长股利现金流量模型

零增长股利现金流量模型是假设预期每年的股利支付水平一样，永远保持在当前水平上，即 $D_1=D_2=D_3=\cdots=D_t$。则股票价值计算公式为：

$$P_0=\frac{D_1}{1+r}+\frac{D_2}{(1+r)^2}+\frac{D_3}{(1+r)^3}+\cdots$$

$$P_0=\frac{D_1}{r} \tag{8-3}$$

式中：P_0——普通股价值；

D_1——下一年预期股利；

r——股票折现率，没有风险时等于市场利率，存在风险时高于市场利率。

这是一种特殊情况，只有极少数股票的股利可以假设为永远不变。一般情况下，如果预计某企业的股利在较长一段时期内能够保持稳定，该公式能够较好地估计出股票价值的近似值。

(2)固定增长股利现金流量模型

大多数情况下，企业的股利是经常波动的，如果企业股利预计在较长一段时期内能够以某一稳定速度增长，则可以用固定增长股利现金流量模型来估计处于"稳定增长"状态下的企业价值。

固定增长股利现金流量模型就是把企业股权的价值与下一时期的预测股利、股票要求的收益率和预期股利增长率联系起来。计算公式为：

$$P_0=\frac{D_1}{1+r}+\frac{D_2}{(1+r)^2}+\frac{D_3}{(1+r)^3}+\cdots$$

$$P_0=\frac{D_1}{1+r}+\frac{D_1(1+g)}{(1+r)^2}+\frac{D_1(1+g)^2}{(1+r)^3}+\cdots$$

$$P_0=\frac{D_1}{r-g} \tag{8-4}$$

式中：P_0——普通股现值；

D_1——下一年预期股利；

r——股票折现率；

g——固定的股利增长率。

该模型的关键假设是：股利预计永远以 g 的速度增长。对处在成熟期的企业而言，该模型的估计结果是比较合理的。

(3)阶段增长股利现金流量模型

多数情况下，企业在最初发展阶段，股利会保持较高甚至超常的增长率，之后进入稳定增长时期，股利增长率也保持在一个合理的水平。这种情况下，股利增长呈现阶段性特征：第一阶段以超常增长率增长(这时 g 可能会大于 r)，而从第二个阶段开始，可视为一定年数后永续股利固定增长模型。这种分阶段股利现金流量模型较好地反映了大部分创新型企业的实际发展状况。计算公式为：

股票价值＝超常增长阶段股利现金流量现值＋期末股票现值

$$P_0=\sum_{t=1}^{n}\frac{D_t}{(1+r)^t}+\frac{P_n}{(1+r)^n}$$

$$P_n=\frac{D_{n+1}}{r_n-g_n},D_t=D_{t-1}(1+g) \tag{8-5}$$

式中：D_t——第 t 期预期的每股股利；

r——超常增长发展阶段公司要求的收益率(股本资本成本)；

P_n——第 n 年末股票价值；

g——前 n 年超常增长率；

g_n——n 年后的永续增长率；

r_n——稳定增长发展阶段公司要求的收益率。

该模型认为，公司在前 n 年保持以超常增长率(g)增长，而 n 年后以稳定增长率(g_n)增长。P_0 是第 n 年末公司价格，可以通过 n 年后股利固定增长模型来估计。因此，该公式可以转换为：

$$P_0=\sum_{t=1}^{n}\frac{D_0(1+g)^t}{(1+r)^t}+\frac{D_{n+1}}{(r_n-g_n)(1+r)^n} \tag{8-6}$$

一般来说，在超常增长阶段，增长率 g 要大于折现率 r，如果增长率 g 小于折现率 r，则上式可简化为：

$$P_0=\frac{D_0(1+g)\left[1-\left(\frac{1+g}{1+r}\right)^n\right]}{r-g}+\frac{D_{n+1}}{(r_n-g_n)(1+r)^n} \tag{8-7}$$

2. 股权自由现金流量模型(FCFE)

股利现金流量模型是将股利作为股东获得的唯一现金流量进行评估的，而股利只是股权自由现金流量的一种特殊情况，如果考虑到更一般的股权自由现金流量对企业价值评估的影响，则应该采用股权自由现金流量模型。

股权自由现金流量是一定期间内企业可以提供给股权投资人的现金流量，它等于企业实体现金流量扣除对债权人支付后剩余的部分。有多少股权自由现金流量会作为股利分配给股东，完全取决于企业的筹资情况和股利分配政策。如果把股权自由现金流量全部作为股利分配，则股利现金流量模型和股权自由现金流量模型相同。

(1)稳定增长的 FCFE 模型

$$P_0=\frac{FCFE_1}{r-g} \tag{8-8}$$

式中：P_0——公司当前的股权资本价值；

$FCFE_1$——预期下一年的 $FCFE$；

r——企业的股权资本成本；

g——$FCFE$ 的增长率。

(2)两阶段 FCFE 模型

股权资本价值＝高速增长阶段 $FCFE$ 的现值＋期末价值现值

$$P_0=\sum_{t=1}^{n}\frac{FCFE_t}{(1+r)^t}+\frac{P_n}{(1+r)^n}$$

$$P_0=\sum_{t=1}^{n}\frac{FCFE_t}{(1+r)^t}+\frac{FCFE_{n+1}/(r_n-g_n)}{(1+r)^n} \tag{8-9}$$

式中：$FCFE_t$——第 t 年的 $FCFE$；

P_0——高速增长阶段末的企业价值；

$FCFE_{n+1}$——第二阶段头年末的 $FCFE$；

r_n——稳定增长阶段内股权投资者要求的收益率；

g_n——第二阶段的稳定增长率。

(3)三阶段 FCFE 模型

$$P_0=\sum_{t=1}^{n_1}\frac{FCFE_t}{(1+r)^t}+\sum_{t=n_1+1}^{n_2}\frac{FCFE_t}{(1+r)^t}+\frac{P_{n_2}}{(1+r)^{n_2}}$$

$$P_{n_2}=FCFE_{n_2+1}/(r-g_n) \tag{8-10}$$

式中：$FCFE_t$——第 t 年的 $FCFE$；

P_{n_2}——过渡阶段期末的企业价值；

n_1——高速增长阶段结束的时间；

n_2——过渡阶段结束的时间。

3. 公司自由现金流量模型(FCFF)

公司自由现金流量模型是用资本加权平均成本(WACC)对公司自由现金流量进行折现得到企业价值。如果有充分的信息能够预测企业自由现金流量,那么 FCFF 模型可以对任何企业进行整体价值评估。

公司自由现金流量是企业全部现金流入扣除成本费用和必要的投资后的剩余部分,它是企业一定期间可以提供给所有投资人(包括股权投资人和债权投资人)的税后现金流量。

在普遍形式的 FCFF 模型中,企业价值是预期 FCFF 的现值,其计算公式为:

$$企业价值=\sum_{t=1}^{n}\frac{FCFF_t}{(1+WACC)^t} \tag{8-11}$$

式中:$FCFF_t$——第 t 年的公司自由现金流量。

根据对公司自由现金流量未来增长率的不同假设,可以构造不同形式的公司自由现金流量模型。

(1)FCFF 稳定增长模型

与股利固定增长模型和 FCFE 稳定增长模型一样,当企业以固定增长率增长时,计算公式为:

$$P_0=\frac{FCFF_t}{WACC-g} \tag{8-12}$$

式中:$FCFF_t$——第 t 年的公司自由现金流量;

$WACC$——资本加权平均成本;

g——投资资本现金流的永久增长率。

(2)两阶段 FCFF 模型

一般情况下,企业的增长呈现阶段性特征,不同模型中对增长阶段有不同的假设。在两阶段增长中,假设企业会有 n 年的高速增长期,增长率为 g,之后达到稳定增长状态,增长率为 g_n,计算公式为:

$$\begin{aligned}P_0&=\sum_{t=1}^{n}\frac{FCFF_t}{(1+WACC)^t}+\frac{FCFF_{n+1}/(WACC-g_n)}{(1+WACC)^n}\\&=\sum_{t=1}^{n}\frac{FCFF_0(1+g)^t}{(1+WACC)^t}+\frac{FCFF_{n+1}(r_n-g_n)}{(1+WACC)^n}\end{aligned} \tag{8-13}$$

式中:$FCFF_t$——第 t 年预期的实体现金流量;

$FCFF_0$——期初企业实体现金流量;

$FCFF_{n+1}$——第 $n+1$ 年年末的实体现金流量;

$WACC$——资本加权平均成本;

g——前 n 年的高速增长率;

g_n——n 年后的稳定增长率。

(3)三阶段 FCFF 模型

三阶段 FCFF 模型适用于经历三个不同增长阶段的企业,即:

股权资本价值=高速增长阶段 $FCFF$ 的现值+过渡阶段 $FCFF$ 的现值+期末价值现值

三阶段模型的形式、适用范围和限制条件都与前两种相同。计算公式如下:

$$P_0=\sum_{t=1}^{n_1}\frac{FCFF_t}{(1+WACC)^t}+\sum_{t=n_1+1}^{n_2}\frac{FCFF_t}{(1+WACC)^t}+\frac{P_{n_2}}{(1+WACC)^{n_2}} \tag{8-14}$$

式中:$FCFF_t$——第 t 年的公司自由现金流量;

$WACC$——资本加权平均成本;

P_{n_2}——过渡阶段期末的企业价值;

n_1——高速增长阶段结束的时间;

n_2——过渡阶段结束的时间。

二、企业收益额的估算

(一)企业收益额的界定与选择

1. 企业收益额的界定

运用收益法对企业价值进行评估的关键参数是企业的收益额。在企业的价值评估中,企业的收益额是指在正常条件下,企业所获得的归企业所有的所得额。企业收益是指企业在未来年份,在经营内外环境没有发生明显变化的情况下,可持续获取的归企业所有的所得额。资产评估中的收益额有两个比较明确的特点:第一,收益额是资产未来预期的收益额,而不是资产的历史收益额或现实收益额;第二,用于资产评估的收益额是资产的客观收益,而不是资产的实际收益。

企业收益都来自企业劳动者创造的纯收入,企业价值评估中的企业收益也不例外,但是,在具体界定企业收益时,应注意以下几个方面:

(1)从性质上讲,不归企业权益主体所有的企业纯收入不能作为企业评估中的企业收益,如税收,包括流转税和所得税。

(2)凡是归企业权益主体所有的企业收支净额,可视同企业收益,无论是营业收支、资产收支还是投资收支,只要形成净现金流入量,就应视同收益。企业收益只能是企业所有者投资于该企业所获得的净收入,其基本表现形式是企业净利润和企业净现金流量。企业净利润和净现金流量是判断和把握企业价值评估中的收益额最重要的基础,也是评估人员认识、判断和把握企业获利能力最重要、最基本的财务指标。

(3)从企业价值评估操作的层面上讲,企业价值评估中的收益额是反映企业获利能力的一个重要参数和指标。它最重要的作用在于,客观地反映企业的获利能力,并通过企业获利能力来反映企业的价值。由于企业价值评估的目标范围包括企业整体价值、股东全部权益价值和股东部分权益价值等多重目标,因此,从实际操作的角度,用于企业价值评估的收益额不仅限于企业的净利润和净现金流量两个指标。从理论上讲,企业收益是指归企业所有的可支配净收入,而用于企业价值评估中的企业收益既可以是理论上的企业收益,也可以是其他口径的收益,它的作用主要是尽可能准确、客观地反映企业的获利能力。

2. 企业收益额的选择

在对企业的收益形式作出界定之后,在企业价值的具体评估中还需要根据评估目的的不同,对不同口径的收益作出选择。在企业价值评估中,经常使用的收益口径主要包括净利润、净现金流量、息前税后利润与息前税后现金净流量等。这些形式可以分为两类:企业净利润和企业净现金流量。理论上,两者对企业价值的评估结果应该一致,但是两者在计算方法上存在差异,导致不同的收益基础对企业的最终评估值影响极大。

选择什么口径的企业收益作为收益法评估企业价值的基础,应考虑以下两点:第一,应服从企业价值评估的目的,即企业价值评估目的是反映企业所有者权益的净资产价值,还是反映企业所有者权益及债权人权益的投资资本价值;第二,对企业收益口径的选择,应在不影响企业价值评估目的的前提下，选择最能客观反映企业正常盈利能力的收益额作为对企业进行价值评估的收益基础。

(二)企业收益额的预测

企业收益的预测，大致分为三个阶段：首先，是对企业收益的历史及现状的分析与判断；其次，是对企业未来可预测的若干年的预期收益的预测；最后，是对企业未来持续经营条件下的长期预期收益趋势的判断。

1. 企业收益历史及现状分析和判断

对企业收益的历史与现状进行分析和判断，其目的是对企业正常的盈利能力进行掌握和了解，为企业收益的预测创造工作平台。

通过对企业收益的历史及现状的分析来判断企业的正常盈利能力，首先要根据企业的具体情况确定分析的重点。对于已有较长经营历史且收益稳定的企业，应着重对其历史收益进行分析，并在该企业历史收益平均趋势的基础上判断企业的盈利能力；而对于发展历史不长的企业，就要着重对其现状进行分析，并主要在分析该企业未来发展机会的基础上判断企业的盈利能力。此外，还要结合企业的实际生产经营情况对财务数据加以综合分析。

为较为客观地判断企业的正常盈利能力，还必须结合影响企业盈利能力的内部及外部因素进行分析。首先，要对影响企业盈利能力的关键因素进行分析与判断。评估人员应通过与企业管理人员的充分交流和自身的分析判断，对企业的核心竞争力存在一个较为清晰的认识。其次，要对企业所处的产业及市场地位有一个客观的认识。企业所处产业的发展前景、企业在该产业及市场中的地位、企业主要竞争对手的情况等都是评估人员应该了解和掌握的。再次，对影响企业发展的可以预见的宏观因素，评估人员也应该加以分析和考虑。如对某家污染严重的企业进行价值评估时，评估人员就应该考虑国家的环境政策对企业未来盈利的影响。总之，只有结合企业内部与外部的具体条件来分析企业的财务指标，才能对企业的正常盈利能力作出正确的判断。

2. 企业收益预测的基础

对用于衡量企业盈利能力的企业收益不仅存在不同形式及口径上的界定问题，还存在收益预测基础的问题。企业收益预测的基础存在以下两个方面的问题：

第一，预期收益预测的出发点是什么？按照通常人们的想法，以企业在评估时点的实际收益为出发点，更符合资产评估的客观性原则。实际上，在进行企业价值评估时，既可用以企业在评估时点的实际收益为基础预测的预期收益，也可用以被评估企业所在行业的正常投资收益水平为基础预测的预期收益。但是，企业在评估时点的实际收益是企业内部与外部各种因素共同作用的结果，在这些因素中，存在一次性的或偶然性的因素，或者当企业产权发生变动后不复存在的收入或费用因素，因此，对于这些因素应当进行调整。如果以企业在评估时点的实际收益作为预测企业未来预期收益的基础而不加以调整，意味着将在企业未来经营中不复存在的因素仍然作为影响企业未来预期收益的因素加以考虑。显然，这将导致对企业正常盈利能力的误判，进而导致未来收益预测的失实。因此，企业价值评估的预期收益的基础，应该是在正常的经营条件下，排除影响企业盈利能力的偶然因素和不可比因素之后的企业正常收益。

第二，如何客观地把握新产权主体的行为对企业预期收益的影响？企业的预期收益既是企业存量资产运作的函数，又是未来新产权主体经营管理的函数。新产权主体的行为是评估人员无法确切估测的因素，同时，新产权主体的个别行为对企业预期收益的影响也不应该作为预测企业预期收益的因素，从这个意义上讲，评估人员对企业价值的判断只能基于对企业存量资产运作的合理判断，而不能基于对新产权主体行为的估测。因此，企业预期收益的预测应以企业的存量资产为出发点，可以考虑对存量资产的合理改进乃至合理重组，但必须以反映企业的正常盈利能力为基础，任何不正常的个人因素或新产权主体的超常行为等因素对企业预期收益的影响都不应予以考虑。

(三)企业收益额预测的基本步骤

企业预期收益的预测大致可分为以下几个步骤：

1. 评估基准日审计后企业收益的调整

如果以企业实际收益为基础预测未来企业收益，评估基准日审计后企业收益的调整包括两部分工作：其一是对审计后的财务报表进行非正常因素调整，主要是损益表和现金流量表的调整；其二是研究审计后报表的附注，对在相关报表中揭示的影响企业预期收益的非财务因素进行分析，并在该分析的基础上对企业的收益进行调整，使之能反映企业的正常盈利能力。如果是以被评估企业所在行业正常收益水平为基础预测企业未来收益，实际上是假设企业发生产权变动后，企业能够以行业的正常经营水平和正常获利能力进行运营。这时，首先应对评估基准日的企业实际收益进行分析，在可以得出企业在评估基准日后以行业正常经营水平和获利能力水平预测未来收益是客观的这一结论的基础上，编制与被评估企业有效资产所对应的用于本次企业价值评估的资产负债表、利润表和现金流量表。

2. 企业预期收益趋势的总体分析和判断

企业预期收益趋势的总体分析和判断是在对企业评估基准日审计后实际收益调整的基础上，结合企业提供的预期收益预测和评估机构调查搜集到的有关信息的资料进行的。这里需要强调指出：第一，对企业评估基准日审计后财务报表的调整，尤其是客观收益的调整，仅作为评估人员进行企业预期收益预测的参考依据，不能用于其他目的。第二，企业提供的关于预期收益的预测是评估人员预测企业未来预期收益的重要参考资料，但是，评估人员应在自身专业知识和所搜集的其他资料的基础上做出客观、独立的判断。第三，评估人员还必须深入企业现场进行实地考察和现场调研，与企业的核心管理层进行充分的交流，了解企业的生产工艺过程、设备状况、生产能力和经营管理水平，再辅之以其他数据资料，对企业未来收益趋势做出合乎逻辑的总体判断。

3. 企业预期收益的预测

企业预期收益的预测是在前两个步骤完成的前提下，运用具体的技术方法和手段进行测算。不论采用何种方法测算企业收益，都需注意以下几个基本问题：一定收益水平是一定资产运作的结果。在进行企业收益预测时，应保持企业预期收益与其资产及其营运能力之间的对应关系；企业的销售收入或营运收入与产品销售量会受到价格需求弹性的制约，不能不考虑价格需求弹性而想当然地价量齐升；在考虑企业销售收入的增长时，应对企业所属产业及细分市场的需求、竞争情况进行分析；企业销售收入或服务收入的增长与其成本费用的变化存在内在的一致性，评估人员应根据具体的企业情况，科学合理地预测企业的销售收入及各项成本费用的变化；企业的预期收益与企业所采用的会计政策、税收政策的关系极为密切，评估人员不可以违背会计政策及税收政策，以不合理的假设作为预测的基础，企业收益预测应与企业未来实行的会计政策和税收政策保持一致。

在一般情况下，企业的收益预测分两个时间段，如图8－1所示。

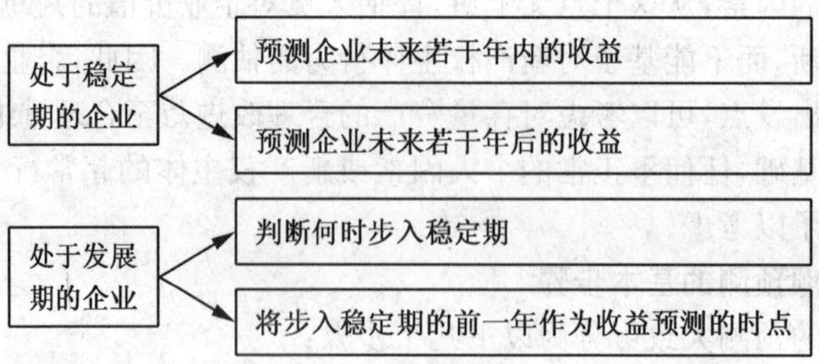

图 8—1　收益预测期

4. 严格检验所作预测的合理性

检验可从四个方面进行：一是将预测与企业历史收益的平均趋势进行比较，如果预测的结果与企业历史收益的平均趋势明显不符，或出现较大变化，又无充分理由加以支持，则该预测的合理性值得怀疑。二是对影响企业价值评估的敏感性因素加以严格的检验，这里所指的敏感性因素具有两方面特征，即该类因素未来存在多种变化及其变化能对企业的评估值产生较大影响。如对销售收入的预测，评估人员可能基于对企业所处市场前景的不同假设而会对企业的销售收入做出不同的预测，并分析不同预测结果可能对企业评估价值产生的影响。三是对所预测的企业收入与成本费用变化的一致性进行检验，企业收入的变化与其成本费用的变化存在较强的一致性，如预测企业的收入变化而成本费用不进行相应变化，则该预测值得怀疑。四是在进行敏感性因素检验的基础上，与其他方法评估的结果进行比较，检验在哪一种评估假设下能得出更为合理的评估结果。

三、折现率和资本化率的估算

(一)折现率选择的基本原则

在运用收益法评估企业价值时，折现率起着至关重要的作用，其微小变化就会对评估结果产生较大的影响。因此，在选择和确定折现率时，必须注意以下几个方面的问题。由于折现率与资本化率的实质相同、构成相同，测算及选择思路也相同，下面就以折现率为例来说明折现率与资本化率的选择原则。

1. 折现率不低于投资的机会成本

在存在正常的资本市场和产权市场的条件下，任何一项投资的回报率都不应低于该投资的机会成本。在现实生活中，政府发行的国库券利率和银行储蓄利率可以作为投资者进行其他投资的机会成本。由于国库券的发行主体是政府，几乎没有破产或无力偿付的可能，投资的安全系数大。虽然银行大多数属于商业银行，但我国的银行仍然由国家垄断或严格监控，其信誉非常高，储蓄也是一种风险极小的投资。因此，国库券利率和银行储蓄利率可以看成是其他投资的机会成本，相当于无风险投资报酬率。

2. 行业基准收益率不宜直接作为折现率

我国的行业基准收益率是基本建设投资管理部门为筛选建设项目，从拟建项目对国民经济的净贡献方面，按照行业统一制定的最低收益率标准。只有投资收益率高于行业基准收益率的拟建项目，才有可能得到批准进行建设。另外，行业基准收益率的高低也体现着国家的产业政策。在一定时期，属于国家鼓励发展的行业，其行业基准收益率可以相对低一些；属于国家控制发展的行业，国家就可以适当调高其行业基准收益率，达到限制项目建设的目的。因此，行业基准收益率不宜直接作为企业评估中的折现率。

3. 贴现率不宜直接作为折现率

贴现率是商业银行对未到期票据提前兑现所扣金额(贴现息)与期票票面金额的比率。贴现率虽然也是将未来值换算成现值的比率，但它通常是银行根据市场利率和贴现票据的信誉程度来确定的，且票据贴现大多数是短期的，并无固定期间。从本质上讲，贴现率接近于市场利率，而折现率是针对具体评估对象的风险而生成的期望投资报酬率。从内容上讲，折现率与贴现率并不一致，简单地把银行贴现率直接作为企业价值评估的折现率是不妥当的。

4. 折现率与收益额相匹配

在企业价值评估实务中，由于选用的收益额口径不同，因此折现率必须与收益额口径保持一致。

如果选用企业利润指标作为收益额，则折现率应选用相应的资产收益率；如果以净现金流量指标作为收益额，则应以投资回收率(净现金流量/资产平均占用额)作为折现率。收益额、折现率与评估值内涵的关系如表 8－3 所示。

表 8－3　　收益额、折现率与评估值内涵的关系

收益额	折现率	评估值内涵	评估值的资产构成
净利润	净资产收益率	所有者权益价值	资产－负债
息前税后利润	加权平均资本成本	含长期负债的企业投资价值	资产－短期负债
净现金流量	净资产投资回收率	所有者权益价值	资产－负债
息前税后现金净流量	投资资本回收率	含长期负债的企业投资价值	资产－短期负债

资料来源：朱萍.资产评估学.东北财经大学出版社，2006.

就一般情况而言，收益额与折现率的协调一致，主要是指权益资本(包括权益资本自由现金流量、净利润等)同权益资本成本对应、权益资本与债务资本之和(包括无负债净利润、无负债净现金流量等)同加权平均资本成本对应，即收益额与计算折现率时所使用的收益额必须保持口径上的一致。

(二)折现率的估算方法

估算企业价值评估中的折现率，较为常用的方法是累加法、资本资产定价模型和加权平均资本成本模型。

1. 累加法

累加法是采用无风险报酬率加风险报酬率的方式确定折现率或资本化率。如果风险报酬率是通过 β 系数法或资本资产定价模型估算出来的，此时，累加法估算的折现率适用于股权收益的折现或资本化。累加法估算折现率的数学表达式为：

$$R=R_f+R_r \tag{8－15}$$

式中：R 为企业价值评估中的折现率；R_f 为无风险报酬率；R_r 为风险报酬率。

2. 资本资产定价模型

资本资产定价模型通常是用来估算权益资本折现率的一种工具，其数学表达式为：

$$R=R_f+(R_m-R_f)\times\beta\times\alpha \tag{8－16}$$

式中：R 为企业价值评估中的折现率；R_f 为无风险报酬率；R_m 为市场期望报酬率；β 为被评估企业所在行业权益的系统风险系数；α 为企业特定风险调整系数。

3. 加权平均资本成本模型

加权平均资本成本模型是以企业的所有者权益和企业负债所构成的全部资本，以及全部资本所需求的回报率，经加权平均计算来获得企业价值评估所需折现率的一种数学模型。其数学表达式为：

$$R=E/(D+E)\cdot K_e+D/(D+E)\cdot(1-t)\cdot K_d \tag{8-17}$$

式中：R 为企业价值评估中的折现率；E 为权益的市场价值；D 为债务的市场价值；K_e为权益资本要求的投资回报率；K_d为债务资本要求的回报率；t 为被评估企业适用的所得税税率。

四、收益法评估企业价值应用示例

【例 8－1】 AS公司主要经营汽车零部件销售。

1. 评估程序实施过程和情况(略)

2. 评估对象

评估 AS 公司的企业价值。

3. 评估目的

汽车行业及汽车零部件销售行业竞争越来越激烈，未来可能会加入企业并购或者重组，为此评估企业价值。

4. 评估假设和限制条件

收益预测是整体资产评估的基础，对企业未来收益预测建立在下列条件的基础上：

(1)假设 AS 公司提供的历年财务资料所采取的会计政策与编写此份报告时所采用的会计政策在重要方面基本一致。

(2)企业将保持持续性经营，并在经营范围、方式上与现时方向保持一致。

(3)无其他人力不可抗拒因素及不可预见因素对企业造成重大不利影响。

评估人员根据资产评估的要求，认定这些前提条件在评估基准日成立，当未来经济环境发生较大变化时，评估人员将不承担由于前提条件的改变而推导出不同评估结果的责任。

5. 评估方法

本次评估采用的评估方法为收益法。

本次收益法评估采用分段的现金流折现模型，即把未来分为可以相对准确预测的预测期和预测期后的永续期。按现金流折现法评估的条件，以及对 AS 公司进行评估过去 5 年的经营历史的分析，评估人员认为，采用两阶段模型对 AS 公司进行评估是适宜的。

6. 评估测算过程

(1)预测期限的确定。AS 公司的经营期限为 1994～2044 年。根据公司章程，经营期限到期后，股东各方可以协商是终止清算，还是申请继续经营。本次评估的假定是持续经营。经过分析，评估人员认为，采用分段法对公司的收益进行预测是比较适宜的，预测期分为明确的预测期和明确的预测期之后的永续期。

被评估企业所处的汽车配件行业目前处于高速发展时期，行业竞争激烈，预计 2012 年以后汽车行业经过各种形式的资本并购和市场份额的争夺，行业将逐步进入一个相对稳定的发展时期。另外，根据 AS 公司提供的投资规划，未来 1～3 年内属于扩张期，因此本次评估明确的预测期确定为 5 年，第 6 年以后为永续期。

(2)现金流的预测基础。本次评估遵循我国现行的有关法律、法规的规定，根据国家宏观政策和国民经济的发展趋势，结合我国汽车及配件行业的现状和前景，分析了 AS 公司的优势和风险及其所面临的市场环境和未来的发展前景及潜力。

(3)折现率的选取。因为本次评估采用的是以净现金流量折现还原所有者权益价值,因此,对应的折现率选取股权资本成本。假设明确的预测期内折现率选取11.99%。

(4)净现金流的预测与计算。

①明确的预测期内企业净现金流的预测与计算

由于AS公司的技术来源和销售渠道受外方股东控制,明确的预测期内现金流的预测主要依赖AS公司提供的未来经营发展计划进行。

企业净现金流=息税前利润×(1−所得税率)+折旧及摊销−职工福利基金−追加投资−营运资金增加额

②明确的预测期后永续年份的企业净现金流的预测与计算

因本次评估的预测期为持续经营假设前提下的无限年期,因此还需对明确的预测期后永续年份的企业净现金流进行预测。

通过进一步分析AS公司过去5年的经营状况、未来的经营规划、所处行业的发展现状与趋势,以及AS公司内、外部环境变化,评估人员预测,永续年份的企业净现金流将按2%比例稳定增长,资本化率为9.99%。

根据上述预测,AS公司未来现金流及其现值计算见表8—4。

表8—4　　企业现金流预测表

项　目	2009年	2010年	2011年	2012年	2013年	永续
税后利润	24 707 946	35 043 388	34 588 333	25 781 746	28 413 707	—
减:职工福利基金	1 235 397	1 752 169	1 729 417	1 289 087	1 420 685	—
加:折旧及摊销	12 337 685	16 117 567	16 082 931	17 026 437	17 018 346	—
减:追加投资	67 402 000	21 610 000	4 660 000	2 860 000	4 210 000	—
减:营运资金增加额	12 859 930	12 915 529	5 415 301	−355 385	1 049 706	—
净现金流	−44 451 696	14 883 257	38 866 546	39 014 481	38 751 662	395 662 611
折现率	11.99%	11.99%	11.99%	11.99%	11.99%	9.99%
折现系数	0.892 9	0.797 3	0.712 0	0.635 7	0.567 7	0.567 7
净现值	−39 690 919	11 866 421	27 672 981	24 801 506	21 999 319	224 617 664

7. 净现金流量现值

净现金流量现值

=−39 690 919+11 866 421+27 672 981+24 801 506+21 999 319+224 617 664

=271 266 972(元)≈27 126.7(万元)

企业价值=净现金流量现值=27 126.7(万元)

8. 评估结论

在本报告所列明的各项假设前提条件下,在评估基准日2008年12月31日,AS公司的企业价值为27 126.7万元。

五、收益法的评价

运用收益法评估企业价值,既有优点,又有缺点。

优点是:易于理解和使用;该评估方法获得了投资者的广泛利用;通过此评估方法可以估算公司未来的收益;此评估方法可以用来评估拥有或只拥有无形资产的公司;此评估方法可以用来评估预期的现金流量不稳定的公司或资产。

缺点是:估算长期稳定的年度增长率可能是困难的或不合理的;经济收益资本化和资本化比率的计算方法可能是有争议的;难以评估刚成立的公司或高增长的公司。

第三节　市场法在企业价值评估中的应用

一、企业价值评估中市场法的基本原理

(一)基本前提

企业价值评估中的市场法,是指将评估对象与可比上市公司或者可比交易案例进行比较,以确定评估对象价值的评估方法。

运用市场法评估企业价值需要满足以下四个基本前提条件:

(1)要有一个充分发展、活跃的资本市场,包括证券交易市场和并购交易市场。所谓充分发展、活跃的资本市场,是指在一个充分竞争的市场上有着众多的自愿买者和自愿卖者,他们的地位是平等的,彼此都有获取足够市场信息的机会和时间,买卖双方的交易行为都是在自愿、理智的条件下进行的。

(2)在上述资本市场上存在着足够数量的与评估对象相同或相似的参考企业,或者在资本市场上存在着足够的交易案例。这一前提条件包含两层含义:其一是在资本市场上具有与评估对象可比的企业,其二是可比企业必须具有足够的数量。

可比企业是一个与被评估企业具有相似现金流、成长潜力和风险水平的企业,最理想的可比企业与被评估企业在现金流、成长潜力和风险水平方面都完全相同,但在现实经济生活中几乎不可能寻找到这样的可比企业。可比企业和被评估企业是否属于同一产业或同一行业并不重要。但是在评估实践中,评估人员通常将可比企业定义在被评估企业所在行业中,这里隐含的假设是,在同一产业或行业中的企业有着相似的现金流、成长潜力和风险水平。因此,在这种假设基础之上,寻找可比企业就比较方便。

之所以对可比企业做出数量上的要求,是因为被评估企业评估值的高低很大程度上取决于可比企业的成交价格水平。可比企业成交价格不仅仅是其内在价值的市场体现,还受买卖双方的交易地位、交易动机、交易时限等因素的影响。足够多的可比企业可以避免个别交易中的特殊因素和偶然因素对成交价格和最终评估值的影响。

(3)能够收集并获得参考企业或交易案例的市场信息、财务信息及其他相关资料。这是对选择可比企业质量上的要求。

(4)可以确信依据的信息资料具有代表性和合理性,且在评估基准日是有效的。

上述前提条件是能否运用市场法进行企业价值评估的关键。然而,即使存在着活跃的市场,而且有足够数量的参考企业或交易案例,参考企业或交易案例与评估对象完全一致的情况也是比较少见的。在多数情况下,注册资产评估师需要根据评估对象与参考企业或交易案例之间存在的差异进行必要的分析和合理的调整,才能形成合理的评估结论。

(二)基本思路和公式

运用市场法评估企业价值的基本思路是:首先在市场上寻找与被评估企业相类似的交易

案例,通过对被评估企业与类似企业(可比企业)的比较分析,从而确定被评估企业的市场价值。

市场法的思路可用公式表示为:

$$\frac{V_1}{X_1}=\frac{V_2}{X_2} \tag{8-18}$$

$$V_1=\frac{V_2}{X_2}\times X_1 \tag{8-19}$$

式中:V_1——被评估企业价值;

V_2——可比企业价值;

X_1——被评估企业与企业价值相关的可比指标;

X_2——可比企业与企业价值相关的可比指标。

X_1 和 X_2 为同一类型指标,只是数值大小不同而已。V/X 通常称为价值乘数或价值比率,分子 V 是可比企业的价值,大小等于可比企业的交易价格,在实践中,可比企业的价值 V 往往直接用其交易价格 P 代替;分母 X 是根据可比企业财务报表直接观察或推导出来的有关经济变量。

如前所述,企业价值评估可能是评估股权资本价值(股东权益价值),也可能是评估所有投入资本价值(企业整体价值)。根据评估对象的不同,分母 X 所选用的经济变量会有所不同。

表 8—5　运用市场法评估企业价值中经济变量的选择

评估对象	经济变量 X
股权资本的市场价值	①销售收入 ②税前净利润 ③税后净利润 ④股东权益毛现金流(税后净利润加上非现金支出,如折旧、摊销等) ⑤股东权益净现金流(毛现金流经过资本性支出、营运资本变化和债务变化的调整) ⑥股东权益账面价值等
投入资本价值	①销售收入 ②毛利(主营业务收入减去主营业务成本) ③息税折旧及摊销前利润(EBITDA) ④息税前利润(EBIT) ⑤税后营业净利润(NOPAT,EBIT 减去 EBIT 基础上的所得税) ⑥投入资本毛现金流(NOPAT 加上非现金支出,如折旧、摊销等) ⑦投入资本净现金流(投入资本毛现金流经过资本性支出、营运资本变化的调整) ⑧投入资本账面价值 ⑨总资产等

(三)基本步骤

在评估实践中,运用市场法评估企业价值的程序可能会略有不同,但规范的评估过程一般包括以下几个步骤,如图 8—2 所示。

1. 明确被评估企业的基本情况

具体包括评估对象及其相关权益状况。

2. 恰当选择与被评估企业进行比较分析的可比企业

运用市场法的关键是要找出一组公开交易或被收购的可比企业。所选择的可比企业与被

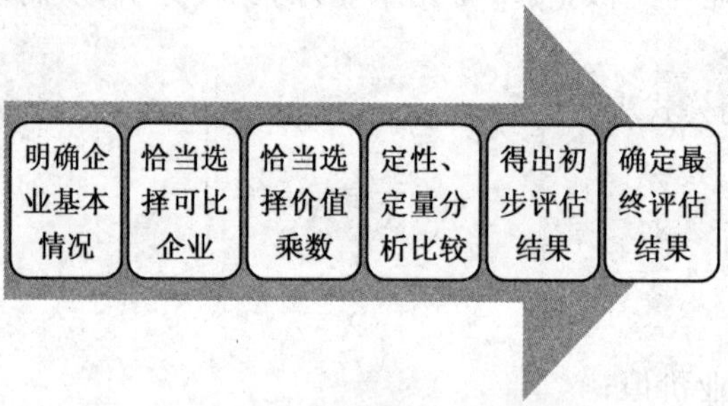

图 8—2　市场法评估流程

评估企业要具有可比性。可比企业应当与被评估企业属于同一行业，或者受相同经济因素的影响。在选择可比企业时，应当关注业务结构、经营模式、企业规模、资产配置和使用情况、企业所处经营阶段、成长性、经营风险、财务风险等因素。对所选择的参考企业或交易案例的业务和财务情况进行分析，与评估对象的情况进行比较、分析并做出必要的调整。

在与委托方和相关当事方协商并获得有关信息的基础上，应采用适当的方法，对被评估企业和参考企业的财务报表中对评估过程和评估结论具有影响的相关事项进行必要的分析调整，以合理反映企业的财务状况和盈利能力。同时，应当对被评估企业和参考企业之间的相似性和差异性进行比较分析，并对参考企业的财务报表进行分析调整，使其与被评估企业的财务报表具有可比性。

根据评估项目的具体情况，可以在适当的情况下考虑以下分析调整事项：

(1)调整被评估企业和参考企业财务报表的编制基础。

(2)调整不具有代表性的收入和支出，如非正常和偶然的收入和支出。

(3)调整非经营性资产、负债和溢余资产及其相关的收入和支出。

(4)评估人员认为需要调整的其他事项。

3. 选择并计算合适的价值比率，并根据以上工作结果对价值乘数进行必要的分析和调整

由于企业之间的差异，可比企业的交易价格无法提供一个通用的价值乘数。因此，评估人员通过可比企业的交易价格和它们的经营财务指标，如利润、现金流、账面价值等，来计算一些价值乘数。

价值乘数包括四种基本类型：价格/收益或现金流乘数；价格/收入乘数；价格/账面价值乘数；价格/其他度量指标(通常是行业特有的经营指标)乘数。

在上述价值乘数中，评估人员必须确定乘数中的价格所度量的是股权资本的市场价值，还是投入资本的市场价值。一般来说，从可比企业得到的价值乘数，离散程度最小的是那些依赖于特定行业的价值乘数。离散程度的衡量一般用标准差系数这一指标，即标准差除以平均值。业界惯例和经验法则是选择离散程度小的价值乘数。

4. 被评估企业和可比企业进行比较

比较的关键是，分析被评估企业和可比企业之间在现金流、成长潜力和风险水平方面的差异。评估人员可以通过对被评估企业和可比企业进行定量和定性的比较分析，把握两者的风险水平和成长性差异，常用的方法包括定性的 SWOT(优势、劣势、机遇、挑战)分析、定量的财务经营状况分析(财务比率分析、趋势分析以及与行业同类公司比较等)。

5. 将调整后的价值乘数应用于被评估企业

根据被评估企业的财务经营指标或相关经济变量，将调整后的价值乘数应用于被评估企业的价值评估，以获得各种价值评估结果(评估过程中可能运用多个价值乘数)。其含义有两个：第一是将价值比率运用到评估对象所对应的财务数据中，并考虑适当调整，得出初步的评估结果；第二是对缺乏流动性折扣、控制权溢价等事项，资产评估师应进行必要的分析并考虑在评估报告中做出适当的披露。

6. 综合考虑价值评估结果的差异

针对各种乘数所得到的不同价值评估结果，综合分析它们之间的差异，合理选择其中一个评估结果或通过对各评估结果加权平均，形成合理的评估结论。

二、市场法下的具体方法

企业价值评估的市场法有两种常用的具体方法，即上市公司比较法和交易案例比较法。两种方法都是通过对市场上交易数据的分析比较得出被评估企业的价值，所不同的只是数据来源的市场不同，前者来源于公开交易的证券市场，而后者来源于个别的并购交易案例。

(一)上市公司比较法

上市公司比较法是通过对证券市场上与被评估企业处于同一行业或类似行业的上市公司的经营和财务数据进行分析，计算适当的价值乘数或经济指标，在与被评估企业比较分析的基础上得出评估对象的价值。上市公司比较法在评估上市公司股票，尤其是在创业板上市的高新技术股票的价值中得到广泛的应用，该方法也是投资银行在股票初始发行定价中常用的估价方法。

上市公司比较法的第一步是确定一组公开交易或在证券市场上被收购的可参考企业，即可比企业，以便通过对这些参考企业的分析和比较，获得适用于被评估企业的价值乘数。

1. 选择参考企业

需要采取以下步骤选择参考企业，如图 8－3 所示。

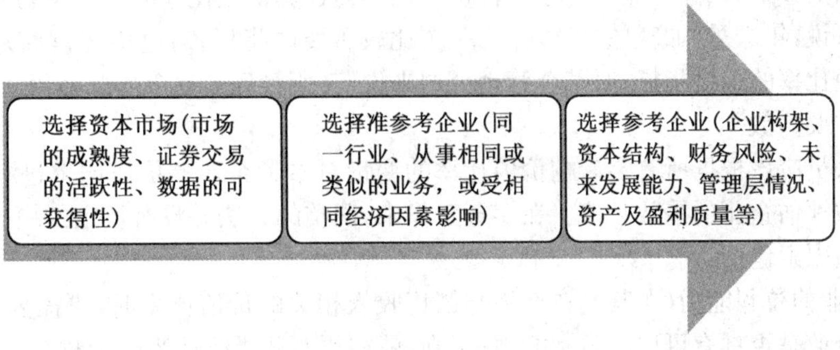

图 8－3　选择参考企业流程

在选择参考企业时，要注意几点：首先，参考企业的数量多少并不是一个决定性的考虑因素，而参考企业的可比性是十分重要的；其次，应尽量选择与评估对象在同一国家或地区的企业作为参考企业；再次，一般而言，对于那些在资本结构、企业规模、资产及盈利质量等方面有重大差异的企业，通常不将其选择为参考企业；最后，财务比率分析也可以用于评估参考企业的可比性指标，或作为对可比性的一个检验方法。

2. 对被选择的参考企业进行分析

根据被评估企业的情况，恰当地选择参考企业进行分析。

3. 对参考企业的财务报表进行分析调整

在运用市场法时，需要对参考企业的财务报表进行分析调整，使其与被评估企业的财务报表具有可比性。一般而言，需要进行分析调整的项目包括：

(1)调整被评估企业和参考企业财务报表的编制基础。

(2)调整不具有代表性的收入和支出，如非正常和偶然的收入和支出。

(3)调整非经营性资产、负债和溢余资产及其相关的收入和支出。

(4)评估师认为需要调整的其他事项。

4. 选择、计算、调整价值比率

在对参考企业财务报表进行分析调整后，需要选择合适的价值比率进行计算，选择价值比率应当有利于合理确定评估对象的价值。价值比率由分子和分母组成。价值比率有多种选择，例如P/E、P/B、EV/FCF等，如表8—6所示。

表8—6 价值比率的选择

分子 分母	权益价值	企业整体价值
销售收入	P/Sales(*)	EV/Sales
息税折旧及摊销前利润	P/EBITDA(*)	EV/EBITDA
息税前利润	P/EBIT(*)	EV/EBIT
净利润	P/E	EV/E(*)
净现金流	P/FCF(对股东的现金流)	EV/FCF(对企业整体的现金流)
账面价值	P/B(账面权益价值)	EV/B(账面总资产价值)

注：(*)表示分子和分母在一致性方面比较欠缺，评估人员在运用时需要谨慎选择。

在评估实务中，某些行业的特定指标也可以作为计算价值比率的一个主要参数。例如，对制造行业来说，年产量(如吨数)可能作为一个比较重要的指标；对电信运营商来说，用户数量是计算价值比率的关键指标；对基金管理公司来说，其所管理的基金的总金额通常作为计算价值比率的主要参数。

评估人员应该根据所有会影响价值比率的变量对参考企业的价值比率进行调整，从而得到适用于被评估企业的乘数数值。在实务工作中，调整的方法并没有特定的模式，但需要考虑的基本调整因素包括：

(1)企业的盈利能力(尤其是在选择与销售收入相关的价值比率时，更需要注意被评估企业和参考企业是否具有可比的盈利能力；否则，就需要对此进行适当的调整)；

(2)企业未来发展能力；

(3)企业面临的风险等。

需要指出的是，在实务工作中，需要根据具体情况确定具体的调整方法。例如，当被评估企业的收入由多种业务构成(如主营业务收入和投资收益)，且都占有相当大的比重，而各种业务在未来发展能力方面不尽相似时，可能需要将各种业务进行区分，分别对其进行调整计算，以获得适用的价值比率。

5. 运用价值比率得出评估结果

在计算并调整参考企业的价值比率后，与评估对象相应的财务数据或指标进行乘积计算，得到相应的企业整体价值或权益价值。

(二)交易案例比较法

交易案例比较法是通过分析与被评估企业处于同一或类似行业的公司的买卖、收购及合并案例,获取这些交易案例的数据资料,计算适当的价值乘数或经济指标,在与被评估企业比较分析的基础上得出评估对象价值的方法。

与上市公司比较法相比,交易案例比较法在数据获取方面难度较大,因为即使在资本市场发达的国家,有着大量兼并与收购的交易案例和各种渠道的信息来源,但比起每天不停交易的证券市场来说,这种数据也是十分有限的。何况对于产权市场发育不成熟的国家来说,本身交易的数量有限,非公开的交易信息往往缺乏真实性和完整性,因此很难获得充分、可靠的数据。对于某些特定的行业,并购案例可能极其有限甚至根本无法获得。

三、市场法评估企业价值应用示例

【例 8—2】 资产评估师接受委托,对东南公司的价值进行评估。资产评估师根据市场调查,从市场上找到了三个(一般为三个以上的样本)相似的公司,即 A 公司、B 公司、C 公司。然后分别计算各公司的市场价值与销售额的比率、市场价值与净资产的比率以及市场价值与净利润的比率,这里的比率即为可比价值乘数,得到的结果如表 8—7 所示。

表 8—7　　可比公司的财务比率指标汇总表

项　目	A公司	B公司	C公司	平　均
市价/销售额	1.1	1.0	0.9	1.0
市价/净资产	1.4	1.3	1.8	1.5
市价/净利润	18	17	23	19.3

具体分析与计算如下:

把三个样本公司的各项可比价值乘数分别进行平均,就得到了应用于评估对象东南公司评估的三个乘数。需要注意的是,计算出来的各个公司的比率或乘数在数值上相对接近是十分重要的。如果它们差别很大,就意味着平均数附近的离差是相对较大的,所选样本公司与目标公司在某项特征上就存在着较大的差异性,此时的可比性就会受到影响,需要重新筛选样本公司。

如表 8—7 所示,得出的数值结果具有较强的可比性。此时,假设东南公司的年销售额为 14 500 万元,净资产为 9 000 万元,净利润为 700 万元。然后,资产评估师使用从表 8—7 中得到的三个乘数计算出东南公司的指标价值,再将三个指标价值进行算术平均,如表 8—8 所示。

表 8—8　　东南公司的评估价值　　单位:万元

项　目	东南公司实际数据	可比公司平均比率	东南公司指标价值
销售额	14 500	1.0	14 500
净资产	9 000	1.5	13 500
净利润	700	19.3	13 510
东南公司的平均价值			13 837

从表 8—8 中得到的三个可比价值乘数分别是 1.0、1.5、19.3，然后以东南公司的三个指标14 500 万元、9 000 万元、700 万元分别乘以三个可比价值乘数，得到东南公司的三个指标价值 14 500 万元、13 500 万元、13 510 万元，将三个指标价值进行算术平均，得到东南公司的评估价值为 13 837 万元。

四、市场法的评价

(一)适用性

市场法首先需要对参考企业或并购目标企业进行价值判断，然后才能通过类比分析得出被评估企业的价值。被评估企业价值评估的准确性很大程度上取决于市场对参考企业或并购目标企业的定价是否合理，这就要求市场具有足够的有效性。从另一个角度说，市场法适用于资本市场发育比较成熟、市场有效性比较强的评估环境。

既然要进行类比分析，除了市场的有效性外，运用市场法必须有足够数量的与被评估企业相同或相似的参考企业，或者在资本市场上存在着足够的交易案例，即有足够的可比企业。

综上所述，评估师应当根据所获取可比企业经营和财务数据的充分性和可靠性、可收集到的可比企业数量，恰当考虑市场法的适用性。

(二)局限性

市场法的局限性在于其对资本市场有严格的要求。市场法运用的前提之一是必须有一个充分发展、活跃的资本市场，即资本市场充分有效，或者资本市场接近于有效市场。有效市场是一个充分竞争的市场，所有的市场参与者都是价格的接受者；所有的投资者都具有足够的理性，对证券价格的预期基本相同，即使市场上存在非理性的投资者，他们的交易会表现出随机性，其行为就会相互抵消，从而不会造成价格的大规模波动。

第四节　其他方法在企业价值评估中的应用

一、成本法在企业价值评估中的应用

(一)基本思路

企业价值评估中的成本法也称为资产基础法、加和法，是指以被评估企业评估基准日的资产负债表为基础，合理评估企业表内及表外各项资产、负债价值，确定评估对象价值的评估方法。

成本法的基本思路是，企业价值等于投资者重建或重置评估对象所需发生的全部合理费用之和，即根据替代原则，任何一个精明的潜在投资者在购置一项资产时所愿意支付的价格，不会超过建造一项与所购资产具有相同用途的替代品所需的成本。在使用成本法评估企业价值时，评估人员通过调整企业财务报表的所有资产和负债以及表外资产和负债来反映企业的现时市场价值，这个价值是公司所有投资者对公司资产要求权价值的总和，即企业整体价值；用企业整体价值扣除负债价值可以得到股东全部权益价值。

在运用成本法评估企业价值时，评估人员应该注意以下几个方面的问题：

第一，财务报表中资产的历史成本仅仅是评估分析工作的起点，而非评估分析工作的终点。在形式上，以评估结果为依据的资产负债表通常与以历史成本为依据的资产负债表非常相似(如资产在资产负债表的左列，负债在资产负债表的右列)，但在内容上却存在着很大的差

别：

(1)以评估结果为依据的资产负债表中的资产与负债科目在评估基准日进行了重估；

(2)以评估结果为依据的资产负债表可能增加了若干新的资产科目和负债科目。

第二，在运用成本法评估企业价值的过程中，所有的资产和负债将根据所选择的恰当价值类型重新体现其价值。如果某一资产科目或某一负债科目无关紧要，或其重估后并无实质性的变动，则评估人员可保留其在资产负债表中的历史成本价值。

第三，在选定恰当的价值类型后，企业所有的资产和负债将以所选择的价值类型予以重估。在许多情形下，企业价值评估人员可能需要不动产评估、机器设备评估或其他评估门类的专家来协助工作。此外，企业许多极有价值的资产可能没有被记录在以历史成本为依据的资产负债表中，其中包括企业的许多无形资产。评估实践中经常遇到的是，许多发挥重要作用的无形资产通常不包括在财务报表的资产负债表中(除了入账的购入无形资产外)；同时，企业的许多重要负债也没有被记录在以历史成本为依据的资产负债表中，其中包括企业整个范畴的或有负债科目。这些科目都是运用成本法评估时特别需要注意的地方。

(二)评估步骤

1. 基本程序

(1)获得被评估企业的评估基准日的资产负债表。

(2)调整项目。将每个资产、负债、权益项目的账面价值调整为公允价值。

(3)调整资产负债表的表外项目。评估并加上资产负债表外特定有形或无形资产和负债。

(4)在调整基础上，编制新的资产负债表，反映所有项目的公允价值。

(5)确定投入资本或权益的调整后价值。

2. 分项分析运用成本法评估企业价值应注意的问题

运用成本法进行企业价值评估，各项资产的价值应当根据其具体情况选用适当的评估方法得出。

(1)现金。一般不需要调整，只需核实即可。

(2)应收账款。在核实的基础上，考虑应收账款的可回收性。

(3)存货。企业的性质不同(如制造企业或商品流通企业)，企业的存货构成也不同。

(4)长期股权投资。对于控股的长期股权投资企业，采用成本法时，评估人员应到现场实地核查其资产和负债，全面进行评估。对于非控股的长期股权投资企业，在未来收益难以确定的情况下，可以采用成本法进行评估，即通过对被投资企业进行整体评估，得到净资产数额与投资方应占有的份额来确定长期投资的评估值；如果该项投资发生时间不长，被投资企业资产账实基本相符，则可对企业的长期股权投资项目进行单独评估，可根据核实后的被投资企业资产负债表上净资产数额与投资方应占有的份额来确定长期投资的评估值。

(5)其他流动资产。一般可能需要调整的项目是短期证券、应收票据、其他非经营性资产、限制竞争合约等，尤其是与股东交易的应收票据。如果这些项目不用于公司的经营，应该从资产负债表中扣除。其他项目应根据其是否对公司有利而转化为市场价值。

(6)固定资产。由于价值变化大，一般应根据评估结果进行调整。当固定资产按市场价值调整后，必须考虑因增加价值而产生的税负。

(7)无形资产。资产负债表上的无形资产一般反映取得成本。应该将这些无形资产未摊销的账面价值调整为市场价值。如果特定无形资产(如专利、著作权或商标)具有价值，这些价值可以通过收益法、市场法或成本法来确定。

(8)负债。一般的负债调整主要涉及与资产相关的负债。例如,如果房产从资产项扣除,任何与之相关的负债也应相应扣除。如果房产以租赁的形式加入,资产中包括房产的经营价值(以市场租金水平计算),相应的债务也应在房产价值中考虑。

(9)非经营性或偶然性资产和负债。非经营性资产和负债是指那些维持经营活动不需要的资产和负债。偶然性资产和负债是指那些非持续性取得的资产和负债。对非经营性或偶然性资产和负债应予以调整。

【知识链接 8—1】

并非每项资产和负债都可以被识别并用适当的方法单独评估。当存在对评估对象价值有重大影响且难以识别和评估的资产或者负债时,应当考虑成本法的适用性。在对持续经营前提下的企业价值进行评估时,单项资产或者资产组合作为企业资产的组成部分,其价值通常受其对企业贡献程度的影响。

此外,以持续经营为前提对企业价值进行评估时,成本法一般不应当作为唯一使用的评估方法。因为运用成本法的基本原理是对企业的资产和负债进行逐一评估并加总,这种方法无法把握一个持续经营企业的价值的整体性,也很难把握各个单项资产对企业的贡献,也不容易衡量企业各个单项资产间的工艺匹配和有机组合因素可能产生的整合效应。

(三)成本法评估企业价值应用示例

【例 8—3】 DF 资产评估有限公司接受 ES 公司的委托,对 ES 公司拟转让所持有的 ABC 有限公司 45.88%的股权事宜所涉及的 ABC 有限公司的全部资产及负债进行评估。评估人员依据国家有关资产评估的各项规定,本着客观、独立、公正、科学的原则,采用成本法对委托评估的全部资产和负债实施了实地勘察、市场调查与询证、计算评估值等项工作。

1. 确定评估对象和评估范围

根据委托方的要求,本次评估对象为 ABC 有限公司股东全部权益价值。本次评估资产的范围为 ABC 有限公司申报的全部资产及负债,具体范围见表 8—9。

表 8—9　　ABC 有限公司申报的全部资产及负债情况表　　单位:元

资产类别	账面原值	账面净值	资产类别	账面原值	账面净值
流动资产	—	785 050 032.91	资产总计	2 232 770.10	786 568 548.64
长期投资	—	—	流动负债	—	323 302 315.06
固定资产	2 232 770.10	1 518 515.73	长期负债	—	—
无形资产	—	—	负债总计	—	323 302 315.06
其他资产	—	—	净资产	—	463 266 233.58

根据委托方和产权持有者提供的《关于进行资产评估有关事项的说明》,产权持有者除上述资产和负债以外,不存在账外资产和负债。上述资产和负债价值已经经过 HX 会计师事务所审计,并出具了 HX 审字[2011]0790 号《审计报告》。纳入本次评估范围内的全部资产和负债与委托评估的资产和负债范围一致。

2. 评估基准日

本项目资产评估基准日为 2011 年 12 月 31 日。

3. 成本法评估企业价值的过程

(1)流动资产的评估

①货币资金。本次评估的货币资金包括现金和银行存款、其他货币资金。对现金的评估，评估人员将现金日记账余额与总账余额核对，经实地监盘，编制库存现金盘点表，以核实无误后的账面价值确定评估值；对银行存款的评估，评估人员首先将银行存款日记账余额与总账、对账单核对，复核企业编制的银行存款余额调节表并对大额银行存款进行函证，以核实无误后的账面价值确定评估值；对其他货币资金的评估，其他货币资金为银行保函，评估人员在核实相关账册的基础上进行函证，以核实无误后的账面价值确定评估值。

②应收款项。本次评估的应收款项包括应收账款和应收票据。评估人员首先对申报的应收款项与有关总账、明细账进行核实，然后具体了解和分析每笔业务发生的时间、业务内容、款项数额、业务往来和企业对应收款项的管理情况，并对余额较大的单位进行函证。在核实调整后账面无误的基础上，根据每笔款项可能收回的数额确定评估值。

③存货。本次评估的存货为房屋的开发成本，评估人员根据产权持有者提供的清查评估申报表，核实各项开发成本的账面价值。对于房屋开发的第一期、第二期项目进行实地勘察，与相关人员座谈了解工程项目的实际情况并确定工程项目的进度，经现场勘察，该项目一期基本完工、二期主体封顶。同时了解到第一期已经有19套别墅售出，另有部分别墅已签订认购书。本次评估根据已经售出房屋的价格，考虑到目前房地产市场的现状，结合开发规模确定销售价格，扣除销售费用、全部税金及部分利润并结合项目进度综合确定评估值。

(2)固定资产的评估

本次资产评估的固定资产为电子设备、车辆。

①电子设备。本次评估的电子设备共计92台(套)，主要为计算机、打印机等。评估人员根据产权持有者提供的评估设备清单，通过市场询价以同类型设备的现行市场价格为基础确定重置全价，通过对各项设备进行现场勘察，根据设备的技术性能、实际使用年限和设备维修保养情况，确定成新率并计算出各项设备的评估净值。

②车辆。本次评估的车辆共计9辆。评估人员根据产权持有者提供的运输设备清单，通过对市场上相同品牌、规格、型号的车辆进行询价，加上合理的车辆购置税和其他费用，确定重置全价，并通过对这些车辆的现场勘察，确定成新率并计算评估净值。

(3)流动负债的评估

流动负债包括短期借款、应付账款、预收账款、其他应付款、应交税费、应付利息，评估人员首先对申报的各项负债与有关总账、明细账进行核实，本次评估以核实后的账面价值确定评估值。

4. 评估结论

经评估，截至2011年12月31日，ABC有限公司运用成本法评估企业价值的结果详见表8—10。

表8—10　　ABC有限公司资产评估结果汇总表　　单位：万元

项　目	账面价值	调整后账面价值	评估价值	增减值	增值率(%)
流动资产	78 505.00	78 505.00	119 612.21	41 107.21	52.36
长期投资					
固定资产	151.85	151.85	160.02	8.17	5.38
其中：					

续表

项目	账面价值	调整后账面价值	评估价值	增减值	增值率(%)
在建工程					
建筑物					
设备	151.85	151.85	160.02	8.17	5.38
无形资产					
其中：					
土地使用权					
其他无形资产					
资产总计	78 656.85	78 656.85	119 772.23	41 115.38	52.27
流动负债	32 330.23	32 330.23	32 331.90	1.67	0.01
长期负债					
负债总计	32 330.23	32 330.23	32 331.90	1.67	0.01
净资产	46 326.62	46 326.62	87 440.33	41 113.71	88.75

根据表 8—10，评估后 ABC 有限公司的资产总额计人民币 119 772.23 万元，负债总额计人民币 32 331.90 万元，净资产计人民币 87 440.33 万元。净资产的评估增值计人民币 41 113.71万元，增值率为 88.75%。

二、期权定价法在企业价值评估中的应用

(一)基本模型与思路

1. 期权的概念

期权(option)，又称选择权，是指在未来一定时期可以买卖的权利，是买方向卖方支付一定数量的金额后拥有的在未来一段时间内或未来某一特定日期以事先规定好的价格向卖方购买或出售一定数量的特定标的物的权利，但不负有必须买进或卖出的义务。这种权利的赋予是通过期权买卖双方签订的期权合约书实现的。因此，期权可定义为：授予买方在未来一段时间内或未来某一特定日期以事先规定好的价格向卖方购买或出售一定数量的特定标的物的权利的合约。

2. 实物期权的概念

企业的经营者在进行投资决策时，往往面临着许多不确定性因素，比如产品供求的变化、原材料的价格变化以及利率和汇率的波动等，因此在进行投资时往往采取灵活的、有弹性的经营策略，即在获得更多的市场信息之后再选择是否进行投资或者改变投资规模。这些针对经营风险所采取的灵活性经营策略与金融期权有着相似的性质，因此将其称为实物期权。

比如，假定某公司正在考虑生产机床。一旦投入生产，它将得到有关产品生产和机床市场的有用信息。如果市场情况明朗，管理者能够准确掌握投资的时机，就有权利选择是否扩展到第二代产品，这个选择权利可以看作扩张期权。决定投产后，管理者面对多变的市场环境，可以灵活地采取改变生产的投入或产出方式，以符合消费者的需求，这就有转换期权的存在。这些选择权包含在机床项目中，并且为企业提供了经营柔性和战略适应性，具有重要的价值。

3. 基本模型

常见的实物期权有三种，即扩张期权、时机选择期权和放弃期权。实物期权估计使用的模型主要是B—S模型和二叉树模型。通常首选B—S模型，其优点是使用简单并且计算精确。B—S模型通常适用于扩张期权评估。本节主要介绍B—S模型。

B—S是两位经济学家Black、Scholes名字的缩写，为了纪念他们发现该模型而用他们的名字命名。在二叉树的期权定价模型中，如果标的证券期末价格的可能性无限增多，其价格的树状结构将无限延伸，从每个节点变化到下一个节点（上涨或下跌）的时间将不断缩短；如果价格随着时间周期的缩短，其调整的幅度也逐渐缩小，在极限的情况下，二叉树模型对欧式权证的定价就演变为关于权证定价理论的经典模型：B—S模型。

根据假设和数学推断，欧式认购期权价格的计算公式为：

$$C=SN(d_1)-K\mathrm{e}^{-rT}N(d_2) \tag{8—20}$$

$$d_1=\frac{\ln(S/K)+(r+\sigma^2/2)\cdot T}{\sigma\cdot\sqrt{T}} \tag{8—21}$$

$$d_2=d_1-\sigma\cdot\sqrt{T} \tag{8—22}$$

式中：C——认购权证理论价格；

K——行权价格；

S——正股价格；

T——权证的剩余期限；

r——无风险利率；

$N(x)$——正态分布变量的累积概率分布函数。

公式（8—20）可以从两个角度进行理解。一是根据定价原理，该模型可以看作两部分：$SN(d_1)$和$K\mathrm{e}^{-rT}N(d_2)$，正好理解为一个投资组合的两个组成部分，即$N(d_1)$份正股和$K\mathrm{e}N(d_2)$元的无息贷款的组合。也就是说，在权证未到期前的任何时刻，一份认购权证的价值与$N(d_1)$份正股和$K\mathrm{e}N(d_2)$元的无息贷款的组合价值相同。二是从权证的到期收益来理解模型，权证的价值由其到期日能够给持有者带来的收益决定。但是到期时正股价格不确定，因此权证的收益也难以确定。假设到期时正股价格为S，则到期时认购权证的价格为$S-K$。那么在到期前的任一时刻T，要想知道认购权证的价格，就需要推算认购权证到期时正股价格为S的概率，同时将行权价格按一定的折现率折算为时刻T的现值。因此，认购权证的定价模型可以理解为在任一时刻T，认购权证到期时正股价格为S的概率为$N(d_1)$，$K\mathrm{e}^{-rT}$为行权价格在时刻T的现值，$N(d_2)$为概率。因此，在任一时刻T，认购权证给投资者带来的收益即为$SN(d_1)-K\mathrm{e}^{-rT}N(d_2)$。

4. 实物期权法的基本思路

运用实物期权法评估企业价值，可以有以下几种思路：

（1）将企业的价值划分为资产价值（包括有形资产和无形资产）和期权价值两部分，分别进行价值评估。前者可以运用一般的资产评估方法进行评估，后者则利用期权思想对企业拥有的投资机会和期权进行识别，再用期权方法进行评估，两者之和即为企业价值。

（2）企业的价值等于企业已拥有的各种业务价值（项目价值）的总和，再加上放弃旧业务、转换和拓展新业务机会的价值，运用期权方法可以对这几种价值进行估计，进而得到企业的价值。

（3）将企业的价值分为股票价值和债券价值两部分，因为企业的股票可以视为股东的买权

（付出一定购买款之后可以享受企业价值上涨的收益），企业的债券价值则等于一个无风险贷款价值（债券账面价值）加上一个卖权空头，因此可以运用期权方法分别估价，两者之和为企业价值。如果企业还有优先股、可转换证券等，也可以运用期权方法进行定价，再相加得到企业价值。

（二）相关参数的估算

为了简化问题，在运用期权定价模型评估企业价值时，作出如下假设：(1)假设公司中只有两种人，即股东和债权人；(2)假设公司只发行一种零息票债券，该债券不可提前兑付，到期一次还本付息，并且同时到期。

假设公司价值为 S，公司所有发行在外债券的面值为 K，则公司的股权净值有两种情况：一种是公司资不抵债，或者资债相等时，股东将选择清算公司，此时公司的所有清算资产都将用于偿还债务，公司股东不能因其持有股权而得到任何收益，此时公司的价值为零，股东的收益也是零；另一种是公司的资产价值大于债务价值，则公司的股权净值为 $S-K$。因此，股权可以看作以公司为标的资产的看涨期权，它们之间的对应关系如表 8－11 所示。

表 8－11　　公司股权与看涨期权的对应关系

标的资产	公司资产（包括股权和债券在内的所有资产）
标的资产当前价格	整个公司的市值
执行价格	公司目前承担的所有债务面值
到期期限	零息票债券的剩余期限
标的资产价格的波动率	公司价值变动的方差（标准差）
到期日	债券到期日

相关参数的采集与处理如下：

(1)公司价值 S。公司价值既包括公司股权的价值，又包括公司债券的价值。如果公司是上市公司，且公司发行的债券可以在债券市场上流通，那么公司的股权和债券价值则比较容易获得，两者相加即可以得到公司的价值。如果公司是非上市公司，因为不具有随行就市的价格，可以通过寻找现行市场上类似的上市公司，利用它们的相应信息估算出公司的价值；如果不存在类似的上市公司，也可以利用现金流量折现法得到被评估公司的市场价值。

(2)公司价值变动的方差 σ^2。如果公司是上市公司，首先估计股权和债券的历史价格的方差，然后根据它们在公司资产组合中相对的市场价值进行加权平均求得方差。如果公司是非上市公司，可以从市场上寻找类似的上市公司进行对比，将它们的市场价值变量的方差或方差的均值作为被评估公司价值变动的方差。

(3)公司债券期限 T。在现实中，大多数公司发行的债券不止一种，对债券是否可提前兑付、如何还本付息以及到期日等均有不同的规定。为了满足前述的假设条件，可以将债券的本息支付通过折现的方式归结到同一时点，再将各债券不同的到期期限以各债券的现值比重为权重来计算持续期，这个持续期即为债券的到期期限。

（三）期权定价法评估企业价值应用示例

【例 8－4】 假设星海公司目前的资产价值为 10 000 万美元，这一资产价值的标准差为 40%。该公司未偿还债务的账面价值为 8 000 万美元（相当于零息债券，到期期限为 10 年）。10 年期的政府债券利率为 10%，计算股权的价值和未偿还债务的价值。

根据已知条件，得：

标的资产当前价格 S＝公司资产的价值＝10 000（万美元）

执行价格 K＝未偿还债务的账面价值＝8 000（万美元）

期权的到期期限 T＝零息债券的到期期限＝10（年）

标的资产价格变动率 σ^2＝公司价值变动的方差＝$(40\%)^2=0.16$

无风险利率 r＝10 年期的政府债券利率＝10%

将上述已知参数代入 B—S 模型，计算得到股权（买方期权）的价值 C：

$$d_1=\frac{\ln(S/K)+(r+\sigma^2/2)\cdot T}{\sigma\cdot\sqrt{T}}=\frac{\ln\left(\frac{100}{80}\right)+\left(0.1+\frac{0.16}{2}\right)\times 10}{0.4\times\sqrt{10}}=1.599\ 4$$

$$d_2=d_1-\sigma\cdot\sqrt{T}=1.599\ 4-0.4\times\sqrt{10}=0.334\ 5$$

$$N(d_1)=N(1.599\ 4)=0.945\ 1$$

$$N(d_2)=N(0.334\ 5)=0.631\ 0$$

$$C=SN(d_1)-Ke^{-rT}N(d_2)=10\ 000\times 0.945\ 1-8\ 000\times e^{-0.1\times 10}\times 0.631\ 0$$
$$=7\ 594（万美元）$$

未偿还债务的价值＝10 000－7 594＝2 406（万美元）

本章小结

由于企业本身就是一个资产综合体，对于企业价值评估自然就有多种评估思路，掌握企业价值评估的实质，即企业获利能力是影响和决定企业价值的关键因素。围绕着企业获利能力的判断和预测、企业获利能力面临的不确定性、企业获利能力载体的边界、企业价值评估具体范围等，来安排评估技术思路，选择具体评估方法和合理的评估经济技术参数，通过缜密的评估过程，得出令人信服的评估结论。

企业价值评估的基本方法有三种：收益法、市场法和成本法，每种方法都有其运用的前提条件和适用范围。评估师对同一评估对象采用多种评估方法时，应当对各种初步评估结论进行分析，结合评估目的、不同评估方法使用数据的质量和数量，采用定性或者定量分析方式形成最终评估结论。

复习题

1. 什么是企业？企业有哪些特点？
2. 什么是企业价值评估？企业价值评估有何特点？
3. 如何界定企业价值评估的范围？
4. 企业价值评估的方法有哪些？
5. 运用收益法评估企业价值的基本思路是什么？
6. 运用市场法评估企业价值时，如何选择可比企业？
7. 运用成本法评估企业价值时，应注意哪些问题？

案例题

WX 公司主要经营业务为保健品等销售。

1. 评估程序实施过程和情况（略）

2. 评估假设和限制条件

收益预测是整体资产评估的基础，对企业未来收益预测建立在下列条件的基础上：

(1)假设 WX 公司提供的历年财务资料所采取的会计政策与编写此份报告时所采用的会计政策在重要方面基本一致。

(2)企业将保持持续性经营，并在经营范围、方式上与现时方向保持一致。

(3)无其他人力不可抗拒因素及不可预见因素对企业造成重大不利影响。

评估人员根据资产评估的要求，认定这些前提条件在评估基准日成立，当未来经济环境发生较大变化时，评估人员将不承担由于前提条件的改变而推导出不同评估结果的责任。

3. 评估方法

本次评估采用的评估方法为收益法。

本次收益法评估采用分段的现金流折现模型，即把未来分为可以相对准确预测的预测期和预测期后的永续期。按现金流折现法评估的条件，以及对 WX 公司过去 3 年的经营历史的分析，评估人员认为，采用两阶段模型对 WX 公司进行评估是适宜的，即以未来 7 年为预测期，第 8 年以后为永续期。

(1)现金流的预测基础。根据国家宏观政策和国民经济的发展趋势，结合我国保健品行业的现状和前景，分析了 WX 公司的优势和风险及其所面临的市场环境和未来的发展前景及潜力。

(2)折现率的选取。因为本次评估采用的是以净现金流量折现还原所有者权益价值，因此，对应的折现率选取股权资本成本。假设明确的预测期内折现率选取 9.5%。

4. 企业未来现金流评估测算过程

根据对企业未来各年的净现金流量的预测，将预测期内各年的现金流量按折现率折现到 2012 年 12 月 31 日，得出企业净资产的现值(见表 8－12)。

表 8－12　企业现金流量预测表　单位:元

项　目	权益自由现金流量	折现率	经营性资产净现值
2013 年	1 159 273.06	9.5%	1 058 696.86
2014 年	－2 834 758.31	9.5%	－2 364 219.52
2015 年	2 147 515.33	9.5%	1 635 663.32
2016 年	2 153 122.12	9.5%	1 497 656.40
2017 年	2 432 768.08	9.5%	1 545 361.59
2018 年	2 550 939.93	9.5%	1 479 842.57
2019 年	2 586 468.40	9.5%	1 370 276.92
2020 年	2 522 545.96	9.5%	1 220 467.26

企业经营性资产评估值

＝1 058 696.86－2 364 219.52＋1 635 663.32＋1 497 656.40＋1 545 361.59＋1 479 842.57＋1 370 276.92＋1 220 467.26

＝7 443 745.4(元)

溢余资产为企业超常持有的资产，经现场勘察并分析，未发现企业有溢余资产。

非经营性资产现金流一般是指与企业经营无关的经济活动产生的现金流。经现场勘察，企业有部分片剂生产设备闲置于质检大楼，规格型号不齐全，数量不清晰，部分设备不完整，无法判断设备目前的使用性能，且该部分设备账面原值是以 WX 公司账面净值入账，由于以上原因，无法对该部分设备进行合理的评定估算。截至评估基准日，该部分设备账面原值为 1 497 632.22 元，账面净值为 1 157 978.89 元，本次评估以该部分设备账面净值列示。

企业价值＝经营性资产的价值＋溢余资产价值＋非经营性资产的价值

＝7 443 745.4＋1 157 978.89

＝8 601 724.29(元)

5. 评估结论

在本报告所列明的各项假设前提条件下，在评估基准日 2012 年 12 月 31 日，WX 企业价值为 8 601 724.29元。

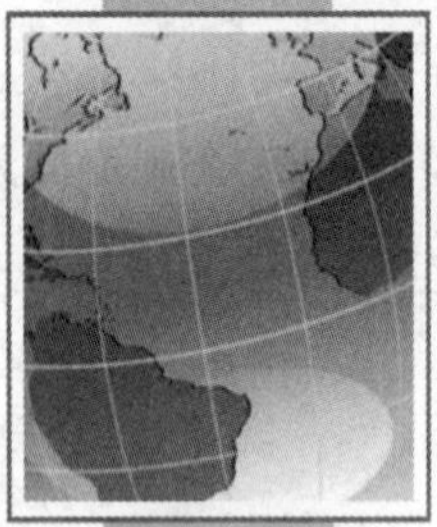

第九章 资产评估报告

学习目的与要求

通过本章学习，应了解资产评估报告的基本概念，熟悉资产评估报告的作用，掌握资产评估报告的基本内容，理解资产评估报告书的制作步骤，掌握制作资产评估报告书的技术要点，领会利益相关者对资产评估报告的使用。

第一节　资产评估报告制度

一、资产评估报告及其基本要素

（一）资产评估报告的基本概念

从一般意义上讲，资产评估报告是指评估机构在完成评估工作后向委托方提交的说明评估过程及结果的书面报告。这在资产评估行业中被称为狭义的资产评估报告，即资产评估结果报告书。它是注册资产评估师根据资产评估准则的要求，在履行必要评估程序后，对评估对象在评估基准日特定目的下的价值发表的、由其所在评估机构出具的书面专业意见，也是评估机构履行评估合同情况的总结，还是评估机构与注册资产评估师为资产评估项目承担相应法律责任的证明文件。资产评估报告是按照一定格式和内容来反映评估目的、假设、程序、标准、依据、方法、结果及适用条件等基本情况的报告书。

在不同的国家和地区，政府及行业自律主管部门对资产评估报告的要求并不一致。在一些国家和地区，资产评估报告不仅仅是一种书面文件，还是一种工作制度。该工作制度规定，评估机构在完成评估工作之后必须按照一定程序和形式的要求，用书面形式向委托方及相关主管部门报告评估过程和结果。我国目前实行的就是这种资产评估报告制度，也称广义的资产评估报告，如图 9－1 所示。

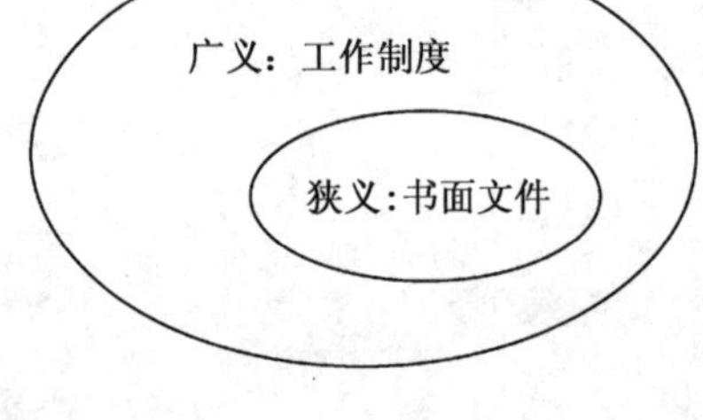

图 9－1　广义与狭义资产评估报告的区别

【知识链接9—1】

我国资产评估报告制度的产生与发展

我国对国有资产评估实施资产评估报告制度，该制度规定，资产评估机构完成国有资产评估工作后，由相关国有资产管理部门或代表单位对评估报告进行核准或备案。

我国资产评估报告制度的产生与发展主要经历了如下阶段：

1991年，国务院以第91号令颁布的《国有资产评估管理办法》规定，资产评估机构对委托单位(国有资产占有单位)被评估资产的价值进行评定和估算，要向委托单位提交资产评估结果报告书，委托单位收到资产评估机构的资产评估报告书后，应当报其主管部门审查，主管部门同意后，报同级国有资产管理行政主管部门确认资产评估结果。经国有资产管理行政主管部门授权或委托，国有资产占有单位的主管部门也可以确认资产评估结果。该文件还规定，国有资产管理行政主管部门应当自收到国有资产占有单位报送的资产评估结果报告书之日起45日内组织审核、验证协商、确认资产评估结果，并下达确认通知书。这就是我国最早的资产评估报告制度。

1992年，原国家国有资产管理局制定和发布的《国有资产评估管理办法施行细则》(国资办发[1992]36号)中规定了资产评估结果报告书内容包括正文和附件两部分。

1993年，原国家国有资产管理局制定和发布的国资办发[1993]55号文件中提出了《关于资产评估报告书的规范意见》。

1995年，原国家国有资产管理局又制定和颁布了《关于资产评估立项、确认工作的若干规范意见》。

1996年5月7日，国资办发[1996]23号文件转发了中国资产评估协会制定的《资产评估操作规范意见(试行)》，规定了资产评估报告书及送审专用材料的具体要求，以及资产评估工作底稿的项目档案管理，进一步完善了资产评估报告制度。

1999年，财政部财评字[1999]91号文件颁布了关于印发《资产评估报告基本内容与格式的暂行规定》的通知，对原有的资产评估报告有关制度做了进一步修改完善，使资产评估报告制度不仅适用于国有资产评估，也同样适用于非国有资产的评估。

2000年，财政部财企[2000]256号文件提出了《关于调整涉及股份有限公司资产评估项目管理权的通知》，其中对涉及股份有限公司资产评估项目的受理审核事权在财政部和省级财政部门之间进行分工。

2001年12月31日，国务院办公厅以国办发[2001]102号《国务院办公厅转发财政部关于改革国有资产评估行政管理方式加强资产评估监督管理工作意见的通知》对资产评估项目管理方式进行了重大改革，取消对国有资产评估项目的立项、确认审批制度，实行核准制和备案制，并加强对资产评估活动的监管。

2003年，中国注册会计师协会以会协[2003]28号文件下发了关于印发《资产评估准则——评估报告(征求意见稿)》的通知，对资产评估报告的内容作出了明确的规定。

2007年11月28日，财政部、中国资产评估协会在人民大会堂举行中国资产评估准则体系发布会，来自政府部门、企业、行业组织、评估界和有关国际及国家评估组织的代表400余人出席发布会。会议发布了包括资产评估报告准则在内的15项资产评估准则。

2008年7月1日，包括《资产评估准则——评估报告》在内的15项资产评估准则开始实施。《资产评估准则——评估报告》是资产评估报告的最基本的要求，适用于所有评估目的、资产类别的评估业务。

为规范注册资产评估师执行资产评估业务，维护社会公共利益和资产评估各方当事人合法权益，2008 年 11 月 28 日，根据国有资产评估管理有关规定和《资产评估准则——评估报告》，中国资产评估协会制定了《企业国有资产评估报告指南》，自 2009 年 7 月 1 日起施行。《企业国有资产评估报告指南》适用于非金融企业国有资产评估报告。金融企业因债权转股权等原因持有的非金融企业股权价值评估报告适用本指南。

2010 年，为规范注册资产评估师编制和出具金融企业国有资产评估报告行为，维护社会公共利益和资产评估各方当事人的合法权益，中国资产评估协会在财政部指导下，以中评协[2010]213 号制定了《金融企业国有资产评估报告指南》，自 2011 年 7 月 1 日起施行。本指南进一步完善了评估报告体系。

2011 年，为贯彻落实《资产评估机构审批和监督管理办法》(财政部令第 64 号)相关规定，满足评估机构执业需要，进一步规范评估机构和注册资产评估师在评估报告和业务约定书上签字盖章的行为，中评协[2011]230 号对评估报告等准则中涉及签字盖章的条款作出了一些修改，自 2012 年 3 月 1 日起施行。

2011 年，中国资产评估协会修订了五项已有准则并发布两项新准则。具体包括：将《企业价值评估指导意见(试行)》修订上升为《资产评估准则——企业价值》；将《资产评估准则——评估报告》、《资产评估准则——业务约定书》、《企业国有资产评估报告指南》和《金融企业国有资产评估报告指南》中有关签章条款进行修订后，准则重新发布；制定了《商标资产评估指导意见》和《实物期权评估指导意见(试行)》。此次修订和新建工作完成后，我国评估准则体系包含的准则项目已达 23 项，包括 2 项基本准则、9 项具体准则、4 项评估指南、8 项指导意见，准则体系进一步完善。

2012 年 4 月，出台《中华人民共和国资产评估法(草案)》对资产评估行为第一次以法律的形式做了规定，其中，对资产评估报告的使用以及违规使用所应承担的法律责任有详细说明。

为服务市场经济、满足发展需求、提高执业质量，2012 年，在财政部的指导下，在国家林业局等有关部门的大力支持下，中国资产评估协会制定并发布了 3 项新准则和 2 项专家提示，如表 9—1 所示。此次准则制定工作完成后，我国准则项目已达 26 项，分别是 2 项基本准则、12 项具体准则、4 项评估指南、8 项指导意见，准则体系更加完善。

表 9—1　　中国资产评估协会 2012 年制定并发布的准则和提示

3 项准则	《资产评估准则——利用专家工作》
	《资产评估准则——森林资源资产》
	《资产评估职业道德准则——独立性》
2 项专家提示	《资产评估操作专家提示——上市公司重大资产重组评估报告披露》
	《资产评估操作专家提示——中小评估机构业务质量控制》

其中，为规范注册资产评估师利用专家工作行为，维护社会公共利益和资产评估各方当事人合法权益，中国资产评估协会以中评协[2012]244 号制定了《资产评估准则——利用专家工作》，自 2013 年 7 月 1 日起施行。《资产评估准则——利用专家工作》的发布具有以下意义：一是在准则体系中首次对什么是专家工作、如何利用专家工作、利用专家工作的责任及披露等问题进行规范。二是将评估实务中利用专家工作的类型归纳为聘请专家协助工作、利用专业报告和引用单项资产评估报告三种，有助于执业人员和监管方对利用专家工作的理解。三是对评估行业特有的引用单项资产评估报告行为提出较细致的操作要求，通过规范操作，促进评估

机构和注册资产评估师合理承担执业责任，有助于控制执业风险。

此外，为进一步提高上市公司重大资产重组评估报告的信息披露质量，防范执业风险，中国资产评估协会组织专家以中评协[2012]246号制定了《资产评估操作专家提示——上市公司重大资产重组评估报告披露》，供评估机构和注册资产评估师执行上市公司重大资产重组评估业务时参考。《资产评估操作专家提示——上市公司重大资产重组评估报告披露》旨在进一步提高上市公司重大资产重组评估报告的信息披露质量，针对中国证监会关于上市公司重大资产重组的相关规定界定了评估报告范围。此专家提示具有以下意义：一是针对专业性和复杂性程度较高的上市公司重大资产重组评估报告披露业务提供必要的技术支持；二是有助于推广成功重组案例中的有效做法，为需要指导的执业人员提供借鉴，合理地防范执业风险。

可以说，整个资产评估报告制度仍体现了较为浓重的管理色彩。这种情况是与我国资产评估的执业环境紧密联系的，它会随着我国资产评估执业环境的改变而不断完善。

(二)资产评估报告的基本要素

资产评估报告的基本要素是指各类资产评估报告书都应包含的基本内容，资产评估报告一般应包括以下基本要素：

(1)委托方、产权持有方和委托方以外的其他评估报告使用者；

(2)评估目的；

(3)评估范围与评估对象；

(4)价值类型及其定义；

(5)评估基准日；

(6)评估依据；

(7)评估方法；

(8)评估程序实施过程和情况；

(9)评估假设；

(10)评估结论；

(11)特别事项说明；

(12)评估报告使用限制说明；

(13)评估报告日；

(14)注册资产评估师签字盖章、评估机构盖章和法定代表人或者合伙人签字。

二、资产评估报告书的作用

从资产评估机构和评估人员的角度看，资产评估报告书主要有以下几个方面的作用，如图9—2所示。

第一，资产评估报告书对被评估资产提供较为全面、客观的价值判断和专业意见，是委托方进行资产业务的重要资产作价依据。

资产评估报告书是资产评估机构根据委估资产的特点，由资产评估师及相应的专业人员遵循公认的评估原则和规范，按照法定的程序，运用合理的评估技术和方法对被评估资产价值进行估计和判断后，通过书面形式表达的专业意见。该意见不代表、不倾向于任何当事人，是一种独立的估价意见，因而成为委托方和资产业务当事人对被评估资产作价和交易的重要参考依据。

第二，资产评估报告书既是资产评估机构的产品，同时又是反映和体现资产评估机构工作

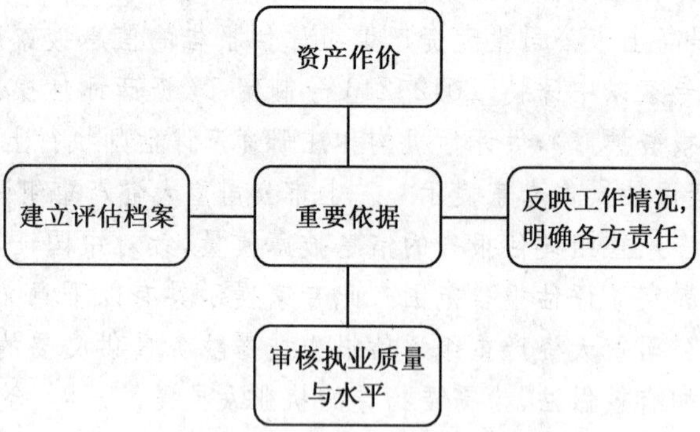

图 9－2 资产评估报告书的作用

情况、明确委托方和评估机构及有关方面责任的依据。

资产评估报告书是评估机构向委托方提供的产品，它用文字的形式，对委估资产的评估目的、背景、范围、依据、程序、方法和评定结果进行说明和揭示，并对评估结果的使用提出了方向和范围方面的要求和限定，体现了评估机构的工作成果。一方面，资产评估报告书体现了评估机构满足委托方了解和掌握委估资产价值的需要；另一方面，它对评估结果使用提出了方向及范围的要求和限定，反映了资产评估机构对委托方使用评估报告和评估结果的要求，并以此来明确委托方、受托方及有关方面的责任。资产评估报告书也是评估机构履行评估协议和向委托方或有关方面收取评估费用的依据。

第三，资产评估报告书是行业自律管理组织及有关部门审核资产评估机构执业质量和水平的重要标的和依据。

资产评估报告书是反映评估机构和评估人员职业道德、执业能力水平、评估质量高低及机构内部管理机制完善程度的重要依据。有关管理部门通过审核资产评估报告书，可以有效地对评估机构的业务开展情况进行监督和管理。对资产评估报告书进行审核，是管理部门完善资产评估管理的重要手段。

第四，资产评估报告书及其形成过程是建立评估档案的主要载体和来源。

评估机构和评估人员在完成资产评估任务之后，都必须按照档案管理的有关规定，将评估过程中收集的资料、工作记录以及形成的相关工作底稿进行归档，以便对评估档案进行管理和使用。由于资产评估报告书是对整个评估过程的工作总结，其内容包括了评估过程的各个具体环节以及各有关资料的收集和记录，因此，不仅评估报告书的底稿是评估档案归集的主要内容，资产评估报告书本身也是资产评估档案的重要载体和来源。

三、资产评估报告书的基本内容

按照中国资产评估协会 2007 年发布的《资产评估准则——评估报告》和 2008 年发布的《企业国有资产评估报告指南》的要求，资产评估报告书由资产评估正文及相关附件、资产评估说明和资产评估明细表三部分组成（如图 9－3 所示），各部分的基本内容、具体格式及有关参阅文件如下：

资产评估报告书
- 资产评估正文及相关附件
- 资产评估说明
- 资产评估明细表

图 9－3　资产评估报告书的组成

(一)资产评估报告书正文及相关附件的基本内容

1. 资产评估报告书封面的基本内容

资产评估报告的封面须载明评估报告标题及文号、评估机构全称和评估报告日。评估报告标题应当简明清晰，一般采用“企业名称＋经济行为关键词＋评估对象＋评估报告”的形式。评估报告文号包括评估机构特征字、种类特征字、年份、报告序号。有服务商标的，评估机构可以在报告封面载明其图形标志。

2. 资产评估报告书声明的基本内容

资产评估报告的声明应当包括以下内容：

(1)注册资产评估师恪守独立、客观和公正的原则，遵循有关法律、法规和资产评估准则的规定，并承担相应的责任；

(2)提醒评估报告使用者关注评估报告特别事项和使用限制；

(3)其他需要声明的内容。

应当注意的是，评估报告声明应当置于评估报告摘要之前。声明一般不需要另行签字盖章。

3. 资产评估报告书摘要的基本内容

资产评估报告的摘要应当提供评估业务的主要信息及评估结论。每份资产评估报告书的正文之前应有表达该报告书关键内容的摘要，以备各有关方面了解该评估报告书的主要信息。注册资产评估师应当在评估报告正文的基础上编制评估报告摘要。评估报告摘要应当简明扼要地反映经济行为、评估目的、评估对象和评估范围、价值类型、评估基准日、评估方法、评估结论及其使用有效期、对评估结论产生影响的特别事项等关键内容。该摘要与资产评估报告书正文具有同等法律效力，由注册资产评估师、评估机构法定代表人及评估机构等签字盖章和署明提交日期。该摘要还必须与评估报告书提示的结果一致，不得有误导性内容，并应当采用下述文字提醒评估报告使用者阅读全文：“以上内容摘自评估报告正文，欲了解本评估项目的详细情况和合理理解评估结论，应当阅读评估报告正文。”摘要一般不需要另行签字盖章。

4. 资产评估报告书正文的基本内容

(1)委托方、产权持有方和委托方以外的其他评估报告使用者。评估报告正文应当介绍委托方、被评估单位(或者产权持有单位)和业务约定书约定的其他评估报告使用者的概况。委托方和业务约定书约定的其他评估报告使用者概况一般包括名称、法定住所及经营场所、法定代表人、注册资本及主要经营范围等。企业价值评估中，被评估单位(或者产权持有单位)概况一般包括名称、法定住所及经营场所、法定代表人、主要经营范围、注册资本、公司股东及持股比例、股权变更情况及必要的公司产权和经营管理结构、历史情况，以及近三年资产、财务、经营状况，委托方和被评估单位(或者产权持有单位)之间的关系(如产权关系、交易关系)。单项资产或者资产组合评估，被评估单位(或者产权持有单位)概况一般包括名称、法定住所及经营场所、法定代表人、注册资本及主要经营范围等。委托方与被评估单位(或者产权持有单位)为同一企业的,按对被评估单位(或者产权持有单位)的要求编写。存在交叉持股的,应当列示交叉持股图并简述交叉持股关系及是否属于同一控制的情形。存在关联交易的,应当说明关联方、交易方式等基本情况。评估报告使用者包括委托方、业务约定书约定的其他评估报告使用者,以及国家法律、法规规定的评估报告使用者。

(2)评估目的。评估报告应当说明本次资产评估的目的及其所对应的经济行为,并说明该经济行为获得批准的相关情况或者其他经济行为依据。评估报告载明的评估目的应当唯一,表述应当明确、清晰。

(3)评估对象和评估范围。评估报告中应当载明评估对象和评估范围,并具体描述评估对象的基本情况,通常包括法律权属状况、经济状况和物理状况。若被评估资产为多家单位所占有,应说明各自的份额及对应资产类型。

(4)价值类型及其定义。评估报告应当明确价值类型及其定义,并说明选择价值类型的理由。

(5)评估基准日。评估报告应当载明评估基准日,并与业务约定书约定的评估基准日保持一致。评估报告应当说明选取评估基准日时重点考虑的因素(如经济行为的实现、会计期末、利率和汇率变化等)。评估基准日可以是现在时点,也可以是过去或者将来的时点。

此外,还应确定评估基准日的选定理由和成立条件,揭示确定基准日对评估结果的影响程度。另外,还应对采用非基准日价格标准作出说明。

(6)评估依据①。这部分中应当说明评估遵循的法律依据、准则依据、权属依据及取价依据等,并对评估中采用的特殊依据作出相应的披露。

(7)评估方法。应在这部分中说明评估过程所选择、使用的评估方法和选择评估方法的依据或原因。以持续经营为前提,采用两种以上方法进行企业价值评估,应当分别说明两种评估方法选取的理由以及评估结论确定的方法。若选择了特殊的评估方法,也应介绍其原理及适用范围。

(8)评估程序实施过程和情况。这部分应反映评估机构自接受评估项目委托起至出具评估报告止的主要评估工作过程,包括:接受委托过程中确定评估目的、对象及范围,以及评估基准日和拟订评估方案等过程;指导被评估单位清查资产、准备评估资料,以及核实资产与验证资料等过程;选择评估方法、收集市场信息和估算等过程;评估结果汇总、评估结论分析、报告撰写和内部审核等过程。

(9)评估假设。这部分应当披露评估假设及其对评估结论的影响。

(10)评估结论。这部分是评估报告正文的重要部分,应当以文字和数字形式清晰说明评估结论。通常评估结论应当是确定的数值。经与委托方沟通,评估结论可以使用区间值表达。

采用资产基础法进行企业价值评估,应当以文字形式说明资产、负债、所有者权益(净资产)的账面价值、评估价值及其增减幅度,并同时采用评估结果汇总表反映评估结论。单项资产或者资产组合评估,应当以文字形式说明账面价值、评估价值及其增减幅度。采用两种以上方法进行企业价值评估,除单独说明评估价值和增减变动幅度外,应当说明两种以上评估方法结果的差异及其原因和确定最终评估结论的理由。存在多家被评估单位的项目,应当分别说

① 《资产评估准则——评估报告》第二十一条规定:"评估报告应当说明评估遵循的法律依据、准则依据、权属依据及取价依据等。"此处按照《企业国有资产评估报告指南》第三章第十七条的要求列示评估依据。

明评估价值。

(11)特别事项说明①。这部分通常应说明产权瑕疵、未决事项、法律纠纷等不确定因素，重大期后事项，以及在不违背资产评估准则要求的情况下，采用的不同于资产评估准则规定的程序和方法。注册资产评估师应当说明特别事项可能对评估结论产生的影响，并重点提示评估报告使用者予以关注。

(12)评估报告使用限制说明。此部分通常包括以下内容：评估报告只能用于评估报告载明的评估目的和用途；评估报告只能由评估报告载明的评估报告使用者使用；未征得出具评估报告的评估机构同意，评估报告的内容不得被摘抄、引用或披露于公开媒体，法律、法规规定以及相关当事方另有约定的除外；评估报告的使用有效期；因评估程序受限造成的评估报告的使用限制。注册资产评估师执行资产评估业务，评估程序受到限制且无法排除，经与委托方协商后仍需出具评估报告的，应当在评估报告中说明评估程序受限情况及其对评估结论的影响，并明确评估报告的使用限制。

(13)评估报告日。评估报告载明的评估报告日通常为注册资产评估师形成最终专业意见的日期。

(14)注册资产评估师签字盖章，评估机构或者经授权的分支机构加盖公章，法定代表人或者其授权代表签字，合伙人签字。评估报告正文应当由两名以上(含两名)注册资产评估师签字盖章，并由评估机构盖章。有限责任公司制评估机构的法定代表人或者合伙制评估机构负责该评估业务的合伙人应当在评估报告上签字。有限责任公司制评估机构的法定代表人可以授权首席评估师或者其他持有注册资产评估师证书的副总经理以上管理人员在评估报告上签字。有限责任公司制评估机构可以授权分支机构以分支机构名义出具除证券期货相关评估业务外的评估报告，加盖分支机构公章。评估机构的法定代表人可以授权分支机构负责人在以分支机构名义出具的评估报告上签字。声明、摘要和评估明细表上通常不需要另行签字盖章。

5. 备查文件的基本内容

评估报告附件通常包括：

(1)评估对象所涉及的主要权属证明资料；

(2)委托方和相关当事方的承诺函；

(3)评估机构及签字注册资产评估师资质、资格证明文件；

(4)评估对象涉及的资产清单或资产汇总表。

评估报告附件内容及其所涉及的签章应当清晰、完整，相关内容应当与评估报告摘要、正文一致。评估报告附件为复印件的，应当与原件一致。

按有关规定需要进行专项审计的，应当将企业提供的与经济行为相对应的评估基准日专项审计报告(含会计报表和附注)作为评估报告附件。按有关规定无需进行专项审计的，应当将企业确认的与经济行为相对应的评估基准日企业财务报表作为评估报告附件。

如果引用其他机构出具的报告结论，根据现行有关规定，所引用的报告应当经相应主管部门批准(备案)的，应当将相应主管部门的相关批准(备案)文件作为评估报告附件。

评估报告附件的格式无具体要求，但必须按统一规格装订。

(二)资产评估说明的基本内容

资产评估说明目的在于，通过评估师和评估机构描述其评估项目的评估程序、方法、依据、

① 《资产评估准则——评估报告》和《企业国有资产评估报告指南》对于“特别事项说明”的表述不完全相同，此处摘自《资产评估准则——评估报告》中的相关规定。

参数选取和计算过程，通过委托方、资产占有方充分揭示对资产评估行为和结果构成重大影响的事项等，说明评估操作符合相关法律、行政法规和行业规范要求。资产评估说明也是资产评估报告书的组成部分，在一定程度上决定评估结果的公允性，保护评估行为相关各方的合法利益。

按有关规定，评估说明中所揭示的内容应同评估报告书正文所阐述的内容一致。评估机构、注册资产评估师及委托方、资产占有方应保证其撰写或提供的构成评估说明各组成部分的内容真实完整、表述清晰，未作虚假陈述，也未遗漏重大事项。

资产评估说明应按以下顺序进行撰写和制作，如图 9—4 所示。

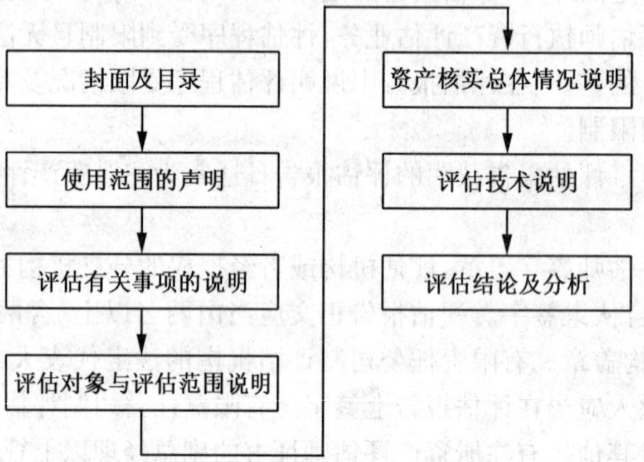

图 9—4　资产评估说明的撰写顺序

1.“封面及目录”的基本内容

评估说明封面应载明标题（一般采用“企业名称＋经济行为关键词＋评估对象＋评估说明”的形式）、评估报告文号、评估机构名称、评估报告日。目录应当在封面的下一页排印，包括每一部分的标题和相应页码。如果评估说明中收录有关文件或者资料的复印件，应当统一标注页码。

2.“使用范围的声明”的基本内容

这部分应声明评估报告仅供资产管理部门、企业主管部门、资产评估行业协会审查资产评估报告书和检查评估机构工作之用，除法律、行政法规规定外，材料的全部或部分内容不得提供给其他任何单位和个人，不得见诸公开媒体。

3.“评估有关事项的说明”的基本内容

这部分是由委托方负责人和被评估单位（或者产权持有单位）负责人签字，加盖相应单位公章并签署日期。内容应包括：

(1)委托方与被评估单位（或者产权持有单位）概况；

(2)关于经济行为的说明；

(3)关于评估对象与评估范围的说明；

(4)关于评估基准日的说明；

(5)可能影响评估工作的重大事项的说明；

(6)资产及负债清查情况、未来经营和收益状况预测的说明；

(7)资料清单。

4."评估对象与评估范围说明"的基本内容

这部分具体包括:

(1)评估对象与评估范围内容;

(2)实物资产的分布情况及特点;

(3)企业申报的账面记录或者未记录的无形资产情况;

(4)企业申报的表外资产(如有申报)的类型、数量;

(5)引用其他机构出具的报告的结论所涉及的资产类型、数量和账面金额(或评估值)。

5."资产核实总体情况说明"的基本内容

这部分具体包括:

(1)资产核实人员组织、实施时间和过程;

(2)影响资产核实的事项及处理方法;

(3)核实结论。

6."评估技术说明"的基本内容

这部分主要用来说明对资产进行评定估算过程的解释,反映评估中选定的评估方法和采用的技术思路及实施的评估工作。根据所采用的评估技术是成本法、市场法还是收益法及其组合,分别进行说明:

(1)成本法

采用成本法评估单项资产或者资产组合、采用资产基础法评估企业价值,应当根据评估项目的具体情况,以及资产和负债类型,编写评估技术说明。各资产和负债的评估技术说明应当包含资产和负债的内容和金额、核实方法、评估值确定的方法和结果等基本内容。[①]

(2)市场法

采用市场法进行企业价值评估,应当根据所采用的具体评估方法(参考企业比较法或者并购案例比较法)确定评估技术说明的编写内容。其基本内容如下:

①说明评估对象,包括企业整体价值、股东全部权益价值、股东部分权益价值;

②市场法原理;

③选取具体评估方法的理由;

④基本步骤说明;

⑤被评估单位(或者产权持有单位)所在行业发展状况与前景的分析判断;

⑥参考企业或者并购案例的选择及与评估对象的可比性分析;

⑦确定可比因素的方法和过程(特别说明对可比因素分析时所考虑的主要方面),价值比率的确定过程,分析、调整评估对象财务状况的内容;

⑧评估值确定的方法、过程和结果;

⑨评估结论及分析。

(3)收益法

采用收益法进行企业价值评估,应当根据行业特点、企业经营方式和所确定的预期收益口径以及评估的其他具体情况,确定评估技术说明的编写内容。具体内容如下:

①说明评估对象,即企业整体价值、股东全部权益价值和股东部分权益价值;

---

① 常见的资产和负债类型及评估技术说明编写内容指引详见《企业国有资产评估报告指南》(中国资产评估协会网站,http://www.cas.org.cn/zgzcpgzz/zcpgzzjsy/23987.htm)。

②收益法的应用前提及选择的理由和依据；

③收益预测的假设条件；

④企业经营、资产、财务分析；

⑤评估计算及分析过程；

⑥评估值测算过程与结果；

⑦其他资产和负债(非收益性/经营性资产和负债)的评估价值；

⑧评估结果；

⑨测算表格。

7."评估结论及分析"的基本内容

这部分主要总体概括说明评估结论,应包括以下内容：

(1)评估结论；

(2)评估结果与调整后账面价值比较的变动情况及原因；

(3)股东部分权益价值溢价(或者折价)的考虑等内容。

(三)资产评估明细表的基本内容

1. 资产评估明细表的基本内容

资产评估明细表是反映被评估资产评估前后的资产及负债明细情况的表格。它是资产评估报告书的组成部分,也是资产评估结果得到认可、评估目的的经济行为实现后作为调整账目的主要依据之一。其基本内容应包括以下几方面：

(1)资产及负债的名称、发生日期、账面价值、评估价值等；

(2)反映资产及负债特征的项目；

(3)反映评估增减值情况的栏目和备注栏目；

(4)反映被评估资产会计科目名称、资产占有单位、评估基准日、表号、金额单位、页码内容的资产评估明细表表头；

(5)写明清查人员、评估人员的表尾；

(6)评估明细表设立逐级汇总；

(7)资产评估明细表一般应按会计科目顺序排列装订。

2. 资产评估明细表样表的层次

资产评估明细表样表包括以下几个层次：

(1)资产评估结果汇总表；

(2)资产评估结果分类汇总表；

(3)各项资产清查评估汇总表及各项资产清查评估明细表。

四、资产评估报告的国际比较

在世界范围内,资产评估报告的类型与形式是多种多样的,多类型和多形式的资产评估报告为评估人员恰当表达评估过程和评估结果提供了选择空间和载体,是各国资产评估报告制度的发展方向。

资产评估报告书的类型与资产评估机构向委托方或客户表达或披露评估信息的内容和繁简程度直接相关。评估机构可以根据委托方的要求,以及评估机构对评估报告披露信息的程度和规避风险的要求,选择适宜类型的评估报告表达评估师的专业意见。目前,国际上资产评估报告的类型主要是从以下几个角度和标准进行划分的,如图 9－5 所示。

- 资产评估报告的类型
  - 按披露内容的详尽程度划分
    - 完整型评估报告
    - 简明型评估报告
  - 按符合资产评估准则的要求的程度划分
    - 正常型评估报告
    - 限制型评估报告
  - 按资产评估的性质划分
    - 一般评估报告
    - 复核评估报告
  - 按评估对象划分
    - 房地产评估报告
    - 机器设备评估报告
    - 无形资产评估报告
    - 企业价值评估报告

图 9—5　资产评估报告的类型

(一)按披露内容的详尽程度划分

按披露内容的详尽程度划分,资产评估报告分为完整型(详细型)评估报告和简明型评估报告。

1. 完整型(详细型)评估报告

完整型(详细型)评估报告是指向委托方或客户提供最详尽的信息资料的评估报告。以美国《专业评估执业统一准则》对不动产完整型评估报告的要求为例,来说明完整型评估报告披露信息的程度。

完整型(详细型)评估报告的内容必须与报告的预期用途相一致,且至少包括以下内容:

(1)明确说明客户和预期使用者的身份,包括姓名和类型,评估人员在明确客户的身份时必须小心谨慎,既要清楚明确,又要遵守职业道德条款的保密性规定。

(2)明确评估的预期用途。

(3)明确并用充分的信息资料描述被评估的不动产,这种描述包括与评估业务有关的财产的物理和经济方面的特性。说明评估中不动产的实体可通过以下的任何组合来完成,包括法律描述、地址、参考地图、测量或地图的复印件、财产的草图和(或)照片,以及其他类似的证据。除了书面描述可以对与评估报告的预期用途和目的相关的不动产的物理、法律和经济特征进行说明外,财产的草图和照片也可以对被评估的不动产进行一定的说明和描述。

(4)明确说明被评估的不动产权益。如果需要的话,对被评估的不动产权益的说明必须用对不动产具有约束力的权益的描述文件,或者其他已知文件的概述或者复制件来进行实质性的证明。

(5)明确说明评估的目的,包括对被评估不动产的价值定义和类型及其来源的说明。对被评估不动产的价值进行定义需要采用适当的相关定义,并且就定义如何运用向评估报告阅读者进行必要的解释。

(6)说明评估生效日和报告日。评估生效日建立了评估的基础,而评估报告日表明了评估人员基于评估生效日市场状况的观点是未来的、现行的还是历史的。

当评估报告日的市场状况不同于评估生效日的市场状况时,在评估报告的不同阶段多次同时强调说明评估生效日和评估报告日,对评估报告阅读者正确理解评估报告是十分重要的。

(7)明确叙述足以向评估客户和评估结果使用者说明评估的工作范畴的信息。评估客户和评估结果使用者期望得到的评估结果,会受到评估人员调查研究工作的范畴的影响。评估师应恪尽职守,使评估客户和评估结果使用者了解评估人员的工作范畴,从而对其工作不产生误解。评估人员应负有确定工作范畴和评估报告信息传递量的责任。

(8)明确说明影响评估分析、意见和结论的所有假设、逆向假设和限制性条件。典型的或一般的假设和限制性条件可以一并置于评估报告的某一确定部分,美国《专业评估执业统一准则》要求特别假设或逆向假设应当连同对受其影响的意见和结论所进行的说明一起披露。

(9)明确描述评估中所考虑的信息、所采用的程序,以及支持其分析、意见和结论的推理过程。评估人员应确信评估报告已提供足够的信息,以使客户和评估报告的期望使用者能够理解评估结果或者结论的合理性。

(10)明确描述评估日期现存不动产的用途,以及在评估报告中反映出来的不动产的用途;当评估业务的目的是要得出市场价值时,明确描述评估人员对不动产最佳用途的分析意见的合理性和推理过程所用的论据。此款要求评估报告需包含评估人员关于被评估不动产最佳用途的意见,除非关于最佳用途的意见是不必要的,如"保险"目的的评估或"使用价值"目的的评估。如果评估的目的是要得出市场价值,那么评估报告就必须描述评估人员对不动产最佳用途的分析意见的合理性和推理过程所用的论据。对评估人员支持该意见的推理必须进行适当的详细描述。

另外,还需有经评估人员签署的证明文件。

2. 简明型评估报告

简明型评估报告是指评估机构在保证不误导评估报告使用者的前提下,向委托方或客户提供简明扼要的信息资料的评估报告。它与完整型(详细型)评估报告的区别主要在于,提供的信息资料的详略程度不同,不存在报告水准上的差别。以美国《专业评估执业统一准则》对不动产简明型评估报告的要求为例,来说明简明型评估报告披露信息的程度。

简明型评估报告的内容必须与评估的预期用途一致,且至少包括以下内容:

(1)明确说明客户和预期使用者的身份,包括姓名和类型。

(2)明确评估的预期用途。

(3)明确并用充分的信息资料概述被评估的不动产,这种概述包括与评估业务有关的财产的物理和经济方面的特性。

(4)明确说明被评估的不动产权益。

(5)说明评估的目的,包括对被评估不动产的价值定义和类型及其来源的说明。

(6)说明评估生效日和报告日。

(7)概述足以向评估客户和评估结果使用者说明评估的工作范畴的信息。

(8)说明影响评估分析、意见和结论的所有假设、逆向假设和限制性条件。

(9)概述评估中所考虑的信息、所采用的程序,以及支持其分析、意见及结论的推理过程。

(10)描述评估日期现存不动产的用途,并描述在评估报告中反映出来的不动产的用途;当评估业务的目的是要得出市场价值时,概略描述评估人员对不动产最佳用途的分析意见的合理性和推理过程所用的论据。

另外,还需有经评估人员签署的证明文件。

(二)按符合资产评估准则的要求的程度划分

按符合资产评估准则的要求的程度划分,资产评估报告分为正常型评估报告和限制型评估报告。

1. 正常型评估报告

正常型评估报告是指资产评估机构出具的评估报告完全符合资产评估准则的要求，对评估报告使用者并无特别的限制性使用要求，如完整型评估报告和简明型评估报告。

2. 限制型评估报告

限制型评估报告是指评估机构对限定评估报告使用人出具的、评估过程中有低于或不同于评估准则或指南要求行为的评估报告。限制型评估报告仅限于特定评估客户使用，其他任何使用限制型评估报告的人都被视为非期望使用者。以美国《专业评估执业统一准则》对不动产限制型评估报告的要求为例，来说明限制型评估报告披露信息的程度。

限制型评估报告的内容必须与评估的预期用途相一致，且至少包括以下内容：

(1)明确说明客户和预期使用者的身份，包括姓名和类型。

(2)明确评估的预期用途。

(3)明确并用充分的信息资料描述被评估的不动产，这种描述包括与评估业务有关的财产的物理和经济方面的特性。

(4)明确说明被评估的不动产权益。

(5)说明评估的目的，包括对被评估不动产的价值定义和类型，并参考与评估目的相关的价值的定义。

(6)说明评估生效日和报告日。

(7)说明数据的收集、检验和报告过程的范围，或者摘引保存在评估人员的工作文档中的评估合同对评估工作范围的叙述。

(8)说明影响评估分析、意见和结论的所有假设、逆向假设及限制性条件。

(9)描述评估中所采用的评估程序、评估结果分析和结论，以及参考工作文档的内容。

(10)描述评估日期现存不动产的用途，并描述在评估报告中反映出来的不动产的用途；当评估业务的目的是要得出市场价值时，描述评估人员对不动产最佳用途的分析意见的合理性和推理过程所用的论据。

另外，还需有经评估人员签署的证明文件。

(三)按资产评估的性质划分

按资产评估的性质划分，资产评估报告分为一般评估报告和复核评估报告。

1. 一般评估报告

一般评估报告是指评估人员接受客户委托，为客户提供的关于资产价值的估价意见的书面报告，如完整型评估报告、简明型评估报告和限制型评估报告等。

2. 复核评估报告

复核评估报告是指复核评估师对一般评估报告的充分性和合理性发表意见的书面报告，是复核评估师对一般评估报告进行评估和审核的报告。

复核资产评估不同于一般的资产评估，它更接近于我国国有资产评估中的资产评估确认，不同的是，复核资产评估由执业的评估师完成，而我国的资产评估确认是由政府有关部门进行的。

(四)按评估对象划分

按评估对象划分，资产评估报告分为房地产评估报告、机器设备评估报告、无形资产评估报告，以及企业价值评估报告等。

从严格意义上讲，评估报告的基本要素和基本要求不会因评估对象不同而有重大区别。也就是说，从规范资产评估报告的角度，按评估对象不同划分评估报告的种类的意义并不大。但是，由于我国目前资产评估行业尚未完全统一，在资产评估、房地产估价和土地估价的执业标准和操作技术规程方面还有不同的要求。表现在评估报告上，三种报告书不仅具体格式不相同，而且在内容上也存在较大的差别。客观地讲，按评估对象划分评估报告类型可以说是一种权宜之计。

从规范资产评估报告的角度，一般资产评估的评估报告应采用或选择完整型评估报告、简明型评估报告和限制型评估报告三种类型为宜。

由上述内容可见，我国资产评估报告制度本身与国际惯例仍有较大差别。按我国现行资产评估报告制度的规定，资产评估报告书包括资产评估报告书正文、资产评估说明、资产评估明细表及相关附件等。而《国际评估准则》(IVS)、美国《专业评估执业统一准则》(USPAP)，以及其他资产评估行业较发达的国家和地区的评估准则，对资产评估报告的规定一般都是按照报告类型与报告要素来进行规范的。它们更强调评估报告的构成要素，如评估的假设，评估的价值前提、价值类型、价值定义，评估途径和方法，评估结果的适用用途和范围，评估责任，以及评估报告的类型(即完整型评估报告、简明型评估报告和限制型评估报告)。随着中国加入WTO后国际评估业务的增加，我国评估界也提出了熟悉国际资产评估报告规范、按照国际惯例进行操作的要求。但要注意，在国际业务中按照国际评估报告的语言要求和类型要求进行评估结果的表述，并不是要我们盲目模仿。关于资产评估报告，关键是要保证有利于报告使用者对评估结果的正确使用，并避免在未来的经济行为中给评估机构与注册资产评估师带来潜在的法律责任。

第二节　资产评估报告书的制作

资产评估报告书的制作是评估机构完成评估工作的最后一道工序，也是资产评估工作中的一个重要环节。因此，遵循规范的制作步骤和要求，对于提升资产评估报告书的质量和效用都具有重要意义。

一、资产评估报告书的编制步骤

制作资产评估报告书主要有以下几个步骤，如图 9－6 所示。

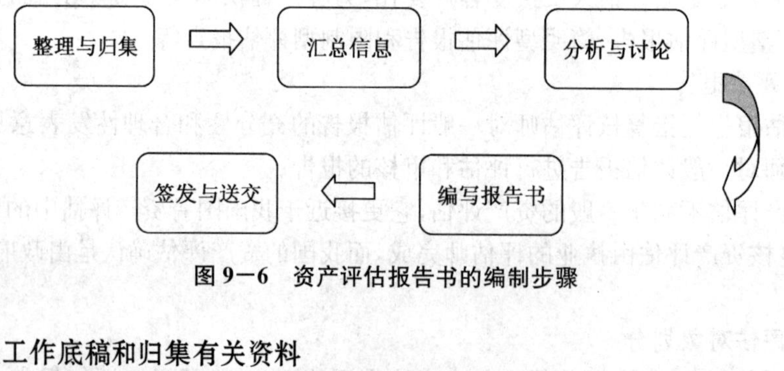

图 9－6　资产评估报告书的编制步骤

(一)整理工作底稿和归集有关资料

资产评估现场工作结束后，有关评估人员必须着手对现场工作底稿进行整理和分类，同时对有关询证函、被评估资产背景材料、技术鉴定情况和价格取证等资料进行归集和登记。对现场未予确定的事项，还必须进一步落实和查核。这些现场工作底稿和有关资料都是编制资产评估报告书的基础。

（二）汇总评估数据和评估明细表的数字

在完成现场工作底稿和有关资料的归集任务后，评估人员应着手进行评估数据的汇总，如果评估对象是整体资产，评估人员还应着手进行评估明细表的数字汇总。明细表的数字汇总应根据明细表的不同级次进行，先是明细表汇总，然后是分类汇总，再到资产负债表汇总。不具备采用电脑软件汇总功能的评估机构，在数字汇总过程中应反复核对各有关表格的数字的关联性和各表格栏目之间数字的勾稽关系，防止出错。

（三）分析和讨论评估的初步数据

在完成评估数据和评估明细表的数字汇总后，应召集参与评估工作过程的有关人员，对评估报告的初步数据的结论进行分析和讨论，比较各有关评估数据，复核记录估算结果的工作底稿，对存在作价不合理的部分评估数据进行调整。

（四）编写资产评估报告书

编写资产评估报告书可分为两步：

第一步，在完成资产评估初步数据和数字的分析与讨论，并对有关部分的数据进行调整后，由具体参加评估的各组负责人员草拟出各自负责评估部分资产的评估说明，同时提交全面负责、熟悉本项目评估具体情况的人员草拟出的资产评估报告书。

第二步，将评估基本情况和评估报告书初稿的初步结论与委托方交换意见，听取委托方的反馈意见后，在坚持独立、客观、公正的前提下，认真分析委托方提出的问题和建议，考虑是否应该修改评估报告书，对评估报告书中存在的疏忽、遗漏和错误之处进行修正，待修改完毕即可撰写出资产评估正式报告书。

（五）资产评估报告书的签发与送交

评估机构撰写出资产评估正式报告书后，经审核无误，按以下程序进行签名盖章：先由负责该项目的注册资产评估师签章（两名或两名以上），再送复核人审核签章，最后送评估机构负责人审定签章并加盖机构公章。

资产评估报告书签发盖章后，即可连同评估说明及评估明细表送交委托单位。

二、资产评估报告书的编制要求

为了使资产评估报告能够实现其制作目的，满足不同服务对象的需要，编制资产评估报告书应遵循以下基本要求和具体要求：

（一）编制资产评估报告书的基本要求

注册资产评估师应当清晰、准确地陈述资产评估报告内容，不得使用误导性的表述；注册资产评估师应当在资产评估报告中提供必要信息，使资产评估报告使用者能够合理理解评估结论；注册资产评估师执行资产评估业务，可以根据评估对象的复杂程度、委托方要求，合理确定资产评估报告的详略程度；资产评估报告应当使用中文撰写，需要同时出具外文评估报告的，以中文评估报告为准；资产评估报告一般以人民币为计量币种，使用其他币种计量的，应当注明该币种与人民币的汇率；资产评估报告应当明确其使用有效期，通常只有当评估基准日与经济行为实现日相距不超过一年时，才可以使用评估报告。

编制资产评估报告书的基本要求是指在编制资产评估报告书的过程中的各主要环节和方

面的技术要求，它具体包括文字表达、格式与内容，以及复核与反馈等方面的技术要求等。

1. 文字表达方面的技术要求

资产评估报告书既是一份对被评估资产价值有咨询性和公正性作用的文书，又是一份用来明确资产评估机构和评估人员工作责任的文字依据，所以它的文字表达既要清楚、准确，又要提供充分的依据说明，还要全面地叙述整个评估的具体过程。其文字的表达必须准确，不得使用模棱两可的措辞。其陈述既要简明扼要，又要把有关问题说明清楚，不得带有任何诱导、恭维和推荐性的陈述。当然，在文字表达上也不能带有"大包大揽"的语句，尤其是涉及承担责任条款的部分。

2. 格式与内容方面的技术要求

对资产评估报告书在格式与内容方面的技术要求，目前应以《资产评估准则——评估报告》和《企业国有资产评估报告指南》为标准。

3. 复核与反馈方面的技术要求

对资产评估报告书的复核与反馈是指在正式出具资产评估报告书之前，通过对工作底稿、评估说明、评估明细表和报告书正文的文字、格式及内容进行复核与反馈，以检查评估报告中是否存在有关错误和遗漏等问题，并在出具正式报告书之前加以改正。对评估人员来说，资产评估工作是一项必须由多名评估人员同时作业的中介业务，每名评估人员都有可能因能力、水平、经验、阅历及理论方法的限制而产生工作盲点和工作疏忽，所以，对资产评估报告书初稿进行复核就成为必要。由于大多数委托方和资产占有方对委托评估资产的分布、结构、成新等具体情况可能比评估机构和评估人员更熟悉，因此，在出具正式报告之前征求委托方意见、收集反馈意见有时也是很有必要的。

对资产评估报告必须建立起多级复核和交叉复核的制度，明确复核人的职责，防止流于形式的复核。收集反馈意见主要是通过委托方或资产占有方熟悉资产具体情况的人员。关于委托方或资产占有方意见的反馈信息，应谨慎对待，本着独立、客观、公正的态度去看待其反馈意见。

(二)撰写资产评估报告书的具体要求

编制资产评估报告书除了需要满足上述三个方面的基本要求外，在撰写评估报告时还应满足以下具体要求：

1. 实事求是，切忌出具虚假报告

资产评估报告书必须建立在真实、客观的基础上，不能脱离实际情况，更不能无中生有。报告拟定人应是参与该项目并较全面了解该项目情况的主要评估人员。资产评估报告书应当严格按照评估协议的要求，合乎委托方的需要。

2. 坚持一致性做法，切忌表里不一

资产评估报告书文字、内容前后要一致，摘要、正文、评估说明、评估明细表内容与格式、数据要一致。此外，资产评估报告书应当内容真实、逻辑严密、格式规范、叙述简练。

3. 提交资产评估报告书要及时、齐全和保密

在正式完成资产评估工作后，应按业务约定书的约定时间及时、准确地将评估报告书送交委托方。送交资产评估报告书时，资产评估报告书及有关文件要送交齐全。涉及外商投资项目的，对中方资产评估的评估报告必须严格按照有关规定办理。此外，要做好客户保密工作，尤其是对评估涉及的商业秘密和技术秘密，更要加强保密工作。

表 9—2 资产评估报告书的编制要求

项 目	内 容	具体表述
基本要求（技术要求）	文字表达方面	文字表达要在清楚、准确的基础上，提供充分的依据说明，还要全面叙述整个评估的具体过程
	格式与内容方面	以《资产评估准则——评估报告》和《企业国有资产评估报告指南》为标准
	复核与反馈方面	在正式出具资产评估报告书之前，要对工作底稿、评估说明、评估明细表和报告书正文的文字、格式及内容进行复核与反馈
具体要求	实事求是，切忌出具虚假报告	资产评估报告书必须建立在真实、客观的基础上，不能脱离实际情况，更不能无中生有
	坚持一致性做法，切忌表里不一	资产评估报告书文字、内容前后要一致，摘要、正文、评估说明、评估明细表内容与格式、数据要一致
	提交资产评估报告书要及时、齐全和保密	在正式完成资产评估工作后，应按业务约定书的约定时间及时、准确地将评估报告书送交委托方，且相关文件要齐全，并做好客户保密工作

三、资产评估报告书编制实例

本部分主要选取资产评估报告书和资产评估说明两个实例，说明资产评估报告的编制。

【例 9—1】 **资产评估报告书（含摘要、正文及备查文件）**

资产评估报告书摘要

ZF 资产评估有限公司接受 ABC 公司的委托，根据国家关于国有资产评估的有关规定，本着独立、公正、科学、客观的原则，按照国际公允的资产评估方法，对 ABC 公司为实现整体改组上市之目的而委托评估的 ABC 公司的资产和负债进行了实地查看与核对，并做了必要的市场调查与征询，履行了公认的其他必要评估程序。据此，我们对 ABC 公司的委估资产在评估基准日的公平市值分别采用成本法和收益法进行了分项及总体评估，为其整体改组上市提供价值参考依据。目前我们的资产评估工作业已结束，现谨将资产评估结果报告如下：

经评估，截至评估基准日 2011 年 12 月 31 日，在持续使用前提下，ABC 公司的委估资产和负债表现的公平市场价值反映如下（见表 9—3）：

表 9—3 ABC 公司委估资产及负债表现的公平市场价值 金额单位：人民币万元

资产名称	账面价值	评估值	增减值	增减率（%）

本报告仅供委托方为本报告所列明的评估目的以及报送有关主管机关审查而作。评估报告的全部或者部分内容被摘抄、引用或者披露于公开媒体，需评估机构审阅相关内容，法律、法规规定以及相关当事方另有约定的除外。按照有关资产评估现行规定，本评估结论有效使用

期限为一年,自评估基准日2011年12月31日起计算,至2012年12月30日止。

[重要提示]

以上内容摘自资产评估报告正文,欲了解本评估项目的详细情况和合理理解评估结论,应当阅读资产评估报告正文。

ABC公司资产评估报告书

ZF评报字(2011)第10号

一、绪言

ABC公司:

ZF资产评估有限公司接受贵公司的委托,根据有关法律、法规和资产评估准则、资产评估原则,采用成本法和收益法,按照必要的评估程序,对ABC公司拟实施的整体改组上市行为涉及的资产和负债在2011年12月31日的市场价值进行了评估。现将资产评估情况报告如下:

二、委托方、资产占有方和委托方以外的其他评估报告使用者

委托方:ABC公司

资产占有方:ABC公司

(简介略)

三、评估目的

本次评估的目的是为ABC公司整体改组上市提供价值参考。

四、评估范围和对象

ABC公司拟以其全部经营性净资产投入拟成立的ABC股份有限公司中,评估范围包括流动资产、长期股权投资、固定资产(房屋建筑物类、机器设备类)、在建工程、无形资产、其他资产及负债。对土地使用权拟由集团公司以授权经营方式取得后租给股份公司使用,土地使用权不纳入评估结果汇总表中。

评估的具体范围以公司提供的各类资产评估申报表为基础,凡列入表内并经核实的资产均在本次评估范围之内。

五、价值类型及其定义

本评估项目采用的价值类型为市场价值。

市场价值是指自愿买方和自愿卖方在各自理性行事且未受任何强迫的情况下,评估对象在评估基准日进行正常公平交易的价值估计数额。

六、评估基准日

本项目评估基准日是2011年12月31日。

由于资产评估是对某一时点的资产及负债状况提出价值结论,选择会计期末作为评估基准日,能够全面反映评估对象资产及负债的整体情况;同时根据ABC公司的改制方案对时间的计划,评估基准日与评估目的的计划实现日较接近,故选择本日作为评估基准日。

七、评估依据

在本次资产评估工作中所遵循的国家、地方政府和有关部门的法律法规,以及所参考的文件资料主要有:

(一)评估经济行为依据(略)

(二)评估法律法规依据(略)

(三)评估准则依据(略)

(四)评估权属依据(略)

（五）评估取价依据（略）

（六）评估其他参考依据（略）

八、评估方法

（略）

九、评估程序实施过程和情况

（略）

十、评估假设

（略）

十一、评估结论

在实施了上述资产评估程序和方法后，委估的ABC公司资产于评估基准日2011年12月31日所表现的公平市值反映如下：

评估结论详细情况请见资产评估明细表（另册）。

十二、特别事项说明

委托方在2010年12月分别与王××、吴××签订转让协议，将王××、吴××存于中国银行××储蓄所的大额存单转让给委托方。据转让协议，承诺不得挂失、提前支取、抵押，而存款期满，委托方持存单向××储蓄所支取。××储蓄所以“王××、吴××已将存折挂失，并已提前支取”为由拒付。至清查工作日止，经××市××区人民法院一审判决委托方胜诉，二审正在审理之中。以上款项的可收回程度及对评估结果的影响程度无法确定，仅按清查值列示。

在评估基准日后有效期以内，资产数量发生的变化，应根据原评估方法对资产额进行相应调整。当评估方法为成本法时，应按实际发生额进行调整；若资产价格标准发生变化，并对资产评估价格已产生了明显影响，委托方应及时聘请评估机构重新确定评估价值。

由于评估基准日后资产数量、价格标准的变化，委托方在资产实际作价时应给予充分考虑，并进行相应调整。

本评估报告使用者应注意特别事项对评估结论的影响。

十三、评估报告使用限制说明

本报告只能用于评估报告载明的评估目的和用途。

评估报告的全部或者部分内容被摘抄、引用或者披露于公开媒体，需评估机构审阅相关内容，法律、法规规定以及相关当事方另有约定的除外。

评估结论的使用有效期为一年，自评估基准日2011年12月31日起计算，至2012年12月30日止。

十四、评估报告日

本评估报告日为2012年2月10日。

十五、注册资产评估师签字盖章、评估机构盖章和法定代表人或者合伙人签字

评估机构法人代表：×××

注册资产评估师：×××

×××

ZF资产评估有限公司（公章）

2012年2月10日

ABC公司资产评估人员名单

（略）

备查文件

有关经济行为文件；
被评估单位专项审计报告；
委托方和被评估单位法人营业执照；
委托方和被评估单位产权登记证；
评估对象涉及的主要权属证明材料；
委托方和相关当事方的承诺函；
签字注册资产评估师的承诺函；
评估机构资格证书；
评估机构法人营业执照副本；
签字注册资产评估师资格证书；
重要取价依据(如合同、协议)；
评估业务约定书；
其他重要文件。

【例 9—2】 **资产评估说明(含资产评估明细表)**

ABC 公司资产评估说明

ZF 评报字(2011)第 10 号

ZF 资产评估有限公司
2012 年 2 月 10 日

说明一

关于《资产评估说明》使用范围的声明
(略)

说明二

关于进行资产评估有关事项的说明
一、委托方与产权持有单位概况
(略)
二、关于经济行为的说明
(略)
三、关于评估对象与评估范围的说明
(略)
四、关于评估基准日的说明
(略)
五、可能影响评估工作的重大事项说明
(略)
六、资产负债情况、未来经营和收益状况预测说明
(略)
七、资料清单
(略)

委托方负责人签字： 资产占有方负责人签字：
委托方印章 资产占有方印章

2012年2月10日　　　　　　　　　　2012年2月10日

说明三

评估对象与评估范围说明

一、评估对象与评估范围内容

（略）

二、实物资产的分布情况及特点

（略）

三、企业申报的账面记录或者未记录的无形资产情况

（略）

四、企业申报的表外资产（如有申报）的类型、数量

（略）

五、引用其他机构出具的报告的结论所涉及的资产类型、数量和账面金额（或者评估值）

（略）

说明四

资产核实总体情况说明

一、资产核实人员组织、实施时间和过程

（略）

二、影响资产核实的事项及处理方法

（略）

三、核实结论

（一）资产核实结论（略）

（二）资产核实结果是否与账面记录存在差异及其程度（略）

（三）权属资料不完善等权属不清晰的资产（略）

（四）企业申报的账外资产的核实结论（略）

说明五

评估技术说明

一、说明评估对象

（略）

二、收益法的应用前提及选择的理由和依据

（一）收益法的定义和原理（略）

（二）收益法的应用前提（略）

（三）收益法选择的理由和依据（略）

三、收益预测的假设条件

（略）

四、企业经营、资产、财务分析

（略）

五、评估计算及分析过程

（一）收益模型的选取（略）

（二）收益年限的确定（略）

（三）未来收益的确定（略）

(四)折现率的确定(略)

六、评估值测算过程与结果

(略)

七、其他资产和负债(非收益性/经营性资产和负债)的评估价值

(略)

八、评估结果

(略)

九、测算表格

(略)

说明六

评估结论及分析

一、评估结论

在实施了上述资产评估程序及方法后,ABC公司的委估资产在评估基准日2011年12月31日所表现的公允价值反映如下(见表9—4):

表9—4　　委估资产在2011年12月31日的公允价值　　金额单位:人民币万元

资产名称	账面价值	评估值	增减值	增减率(%)

二、评估结论与账面价值比较变动情况及原因

(一)总资产评估值与账面价值相比增加额及原因(略)

(二)净资产评估值与账面价值相比增加额及原因(略)

三、股东部分权益价值的溢价(或者折价)的考虑等内容

(略)

资产评估明细表

(一)资产评估结果汇总表(略)

(二)资产评估结果分类汇总表(略)

(三)评估明细表(略)

第三节　资产评估报告的使用

从资产评估程序的角度来看,资产评估机构出具资产评估报告书后,资产评估工作已基本完成。资产评估报告书的使用完全是资产评估委托方、资产评估管理方和有关部门的事情,与资产评估机构和评估人员并无太大的关系。然而,现实中由于对资产评估报告书及评估结果使用不当造成的评估纠纷有愈演愈烈之势,关于资产评估报告书的合理使用问题已经被提上了重要议事日程。

一、委托方对资产评估报告书的合理使用

委托方在收到受托评估机构送交的正式评估报告书及有关资料后，可以依据评估报告书所揭示的评估目的和评估结论，合理使用资产评估结果。从性质上说，资产评估结果和结论是注册资产评估师的一种专业判断和专业意见，并无强制执行力。在正常情况下，委托方完全可以在评估报告限定的条件下和范围内，根据自身的需要合理使用评估报告及评估结论，并不一定完全根据评估结论一成不变地“遵照执行”。如果委托方直接使用了评估结论，那也是委托方的自主选择，并不是因为评估结论具有强制力。但是，评估报告及其结论虽无强制执行力，评估结论也不得随意使用或滥用。委托方必须按照评估报告书所揭示的评估目的、评估结果的价值类型、评估结果成立的限制条件和适用范围，正确使用评估结论。委托方在使用资产评估报告书及其结果时，必须满足以下几个方面的要求：

其一，只能按资产评估报告书所揭示的评估目的使用资产评估报告及其结论，一份资产评估报告书只允许按一个用途使用。

其二，资产评估报告书只能由限定的期望使用者使用，资产评估报告及其结论不适用于其他人。

其三，资产评估报告书只能在有效期内使用，超过资产评估报告书的有效期，原资产评估结果无效。

其四，在资产评估报告书的有效期内，资产评估数量发生较大变化时，应由原评估机构或者资产占有单位按原评估方法做相应调整后才能使用。

其五，涉及国有资产产权变动的资产评估报告书及有关资料，必须经国有资产管理部门或授权部门核准或备案后方可使用。

其六，作为企业会计记录和调整企业账项使用的资产评估报告书及有关资料，必须根据国家有关法规规定执行。

所有不按评估报告书所揭示的评估目的、期望使用者、价值类型、有效期等限制条件使用评估报告及其结论并造成损失的，应由使用者自负其责。

二、资产评估管理机构对资产评估报告书的核准、备案和检查

资产评估管理机构对资产评估报告书的核准、备案和检查也是对资产评估报告书的一种使用。资产评估管理机构主要是指资产评估行政管理的主管机关和资产评估行业自律管理的行业协会。资产评估管理机构对资产评估报告书的核准、备案和检查是资产评估管理机构实现对评估机构的行政管理和行业自律管理的重要过程：

一方面，资产评估管理机构通过对评估机构出具的资产评估报告书的核准、备案和检查，能大体了解评估机构从事评估工作的业务能力和组织管理水平。由于资产评估报告是反映资产评估工作过程的工作报告，资产评估管理机构通过对资产评估报告书进行核准、备案和检查，能够对评估机构的评估质量作出客观的评价，从而能够有的放矢地对评估机构的人员、技术和职业道德进行管理。

另一方面，国有资产评估报告书能为国有资产管理提供重要的数据资料。通过对国有资产评估报告书的核准、备案和检查，以及统计与分析，可以及时了解国有资产占有、使用、转移状况以及增减值变动情况，进一步为加强国有资产管理服务。

当然，资产评估管理机构对评估报告书的使用也应该是全面和客观的，资产评估管理机构

应结合评估项目的具体条件、评估机构的总体构思、评估机构设定的评估前提,以及评估结果的价值类型和定义等,全面评价评估报告和评估结论,避免就评估结论而论评估结论。

三、其他有关部门对资产评估报告书的使用

除了资产评估管理机构可以对资产评估报告书进行核准、备案和检查外,政府、法院、证券监督管理部门、保险监督管理部门、工商行政管理部门、税务机关、金融机构等有关部门也经常使用资产评估报告书。当然,这里也存在一个正确和合理使用评估报告和评估结果的问题。由于上述部门大多拥有或可以行使司法或行政权力,它们在使用资产评估报告及其结果时,往往伴随着司法和行政权力的使用。这就很容易把评估结论的咨询性与这些机关和部门的强制权力混为一谈,把资产评估结论的专业判断性与资产定价混为一谈。因此,具有司法与行政权力的机关和部门正确和合理使用评估报告及其评估结论,就显得尤为重要。

(一)政府对资产评估报告书的使用

当政府作为国有资产所有者的代表进行国有企业改制时,对国有企业改制资产评估报告及其结论的使用,应等同于普通的委托方使用资产评估报告书,应按照普通委托方使用评估报告书的要求去做。政府对改制企业交易价格的最终确定,是政府作为资产所有者代表的自主选择,它既可以等同于评估机构出具的改制企业的评估结果,也可以不完全等同于评估机构出具的改制企业的评估结果。资产评估结果仅仅是政府确定最终交易价格的参照和专业咨询意见,评估机构及其评估人员仅对评估结论的合理性负责,并不对改制企业的交易结果负责。

(二)法院对资产评估报告书的使用

法院在通过司法程序解决财产纠纷和经济纠纷时,也大量使用资产评估报告及其结论来处理以资抵债等案件。法院是以仲裁者的身份使用评估结论,评估结果一经法院裁决就必须依法执行。因此这里必须强调,资产评估不会因使用者的不同而改变自身的性质,评估结论也不会因法院的使用而由专业咨询变成定价,评估结论无论如何都是对资产客观价值的估计值,而并不一定是这个客观值本身。包括法院在内的权力机关,无论是作为仲裁者还是作为执法者,都应合理使用评估结论,都应以资产评估报告及其结论为基础和参照,综合经济纠纷双方的申辩和理由来裁定经济纠纷涉及的资产价值或以资抵债的数额(价格)。

(三)证券监督管理部门对资产评估报告书的使用

证券监督管理部门对资产评估报告书的使用,主要是对申请上市的公司有关申报材料招股说明书中的有关资产评估数据的审核,以及对上市公司的股东配售发行股票时申报材料配股说明书中的有关资产评估数据的审核。根据有关规定,公开发行股票公司的信息披露至少要列示以下各项资产评估情况:按资产负债表大类划分的公司各类资产评估前账面价值及固定资产净值;公司各类资产评估净值;各类资产增减值幅度;各类资产增减值的主要原因。公开发行股票的公司若采用非现金方式配股,其配股说明书的备查文件必须附上资产评估报告书。

证券监督管理部门对资产评估报告书和有关资料的使用,主要是为了保护公众投资者的利益和维护资本市场的秩序,以及加强对取得证券业务评估资格的评估机构及有关人员的业务管理。证券监督管理部门对资产评估报告书和有关资料的使用,实际上是对资产评估机构及其人员的业务监管,相当于资产评估管理部门对资产评估报告的使用,因此应参照资产评估管理部门使用评估报告的要求全面、客观地使用评估报告。

(四)保险监督管理部门、工商行政管理部门、税务机关、金融机构等其他部门对资产评估报告书的使用

保险监督管理部门、工商行政管理部门、税务机关、金融机构等其他部门也在大量使用资产评估报告书，这些部门在使用资产评估报告书时，也必须清楚地认识到资产评估结论只是一种专业判断和专家意见，而这些专业判断又是建立在一系列假设和前提基础之上的。在许多情况下，这些使用资产评估报告的部门必须全面理解和认识评估结论，并在此基础上结合本部门的资产业务作出自主决策。这并不是说，因为资产评估结论是一种专业判断和专家意见，就可以减轻或豁免评估机构及其评估师的责任；而是说，评估师应对评估结论的合理性负责，而评估报告及其结论使用者应对其使用评估报告是否得当负责。

【知识链接 9—2】

美国《专业评估执业统一准则》(USPAP)之准则 10：关于企业价值评估报告的要求

(一)评估师在报告企业价值或无形资产评估结论时，应当以不会引起误解的方式说明每一项分析、判断和结论。

准则 10 规范了企业价值评估报告的内容以及信息披露和程度，并未指定企业价值和无形资产评估报告的形式、格式和风格，其认为评估报告的形式、格式和风格取决于评估服务使用者和提供者的需要。

(二)企业价值评估报告可以采用书面形式或口头形式，应当：

1. 以不会引起误解的方式清晰、准确地说明评估；

2. 包含充分的信息资料，使评估结果使用者理解评估报告并能充分注意有关信息数据的特殊的限定条件；

3. 清晰和准确地披露所有影响评估结果的特别假设和非真实性条件，并说明其对评估价值的影响。

准则 10 要求评估师应当在评估报告中说明这些特别假设和非真实性条件对评估价值是否构成了正面影响、负面影响或无相关影响。

(三)书面企业价值评估报告分为评估报告(appraisal report)和限制用途评估报告(restricted use appraisal report)两种类型。如果评估报告的使用者包括委托方之外的相关当事方，评估师只能采用评估报告；如果评估报告的使用者仅指委托方，则可以采用限制用途评估报告。两种评估报告的主要区别在于，报告的内容和披露的信息程度不同。

准则 10 要求选取评估报告类型应当保证适用于评估报告的期望用途，并指出除非在评估业务中得到确认，否则任何收到评估报告副本的当事方并不能成为评估报告使用者。

(四)评估报告应当至少包括以下内容：

1. 说明委托方和任何期望使用者的名称或类型。

如果委托方不希望暴露其身份，评估师可以在评估报告中不说明其身份，但仍应在工作底稿中予以说明。

2. 说明评估的期望用途。

3. 以简要的方式提供足以说明被评估企业的信息。

4. 根据评估项目具体情况，说明被评估企业权益与控股权相关的信息及其判定标准。

5. 说明评估目的，包括价值标准(定义)及其来源。

6. 说明评估基准日和评估报告日。

7. 以简要的方式向委托方和任何评估报告期望使用者说明为进行评估业务所确定的工

作范围。

8. 说明所有影响评估分析、意见和结论的假设、非真实性条件和限制条件。

常用或普通的假设和限制条件可以在评估报告的特定部分予以集中说明。非真实性条件和特别假设必须与其所影响的评估结论同时出现。

9. 简要说明所分析的信息资料、采取的评估程序,以及支持评估分析、意见和结论的推理。

10. 说明任何对准则9规定的偏离及不使用常用评估途径的理由。

11. 包括评估师签字的声明。

(五)限制用途评估报告应当至少包括以下内容:

1. 说明委托方。

2. 说明评估的期望用途。

3. 充分说明被评估企业的信息。

4. 根据评估项目具体情况,说明被评估企业权益与控股权相关的信息及其判定标准。

5. 说明评估目的,包括价值标准(定义)及其来源。

6. 说明评估基准日和评估报告日。

7. 说明收集、查验资料的程序,指明在评估师工作底稿中包括说明工作范围的项目协议书。

8. 说明所有影响评估分析、意见和结论的假设、非真实性条件和限制条件。

常用或普通的假设和限制条件可以在评估报告的特定部分予以集中说明。非真实性条件和特别假设必须与其所影响的评估结论同时出现。

9. 说明所执行的评估程序,说明评估结论并提及与工作底稿的关系。

评估师应当形成明晰的工作底稿以支持限制用途评估报告,工作底稿的内容应当足以支持形成一份评估报告。必要时,在不违反相关法律和规定的前提下,委托方或委托方授权的人员和履行了恰当手续的相关法律授权人员及同业复核人员可以查阅工作底稿。

10. 说明任何对准则9规定的偏离及不使用常用评估途径的理由,说明该限制用途评估报告仅限于委托方使用,并提醒使用者如果不阅读评估师工作底稿中的相关信息,将无法对限制用途评估报告中的评估结论形成正确理解。

11. 包括评估师签字的声明。

(六)评估师应当在书面企业价值评估报告中作如下声明:

我以我的学识与诚信保证:

——本报告所包含的事实叙述是真实和准确的。

——报告中的分析、判断和结论仅受报告中假设和限定条件的限制,是我个人的公正和无偏见的专业分析、判断和结论。

——对于报告中所评估的资产,我不具有任何现存的或将来的利益(如拥有一定的利益,需详细说明);对于报告涉及的各方,也不存在我的任何个人利益(如存在一定的个人利益,需详细说明)。

——对于报告中所涉及的资产和评估项目所涉及的各方,我不存有任何偏见。

——我受聘于本评估项目不是为了求证或报告事先决定的结论。

——我完成本评估项目的报酬,与迎合委托方需要而求证和报告预先决定的价值无关,与评估结论和使用评估结论而实现的结果或发生的行为无关。

——我的分析、判断和推论以及本报告都是遵循《专业评估执业统一准则》的要求进行的。

——无人对本誓言的签署者提供企业评估业务方面的重要帮助(如得到了这样的帮助，则应当列示每一位提供企业评估业务方面的重要帮助的帮助者姓名)。

(七)口头企业价值评估报告也应当包括前述基本内容。

本章小结

资产评估报告是资产评估过程与结果的综合反映。本章系统地描述了资产评估报告制度的具体内容，分析了资产评估报告类型的国际比较，阐释了资产评估报告书的制作步骤与制作技术要点，介绍了利益相关者对资产评估报告的使用。

复习题

1. 什么是资产评估报告？资产评估报告的基本要素有哪些？
2. 资产评估报告书的作用有哪些？
3. 资产评估报告书正文及相关附件的基本内容包括哪些？
4. 资产评估报告的分类主要包括哪些？
5. 资产评估报告书的编制要求具体包括哪些？
6. 客户应如何使用资产评估报告？

案例题

违反资产评估行业规范的行为

李某系A资产评估公司的注册资产评估师、部门经理和项目负责人，于2012年5月8日与甲企业商讨房地产评估事宜。由于李某曾于2009年5月至2010年10月在甲企业财务部门任经理，双方比较熟悉，故甲企业以该企业房地产平均每平方米评估价值不低于8 000元为条件，决定是否委托A资产评估公司进行评估。李某为了评估公司的利益，口头承诺了甲企业的要求，并接受了甲企业的评估委托。

李某按照资产评估协议书的要求，在5日内完成了对甲企业房地产的评估，评估结果为每平方米7 300元。因李某曾对甲企业有过口头承诺，即不动产评估值不低于每平方米8 000元，李某认为7 300元/平方米与8 000元/平方米之差并未超过10%，属于正常误差范围，而且资产评估本身就是一种估计，带有咨询性质，故以每平方米8 000元出具了评估报告；并打电话给本评估公司中已在外地开会一周的注册资产评估师周某，得到其允许后，加盖李某本人和周某的注册资产评估师印章并签字，又以项目负责人的名义签字，加盖公章，出具了资产评估报告书，交与甲企业；同时，将该评估报告书送给在乙企业当顾问的评估界专家赵某一份。

问题与分析：

1. 李某曾在委托单位任职，离职后未满两年。

分析：注册资产评估师曾在委托单位任职，离职后未满两年，应予回避。

2. 甲企业与李某约定评估价值不低于每平方米8 000元。

分析：注册资产评估师在执业中，不得迁就客户，双方不得事先约定评估价值。

3. 李某以注册资产评估师周某的名义签字并加盖印章。

分析：注册资产评估师不得允许他人以本人名义在资产评估报告书上签字盖章。

4. 以项目负责人的名义签字而没有法定代表人签字。

分析：评估报告书应由评估机构法定代表人签字盖章。

5. 将评估报告书送给在乙企业当顾问的赵某。

分析：注册资产评估师应保守客户商业秘密，李某不得擅自将评估报告送给他人。

主要参考文献

[1]曹中．企业价值评估．北京：中国财政经济出版社，2010.

[2]程凤朝．金融不良资产评估．北京：中国人民大学出版社，2003.

[3]崔劲，朱军．资产评估案例．北京：中国人民大学出版社，2003.

[4]蒋国发．资产评估学．北京：清华大学出版社，2011.

[5]姜楠．资产评估原理．大连：东北财经大学出版社，2013.

[6]姜楠，王景升．资产评估．大连：东北财经大学出版社，2013.

[7]刘德运．无形资产评估．北京：中国财政经济出版社，2010.

[8]刘玉平．资产评估教程．北京：中国财政经济出版社，2010.

[9]徐爱农．企业价值评估．北京：中国金融出版社，2012.

[10]唐建新，周娟．资产评估教程．北京：科学出版社，2009.

[11]田治威，王富炜，张卫民．森林资源资产评估理论与方法．北京：科学出版社，2011.

[12]王海东，黄琼，赵寅珠．资产评估．哈尔滨：哈尔滨工程大学出版社，2013.

[13]朱萍，王辉，朱良．资产评估学．上海：复旦大学出版社，2011.

[14]朱萍．资产评估学教程．上海：上海财经大学出版社，2012.

[15]朱云松，聂新田．资产评估学．北京：经济管理出版社，2011.

[16]中国房地产估价师与房地产经纪人学会．房地产估价案例与分析．北京：中国建筑工业出版社，2011.

[17]中国资产评估协会．资产评估准则 2010. 北京：经济科学出版社，2010.

[18]中华人民共和国财政部．投资性房地产评估指导意见(试行). 2010.

[19]中华人民共和国财政部．金融不良资产评估指导意见(试行). 2005.

[20]中华人民共和国财政部．资产评估准则——森林资源资产．2013.

21世纪普通高等教育规划教材·公共基础课系列

资产评估习题集

陈艳利　朱　荣　编著

上海财经大学出版社

目 录

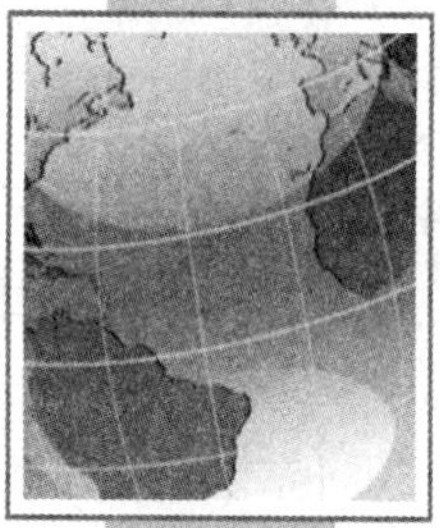

第一章 资产评估概述

一、单项选择题

1. 下列各项中,不属于资产评估原始评估阶段特点的是(　　)。

A. 直观性　　B. 有偿性　　C. 无偿性　　D. 专业性

2. 下列各项中,不属于资产评估经验评估阶段特点的是(　　)。

A. 直观性　　B. 非专业性　　C. 无偿性　　D. 专业性

3. 综观我国资产评估业的发展历程,我国资产评估行业起源于(　　)。

A. 21 世纪初　　B. 20 世纪 60 年代末期

C. 20 世纪 70 年代末期　　D. 20 世纪 80 年代末期

4. 下列各项中,不属于资产评估基本构成要素的是(　　)。

A. 评估流程　　B. 评估假设　　C. 评估目的　　D. 评估价值类型

5. 资产评估与财务会计既有联系,又相互区别,资产评估与财务会计最显著的区别是(　　)。

A. 预测性　　B. 咨询性　　C. 市场性　　D. 公正性

6. "资产评估行为对于评估当事人具有独立性,它服务于资产业务的需要,而不是服务于相互矛盾的资产业务当事人中任何一方的需要",是指资产评估的(　　)。

A. 咨询性　　B. 市场性　　C. 公正性　　D. 专业性

7. 资产评估的客体与资产评估对象之间的关系是(　　)。

A. 客体和对象等同　　B. 客体是对象的具体化

C. 客体和对象没有关系　　D. 对象是客体的具体化

8. 如果评估对象是作为整体资产中的要素资产被使用,那么要素资产价值的高低要由该要素资产对整体资产的贡献来决定,或者是由整体资产缺少该项要素资产时将蒙受的损失来决定,一般情况下评价的通常是(　　)。

A. 清算价值　　B. 在用价值　　C. 市场价值　　D. 投资价值

9. 如果被评估资产是作为独立的资产被使用,在资产评估过程中适用对比参照物价格、市场询价,以及预期收益折现等方法评价其价值,一般情况下评价结果是(　　)。

A. 在用价值　　B. 清算价值　　C. 市场价值　　D. 投资价值

10. "评估机构应是独立的社会公正性机构,不能为资产业务中任何一方所拥有,也不能隶属于任何一方",是指资产评估工作原则中的(　　)。

A. 科学性原则　B. 专业性原则　C. 客观公正性原则　D. 独立性原则

二、多项选择题

1. 综观资产评估的发展历程，资产评估大体经历了(　　)阶段。

A. 原始评估　B. 探索评估　C. 经验评估　D. 科学评估

2. 以下各项中，属于资产评估科学评估阶段特点的有(　　)。

A. 评估人员专业化　B. 评估结果法律化

C. 评估机构公司化　D. 评估手段和方法科学化

3. 下列各项中，属于资产评估基本构成要素的有(　　)。

A. 评估执业标准　B. 评估准则　C. 评估主体　D. 评估途径和方法

4. 下列各项中，属于资产评估特点的有(　　)。

A. 咨询性　B. 公正性　C. 预测性　D. 市场性

5. 根据对资产含义的理解，可以归纳出资产评估中确认资产的标准是(　　)。

A. 现实性　B. 控制性　C. 有效性　D. 合法性

6. 由于资产的存在形态千差万别、性质功能丰富多样，在实际资产评估过程中需要评估人员具体把握评估对象的(　　)，以便相对合理地评估资产价值。

A. 性质　B. 功能　C. 作用　D. 盈利模式

7. 以下各项中，构成我国资产评估法律规范体系的是(　　)。

A. 国有资产评估管理办法

B. 资产评估准则

C. 资产评估行政主管部门制定的资产评估规章制度

D. 资产评估相关法律、法规和规章制度

8. 在设计我国资产评估准则体系时，主要遵循的思想有(　　)。

A. 我国资产评估准则体系应当是综合性的评估准则体系

B. 我国资产评估准则体系应当高度重视程序性准则与专业性准则

C. 我国资产评估准则体系中将职业道德准则放在与业务性准则同等重要的高度

D. 我国资产评估准则体系应当层次清晰、逻辑严密，并具有一定的灵活性

9. 资产评估业务准则由于涉及面广，在纵向关系上分为(　　)。

A. 基本准则　B. 具体准则　C. 资产评估指南　D. 专业准则

10. 下列各项中，属于资产评估工作原则的有(　　)。

A. 独立性原则　B. 有偿性原则　C. 无偿性原则　D. 科学性原则

11. 根据注册资产评估师遵纪守法的要求，注册资产评估师在具体评估中应做到(　　)。

A. 不得利用工作之便为自己或他人谋取不正当利益

B. 以委托方或相关当事方预先设定的价值量作为评估结果

C. 要自觉接受中国资产评估协会的管理

D. 应当遵守保密守则，除法律、法规和有关制度另有规定外

12. 要保证注册资产评估师在执业过程中恪守独立性原则，应该注意(　　)。

A. 要避免注册资产评估师与委托方存在利害关系

B. 要避免注册资产评估师与被评估资产有关单位或个人之间存在利害关系

C. 要保持在社会公众面前独立于委托人的身份

D. 要认真听取委托方意见，经过全面分析和思考后，独立对评估业务做出判断

13. 要保证注册资产评估师的专业胜任能力，应该注意(　　)。

A. 进行价值评估时不得以相关当事方预先设定的价值作为评估结果

B. 要经过专门教育和培训，具备相应的专业知识和经验

C. 要保持在社会公众面前独立于委托人的身份

D. 一般只在其专业技能和时空安排等方面能够胜任的范围内承揽业务

14. 下列各项中，符合注册资产评估师与其他注册资产评估师关系的要求是(　　)。

A. 对同业的其他注册资产评估师要求以诚相待，保持良好的工作关系

B. 对同业的其他注册资产评估师要做好与同行之间的沟通与协作

C. 不得贬损或诋毁其他注册资产评估师

D. 不得以恶意降低收费等不正当竞争手段与其他注册资产评估师争揽评估业务

三、判断题

1. 资产评估与财务会计既有区别，又有联系。(　　)

2. 市场性是资产评估区别于财务会计活动的显著特征。(　　)

3. 资产评估直接以现实存在为资产确认、估价和报告的依据，并且与过去业务及其记录进行衔接、均衡、达成一致，因此受连续会计程序的滞后影响。(　　)

4. 非市场交易类资产业务没有市场成交价来进行检验，因此不需要用市场检验其评估结果的有效性。(　　)

5. 资产评估是为资产业务提供的专业化估价意见，这个意见本身并无强制执行的效力。(　　)

6. 资产评估对象的资产，是指能够在未来为其控制主体带来经济利益的、能以货币计量的、排他性占有的经济资源，包括各种财产、债权和其他权利。(　　)

7. 资产评估客体等同于资产评估对象。(　　)

8. 只考虑资产本身而不考虑评估目的等条件对资产功能、使用方式等的影响，此时资产评估客体等同于资产评估对象。(　　)

9. 资产的不同使用方式还将影响单项资产评估对象的评估结果、价值类型，但不会影响资产评估过程中的评估参数的选择。(　　)

10. 整体资产的持续经营与整体资产变现或者拆零变现，无论是在价值类型的选择、评估参数的选择，还是在评估结果等方面都可能存在较大的差异。(　　)

11. 经委托方书面许可，可以对外提供在执业过程中获知的各种商业秘密和相关业务资料。(　　)

12. 注册资产评估师可以以个人名义从事资产评估业务活动。(　　)

13. 注册资产评估师不应同时在两家或两家以上评估机构执业。(　　)

14. 实质上的独立是指注册资产评估师在为委托方提供服务时所表现的在社会公众或第三者面前呈现出一种独立于委托人的形象。(　　)

15. 注册资产评估师在进行评估业务时，应保持独立性原则，不应听取委托方意见。(　　)

16. 注册资产评估师在进行价值评定时，可以根据业务需求和资源配置适当简化执业程序。(　　)

17. 注册资产评估师执行资产评估业务过程中，应当在每个具体的工作过程中形成评估工作底稿。(　　)

18. 注册资产评估师在进行评估结论披露时，不应在自己未参与或不了解项目的评估报告上签署名字，也不得允许他人以本人名义签署评估报告。 ( )

四、简答题

1. 资产评估的发展大体经历了哪几个阶段？
2. 资产评估的构成要素有哪些？
3. 资产评估的工作原则有哪些？

五、论述题

试述资产评估的客体与对象的区别和联系。

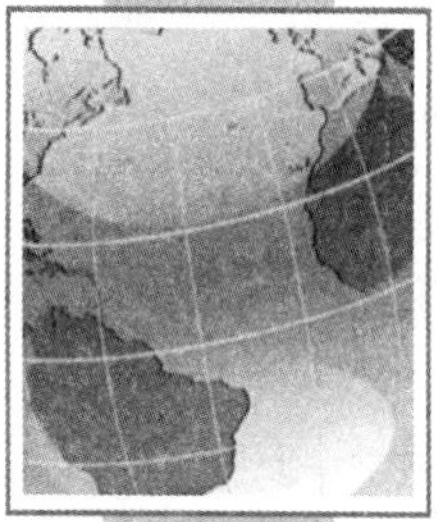

第二章 资产评估的基本理论

一、单项选择题

1. 资产评估的一般目的是由(　　)决定的。

A. 资产评估假设

B. 资产评估的价值类型

C. 资产评估的性质及基本功能

D. 资产评估的程序

2. 资产评估结果的价值类型直接受制于(　　)。

A. 资产评估方法

B. 资产评估程序

C. 资产评估基准日

D. 资产评估特定目的

3. 资产评估的特定目的是指(　　)。

A. 资产评估的对象

B. 评估结果用途的具体要求

C. 对评估价值质量的规定

D. 资产评估由谁来承担

4. 资产评估值的高低主要取决于(　　)。

A. 资产的历史收益

B. 资产的社会必要劳动时间

C. 资产的预期效用

D. 资产的购置成本

5. 属于市场价值性质的资产评估结果主要适用的资产业务类型是(　　)。

A. 产权变动类业务

B. 非公开交易业务

C. 公开交易业务

D. 非产权变动类业务

6. 资产评估中确认资产的基准标准之一是看其是否具有(　　)。

A. 历史成本

B. 历史收益

C. 预期成本

D. 预期收益

7. 不可确指的资产是指(　　)。

A. 没有实物载体的资产

B. 具有综合获利能力的资产

C. 不能脱离有形资产而单独存在的资产

D. 经营性盈利的资产

8. 从性质上讲,资产的评估价值是注册资产评估师对被评估资产在评估基准日的(　　)的估计值。

A. 成交价格

B. 重建成本

C. 交换价值

D. 劳动价值

9. 资产评估值与资产交易中的实际成交价格存在的关系是(　　)。

A. 前者必须高于后者

B. 前者必须低于后者

C. 前者必须等于后者

D. 前者可以高于、低于或等于后者

10. 资产评估得以进行的一个最基本的前提假设是(　　)。

A. 公开市场假设

B. 交易假设

C. 清算假设

D. 在用续用假设

11. 下列不属于资产评估假设的是(　　)。

A. 公开市场假设　B. 交易假设　C. 持续使用假设　D. 合并假设

12. 公开市场假设是对资产拟进入的市场条件的假设，这里的公开市场是指(　　)。

A. 公平交易的市场　B. 信息完全对称的交易市场

C. 充分发达与完善的市场　D. 买卖双方完全靠理智判断的市场

13. 评估资产的(公开)市场价值所适用的最直接的假设前提是(　　)。

A. 会计主体假设　B. 公开市场假设　C. 清算假设　D. 在用续用假设

14. 下列不属于资产评估工作原则的是(　　)。

A. 独立性原则　B. 客观公正性原则　C. 专业性原则　D. 科学性原则

15. 在资产评估中确实存在着评估数据、评估方法等的合理替代问题，正确运用(　　)是公正进行资产评估的重要保证。

A. 替代原则　B. 评估时点原则　C. 贡献原则　D. 预期收益原则

二、多项选择题

1. 下列关于资产评估的目的表述正确的有(　　)。

A. 资产评估的目的分为一般目的和特定目的，一般目的包含特定目的，而特定目的则是一般目的的具体化

B. 资产评估一般目的或者资产评估的基本目标是由资产评估的性质及其基本功能决定的

C. 资产评估所要实现的一般目的是指资产在评估时点的公开市场价值

D. 资产评估特定目的决定资产评估的价值类型，是界定评估对象的基础

2. 作为资产评估基础条件之一的资产评估特定目的，其作用主要表现在(　　)。

A. 影响评估对象的利用方式　B. 影响评估结果的具体用途

C. 影响评估对象面临的市场条件　D. 影响评估对象的存在方式

3. 以产权变动为评估目的的资产业务包括(　　)。

A. 资产抵押　B. 资产转让　C. 企业兼并、出售　D. 中外合资、合作

4. 资产评估的资产具有的基本特征包括(　　)。

A. 是由过去的交易或者事项形成的资源

B. 必须是经济主体拥有或者控制的

C. 是能够给经济主体带来经济利益的资源，即能够给经济主体带来现金流入的资源

D. 必须能以货币计量

5. 根据被评估资产能否独立存在分类，资产可分为(　　)。

A. 整体资产　B. 可确指资产　C. 不可确指资产　D. 单项资产

6. 下列资产中，属于可确指资产的有(　　)。

A. 专利权　B. 商誉　C. 机器设备　D. 房屋建筑物

7. 下列市场价值和公允价值表述正确的有(　　)。

A. 市场价值是资产公允价值的坐标

B. 市场价值在其评估所依据的市场范围内，对任何交易当事人都是相对合理和公允的，而市场价值以外的价值的相对合理及公平性受到某些条件的严格限制

C. 资产评估中的公允价值是一个一般层次的概念，它包括正常市场条件和非正常市场条件两种情况下的合理评估结果

D. 资产评估中市场价值只是正常市场条件下资产处在最佳使用状态下的合理评估结果，相对于公允价值而言，市场价值更为具体，条件更为明确，在实践中评估人员更易把握，它是资产评估中最为典型的公允价值

8. 以资产评估的估价标准来划分评估价值类型，具体包括（　　）。

A. 重置成本　　B. 收益现值　　C. 现行市价　　D. 清算价格

9. 在下列资产状态中，属于持续使用的有（　　）。

A. 拆零出售　　B. 在用续用　　C. 移地续用　　D. 转用续用

10. 公开市场所应具有的特征包括（　　）。

A. 信息对称　　B. 众多的自愿买者和卖者

C. 买卖双方地位平等　　D. 买卖双方均能进行理智判断

三、判断题

1. 公正性是资产评估存在和立足的根本。（　　）

2. 资产评估是对资产在特定时点及特定市场条件下的客观价值的估计和判断。（　　）

3. 资产评估结论是专家的专业判断和专家意见，因此具有强制执行的效力。资产评估结论应该直接成为资产交易的价格。（　　）

4. 资产评估是指对资产一定时期内的价值进行的评定估算。（　　）

5. 同一资产在不同假设条件下，评估结果应趋于一致。（　　）

6. 非市场价值就是不公平价值，因此评估人员要把市场价值作为追求的目标。（　　）

7. 资产的非市场价值也是资产交易中的一种相对公平合理的价值，只是相对合理性的适用范围较窄。（　　）

8. 对同一资产而言，不懂得使用方式会直接影响其评估值。（　　）

9. 属于非市场价值的评估结果既适用于产权变动类资产业务，又适用于非产权变动类资产业务。（　　）

10. 资产评估通常是在资产产权发生变动时，由专门的人员对资产交易价格进行确认的活动。（　　）

四、简答题

1. 如何理解资产评估一般目的和特定目的之间的关系？

2. 资产评估特定目的在资产评估中所起的作用是什么？

3. 市场价值作为评估结果的价值定义，以及表明价值合理性指向的价值类型，应满足的基本要求有哪些？

第三章 资产评估的程序与方法

一、单项选择题

1. 注册资产评估师首先应执行的评估程序是(　　)。

A. 签订业务约定书　　B. 现场调查

C. 明确评估业务基本事项　　D. 评定估算

2. 下列各程序对合理安排工作量及工作进度、专业人员调配、按时完成资产评估业务具有重要意义的是(　　)。

A. 编制资产评估作业计划　　B. 签订业务约定书

C. 现场勘察　　D. 评定估算

3. 市场法运用的理论基础是(　　)。

A. 预期收益原则　　B. 替代原则　　C. 供求原则　　D. 贡献原则

4. 运用市场法选择三个及三个以上参照物的目的是(　　)。

A. 使参照物具有可比性　　B. 便于计算

C. 排除参照物个别交易的偶然性　　D. 避免张冠李戴

5. 拟评估某政府办公楼的价值,通常应选择(　　)。

A. 市场法　　B. 成本法　　C. 收益法　　D. 各种方法都可使用

6. 折现率的实质是(　　)。

A. 收益率　　B. 银行存款利率　　C. 期望投资收益率　　D. 个别投资收益率

7. 已知在评估基准日某企业同类股票的市盈率为 30 倍左右,假定该企业每股净收益为 0.30 元,则评估基准日该股票的合理价格为(　　)元/股。

A. 9　　B. 8　　C. 6　　D. 1

8. 某收益性资产创造的效益一直良好。经专业人员鉴定,第一年预期收益为 100 万元,以后每年递增 10 万元,假定资本化率为 10%,该资产的评估价值最接近于(　　)万元。

A. 1 000　　B. 1 100　　C. 1 500　　D. 2 000

9. 构成资产重置成本的耗费应当是资产的(　　)。

A. 实际成本　　B. 社会平均成本　　C. 个别成本　　D. 加权平均成本

10. 某资产的市场交易价格为 5 万元,经评估师分析,认为其比正常交易价格低 4%,则市场交易价格应为(　　)万元。

A. 5.30　　B. 5.21　　C. 4.80　　D. 5.20

二、多项选择题

1. 下列属于注册资产评估师应明确的评估业务基本事项的是(　　)。

A. 评估目的　　B. 评估对象和评估范围

C. 价值类型　　D. 评估基准日

2. 资产评估业务约定书的基本内容包括(　　)。

A. 评估目的　　B. 评估假设　　C. 评估收费　　D. 评估基准日

3. 运用市场法进行资产评估时必须具备的前提条件是(　　)。

A. 需要一个充分发育活跃的市场

B. 市场上要有可比的资产及其交易活动

C. 资产的预期收益是可以预测的

D. 市场上必须有与被评估资产相同或相似的全新资产

4. 收益法涉及的基本要素包括(　　)。

A. 被评估资产的实际收益　　B. 被评估资产的预期收益

C. 折现率或资本化率　　D. 被评估资产的预期获利年限

5. 运用收益法评估资产价值时,要求资产的收益额应该是资产的(　　)。

A. 历史收益额　　B. 未来预期收益额　　C. 现实收益额　　D. 客观收益额

6. 构成折现率的因素通常包括(　　)。

A. 超额收益率　　B. 无风险报酬率　　C. 风险报酬率　　D. 平均收益率

7. 成本法涉及的基本要素包括(　　)。

A. 资产的重置成本　　B. 资产的有形损耗

C. 资产的功能性贬值　　D. 资产的经济性贬值

8. 重置成本的估测方法有(　　)。

A. 重置核算法　　B. 价格指数法　　C. 市场比较法　　D. 功能价值法

9. 以下原因中,可能形成经济性贬值的是(　　)。

A. 政府限制使资产的使用期限缩短　　B. 市场萎缩使资产的销售价格下降

C. 政府对该资产所使用的燃料实施加价收费　　D. 资产出现实体性磨损

10. 形成实体性贬值的原因可能有(　　)。

A. 自然力的作用　　B. 过度使用

C. 资产设计不合理造成磨损过度　　D. 资产材料质量差

三、判断题

1. 注册资产评估师不得随意删减基本评估程序。(　　)

2. 注册资产评估师在执行资产评估业务过程中,由于受到客观限制,无法或者不能完全履行资产评估程序,可直接决定终止评估业务。(　　)

3. 评估对象的特点是选择资产评估方法的唯一依据。(　　)

4. 收益途径运用过程中,折现率的口径应该与收益额的口径保持一致。(　　)

5. 不论采用什么方法评估资产的重置成本,其评估结果都应该是一致的。(　　)

6. 资产在全新状态下的重置成本和历史成本应该是相等的。 ( )

7. 运用重置核算法评估的重置成本不一定是资产的更新重置成本。 ( )

8. 选择哪种重置成本对资产的贬值因素都没有影响。 ( )

9. 在运用收益法时，预期未来收益额一定是客观收益额，已经排除了偶然性因素的影响。 ( )

10. 在相同条件下，运用不同方法对同一资产进行评估，理论上得出的结果应该是一致的。 ( )

四、计算题

1. 某企业预计未来 5 年的收益额分别为 15 万元、18 万元、20 万元、24 万元和 20 万元。假定从第 6 年起以后每年收益均为 20 万元，确定的资本化率和折现率均为 10%。试评估该项资产在永续经营下的价值。

2. 某项被评估资产需用 10 名工人进行操作，而同类先进设备只需要 5 名工人。据统计每名工人年工资、福利等共约12 000元，据测算该被评估资产尚可使用 5 年，适用的资本化率和折现率为 10%，适用的所得税税率为 25%。试计算功能性贬值额。

第四章
机器设备评估

一、单项选择题

1. 某被评估设备为2001年12月购入，账面原值为12万元，评估基准日为2013年12月31日。目前市场上无法获得该设备相关售价信息。已知该类设备2001年的定基物价指数为102%，2007年的定基物价指数为116%，自2008年开始，同类物价指数每年比上一年上升4%。若该设备的成新率为40%，不考虑其他因素，该设备的评估价值最接近于(　　)万元。

A. 5.34　　B. 6.15　　C. 6.9　　D. 7.85

2. 评估对象为一台注塑机，年生产能力为15万件。评估人员经市场查询得知，该设备的生产厂家已停止这种设备的生产，评估基准日年生产能力为20万件的同类新设备市场价格为8万元。如果该类设备的运输安装费用为设备价格的5%，被评估设备的成新率为40%，该类设备的规模指数为0.7，不考虑其他因素，该设备的评估价值最接近于(　　)万元。

A. 2.4　　B. 2.52　　C. 2.75　　D. 6.3

3. 已知被评估设备在评估基准日的主材费为100万元，设备的主材费为全部成本的85%，行业平均成本利润率为10%，不考虑其他因素，则设备的重置成本最接近于(　　)万元。

A. 123.53　　B. 129.41　　C. 135.29　　D. 135.88

4. 进口设备安装费率一般应(　　)国产设备安装费率。

A. 高于　　B. 低于　　C. 等于　　D. 无关

5. 某被评估进口设备在评估基准日的离岸价格为10万美元，海外运输及保险费用为离岸价的10%，关税税率为20%，增值税税率为17%，国内运输费率为2.5%。美元对人民币的汇率为1∶6.8，不考虑其他因素，该进口设备的国内运输费用最接近于(　　)万元。

A. 2.00　　B. 1.90　　C. 2.64　　D. 3.01

6. 有关进口设备重置成本测算中，银行财务费用、外贸手续费计费基数表述正确的是(　　)。

A. 两者都采用离岸价作为计费基数

B. 两者都采用到岸价作为计费基数

C. 银行财务费用采用离岸价、外贸手续费采用到岸价作为计费基数

D. 银行财务费用采用到岸价、外贸手续费采用离岸价作为计费基数

7. 某进口汽车的到岸价为60万元人民币，关税税率为50%，消费税税率为8%，增值税税率为17%，银行财务费用、外贸手续费、海关手续费合计为到岸价的3%，则应付增值税最接近于(　　)万元。

A. 15.30　　B. 16.52　　C. 16.63　　D. 22.16

8. 某运输车已行驶公里数为2万公里，经评估人员测定，该运输车还能够行驶20万公里，其实体性贬值率为（　　）。

A. 9.09%　　B. 90.9%　　C. 10%　　D. 9%

9. 运用综合估价法评估某企业自制设备，其中该设备的主材为不锈钢，共消耗15吨，评估基准日该种不锈钢的市场含税价格为2.8万元/吨，在制造过程中该钢材的利用率约为95%，该设备的主材费率为80%，适用的增值税税率为17%，则该设备的主材费用最接近于（　　）万元。

A. 35.90　　B. 37.79　　C. 39.90　　D. 42.00

10. 进口一台需缴纳消费税的设备，该设备的增值税应按（　　）计算。

A. 关税完税价×增值税税率

B.（关税完税价＋消费税）×增值税税率

C.（关税完税价＋进口关税）×增值税税率

D.（关税完税价＋进口关税＋消费税）×增值税税率

11. 被评估设备甲为3年前购置，预计评估基准日后甲设备与同类新型设备相比每年运营成本增加10万元，甲设备尚可使用8年。若折现率为10%，企业适用所得税税率为25%，不考虑其他因素，则甲设备的功能性贬值额最接近于（　　）万元。

A. 5.34　　B. 25.38　　C. 40.00　　D. 53.35

12. 一台数控机床的重置成本为200万元，已使用2年，其经济寿命为20年，现在该机床的数控系统损坏，估计修复费用为20万元，其他部分工作正常。该机床的实体性贬值额为（　　）万元。

A. 38　　B. 18　　C. 20　　D. 30

13. 下列贬值属于功能性贬值的是（　　）。

A. 由于大量产品积压，某车间由三班倒改为两班制造成的开工不足

B. 由于设备生产厂家采用新技术，使某厂使用的车床相对物耗上升了20%

C. 由于市场疲软，某车间的10台机床中只有6台使用，造成4台闲置

D. 由于原材料紧俏，某厂处于半停产状态，造成设备闲置

14. 某被评估实验室设备已投入使用5年，按设计标准，在5年内应正常工作14 600小时。由于实验室利用率低，如果按一年365天计算，在过去的5年内平均每天只工作4个小时。经专家分析，若按正常使用预测，自评估基准日起该设备尚可使用15年，若不考虑其他因素，则该设备的成新率最接近于（　　）。

A. 72%　　B. 75%　　C. 82%　　D. 86%

15. 某设备已使用8年，按目前正常情况下还可正常使用8年，但因国家出台新的环保政策，规定该设备最高使用年限为10年。该设备重置成本为20万元，则经济性贬值额最可能的估算值为（　　）万元。

A. 6　　B. 7　　C. 5　　D. 4

二、多项选择题

1. 进口设备的重置成本除包括设备的离岸价外，还包括（　　）。

A. 银行手续费　　B. 海外运费　　C. 海外保险费　　D. 车辆购置附加费

2. 评估机器设备时，自制非标准设备的本体的重置成本通常包含（　　）等。

A. 材料费　　B. 设计费　　C. 税金　　D. 安装费

3. 下列费用中，属于设备间接成本的是（　　）。

A. 管理费用　B. 基础费用　C. 设计费用　D. 保险费用

4. 下列方法中，属于设备重置成本估算方法的是(　　)。

A. 直接法　B. 功能成本法　C. 综合估价法　D. 物价指数法

5. 机器设备实体性贬值的测算方法主要是(　　)。

A. 修复费用法　B. 观察法　C. 物价指数法　D. 使用年限法

6. 火力发电设备中，需要考虑的经济性贬值的因素有(　　)。

A. 由于能源紧张，上网电价上涨　B. 发电使用的煤炭价格上调

C. 设备的维修保养费用增加　D. 为达到环保要求，国家规定应使用脱硫装置

7. 运用市场法评估机器设备时常用的方法主要有(　　)。

A. 综合估价法　B. 类比调整法　C. 比率调整法　D. 直接匹配法

三、判断题

1. 与房地产不可分离的机器设备通常不能单独作为评估对象。(　　)

2. 价格指数法通常适用于技术进步速度较快的机器设备重置成本的估算。(　　)

3. 实际已使用年限是指会计记录记载的设备已提折旧的年限。(　　)

4. 设备利用率小于 1，表明设备实际已使用年限小于名义已使用年限。(　　)

5. 可修复的实体性损耗是指不仅在技术上具有修复的可能性，而且在经济上合算。(　　)

四、计算题

1. 已知某厂的一台设备仍有 10 年使用寿命，但由于技术进步的原因出现了一种新型设备，其功能相同，但每生产 100 件产品可节约 A 材料 2 千克，预计该厂未来 10 年内年产该产品 20 万件，A 材料前 5 年的价格将保持 20 元/千克，从第 6 年起将上涨 20%。适用的折现率为 15%，所得税率为 25%。试根据给定的条件确定该设备的功能性贬值。

2. 被评估成套设备购建于 2003 年 12 月，账面价值为 100 万元，2008 年 12 月对设备进行技术改造，追加投资 20 万元，2013 年 12 月对该设备进行评估。经评估人员调查分析得到如下数据：(1)2003～2008 年，每年该类设备价格上升率为 10%，而 2008～2013 年设备价格维持不变；(2)该设备的月人工成本比其替代设备超支2 000元；(3)被评估设备所在企业的正常投资报酬率为 10%，规模经济效益指数为 0.7，所得税率为 25%；(4)该设备在评估前使用期间的实际利用率仅为正常利用率的 80%，经技术检测该设备尚可使用 5 年，在未来 5 年中设备利用率能达到设计要求。

要求：(1)计算被评估设备的重置成本及各项损耗；

(2)计算该设备的评估价值(以万元为单位，计算结果保留两位小数)。

第五章 房地产评估

一、单项选择题

1. 运用最高最佳使用原则评估房地产的前提条件是(　　)。

A. 土地供给的相对垄断性　　B. 土地的位置固定性

C. 土地的利用多方向性　　D. 土地的使用长期性

2. 国家以土地所有者的身份将国有土地使用权在一定年限内让与土地使用者，并由土地使用者向国家支付土地使用权出让金。这种行为是(　　)。

A. 土地使用权出让　　B. 土地所有权出让　　C. 土地使用权转让　　D. 土地所有权转让

3. 土地使用者将土地使用权再转让的行为是(　　)。

A. 土地使用权出让　　B. 土地所有权出让　　C. 土地使用权转让　　D. 土地所有权转让

4. 被评估房地产已使用10年，截至目前，尚可使用15年，则该房地产的实体性贬值率为(　　)。

A. 20%　　B. 30%　　C. 40%　　D. 50%

5. 某钢筋混凝土5层框架楼房，经评估人员现场打分，结构部分得分为80分，装修部分得分为70分，设备部分得分为60分，修正系数$G=0.75$、$S=0.12$、$B=0.13$，则该楼房的成新率为(　　)。

A. 67.8%　　B. 76.2%　　C. 78.3%　　D. 82.4%

6. 市场法在经济学中的理论依据为(　　)。

A. 供给原理　　B. 替代原理　　C. 需求原理　　D. 供求原理

7. 归属于房地产的除去各种费用后的收益为(　　)。

A. 纯收益　　B. 总收益　　C. 客观总收益　　D. 利润

8. 房地产评估时，收益法不适用于(　　)。

A. 写字楼　　B. 公园　　C. 旅馆　　D. 公寓

9. 某宗房地产的总价值为800万元，经估测建筑物部分的价值为600万元，假定综合的资本化率为8%，建筑物的资本化率为10%，则土地的资本化率为(　　)。

A. 2%　　B. 6%　　C. 8%　　D. 10%

10. 有一宗土地，出让年限为50年，资本化率为10%，预计未来前5年的纯收益分别为30万元、32万元、36万元、30万元、40万元，第6年开始纯收益大约可以稳定在50万元左右，试评估该宗土地的收益价格为(　　)万元。

A. 218　　B. 216　　C. 432.2　　D. 436

11. 下列房地产的估价不适用剩余法的是(　　)。

A. 待开发土地的估价　　B. 将生地开发成熟地的土地估价

C. 废弃的工业用地的估价　　D. 待拆迁改造的再开发地产的估价

12. 路线价法实质上是(　　)的一种。

A. 市场法　　B. 收益法　　C. 成本法　　D. 剩余法

13. 实际估价中的标准深度,通常是路线价区段内临街各宗土地深度的(　　)。

A. 平均数　　B. 中位数　　C. 众数　　D. 最大值

14. 评估在建工程,在求取被评估在建工程的价格时,将被评估在建工程预期开发完成后的价值扣除后续的开发费用、销售费用、销售税金及开发利润,以确定被评估在建工程价格的一种评估方法是(　　)。

A. 市场法　　B. 假设开发法　　C. 成本法　　D. 收益法

二、多项选择题

1. 房地产的自然特性包括(　　)。

A. 位置固定性　　B. 供求区域性　　C. 质量差异性　　D. 使用长期性

2. 下列属于房地产的社会经济特征的有(　　)。

A. 供求的区域性　　B. 供给的相对垄断性

C. 利用的多方向性　　D. 效益的级差性

3. 下列关于土地使用权出让最高年限的确定,正确的有(　　)。

A. 居住用地 70 年　　B. 工业用地 50 年

C. 教育、科技、文化、卫生、体育用地 60 年　　D. 商业、旅游、娱乐用地 40 年

4. 影响房地产价格的因素,按照它们与房地产的关系可分为(　　)。

A. 个别因素　　B. 一般因素　　C. 区域因素　　D. 主导因素

5. 影响房地产价格及评估价值的一般因素包括(　　)。

A. 经济因素　　B. 社会因素　　C. 个别因素　　D. 行政因素

6. 影响房地产价格的区域因素是指某一特定区域内的自然条件与社会、经济、行政等因素相结合所产生的区域性特性。这些特性集中表现为(　　)。

A. 区域繁华程度　　B. 道路通达程度　　C. 公共配套设施　　D. 地区环境

7. 房地产评估的专业性原则主要有(　　)。

A. 合法原则　　B. 最高最佳使用原则

C. 房地综合考虑原则　　D. 区域及地段原则

8. 房地产评估时,计算土地开发成本一般涉及(　　)。

A. 基础及配套设施建设费　　B. 勘察设计及前期工程费

C. 公共事业配套费　　D. 建筑安装工程费

9. 成新率的估测方法主要有(　　)。

A. 使用年限法　　B. 累加法　　C. 打分法　　D. 剩余法

10. 打分法下,评估人员依据建筑物构成中的最重要部分,把建筑物分为(　　)。

A. 结构部分　　B. 性能部分　　C. 装修部分　　D. 设备部分

11. 判断建筑物是否存在经济性贬值的指标主要是(　　)。

A. 使用用途不合理　　B. 利用率下降　　C. 使用强度不够　　D. 收益水平不合理

12. 引起房地产功能性贬值的因素主要有(　　)。

A. 技术革新　　B. 宏观经济环境

C. 建筑设计理念更新　　D. 建筑物的基本装修和设备陈旧落后

13. 市场法往往难以适用于(　　)。

A. 没有发生房地产交易或房地产交易发生较少的地区

B. 那些很难成为交易对象的房地产

C. 风景名胜区土地

D. 图书馆、体育馆、学生用地等

14. 运用市场法对房地产进行评估时,涉及的主要因素有(　　)。

A. 交易情况因素　　B. 个别因素　　C. 交易日期因素　　D. 区域因素

15. 市场法对比较因素进行修正时,可并入区域因素与个别因素进行修正,但由于比较重要,一般需单独列出的是(　　)。

A. 交易情况修正　　B. 容积率修正　　C. 交易日期修正　　D. 土地使用年限修正

16. 在房地产收益法评估中,估算资本化率的方法有(　　)。

A. 打分法　　B. 累加法　　C. 使用年限法　　D. 市场租价比法

17. 资本化率的种类包括(　　)。

A. 还原利率　　B. 综合资本化率　　C. 建筑物资本化率　　D. 土地资本化率

三、判断题

1. 房地产是企业和个人资产中的重要组成部分,是资产评估的主要对象。　(　　)

2. 房地产的自然特征源于房屋的自然特性。　(　　)

3. 房地产利用的多方向性客观上要求在合法的前提下,房地产评估中需要确定房地产的最佳用途。　(　　)

4. 在我国实行国有土地使用权可以转让,因此一级土地市场是政府土地使用权出让的市场。　(　　)

5. 土地使用权的二级市场是土地使用权的再转让市场,即已经从政府取得土地使用权的企业、单位和个人将土地使用权再转让的市场。　(　　)

6. 房地产评估立足于房地产的一级市场。　(　　)

7. 影响房地产评估价格和评估价值的因素本身是固定不变的。　(　　)

8. 在进行房地产价格评估时,应明确把握各种影响因素,充分调查和分析过去的变化、现在的状态及未来的趋势,并研究分析各种因素之间的相互关系。　(　　)

9. 对于过于老旧的建筑物,成本法同样适用。　(　　)

10. 房地产中的实体性贬值是指土地或者建筑物的实体性贬值。　(　　)

11. 对于那些没有活跃市场的非交易性房地产,或很少发生交易的房地产,如特殊工业厂房、公园、教堂、寺庙、纪念馆等,则不宜采用市场法。　(　　)

12. 对于政府办公楼、学校、公园等公用、公益房地产的评估,收益法一般是不适用的。　(　　)

13. 房地产正常收入是指房地产的实际收入。　(　　)

14. 土地资本化率、建筑物资本化率和综合资本化率三者由于含义不同,故相互之间没有联系。　(　　)

四、计算题

1. 评估对象土地为征用农地,面积为800平方米。土地取得成本为300元/平方米,土地开发成本(包括管理费)为 200 元/平方米。土地开发期为两年,第一年投入的开发费占总开发费的 3/4,第二年投入的开发费占总开发费的 1/4。银行基本建设贷款年利率为 8%,土地开发的平均年利润率为 10%,营业税税率为 5%,城市维护建设税税率为 7%,教育费附加为营业税的 3%,销售费用为开发后土地售价的 3%。估算评估对象土地开发后的价值。

2. 评估对象是一幢出租写字楼,土地总面积为 5 300 平方米,总建筑面积为25 000平方米,建筑层数为 18 层,建筑结构为钢筋混凝土结构。该写字楼的土地使用权于 2009 年 4 月 1 日以出让的方式获得,土地使用权年限为 50 年,写字楼于 2011 年 4 月 1 日建成并开始出租,建筑物的耐用年限为 60 年。试评估该写字楼 2014 年 4 月 1 日的价值。

3. 某路线价区段的标准深度为 18 米,路线价为 1 000 元/平方米,待估临街各宗地块情况见图 1,评估对象临街深度指数见表 1。假设各宗地的宽度都为 6 米,计算各宗地的评估价值。

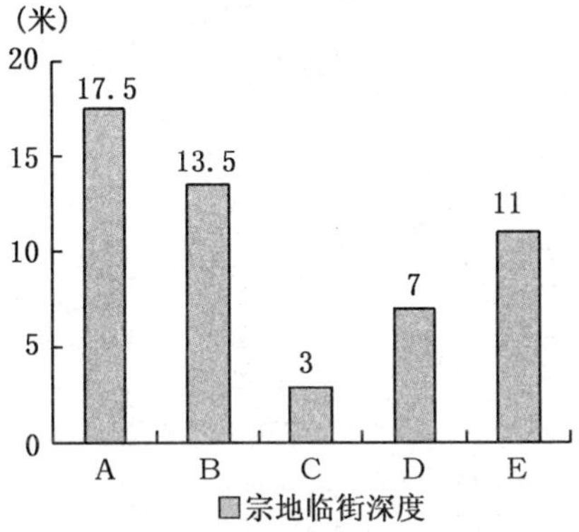

图 1　待估各宗地块情况

表 1　**临街深度指数表**

深度(米)	4 以下	4～8	8～12	12～16	16～18	18 以上
指数(%)	130	125	120	110	100	40

4. 甲企业有一块待估宗地 G,现搜集到与待估宗地条件类似的六块宗地的情况,见表 2。

表 2　**与待估宗地条件类似的六块宗地的情况**

宗地	成交价(元/平方米)	交易时间(年)	交易情况	容积率	区域因素	个别因素
A	680	2010	+1%	1.3	0	+1%
B	610	2010	0	1.1	0	−1%
C	700	2009	+5%	1.4	0	−2%
D	680	2011	0	1.0	−1%	−1%
E	750	2012	−1%	1.6	0	+2%
F	700	2013	0	1.3	+1%	0
G		2013	0	1.1	0	0

该城市地价指数见表 3。

表 3　　该城市地价指数

时间(年)	2007	2008	2009	2010	2011	2012	2013
指数	100	103	107	110	108	107	112

另据调查，该城市此类用地容积率与地价的关系为：当容积率在 1～1.5 时，容积率每增加 0.1，宗地单位地价比容积率为 1 时的地价增加 5%；当容积率超过 1.5 时，超出部分的容积率每增加 0.1，宗地单位地价比容积率为 1 时的地价增加 3%。对交易情况、区域因素、个别因素的修正见表 2，表中负号表示可比实例宗地条件比待估宗地条件差，表中正号表示可比实例宗地条件优于待估宗地条件，数值大小代表对宗地地价的修正幅度。

试根据以上条件，评估宗地 G 2013 年的价格。

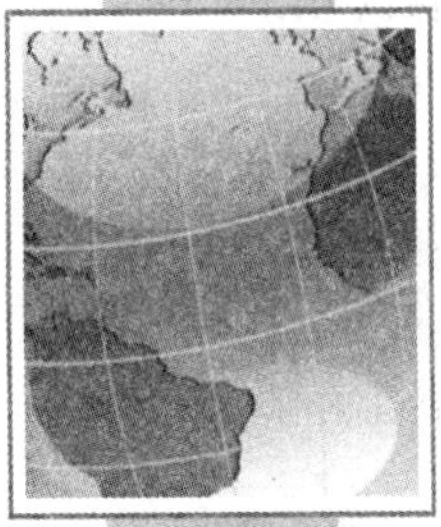

第六章 无形资产评估

一、单项选择题

1. 下列选项中，不属于无形资产的是（　　）。

A. 商标权　　B. 专利证书　　C. 商誉　　D. 非专利技术

2. 无形资产转让的最低收费额的一般决定因素包括（　　）。

A. 重置成本　　B. 机会成本

C. 原始成本与机会成本　　D. 重置成本净值与机会成本

3. 下列公式正确的是（　　）。

A. $销售收入分成率=\frac{销售利润分成率}{销售利润率}$

B. $销售利润分成率=\frac{销售收入分成率}{销售利润率}$

C. 销售利润分成率＝销售收入分成率×销售利润率

D. 销售收入分成率＝1－销售利润分成率

4. 某发明专利权现已使用了5年，尚可使用3年，目前该无形资产的成新率为（　　）。

A. 25%　　B. 37.5%　　C. 40.5%　　D. 50%

5. 由于无形资产转让后加剧了市场竞争，在该无形资产的寿命期间，转让无形资产的机会成本是（　　）。

A. 销售收入的增加折现值

B. 销售费用的减少折现值

C. 销售收入减少和费用增加的折现值

D. 无形资产转出的净减收益与无形资产再开发的净增费用

6. 因转让双方共同使用该无形资产，在评估重置成本净值分摊率时，作为标准的是双方利用无形资产的（　　）。

A. 尚可使用年限　　B. 设计能力　　C. 账面价值　　D. 最低收费额

7. 采用收益法评估无形资产时，采用的折现率是（　　）。

A. 资金利润率或行业平均利润率　　B. 无风险利率＋风险报酬率

C. 超额收益率＋通货膨胀率　　D. 银行贴现率

8. 对占有单位外购的无形资产，评定其重估价值可以根据该项资产具有的获利能力及（　　）。

A. 购入成本　　B. 形成时所需实际成本

C. 市场价格　　D. 估计成本

9. 从资产评估的角度，驰名商标权一般能为企业带来（　　）。

A. 正常利润　　B. 超额利润　　C. 垄断利润　　D. 超额加垄断利润

10. 下列关于无形资产评估方法的表述，正确的是(　　)。

A. 收益法是唯一的方法　　B. 收益法、市场法、成本法都可以采用

C. 只能采用收益法和市场法　　D. 只能采用收益法和成本法

二、多项选择题

1. 影响无形资产评估值的因素有(　　)。

A. 机会成本　　B. 使用期限　　C. 技术成熟程度　　D. 转让内容

2. 确定无形资产超额收益的方法有(　　)。

A. 直接估算法　　B. 差额法　　C. 分成率法　　D. 要素贡献法

3. 无形资产的特性有(　　)。

A. 不完整性　　B. 替代性　　C. 附着性　　D. 共益性

4. 无形资产的成本特性表现为(　　)。

A. 弱对应性　　B. 不完整性　　C. 虚拟性　　D. 共益性

5. 商誉的特征包括(　　)。

A. 形成商誉的个别因素不能单独计价

B. 商誉是企业整体价值扣除全部有形资产以后的差额

C. 商誉不能与企业可确指的资产分开出售

D. 商誉是企业长期积累起来的一项价值

6. 自创无形资产重置成本的估算一般采用的方法是(　　)。

A. 核算法　　B. 市价类比法　　C. 倍加系数法　　D. 专家鉴定法

7. 作为参照物的无形资产与被评估无形资产至少要满足的要求包括(　　)。

A. 形式相似　　B. 功能相似　　C. 载体相似　　D. 交易条件相似

8. 造成无形资产贬值的情况有(　　)。

A. 无形资产再生产费用下降　　B. 传播面逐渐扩大，社会普遍接受和掌握

C. 新的、更为先进的无形资产出现　　D. 无形资产转让形成最低收费额

9. 无形资产转让价格的支付方式有(　　)。

A. 总付　　B. 分期支付　　C. 提成支付　　D. 混合支付

10. 可确指的无形资产包括(　　)。

A. 商誉　　B. 非专利技术　　C. 商标　　D. 专营权

三、判断题

1.《资产评估准则——无形资产》涉及土地使用权的评估。　(　　)

2. 无形资产单独不能创造收益，必须附着于有形资产才能产生收益。　(　　)

3. 无形资产的有效期限一般都比其法定保护期限长。　(　　)

4. 无形资产的转让内容包括所有权转让和使用权转让。　(　　)

5. 一般来说，外购无形资产较易确定成本，自创无形资产的成本计量较为困难。　(　　)

6. 商标权的价值取决于商标所能带来的收益。　(　　)

7. 我国现行财务制度一般把科研费用从当期生产经营费用中列支，因此，账簿上反映的无形资产成本是比较完整和全面的。　(　　)

8. 一项无形资产，在环境、制度允许的条件下，获利能力越强，其评估价值应当越高。　(　　)

9. 无形资产再开发的净增费用，包括保护和维持该无形资产最佳的科研费用和其他费用、员工再培训费用等。　(　　)

10. 运用收益法评估无形资产价值时，折现率的口径可以不与采用的收益额的口径保持一致。 ( )

四、简答题

1. 影响无形资产评估价值的因素主要有哪些？
2. 如何确定无形资产转让的最低收费额？
3. 简述收入增长型无形资产的含义以及导致收入增长的原因。
4. 无形资产具有哪些成本特性？
5. 运用市场法评估无形资产时，评估人员应注意哪些事项？

五、计算题

1. 某企业转让制药生产全套技术，经搜集和初步测算已知下列资料：

一是该企业与购买企业共同使用该制药生产技术，双方设计能力分别为600万箱和400万箱；

二是该制药生产全套技术系国外引进，账面价格为500万元，已使用2年，尚可使用8年，两年通货膨胀率累计为10%；

三是该项技术转让对该企业生产经营有较大影响，由于市场竞争，产品价格下降，在以后8年中减少的销售收入按现值计算为100万元，增加开发费以保住市场的追加成本按现值计算为20万元。

根据上述资料，计算确定：

(1)该制药生产全套技术的重置成本净值；

(2)该无形资产转让的最低收费额评估价值。

2. 某企业进行股份制改组，根据企业过去经营情况和未来市场形势，预测其未来5年的净利润分别是20万元、22万元、18万元、21万元、25万元，并假定从第6年开始，以后各年净利润均为25万元。根据银行利率及企业经营风险情况确定的折现率和资本化率均为10%。并且，通过采用适当的资产评估方法，评估确定该企业可确指的各单项资产评估之和(包括有形资产和可确指的无形资产)为100万元。试确定该企业商誉评估价值。

3. 某评估事务所对A公司投入中外合资企业的一项非专利技术进行评估。该技术已经使用2年，产品比同类产品优越，每件产品可带来新增利润15元，目前该产品实际销售量为1万件。评估人员预测，该技术产品的市场优势可以保持5年，且每年的销售量会以10%的速度递增。国库券利率为4%，风险报酬率为8%，该企业所得税率为25%。试确定该非专利技术的评估价值。

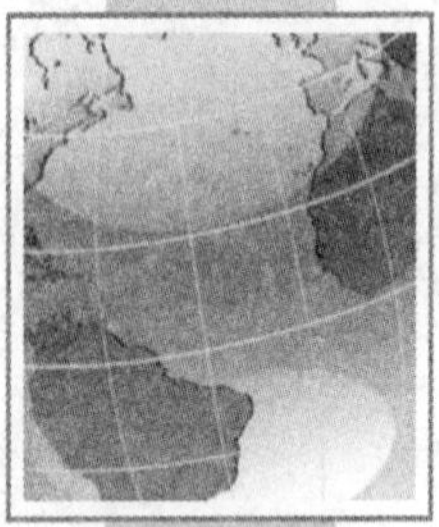

第七章 特殊资产评估

一、单项选择题

1. 金融不良资产除了具有财产资料不全的特点外，还具有的特点是(　　)。

A. 市场操作性差　　B. 资产本身存在瑕疵

C. 缺失产权证明　　D. 财务会计资料丢失或账实不符

2. 投资性房地产的目的是(　　)。

A. 企业自身生产经营所消耗　　B. 赚取长期的租金收益或获得资本增值

C. 销售　　D. 作为房地产开发企业的存货

3. 在进行债务企业偿债能力分析时，债务企业或资产将在短期内被强制出售，以出售所得偿还现有债务，此时应评估不良资产的(　　)。

A. 有序清算价格　　B. 续用清算价格　　C. 公允价值　　D. 强制清算价格

4. 以下应确定为森林资源资产的评估对象的是(　　)。

A. 某一林地资产改变用途后成为非林业用地

B. 野生动物资源

C. 产权不清、无法为特定主体带来预期收益的森林资源资产

D. 发生森林资源资产产权变动或经营主体变动的森林资源资产

5. 运用收获现值法评估林木资产价值时，主伐时间 u 通常为(　　)。

A. 按该林分所属森林经营类型措施设计表所规定的时间确定

B. 该林分所属森林经营类型的主伐年龄的龄级下限

C. 该林分所属森林经营类型的主伐年龄的龄级上限

D. 随意确定

6. 林地资产的评估方法中不包括(　　)。

A. 序列需工数法　　B. 现行市价法　　C. 林地期望价法　　D. 林地费用价法

7. 使用林地费用价法评估林地资产的缺点是(　　)。

A. 受市场变化影响较大

B. 工作量大而频繁，需大量的数据资料和经济技术支持

C. 大量运用估测，人为因素大，参数估测缺乏客观依据

D. 数据容易取得，说服力较强

8. 运用市场法评估投资性房地产的依据是(　　)。

A. 替代原则　　B. 供求原则　　C. 贡献原则　　D. 预期收益原则

9. 在实务中，对投资性房地产的评估不需要重点考虑(　　)。

A. 环境的影响、取得资料的难易程度　　B. 产权归属

C. 土地和建筑物分开核算、经营模式的影响　　D. 资产减值测试

10. 金融不良资产评估中的清算价格适用于(　　)。

A. 强制清算价格　　B. 有序清算价格　　C. 市场价格　　D. 续用清算价格

二、多项选择题

1. 金融不良资产大致可以分为(　　)。

A. 实物类资产　　B. 股权类资产　　C. 债权类资产　　D. 其他资产

2. 投资性房地产的评估对象是(　　)。

A. 已出租的土地使用权　　B. 持有并准备增值后转让的土地使用权

C. 已出租的建筑物　　D. 自用房地产

3. 金融不良资产中的以物抵贷类资产指的是(　　)。

A. 依法行使抵押、质押权收回的资产　　B. 依法受偿的破产企业的资产

C. 因协议抵偿收回的资产　　D. 其他经法定程序依法收回的资产

4. 森林资源资产评估时应注意森林资源的特点,这些特点是(　　)。

A. 资产可再生性对评估的影响　　B. 森林经营的长周期性

C. 林地资产和林木资产的不可分割性　　D. 森林资源资产的地域性

5. 在运用现行市价法对林木资产进行价值评估时,应注意的事项有(　　)。

A. 合理选择评估的参照案例

B. 正确确定林分质量调整系数与物价指数调整系数

C. 投资收益率应扣除通货膨胀因子

D. 成本与税金的确定可依据当地的相关成本与税金水平确定

6. 相比较于其他林地资产评估方法,林地期望价法的特点有(　　)。

A. 应用广泛　　B. 数据容易取得　　C. 说服力较强　　D. 从成本角度出发

7. 林地资产评估中,现行市价法公式包含的调整系数有(　　)。

A. 林地质量调整系数　　B. 林地等级调整系数

C. 物价指数调整系数　　D. 其他各因素的综合调整系数

8. 以下应确认为投资性房地产的项目有(　　)。

A. 企业出租给本企业职工居住的宿舍

B. 关联企业之间租赁房地产的,租出方对房地产的处理

C. 企业拥有并自行经营的旅馆饭店部分或全部出租,且出租的部分能够单独计量和出售

D. 部分用于赚取租金或资本增值、部分用于生产商品的房地产,用于赚取租金或资本增值的部分能够单独计量和出售

9. 在运用收益法评估投资性房地产时,注册资产评估师应当关注租约的(　　)。

A. 合法性　　B. 有效性　　C. 时效性　　D. 实际履行状况

10. 林地期望价法在测算时应确定的参数有(　　)。

A. 主伐纯收入　　B. 间伐纯收入　　C. 营林成本　　D. 林地购置年限

三、判断题

1. 按照国家有关规定认定的闲置土地,属于持有并准备增值后转让的土地使用权。(　　)

2. 金融不良资产的评估目的是,资产管理公司为管理和处置不良资产,聘请中介评估机构对评估对象提供公允价值或咨询意见。(　　)

3. 对标的物明确、现时条件下各类商品市场价格信息来源渠道广泛的物权、股权类金融不良资产,评估

师只能根据自己的专业判断能力和对市场交易行情的分析提供一种专业咨询意见。（　）

4. 假设清算法是指依据企业近几年的经营和财务状况，考虑行业、产品、市场、企业管理等因素的影响，对企业未来一定年限内可偿债现金流和经营成本进行合理预测分析，考察企业以未来经营及资产变现所产生的现金流清偿债务的方法。（　）

5. 在运用重置成本法评估林木资产价值时应当注意，分年度投入的成本要按复利计算现值，并考虑成新率问题。（　）

6. 理论上收获现值法可以用于任何年龄阶段的林木资产，但实际上该法一般用于中龄林和近熟林的林木评估。（　）

7. 林地费用价法是评估用材林林地资产的主要方法。（　）

8. 运用林地费用价法对林地资产进行评估时，各年度的改良费用一般采用历史的账面成本，而非重置成本。（　）

9. 已出租的投资性房地产租赁期满，因暂时空置但继续用于出租的，仍作为投资性房地产。（　）

10. 当符合会计准则计量属性规定的条件时，会计准则中的投资性房地产的公允价值一般等同于资产评估准则中的市场价值。（　）

四、计算题

1. 某持续经营企业具有连续 3 年的财务报表及相关资料。资产负债表显示 2012 年底企业资产总额为 3.5 亿元，负债总额为 3 亿元。其中，某资产管理公司享有的债权为 1.2 亿元。根据报表分析和市场分析，企业在 2013 年度通过经营活动产生的净现金流量为1 000万元，并且预计未来 5 年按 5%的年增长率均匀增长。根据企业生产和发展对现金流量的需求，预测企业每年可拿出净现金流量中的 75%用于偿债。确定折现率为 10%。试评估该企业偿债能力及资产管理公司所属债权的回收价值。

2. 某林班面积为 10hm^2，林分年龄为 4 年，平均高为 2.2m，株数为2 500株/hm^2。据调查，该地区在评估基准日的第一年造林投资（含林地清理、挖穴造林、幼林抚育）2 000元/hm^2，第二年和第三年投资 500 元/hm^2，第四年为 400 元/hm^2。年利率为 10%，当地平均水平的林分平均高为 2.5m，造林株数为 2 500 株/hm^2，成活率要求为 85%。试用重置成本法评估该林木资产价值。

3. 某山庄有 9hm^2 人工杨树纯林，拟以 39 年林地使用权价值投入而设立。预测该小班未来主伐(21 年)和两次间伐以及其他相关数据见表 1。

表 1　相关数据统计

	主伐(21 年)	间伐	
		第 9 年	第 14 年
出材(m^3/hm^2)	161.21	7.5	15.6
售价(元/m^3)	410	110	170
生产经营成本(元/m^3)	160		
相关税费率	5.55%		
折现率	4.5%		

此外，前 3 年分别进行营林投资 2 664.45 元/hm^2、249.60 元/hm^2、189.60 元/hm^2，平均营林生产间接费用为 30 元/hm^2。根据目前行业现状，参照社会同行业平均利润水平，确定经营利润率为销售收入的 10%。试评估该山庄林场所属的森林资源资产林地资产的使用权价值。

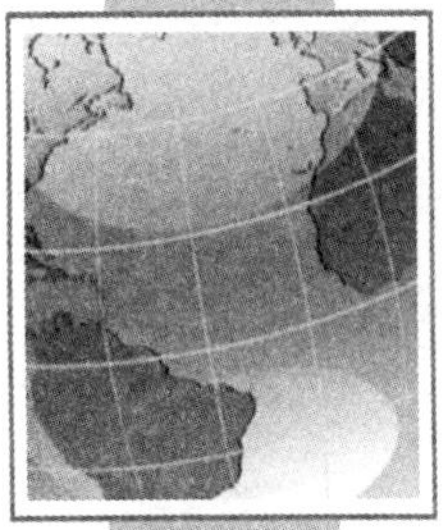

第八章 企业价值评估

一、单项选择题

1. 企业价值评估的一般前提是企业的(　　)。

A. 独立性　　B. 持续经营性　　C. 整体性　　D. 营利性

2. 企业价值大小的决定因素是(　　)。

A. 独立性　　B. 持续经营性　　C. 社会性　　D. 营利性

3. 评估人员选择适当的折现率将企业的息前净现金流量进行了资本还原,得到了初步评估结果。本次要求评估的是企业净资产价值,对初步评估结果应做的进一步调整是(　　)。

A. 减企业的全部负债　　B. 加企业的全部负债

C. 减企业的长期负债　　D. 减企业的流动负债

4. 企业价值评估中,企业资产划分为有效资产和无效资产的主要目的是(　　)。

A. 选择评估方法　　B. 界定评估价值类型

C. 界定评估具体范围　　D. 明确企业盈利能力

5. 资产负债表中的各项资产的账面价值往往与市场价值大相径庭,引起账面价值高于市场价值的主要原因是(　　)。

A. 通货膨胀　　B. 过时贬值　　C. 组织资本　　D. 应付费用

6. 企业价值评估模型中,用资本加权平均成本进行折现的是(　　)。

A. 预期自由现金流量　　B. 预期股权现金流量

C. 股利　　D. 利润

7. 运用市盈率作为乘数评估出的是企业(　　)。

A. 资产价值　　B. 投资价值　　C. 股权价值　　D. 债权价值

8. 当企业被收购或变换经营者的可能性较大时,估价选用的最适宜模型是(　　)模型。

A. 股利折现　　B. 股权现金流量　　C. 预期自由现金流量　　D. 净利润

9. 下列说法中错误的是(　　)。

A. 企业价值=持续经营股东价值+债务价值

B. 企业价值=企业经营价值+非经营投资价值

C. 企业价值=投资资本+预计创造超额收益现值

D. 企业价值=投资资本+明确预测期经济利润现值+连续价值

10. 企业整体评估与各单项资产的差额一般应为(　　)。

A. 实体性贬值　　B. 功能性贬值　　C. 商誉　　D. 零

11. 实物期权估计使用的模型主要是(　　)模型。

A. B—S　B. 二叉树　C. 多期二叉树　D. 单期二叉树

二、多项选择题

1. 企业价值的表现形式有(　　)。

A. 企业资产价值　B. 企业投资价值　C. 企业股东权益价值　D. 企业债务价值

2. 企业的投资价值是(　　)。

A. 企业所有的投资人拥有的对于企业资产索取权价值的总和

B. 企业的资产价值减去无息流动负债价值

C. 代表股东对企业资产的索取权,等于企业的资产价值减去负债价值

D. 权益价值加上付息债务价值

3. 企业进入稳定增长阶段的主要特征有(　　)。

A. 实际的销售增长达到均衡水平

B. 企业投资活动减少,只是对现有生产能力的简单更新、常规改进及升级

C. 企业的各种利润率保持不变

D. 企业的资本结构定型

4. 在评估企业价值时,如果在待评估企业与可比企业之间的资本结构有较大差异,则应选择(　　)。

A. 价值/重置成本比率　B. 市盈率

C. 价值/息税折旧前收益比率　D. 价格/账面价值比率

5. 评估企业股权价值时运用的乘数是(　　)。

A. 价值/重置成本比率　B. 市盈率

C. 价格/销售收入比率　D. 价格/账面价值比率

6. 企业未来资本收益包括(　　)。

A. 净现金流量　B. 股利　C. 经济利润　D. 净利润

7. 运用收益法进行企业价值评估时,应考虑的因素有(　　)。

A. 债务价值　B. 确定贴现率

C. 明确预测期长短　D. 明确预测期每年的现金流量

8. 折现率的估算方法有(　　)。

A. 资本资产定价模型　B. 累加法

C. 经验估计法　D. 加权平均资本成本模型

9. 在运用参考企业比较法评估企业价值时,确定适当的价值比率的关键在于(　　)。

A. 并购案例　B. 可比指标　C. 可比企业　D. 无风险报酬率

10. 企业价值评估中,关于市场法的说法正确的有(　　)。

A. 运用市场法评估企业价值存在两个障碍,即企业的个体差异和企业交易案例的差异

B. 市场法中常用的两种具体方法是参考企业比较法和并购案例比较法

C. 市场法中两种具体方法的核心问题是,确定适当的价值比率或经济指标

D. 在寻找参照企业的过程中,为了降低单一样本、单一参数所带来的误差,国际上通用的办法是采用多样本、多参数的综合方法

11. 实物期权的形式有(　　)。

A. 扩张期权　B. 时机选择期权　C. 放弃期权　D. 清算期权

三、判断题

1. 价值是衡量业绩的最佳标准,但不是唯一标准。(　　)

2. 企业持续经营价值一定高于清算价值。(　　)

3. 即使两个企业未来各年的净收益完全相同，这两个企业的价值也未必相同。（　）

4. 企业价值包括经营价值和非经营价值之和。（　）

5. 企业资本未来收益是指净利润。（　）

6. 评估企业价值时，对企业价值的判断，只能基于对企业存量资产运作的合理判断，而不能基于对新产权主体行为的估测。（　）

7. 若企业各项可确指的资产评估值之和小于企业价值的评估值，就表明被评估企业存在经济性贬值，即该企业的资产收益率低于企业所在行业的平均水平。（　）

8. 我国评估界较多采用净利润作为企业的预期收益额，主要原因是净利润能够相对客观地反映企业的实际经营业绩，更具可靠性。（　）

9. 成本法的基本思路是，企业价值等于投资人重建或重置评估对象所需发生的全部合理费用之和。（　）

10. 期权可定义为：授予买方在未来一段时间内或未来某一特定日期以事先规定好的价格向卖方购买或出售一定数量的特定标的物的权利的合约。（　）

11. 企业价值评估的目的是衡量一个企业或一个经营单位的公平市场价值。（　）

四、简答题

1. 简述企业的资产价值、投资价值和权益价值。
2. 如何确定企业价值评估的范围？
3. 选择可比企业应注意什么问题？
4. 试比较收益法、市场法、成本法和期权估价法四种基本方法之间的共同点与不同点。
5. 简述企业价值评估作为一种整体性评估，与构成企业的各个单项资产的评估值简单加和的关系。

五、计算题

1. 某企业2012年支付的每股股利为1.28元，预期股利将永久性地每年增长5%。股票的贝塔系数为0.9，1年期国债利率为3.25%，市场风险补偿为5%。估算该企业每股股权的价值。

2. 评估人员对某一企业进行整体评估，通过对该企业历史经营状况的分析及国内外市场的调查了解，收集到下列数据资料：

(1)预计该企业第1年的收益额为400万元，以后每年的收益额比上年增长10%，自第6年起企业将进入稳定发展时期，收益额将保持在300万元的水平上；

(2)社会平均收益率为12%，国库券利率为8%，被评估企业风险系数为1.5。

试确定该企业整体资产评估价值。

3. 某上市公司欲收购一家企业，需对该企业的整体价值进行评估。已知该企业今后将保持持续经营，预计前5年的税前净收益分别为40万元、45万元、50万元、53万元和55万元；从第6年开始，企业进入稳定期，预计每年的税前净收益保持在55万元。折现率与资本化率均为10%，企业所得税税率为40%，试计算该企业的评估价值。

4. 甲企业拟产权转让，需进行评估。经专家预测，其未来5年的净利润分别为100万元、120万元、150万元、160万元、200万元；从第6年起，每年的利润处于稳定状态，即保持在200万元的水平上。该企业有一笔10万元的短期负债，其有形资产有货币资金、存货和固定资产，且其评估值分别为80万元、120万元和660万元。该企业还有一项尚有5年剩余经济寿命的非专利技术，该技术产品每件可以获得超额净利润15元。目前该企业每年生产产品10万件；经分析，未来5年中，每年可以生产12万件。若折现率和资本化率均为10%，试计算甲企业的商誉价值并说明评估技术思路(以万元为单位，计算结果保留两位小数)。

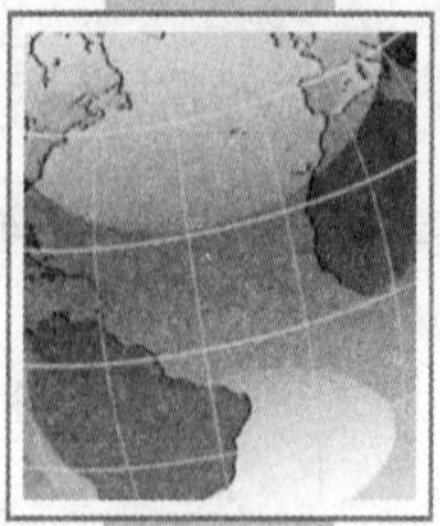

第九章 资产评估报告

一、单项选择题

1. 所有在资产评估报告书中采用的汇率、税率、费率、利率和其他价格标准，均应采用(　　)时的标准。

A. 提供报告日　　B. 评估基准日　　C. 会计期初或期末　　D. 评估工作日

2. 以下不属于资产评估报告基本要素内容的是(　　)。

A. 评估目的　　B. 评估对象和范围　　C. 评估基准日　　D. 评估原则

3. 对于资产评估基准日后发生的重大事项，应当(　　)。

A. 在正文中列出，并做相应的说明

B. 在备查文件中附上相关内容

C. 根据事项的有关影响对正文的数据进行修改

D. 向有关当事人做口头汇报即可

4. 在(　　)后，资产评估报告可连同评估说明及评估明细表送交委托单位。

A. 资产评估师撰写出正式的评估报告　　B. 同委托方交换意见，且对评估报告进行修改

C. 资产评估师撰写出正式评估报告，并审核　　D. 资产评估报告签发盖章

5. 对资产评估报告的使用，下列说法错误的是(　　)。

A. 资产评估报告由评估机构出具后，资产评估委托方、资产评估管理方和有关部门将对报告根据需要进行使用

B. 委托方可以根据评估报告揭示的评估目的和评估结论，合理使用资产评估结果

C. 资产评估管理机构对评估报告的使用，是资产评估管理机构实现对评估机构的行政管理和行业自律管理的重要过程

D. 法院等司法部门不能使用资产评估报告

6. 资产评估报告书摘要与资产评估报告书具有的法律效力相比，(　　)。

A. 前者大于后者　　B. 后者大于前者　　C. 同等效力　　D. 不可比较

7. 评估报告书尾部至少由(　　)名负责评估的资产评估师签名盖章。

A. 1　　B. 2　　C. 3　　D. 4

8. 委托方在使用资产评估报告书及有关资料时，合理、合法的是(　　)。

A. 一份资产转让评估报告书也可以作为资产出售的作价基础

B. 超出报告书的有效期后，只要由评估机构重新调整相关数据，就仍是有效的

C. 有效期内资产评估数量发生较大变化时，需要按比例调整后才能使用

D. 涉及国有资产产权变动的评估报告书及有关资料，要经国有资产行政主管部门确认或授权确认后才可使用

9. 按现行规定,资产评估报告的有效期为1年,这里的有效期是指(　　)。

A. 自评估报告报出日起1年

B. 评估基准日与经济行为实现日相距不超过1年

C. 自评估人员进入评估现场日起1年

D. 自评估事务所接受评估项目,并签订业务约定书日起1年

10. 下列不属于资产评估管理机构对评估报告的运用的是(　　)。

A. 大体了解评估机构从事评估工作的业务能力和组织管理水平

B. 对资产评估结果质量进行评估

C. 为国有资产管理提供重要的数据资料

D. 作为征收管理费用的主要依据

11. 资产评估报告书应当(　　)。

A. 按照资产委托方的要求编写　　B. 按照资产占有方的要求编写

C. 按照资产接受方的要求编写　　D. 按照评估行业有关规定编写

二、多项选择题

1. 下列属于资产评估报告书正文内容的有(　　)。

A. 评估基准日　　B. 评估结论　　C. 评估目的　　D. 评估原则

2. 资产评估报告书的主要内容是(　　)。

A. 评估立项申请　　B. 评估结果成立的前提条件

C. 取得评估结果的主要过程　　D. 取得评估结果的方法和依据

3. 撰写资产评估报告书应当注意(　　)。

A. 评估结论应尽可能满足委托方的要求

B. 评估口径前后保持一致

C. 对评估参数与评估结果进行复核

D. 严格遵循《资产评估报告基本内容与格式的暂行规定》

4. 关于资产评估报告书的制作步骤,下列说法正确的有(　　)。

A. 由评估小组讨论后形成一致意见,报复核人签章,最后由评估机构负责人审定签章并加盖机构公章即可

B. 编写评估报告书分两步完成,首先草拟出资产评估报告书,然后与委托方交换意见,听取其意见,在独立、客观、公正的前提下,修改完成评估报告书

C. 资产评估报告书的签发与送交是资产评估报告书制作的最后一步,在这一步骤中,"评估机构撰写出资产评估正式报告书后,经审核无误,先由负责该项目的注册资产评估师签章(两名或两名以上),最后送交评估机构负责人审定签章并加盖机构公章"

D. 编写评估报告书前的工作包括"整理工作底稿和归集有关资料"、"评估明细表的数字汇总"、"评估初步数据的分析和讨论"

5. 资产评估报告书的附件应当包括(　　)。

A. 该项资产及负债的评估结果清单　　B. 重要资产的产权证明文件

C. 评估人员及评估机构资格证书复印件　　D. 关于《资产评估报告书附件》使用范围的说明

6. 下列关于资产评估报告书制作的技术要点的说法中,正确的有(　　)。

A. 对资产评估报告必须建立起多级复核和交叉复核的制度

B. 提交报告书要及时、齐全和保密

C. 评估师应该确保评估对象的法律权属属于评估报告中的资产所有者所有

D. 评估师应该明确披露受到的限制、无法履行的评估程序和采取的替代措施

三、判断题

1. 资产评估报告仅仅是对评估机构履行委托协议或合同情况的总结。 （ ）

2. 资产评估报告是资产评估管理机构对评估机构进行资格审查和日常监督管理的手段之一。 （ ）

3. 资产评估报告一般包括正文和附件两部分，正文是必不可少的，而附件作为一个附属部分，是可有可无的。 （ ）

4. 在编制评估报告时，必须先要对评估资料进行分类整理。 （ ）

5. 资产评估管理机构通常将资产评估报告作为一种动态信息资料而加以利用。 （ ）

四、简答题

1. 编制资产评估报告书应按照哪些工作步骤进行？

2. 简述资产评估报告对资产评估的委托者的用途。

3. 资产评估报告的作用主要体现在哪些方面？

4. 简述我国现行法律、法规对资产评估报告的有关制度规定。

参考答案

第一章　资产评估概述

一、单项选择题

1. B　2. D　3. D　4. A　5. C　6. C　7. D　8. B　9. C　10. D

二、多项选择题

1. ACD　2. ABCD　3. BCD　4. ABCD　5. ABCD　6. ABCD
7. ACD　8. ABCD　9. ABC　10. AD　11. ACD　12. ABCD
13. CD　14. ABCD

三、判断题

1. √　2. √　3. ×　4. ×　5. √　6. √　7. ×　8. √　9. ×　10. √
11. √　12. ×　13. √　14. ×　15. ×　16. ×　17. √　18. √

四、简答题

1. 答:资产评估的发展大体经历了以下三个阶段:(1)原始评估阶段;(2)经验评估阶段;(3)科学评估阶段。

2. 答:资产评估的构成要素主要包括:(1)评估主体;(2)评估客体;(3)评估目的;(4)评估假设;(5)评估价值类型;(6)评估途径与方法;(7)评估程序;(8)评估执业标准;(9)评估基准日;(10)评估结论。

3. 答:资产评估的工作原则主要包括:(1)独立性原则;(2)客观公正性原则;(3)科学性原则;(4)专业性原则。

五、论述题

答:资产评估的客体与对象的区别和联系具体阐述如下:

(1)从广义的层面上讲,资产评估的客体等同于资产评估对象。所谓广义层面,是指只考虑资产本身而不考虑评估目的等条件对资产功能、使用方式等的影响。此时的资产评估客体是泛指的评估对象。而在资产评估操作层面上,资产评估对象并不是一个泛指的概念,而是一个具体的概念,是一个需要被评估师表达价值的标的物。此时的评估对象不仅包括资产本身,还包括资产存在的地点、使用方式等相关的条件。因此,在资产评估操作的层面上,资产评估对象需要界定,包括对被评估资产存在方式及使用方式的界定。

(2)从资产评估操作层面上讲,需要把资产评估客体具体化,即将一般意义上的资产评估客体转换成资产评估对象。资产评估操作层面上的评估对象,是由资产评估本身和引起资产评估的经济行为对评估结果用途的具体要求(资产评估特定目的)等,对资产功能、作用、使用方式及承载的权益的影响等所构成的具体的资产评估标的物。

第二章　资产评估的基本理论

一、单项选择题

1. C　2. D　3. B　4. C　5. C　6. D　7. C　8. C　9. D　10. B
11. D　12. C　13. B　14. C　15. A

二、多项选择题

1. AB　2. ABC　3. CD　4. BCD　5. BC　6. ACD
7. ABCD　8. ABCD　9. BCD　10. ABCD

三、判断题

1. ✓　2. ✓　3. ×　4. ×　5. ×　6. ×　7. ✓　8. ✓　9. ✓　10. ×

四、简答题

1. 答:由于资产评估所要实现的目标有一般目标和具体目标之分,资产评估的目的自然就存在一般目的和特定目的。资产评估一般目的包含着特定目的,而资产评估特定目的则是一般目的的具体化。

2. 答:资产评估特定目的不仅是某项具体资产评估活动的起点,同时又是资产评估活动所要达到的目标。资产评估特定目的贯穿在资产评估的全过程中,影响着评估人员对评估对象界定、资产价值类型选择等。它是评估人员在进行具体资产评估时必须首先明确的基本事项。

3. 答:(1)承载市场价值的评估对象及其权益是明确的。

(2)评估时,在整个评估过程中是以公开市场(假设)来设定资产评估所依据的市场条件。所谓公开市场,是指在该市场上有众多的买者和卖者,他们之间地位平等,没有垄断与强迫,买卖双方自愿交易,双方都足够理性并拥有充分的时间了解行情信息以讨价还价。

(3)评估师是以评估对象被正常使用,并能达到正常使用水平和效益水平作为评估对象在评估时的使用状态。评估对象被正常使用的假设剔除了评估对象没有被正常使用的情况,包括超负荷、超常规使用及其达到使用水平,以及低负荷使用及其出现的贬值。

(4)评估师在资产评估过程中所使用的数据均来自市场。这是指评估人员所使用的各种数据要么直接来源于市场,要么是评估人员根据市场中的信息数据归纳整理分析得出的,包括评估对象被正常使用的标准、众多的自愿买方和自愿卖方形成的市场行情信息等。

第三章　资产评估的程序与方法

一、单项选择题

1. C　2. A　3. B　4. C　5. B　6. C　7. A　8. D　9. B　10. B

二、多项选择题

1. ABCD　2. ACD　3. AB　4. BCD　5. BD　6. BC
7. ABCD　8. ABD　9. ABC　10. ABCD

三、判断题

1. ✓　2. ×　3. ×　4. ✓　5. ×　6. ×　7. ×　8. ×　9. ✓　10. ✓

四、计算题

1. 解：该项资产在永续经营下评估值的计算步骤如下：

(1)计算未来5年预期收益折现值：

$15\times(P/F,10\%,1)+18\times(P/F,10\%,2)+20\times(P/F,10\%,3)+24\times(P/F,10\%,4)+20\times(P/F,10\%,5)$

$=15\times0.9091+18\times0.8264+20\times0.7513+24\times0.6830+20\times0.6209$

$=72.35$(万元)

(2)确定第6年后永续收益本金化及折现：

$20\div10\%\times(P/F,10\%,5)$

$=200\times0.6209$

$=124.18$(万元)

(3)总评估价值：$72.35+124.18=196.53$(万元)

2. 解：该被评估资产功能性贬值额的计算步骤如下：

(1)计算年超额营运成本：$12\,000\times(10-5)=60\,000$(元)

(2)计算年净超额营运成本：$60\,000\times(1-25\%)=45\,000$(元)

(3)计算功能性贬值额：$45\,000\times(P/A,10\%,5)=45\,000\times3.7908=170\,586$(元)

第四章　机器设备评估

一、单项选择题

1. C　2. C　3. B　4. B　5. B　6. C　7. C　8. A　9. A　10. D
11. C　12. A　13. B　14. D　15. A

二、多项选择题

1. ABCD　2. ABC　3. ACD　4. ABD　5. ABD　6. BD
7. BCD

三、判断题

1. √　2. ×　3. ×　4. √　5. √

四、计算题

1. 解：由于技术进步的原因出现了一种新设备而造成了该厂原设备相对物耗变大、运营成本增大，因此需要确定其功能性贬值，具体步骤如下：

(1)计算年超额运营成本

前5年每年超额运营成本$=200\,000\div100\times2\times20=8$(万元)

后5年每年超额运营成本$=200\,000\div100\times2\times20\times(1+20\%)=9.6$(万元)

(2)计算年净超额运营成本

前5年每年净超额运营成本$=8\times(1-25\%)=6$(万元)

后5年每年净超额运营成本$=9.6\times(1-25\%)=7.2$(万元)

(3)折现得到功能性贬值

功能性贬值$=6\times(P/A,15\%,5)+7.2\times(P/A,15\%,5)\times(P/F,15\%,5)$

$=32.11$(万元)

2. 解:(1)计算被评估设备各部分的重置成本

技术改造部分以外金额的重置成本=100×(1+10%)^5=161.05(万元)

技术改造部分的重置成本=20(万元)

被评估设备的重置成本=161.05+20=181.05(万元)

(2)计算实体性贬值

技术改造部分以外金额的重置成本占总重置成本比例=161.05÷181.05=88.95%

技术改造部分以外的实体性贬值率=10×80%÷[(10×80%)+5]=61.54%

技术改造部分的重置成本占总重置成本比例=20÷181.05=11.05%

技术改造部分的实体性贬值率=5×80%÷[(5×80%)+5]=44.44%

实体性贬值率=88.95%×61.54%+11.05%×44.44%=60%

实体性贬值额=181.05×60%=108.63(万元)

(3)计算功能性贬值

功能性贬值=(2 000÷10 000)×12×(1−25%)×(P/A,10%,5)

=1.8×3.790 8

=6.82(万元)

(4)计算经济性贬值

由于在未来5年中设备利用率能达到设计要求,所以不存在经济性贬值。

(5)计算该设备的评估价值

该设备的评估价值=重置成本−实体性贬值−功能性贬值−经济性贬值

=181.05−108.63−6.82−0

=65.60(万元)

第五章　房地产评估

一、单项选择题

1. C　2. A　3. C　4. C　5. B　6. B　7. A　8. B　9. A　10. C
11. C　12. A　13. C　14. B

二、多项选择题

1. ACD　2. ABCD　3. ABD　4. ABC　5. ABD　6. ABCD
7. ABCD　8. ABCD　9. AC　10. ACD　11. BD　12. ACD
13. ABCD　14. ABCD　15. BD　16. BD　17. BCD

三、判断题

1. √　2. ×　3. √　4. √　5. √　6. ×　7. ×　8. √　9. ×　10. ×
11. √　12. √　13. ×　14. ×

四、计算题

1. 解:(1)计算土地取得成本:800×300=240 000(元)

(2)计算土地开发成本:800×200=160 000(元)

(3)计算投资利息:

土地取得费利息=240 000×[(1+8%)^2−1]=39 936(元)

土地开发费利息=160 000×3/4×[(1+8%)$^{1.5}$−1]+160 000×1/4×[(1+8%)$^{0.5}$−1]

=16 253(元)

总投资利息=39 936+16 253=56 189(元)

(4)计算开发利润:(240 000+160 000)×10%=40 000(元)

(5)计算营业税及附加:

营业税=(400 000+56 189+40 000)÷(1−5%)×5%=26 115(元)

城市维护建设税=26 115×7%=1 828(元)

教育费附加=26 115×3%=783(元)

营业税及附加合计=26 115+1 828+783=28 726(元)

(6)计算销售费用:

销售费用=(240 000+160 000+56 189+40 000+28 726)×3%

=15 747(元)

(7)计算土地价值:

土地价格=240 000+160 000+56 189+40 000+28 726+15 747

=540 662(元)

土地单价=540 662÷800=676(元/平方米)

(8)评估结果:根据计算结果,经分析确定评估对象土地的价值为 540 662 元,土地单价为 676 元/平方米。

2. 解:(1)选择评估方法

该宗房地产是出租的写字楼,为收益性房地产,故采用收益法评估。

(2)收集有关资料

通过调查,收集的有关资料如下:

①租金按净使用面积计算。可供出租的净使用面积为 15 000 平方米,占总建筑面积的 60%,其余部分为大厅、公共过道、楼梯、电梯、公共卫生间、大楼管理人员用房、设备用房等占用面积。

②租金平均为每月每平方米 85 元。

③空置率年平均为 10%,即出租率年平均为 90%。

④建筑物原值为 4 800 万元。

⑤家具设备原值为 420 万元,家具设备经济寿命平均为 10 年,残值率为 4%。

⑥经常费用平均为每月 8 万元,包括工资、水电、供暖、维修、保洁、保安等费用。

⑦房产税按年总收入的 12%缴纳,保险费按建筑物原值的 3‰计算。

⑧营业税及附加为年总收入的 5.5%。

(3)估算年有效总收入

年有效总收入=15 000×85×12×90%=13 770 000(元)=1 377(万元)

(4)估算年运营成本

①年经常费用=8×12=96(万元)

②房产税=1 377×12%=165.24(万元)

③家具设备折旧费=$\frac{420\times(1-4\%)}{10}$=40.32(万元)

④年保险费=4 800×3‰=14.40(万元)

⑤营业税及附加=1 377×5.5%=75.74(万元)

⑥年运营成本=96+165.24+40.32+14.40+75.74=391.70(万元)

(5)计算年纯收益

年纯收益=1 377−391.70=985.30(万元)

(6)确定资本化率

经估测,房地产的资本化率确定为 8%。

(7)确定房地产收益年限

房地产收益年限=土地使用权年限-开发建设期-房地产开始出租至评估基准日的年数

=50-2-3=45(年)

(8)计算房地产评估价值

$$P=\frac{A}{r}\left[1-\frac{1}{(1+r)^n}\right]$$

$$=985.30\times\frac{1}{8\%}\left[1-\frac{1}{(1+8\%)^{45}}\right]$$

=11 930.41(万元)

房地产单价=11 930.41×10 000÷25 000=4 772.16(元/平方米)

(9)评估结果

根据计算结果,经分析确定评估对象房地产 2014 年 4 月 1 日的价值为11 930.41万元,约合每平方米建筑面积4 772.16元。

3. 解:(1)宗地 A 为临街地,临街深度为 17.5 米,查临街深度指数表得其深度指数为 100%,则宗地的地价为:

1 000×1×(17.5×6)=105 000(元)

(2)宗地 B 为临街地,临街深度为 13.5 米,查临街深度指数表得其深度指数为 110%,则宗地的地价为:

1 000×1.10×(13.5×6)=89 100(元)

(3)宗地 C 为临街地,临街深度为 3 米,查临街深度指数表得其深度指数为 130%,则宗地的地价为:

1 000×1.30×(3×6)=23 400(元)

(4)宗地 D 为临街地,临街深度为 7 米,查临街深度指数表得其深度指数为 125%,则宗地的地价为:

1 000×1.25×(7×6)=52 500(元)

(5)宗地 E 为临街地,临街深度为 11 米,查临街深度指数表得其深度指数为 120%,则宗地的地价为:

1 000×1.20×(11×6)=79 200(元)

4. 解:(1)建立容积率地价指数表,见下表:

容积率地价指数表

容积率	1.0	1.1	1.2	1.3	1.4	1.5	1.6
地价指数	100	105	110	115	120	125	128

(2)可比实例修正计算,计算公式为:

$$评估价值=参照物成交价格\times\frac{待估宗地时间指数}{参照物时间指数}\times\frac{待估宗地交易情况}{参照物交易情况}\times\frac{待估宗地容积率指数}{参照物容积率指数}\times\frac{待估宗地区域因素}{参照物区域因素}\times\frac{待估宗地个别因素}{参照物个别因素}$$

$$宗地A修正后的价格=680\times\frac{112}{110}\times\frac{100}{101}\times\frac{105}{115}\times\frac{100}{100}\times\frac{100}{101}=620(元/平方米)$$

$$宗地B修正后的价格=610\times\frac{112}{110}\times\frac{100}{100}\times\frac{105}{105}\times\frac{100}{100}\times\frac{100}{99}=627(元/平方米)$$

$$宗地C修正后的价格=700\times\frac{112}{107}\times\frac{100}{105}\times\frac{105}{120}\times\frac{100}{100}\times\frac{100}{98}=623(元/平方米)$$

$$宗地D修正后的价格=680\times\frac{112}{108}\times\frac{100}{100}\times\frac{105}{100}\times\frac{100}{99}\times\frac{100}{99}=755(元/平方米)$$

$$宗地E修正后的价格=750\times\frac{112}{107}\times\frac{100}{99}\times\frac{105}{128}\times\frac{100}{100}\times\frac{100}{102}=638(元/平方米)$$

$$宗地F修正后的价格=700\times\frac{112}{112}\times\frac{100}{100}\times\frac{105}{115}\times\frac{100}{101}\times\frac{100}{100}=633(元/平方米)$$

(3)确定评估结果

经评估人员最后审定，认为宗地D的值为异常值，应予剔除，其他结果较为接近待估宗地，取其平均值作为评估结果。因此，待估宗地G的评估结果为：

评估价值＝(620＋627＋623＋638＋633)÷5＝628(元/平方米)

第六章　无形资产评估

一、单项选择题

1. B　2. D　3. B　4. B　5. D　6. B　7. B　8. A　9. B　10. B

二、多项选择题

1. ABCD　2. ABCD　3. BCD　4. ACD　5. ACD　6. AC
7. ABCD　8. ABC　9. ACD　10. BCD

三、判断题

1. ×　2. √　3. ×　4. √　5. √　6. √　7. ×　8. √　9. √　10. ×

四、简答题

1. 答:影响无形资产评估价值的因素主要有以下几个方面:

(1)无形资产的取得成本。一般来说，外购无形资产的成本较易确定，而自创无形资产则相对困难一些。

(2)无形资产的机会成本。机会成本是指该项无形资产转让、投资、出售后失去市场而损失收益的大小。

(3)无形资产的收益能力。无形资产的收益能力是影响无形资产评估价值的一个重要因素。

(4)无形资产的使用期限。一般来说，无形资产越先进，其领先水平越高，使用期限越长。同样地，其无形损耗程度越低，使用期限越长。

(5)无形资产的科学价值。

(6)无形资产的成果使用方式。从转让内容看，无形资产转让包含所有权转让和使用权转让。

(7)无形资产的市场供需状况。

(8)无形资产的发展趋势、更新换代速度。

(9)无形资产的转让费用支付方式。

(10)无形资产价值的其他影响因素。

2. 答:无形资产转让的最低收费额由以下两个因素确定:无形资产的重置成本净值和无形资产转让的机会成本。

(1)无形资产的重置成本净值。重置成本分为自创重置成本和外购重置成本。在实践中，自创无形资产往往无账面价值，需要进行评估。评估方法主要有核算法和倍加系数法。外购无形资产一般有购置费用的原始记录，也可能有可以参照的现行交易价格，评估相对比较容易。外购无形资产的重置成本包括购买价和购置费用两部分，一般可以采用市价类比法和价格指数法。因此，重置成本净值可以根据重置成本和成新率计算得出。

购买方使用无形资产，就应由购买方补偿成本费用。当购买方与转让方共同使用该项无形资产时，则由双方按运用规模、收益范围等来分摊。

(2)无形资产转让的机会成本。由于无形资产的转让，可能会因停止由该无形资产支撑的营业而减少收益，也可能会因为自己创造了竞争对手而减少利润或是增加开发支出。这些构成了无形资产转让的机会成本，理应由无形资产的购买者来承担。

因此，无形资产转让的最低收费额可用下列公式计算得出:

无形资产转让的最低收费额＝重置成本净值×转让成本分摊率＋无形资产转让的机会成本

3. 答:(1)收入增长型无形资产,是指无形资产应用于生产经营过程,能够使得产品的销售收入大幅度增加。

(2)导致收入增长的原因在于:①生产的产品能够以高出同类产品的价格销售;②生产的产品采用与同类产品相同价格的情况下,销售数量大幅度增加,市场占有率扩大,从而获得超额收益。

4. 答:无形资产的成本特性体现为:

(1)不完整性。与购建无形资产相对应的各项费用是否计入无形资产的成本,是以费用支出资本化为条件的。我国现行财务制度一般把科研费用从当期生产经营费用中列支,而不是先对科研成果进行费用资本化处理,再按无形资产折旧或摊销的办法从生产经营费用中补偿。因此,企业账簿上反映的无形资产成本是不完整的,大量的账外无形资产的存在是不可忽视的事实。而且,无形资产的创建具有特殊性,有大量的前期费用,如培训、基础开发或相关试验等往往不计入该无形资产的成本,而是通过其他途径进行补偿。

(2)弱对应性。无形资产的创建经历基础研究、应用研究和工艺生产开发等漫长过程,成果的出现具有较大的随机性、偶然性和关联性,比如在一系列的研究失败之后偶尔出现一些成果,由其承担所有的研究费用显然不够合理。而在大量的先行研究成果(无论是成功还是失败)的积累之上,往往可能产生一系列的无形资产,然而,继起的这些研究成果是否应该以及如何承担先行研究的费用也很难明确判断。

(3)虚拟性。既然无形资产的成本具有不完整性、弱对应性的特点,因而无形资产的成本往往是相对的。特别是一些无形资产的内涵已经远远超出了其外在形式的含义,其成本只具有象征意义或虚拟性。

5. 答:运用市场法评估无形资产时,评估人员应注意以下事项:

(1)具有合理比较基础和类似的无形资产。使用市场法必须具备合理的比较依据和可进行比较的类似的无形资产。参照物与被评估无形资产必须处于同一行业,或处于对相同经济变量有类似反应的行业。这种比较必须具有意义,并且不能引起误解。

(2)要收集与被评估无形资产相关的交易信息:①收集类似的无形资产交易的市场信息,为横向比较提供依据;②收集被评估无形资产以往的交易信息,为纵向比较提供依据。

(3)要收集相关、可靠、合理、有效的价格信息。

(4)在参照物与被评估无形资产之间做适当调整。

五、计算题

1. 解:(1)两年通货膨胀率累计为10%,对外购无形资产的重置成本可按物价指数法调整,并根据成新率确定净值,由此可得:

该制药生产全套技术的重置成本净值$=500\times(1+10\%)\times\frac{8}{2+8}=440$(万元)

(2)①因转让双方共同使用该项无形资产,设计能力分别为600万箱和400万箱,则:

重置成本净值分摊率$=\frac{400}{600+400}\times100\%=40\%$

②由于无形资产转让后加剧了市场竞争,在该项无形资产的寿命期间,销售收入减少和费用增加的折现值是转让无形资产的机会成本,即:

转让无形资产的机会成本＝100＋20＝120(万元)

该无形资产转让的最低收费额评估价值＝440×40%＋120＝296(万元)

因此,该无形资产转让的最低收费额评估价值为296万元。

2. 解:(1)企业整体评估价值

$=20\times(P/F,10\%,1)+22\times(P/F,10\%,2)+18\times(P/F,10\%,3)+21\times(P/F,10\%,4)$

$+25\times(P/F,10\%,5)+25\div10\%\times(P/F,10\%,5)$

$=20\times0.9091+22\times0.8264+18\times0.7513+21\times0.6830+25\times0.6209+250\times0.6209$

$=234.98$(万元)

(2)由题干可知，该企业各单项资产评估值之和为100万元，由此：

该企业商誉的评估价值＝234.98－100＝134.98(万元)

因此，该企业商誉的评估价值为134.98万元。

3. 解：(1)确定各年的新增利润：

第一年：15×1×(1＋10%)＝16.50(万元)

第二年：16.5×(1＋10%)＝18.15(万元)

第三年：18.15×(1＋10%)＝19.97(万元)

第四年：19.97×(1＋10%)＝21.97(万元)

第五年：21.97×(1＋10%)＝24.17(万元)

(2)折现率＝4%＋8%＝12%

(3)该非专利技术的评估价值：

$$P=\left[\frac{16.50}{1+12\%}+\frac{18.15}{(1+12\%)^2}+\frac{19.97}{(1+12\%)^3}+\frac{21.97}{(1+12\%)^4}+\frac{24.17}{(1+12\%)^5}\right]\times(1-25\%)$$

$$=71.0925\times(1-25\%)$$

$$=53.32(万元)$$

因此，该非专利技术的评估价值为53.32万元。

第七章　特殊资产评估

一、单项选择题

1. A　2. B　3. D　4. D　5. C　6. A　7. B　8. A　9. B　10. D

二、多项选择题

1. ABCD　2. ABC　3. ABCD　4. ABCD　5. AB　6. BC
7. ABCD　8. BCD　9. ABD　10. ABC

三、判断题

1. ×　2. √　3. ×　4. ×　5. ×　6. √　7. ×　8. √　9. √　10. √

四、计算题

1. 解：未来5年偿债能力可以通过现金流偿债法进行测算，详见下表：

未来偿债年限新增偿债收益折现值计算过程　　金额单位：万元

年　份	2013	2014	2015	2016	2017	期末资产净值
净现金流量	1 000.00	1 050.00	1 102.50	1 157.63	1 215.51	
可偿债净现金流量	750.00	787.50	826.88	868.22	911.63	10 000
折现系数	1	0.909 1	0.826 4	0.751 3	0.683 0	0.683 0
折现值	750.00	715.92	683.33	652.29	622.64	6 830

期末企业资产变现估计值＝750.00＋715.92＋683.33＋652.29＋622.64＋6 830

＝10 254.18(万元)

偿债能力＝未来偿债年限新增偿债收益的折现值÷企业一般债务总额

=10 254.18÷30 000

=34.18%

特定债权回收价值=特定债权额×偿债能力

=12 000×34.18%

=4 101.60(万元)

2. 解:每 hm^2 林木评估价值 $P = K \times \sum_{t=1}^{n} C_t (1+r)^{n-t+1}$

=2.2÷2.5×[2 000×(1+10%)^4+500×(1+10%)^3+500×(1+10%)^2+400×(1+10%)]

=4 047(元/hm^2)

该林木资产评估价值=4 047×10=40 470(元)

3. 解:运用林地期望价法评估林地资产价值,具体估算过程如下:

(1)主伐纯收入=161.21×410-[160×161.21+(5.55%+10%)×161.21×410]

=30 024.56(元/hm^2)

(2)D_a 第一次间伐纯收入=7.5×(110×0.845 5-160)=-502.46(元/hm^2)

D_b 第二次间伐纯收入=15.6×(170×0.845 5-160)=-253.73(元/hm^2)

(3)从造林到主伐时直接营林成本=2 664.45×1.045^{21}+249.60×1.045^{20}+189.60×1.045^{19}

=7 754.59(元/hm^2)

(4)无限期地价$=\frac{30\ 024.56+(-502.46)\times 1.045^{12}+(-253.73)\times 1.045^{7}-7\ 754.59}{1.045^{21}-1}-\frac{30}{0.045}$

=13 194.67(元/hm^2)

(5)将无限期地价折算成 39 年地价

该小班林地价值$=\left[13\ 194.67\times\frac{1.045^{39}-1}{1.045^{39}}\right]\times 9$

=10 821.30×9

=97 391.70(元)

第八章 企业价值评估

一、单项选择题

1. B 2. D 3. A 4. C 5. B 6. A 7. C 8. B 9. D 10. C
11. A

二、多项选择题

1. ABC 2. ABD 3. ABCD 4. AC 5. BCD 6. ABCD
7. ABCD 8. ABD 9. BC 10. ABCD 11. ABC

三、判断题

1. √ 2. × 3. √ 4. × 5. × 6. √ 7. × 8. × 9. √ 10. √
11. √

四、简答题

1. 答:(1)企业的资产价值是企业所拥有的所有资产包括各种权益和负债的价值总和。

(2)企业的投资价值是企业所有的投资人拥有的对于企业资产索取权价值的总和,它等于企业的资产价值减去无息流动负债价值，或等于权益价值加上付息债务价值。

(3)企业的权益价值代表了股东对企业资产的索取权，它等于企业的资产价值减去负债价值。

2. 答：(1)企业价值评估的范围应该是企业的全部资产，包括企业经营权主体自身占用及经营的部分，以及企业经营权所能够控制的部分，如在全资子公司、控股子公司、非控股公司中的投资部分。

(2)企业价值评估范围的确定，需要依据企业资产评估申请报告及上级主管部门批复文件中所规定的范围、企业产权转让或产权变动的有关文件中规定的资产变动范围、国有企业资产评估立项书中划定的范围等有关资料进行界定。在进行企业价值评估之前，首先要判断是否有必要对企业资产进行合理的重组，然后将企业中的资产划分为有效资产和非有效资产，将有效资产纳入资产评估的具体实施范围。对在资产评估时点难以界定产权归属的资产，应划定为“待定产权”，暂时不列入评估范围。对企业中因局部资产生产能力闲置或不足而引起企业资源配置无效或低效的部分，应按照资源合理有效配置利用原则，与委托方协商是否需要通过资产剥离或补齐的方式进行资产重组，重新界定企业价值评估的范围。

3. 答：可比企业是指具有与待评估企业相似的现金流量、增长潜力及风险特征的企业，一般应在同一行业范围内选择。可比性特征还有企业产品的性质、资本结构、管理及人事制度、竞争性、盈利性、账面价值等方面。在识别可比企业时，评估师可以通过参考证券分析师对待评估企业的分析报告、投资咨询公司的有关研究报告，寻求行业专家的协助，咨询待评估企业的经理层管理人员，以及分析待评估企业的财务比率等多种方式进行可比企业的选择。由于可比企业的选择带有一定的主观性，因而有时也很可能被有偏见的评估分析人员加以利用。可比企业的企业价值如果被错误地高估或低估，也会使得乘数偏大或偏小，从而导致错误的评估结果。

4. 答：(1)收益法、市场法、成本法和期权估价法四种基本方法的共同点在于：它们都是企业价值评估的基本方法，都能在一定程度上实现企业价值评估的功能，都能为相关的交易和决策提供数据支持。

(2)它们之间的不同之处在于：

①地位不同。成本法、市场法和收益法是国际公认的三大价值评估方法，也是我国价值评估理论和实践中普遍认可采用的评估方法。其中，成本法由于操作简单，成了我国企业价值评估实践中最主要的评估方法，被大量用于企业改制和股份制改造实务。而期权估价法充分考虑了企业在未来经营中存在的投资机会或拥有的选择权的价值，能够有效弥补传统评估方法的不足，因此，成了传统评估方法以外的一种重要补充。

②依据不同。收益法依据的是“现值”规律。市场法依据的是“套利”原理。成本法依据的是“替代”原则。期权估价法注重的是企业所面临的投资机会的价值。

③操作的难易程度不同。成本法应用简单，而收益法的参数大多需要预测，并涉及大量的职业判断，因此，操作难度较大。在实践中，由于企业之间存在个体差异和交易案例的差异，而市场法需要一个较为完善发达的证券交易市场和产权交易市场，要有足够数量的上市公司或者足够数量的并购案例，因此，市场法在我国企业价值评估实务中的使用受到了一定的限制。

5. 答：企业价值评估作为一种整体性评估，与构成企业的各个单项资产的评估值简单加和既有联系，又有区别。

(1)其联系主要表现为以下两点：

①从单项资产评估汇总确定企业评估价值的角度来说，企业资产数量越多、质量越高，评估值越高。资产的数量、质量是决定企业获利能力的重要因素。

②在企业资产有效、企业经营以营利为目的假设前提下，企业资产评估值应以整体企业评估值与各个单项资产的评估值简单加和的大小关系为判断标准。企业的资产收益率与社会(更多的是与行业)平均资产收益率相同，则单项资产评估汇总确定的企业资产评估值应与整体企业评估值趋于一致。如果企业资产收益率低于社会(或行业)平均资产收益率，单项资产评估汇总确定的企业资产评估价值就会比整体企业评估价值高；如果企业资产收益率高于社会(或行业)平均资产收益率，整体企业评估价值则会高于单项资产评估汇总的价值，超过的部分则是企业商誉的价值。

(2)其区别主要表现为以下三点：

①评估对象的差异。前者是按特定生产工艺或经营目标有机结合起来的资产综合体；后者先把各个单项

资产作为独立的评估对象进行评估，然后再加总。

②影响因素的差异。前者以企业的获利能力为核心，综合考虑影响企业获利能力的各种因素以及企业面临的各种风险进行评估；后者评估时只针对影响各个单项资产价值的各种因素展开。

③评估结果的差异。前者的评估值中包含不可确指的无形资产——商誉；后者除了商誉单独评估外，一般评估报告中不包含商誉。

五、计算题

1. 解：用一阶段股利折现模型估算企业每股的价值。

本题中，$DPS_1=1.28\times1.05=1.344$(元)，股利的预期增长率为 g，$g=5\%$。

$r_e=r_f+\beta(r_m-r_f)=3.25\%+0.9\times5\%=7.75\%$

每股股权价值 P_0 的计算如下：

$$P_0=\frac{DPS_1}{r_e-g}=\frac{1.344}{7.75\%-5\%}=48.87(\text{元})$$

2. 解：(1)折现率＝8%＋1.5×(12%－8%)＝14%

(2)计算收益额的现值：

第1年：$400\times(1+14\%)^{-1}=350.88$(万元)

第2年：$400\times(1+10\%)^{1}\times(1+14\%)^{-2}=338.57$(万元)

第3年：$400\times(1+10\%)^{2}\times(1+14\%)^{-3}=326.69$(万元)

第4年：$400\times(1+10\%)^{3}\times(1+14\%)^{-4}=315.22$(万元)

第5年：$400\times(1+10\%)^{4}\times(1+14\%)^{-5}=304.16$(万元)

第6年及以后：$300\div14\%\times(1+14\%)^{-5}=1\ 112.93$(万元)

(3)收益额的现值的合计：

350.88＋338.57＋326.69＋315.22＋304.16＋1 112.93＝2 748.45(万元)

该企业整体资产评估值即为2 748.45万元。

3. 解：该企业评估价值的计算步骤如下：

前5年企业税前净收益的现值

$$=\frac{40}{(1+10\%)^1}+\frac{45}{(1+10\%)^2}+\frac{50}{(1+10\%)^3}+\frac{53}{(1+10\%)^4}+\frac{55}{(1+10\%)^5}$$

＝181.47(万元)

稳定期企业税前净收益的现值$=55\times\dfrac{1}{10\%}\times\dfrac{1}{(1+10\%)^5}=341.50$(万元)

企业税前净收益现值合计＝181.47＋341.50＝522.97(万元)

该企业的评估价值＝522.97×(1－40%)＝313.78(万元)

4. 解：(1)评估技术思路

该企业商誉价值评估应当采用割差法进行。首先运用收益法评估企业整体价值，再运用加和法计算出企业各单项资产价值之和，最后用企业整体价值减去企业单项资产评估值之和，即可得到企业商誉价值。

(2)计算企业整体价值

企业整体价值

$$=\frac{100}{(1+10\%)^1}+\frac{120}{(1+10\%)^2}+\frac{150}{(1+10\%)^3}+\frac{160}{(1+10\%)^4}+\frac{200}{(1+10\%)^5}+\frac{200}{10\%\times(1+10\%)^5}$$

＝1 778.05(万元)

(3)计算企业各单项资产价值

①短期负债为10万元；

②单项有形资产评估值为860万元；

③估算非专利技术的评估值如下：

非专利技术评估值＝15×12×(P/A,10%,5)＝15×12×3.790 8＝682.34(万元)

(4)计算商誉价值

商誉价值＝企业整体评估值－(有形资产评估值＋非专利技术评估值－短期负债)

＝1 778.05－(860＋682.34－10)

＝245.71(万元)

第九章　资产评估报告

一、单项选择题

1. B　2. D　3. A　4. D　5. D　6. C　7. B　8. D　9. B　10. D
11. D

二、多项选择题

1. ABCD　2. BCD　3. BCD　4. BCD　5. ABCD　6. ABD

三、判断题

1. ×　2. √　3. ×　4. √　5. √

四、简答题

1. 答：(1)整理工作底稿和归集有关资料；

(2)评估明细表的数字汇总；

(3)评估初步数据的分析和讨论；

(4)编写评估报告书；

(5)资产评估报告书的签发与送交。

2. 答：(1)根据评估目的，作为资产业务的作价基础；

(2)作为企业进行会计记录或调整账项的依据；

(3)作为履行委托协议和支付评估费用的主要依据；

(4)作为有关当事人因资产评估纠纷向纠纷调处部门申请调处的申诉资料之一。

3. 答：(1)为被委托评估的资产提供作价意见；

(2)反映和体现资产评估工作情况及有关方面责任的依据；

(3)管理部门对评估机构的业务开展情况进行监督和管理的重要依据；

(4)建立评估档案资料的重要信息来源。

4. 答：(1)资产评估报告必须以《国有资产评估管理若干问题的规定》以及国家其他有关法律、法规为依据。

(2)资产评估机构接受委托开展资产评估活动后，要按照资产评估管理工作的要求，向委托方出具涉及该评估项目的资产评估报告书。

(3)资产评估报告书由资产评估报告书正文、资产评估说明、资产评估明细表及相关附件构成。

(4)资产评估活动应充分体现评估机构的独立、客观、公正的原则，资产评估报告书不得带有任何诱导、恭维和推荐的陈述，评估报告书正文不得出现评估机构的介绍性内容。

(5)资产评估报告书的数据一般均应采用阿拉伯数字，资产评估报告书应用中文撰写并打印。如需出具外文评估报告书，其内容和结果应与中文报告一致，并注明以中文报告为准。

(6)资产评估工作完毕后，评估机构应按资产评估项目立档。

(7)委托方和有关单位应正确使用资产评估报告书。